本书列入

2017年国家社会科学基金重大委托项目
"十三五"国家重点图书出版规划项目

中华传统文化百部经典

# 史通（节选）

刘知幾 著

王嘉川 解读

国家图书馆出版社

图书在版编目（CIP）数据

史通：节选／（唐）刘知幾著；王嘉川解读 . — 北
京：国家图书馆出版社，2019.6（2024.10 重印）
（中华传统文化百部经典／袁行霈主编）
ISBN 978-7-5013-6787-0

Ⅰ . ①史… Ⅱ . ①刘… ②王… Ⅲ . ①史学理论－
中国－唐代 ②《史通》－注释 Ⅳ . ① K092.42

中国版本图书馆 CIP 数据核字 (2019) 第 103128 号

国家图书馆出版社官方微信

| | |
|---|---|
| 书　　名 | 史通（节选） |
| 著　　者 | （唐）刘知幾 著　王嘉川 解读 |
| 责任编辑 | 廖生训 |
| 特约编辑 | 张爱芳 |
| 封面设计 | 敬人设计工作室 |

| | |
|---|---|
| 出版发行 | 国家图书馆出版社（北京市西城区文津街 7 号　100034） |
| | 010-66114536　63802249　nlcpress@nlc.cn（邮购） |
| 网　　址 | http://www.nlcpress.com |
| 印　　装 | 北京科信印刷有限公司 |
| 版次印次 | 2019 年 6 月第 1 版　2024 年 10 月第 2 次印刷 |

| | |
|---|---|
| 开　　本 | 710×1000　1/16 |
| 印　　张 | 34.25 |
| 字　　数 | 378 千字 |
| 书　　号 | ISBN 978-7-5013-6787-0 |
| 定　　价 | 70.00 元（平装） |

**本册审订**

瞿林东　　牛润珍　　张固也

**中华传统文化百部经典**
**编纂办公室**

张　洁　　梁葆莉　　张毕晓　　马　超

# 编纂缘起

文化是民族的血脉，是人民的精神家园。党的十八大以来，围绕传承发展中华优秀传统文化，习近平总书记发表了一系列重要讲话，深刻揭示出中华优秀传统文化的地位和作用，梳理概括了中华优秀传统文化的历史源流、思想精神和鲜明特质，集中阐明了我们党对待传统文化的立场态度，这是中华民族继往开来、实现伟大复兴的重要文化方略。2017 年初，中共中央办公厅、国务院办公厅印发《关于实施中华优秀传统文化传承发展工程的意见》，从国家战略层面对中华优秀传统文化传承发展工作作出部署。

我国古代留下浩如烟海的典籍，其中的精华是培育民族精神和时代精神的文化基础。激活经典，熔古铸今，是增强文化自觉和文化自信的重要途径。多年来，学术界潜心研究，钩沉发覆、辨伪存真、提炼精华，做了许多有益工作。编纂《中华传统文化百部经典》（简称《百部经典》），就是在汲取已有成果基础上，力求编出一套兼具思想性、学术性和大众性的读本，使之成为广泛认同、传之久远的范本。《百部经典》所选图书上起先秦，下至辛亥革命，包括哲学、文学、历史、艺术、科技等领域的重要典籍。萃取其精华，加以解读，旨在搭建传统典籍与大众之间的桥梁，激活中华优秀传统文化，用优秀传统文化滋养当代中国人的精神世界，提振当代中国人的文化自信。

这套书采取导读、原典、注释、点评相结合的编纂体例，寻求优秀传统文化与社会主义核心价值观之间的深度契合点；以当代眼光审视和解读古代典籍，启发读者从中汲取古人的智慧和历史的经验，借以育人、资政，更好地为今人所取、为今人所用；力求深入浅出、明白晓畅地介绍古代经典，让优秀传统文化贴近现实生活，融入课堂教育，走进人们心中，最大限度地发挥以文化人的作用。

《百部经典》的编纂是一项重大文化工程。在中宣部等部门的指导和大力支持下，国家图书馆做了大量组织工作，得到学术界的积极响应和参与。由专家组成的编纂委员会，职责是作出总体规划，选定书目，制订体例，掌握进度；并延请德高望重的大家耆宿担当顾问，聘请对各书有深入研究的学者承担注释和解读，邀请相关领域的知名专家负责审订。先后约有 500 位专家参与工作。在此，向他们表示由衷的谢意。

书中疏漏不当之处，诚请读者批评指正。

2017 年 9 月 21 日

# 凡　例

一、《中华传统文化百部经典》的选书范围，上起先秦，下迄辛亥革命。选择在哲学、文学、历史、艺术、科技等各个领域具有重大思想价值、社会价值、历史价值和学术价值的一百部经典著作。

二、对于入选典籍，视具体情况确定节选或全录，并慎重选择底本。

三、对每部典籍，均设"导读""注释""点评"三个栏目加以诠释。导读居一书之首，主要介绍作者生平、成书过程、主要内容、历史地位、时代价值等，行文力求准确平实。注释部分解释字词、注明难字读音，串讲句子大意，务求简明扼要。点评包括篇末评和旁批两种形式。篇末评撮述原典要旨，标以"点评"，旁批萃取思想精华，印于书页一侧，力求要言不烦，雅俗共赏。

四、原文中的古今字、假借字一般不做改动，唯对异体字根据现行标准做适当转换。

五、每书附入相关善本书影，以期展现典籍的历史形态。

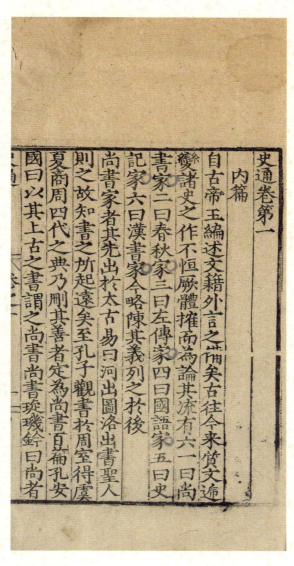

史通二十卷　（唐）刘知幾撰　明嘉靖十四年（1535）陆深刻本　国家图书馆藏

史通卷之一

六家第一　　唐鳳閣舍人彭城劉子玄撰

内篇

史通卷第一内篇　劉氏

自古帝王編述文籍外篇言之備矣古往今來質
文遞變諸史之作不恒厥體權而為論其流有六
一曰尚書家二曰春秋家三曰左傳家四曰國語
家五曰史記家六曰漢書家今略陳其義列之於
後

尚書家者其先出於太古易曰河出圖洛出書聖

史通二十卷　（唐）刘知幾撰　明万历五年（1577）张之象刻本　国家图书馆藏

# 目　录

# 导　读

　　《史通》是唐代史学家刘知幾撰写的中国第一部史学理论著作，不但对此后中国传统史学的发展产生了重要影响，而且其自身也逐渐受到学者们的广泛关注与研究，以其卓越的理论贡献，成为中国传统文化中的一部经典著作。

## 一、刘知幾生平

### （一）家庭教育与研治史学

　　刘知幾（661—721）字子玄，唐朝彭城（今江苏徐州市）人。因刘知幾之"幾"与李隆基之"基"读音相同，在李隆基为太子时，为避嫌名，乃自请改以字"子玄"行于世，新、旧《唐书》本传也以"刘子玄"为名。清朝时为避康熙皇帝玄烨名讳，又被改称为"子元"。

　　刘知幾从祖父刘胤之曾与著名史学家令狐德棻共修唐朝国史和实

录。其父刘藏器亦有词学，为人刚正不阿，笃守道义，对唐高宗也敢于
犯颜直谏。刘知幾从小受到良好的家庭教育，喜诗赋，好文笔，对历史
学更有浓厚兴趣和超常感悟力。十七岁时，阅读了大部分存世史书，对
其中叙事的纲领原则、主要内容、古今沿革、著述义例和宗旨所在，皆
有大致了解。他读书重视类聚群分，喜欢辨析事物的名称和道理，善于
做归纳性的理论思考和个人独立思考，常常提出一些精到见解，虽然不
被世俗所认同，但往往与前代著名学者张衡、范晔等人观点暗合，这坚
定了他跳出成见、会通古今，"触类而观，不假师训"的治学路向，读
书每有所得，即随时札记，"蓄诸方寸"（《史通·自叙》，以下仅注篇名），
这成为他后来进行史学研究的基本素材。

　　二十岁时，刘知幾考中进士，被授以获嘉县（今属河南）主簿。虽
十九年不得升迁，但他不以为意，而是"公私借书，恣情披阅。至如一
代之史，分为数家，其间杂记小书，又竞为异说，莫不钻研穿凿，尽其
利害"（《自叙》）。不但要把传世的各种史书全部读完，还要进行比较研
究，以精思善疑、独到分析，清晰通透地把握其得失利弊。

### （二）身为史臣与撰写《史通》

　　武则天圣历二年（699），刘知幾被调离获嘉，赴京师任职。长安二
年（702），升任著作佐郎（从六品上），入史馆兼修国史，这是他第一
次身为史臣。此后三年又历有升迁，虽曾短期暂停史任，但不久即兼修
国史。至神龙元年（705）唐中宗复位后，他已是"三为史臣"（《自叙》），
以太子率更令（从四品上）兼修国史。

　　刘知幾在史馆中，常常想用自己的史学理念来修史，可是每次都受
到监修贵臣和同僚的掣肘，最后还被迫屈从，不能坚持己见，但仍然遭
到他们的嫉恨。刘知幾非常愤慨，感到"任当其职而吾道不行，见用于
时而美志不遂"，"郁怏孤愤，无以寄怀"，于是在神龙二年（706）十月，

唐中宗由东都洛阳（今属河南）还京师长安（今陕西西安市）时，主动请求留在东都的史馆中供职，暂不随朝廷西行。其目的就是尽量避开朝廷的繁重修史工作和人事干扰，静心撰写自己的个人著作，即"私撰《史通》，以见其志"（《自叙》），决心撰写一部史学理论著作，为当时的历史编纂廓清迷雾，为史学的发展扫清障碍。

在洛阳的一年多时间，刘知幾公务之暇，安心写作。中宗景龙二年（708）春，他被召到京师，专门纂修国史。刘知幾正直敢言，对史馆修史的无序状态深感不满，认为对国史纂修非常不利，而身为监修国史之一的萧至忠又指责他著述无功，于是他致信萧至忠等人，对史馆集体修史的弊端提出批评，对自己在史馆中的劳作不被承认提出抗议，请求辞去史官职任，离开史馆。萧至忠爱其才，但其余监修官嫉其正直，还是将他调离史馆。不过第二年，刘知幾迁任秘书少监（从四品上），又被命修史如故，重新参与国史纂修。

中宗景龙四年（710）二月，《史通》二十卷成书。从中宗神龙二年（706）十月留驻洛阳开始，至此共三年零四个月的集中撰写时间，刘知幾在公务之余，终于完成了这部个人心血之作。从今传《史通》有一些明显的自相矛盾的表述来看，书成之后，刘知幾"不暇修正刊定"[①]，未能修改删润，进行整齐划一的工作，甚或"未能逐句、逐篇细读一遍"[②]。三年后的唐玄宗开元元年（713）七月，萧至忠因参与太平公主谋反被诛，当年因辞职信而嫉恨刘知幾的史馆监修遂无一人在世。于是，刘知幾以《忤时》为名，将其致萧至忠等人求免史职的书信收入书中，作为最后一篇，并增写首尾两段序跋性文字，以说明此篇原委、交代其前后事态。到此，《史通》这部"中国史学史上第一部历史方法论的巨著"[③]，最终得成完璧。此时，其他国家的历史编纂中虽也出现了一些理论性论述，但尚未有专门的史学理论著作问世，因此《史通》也就成为世界上第一部史学理论著作。

### （三）溘然长逝与著作流传

开元二年（714），刘知幾迁官左散骑常侍（正三品下），修史如故。开元九年（721），其长子因犯罪被免官流放，刘知幾上诉辩理，触怒玄宗，被贬为安州都督府别驾（正四品下）。他到安州（今湖北安陆县）不久，即卒于任上，享年六十一岁（据清人钱保塘《历代名人生卒录》考证，刘知幾卒于开元九年十一月）。

刘知幾任史官近二十年，朝廷每有论著，往往居其职。曾预修《三教珠英》《姓族系录》《高宗实录》《则天实录》《中宗实录》，独撰《睿宗实录》十卷，皆为当时所称。另有《刘氏家乘》十五卷、《刘氏谱考》三卷、个人文集《刘子玄集》三十卷。但现今传世者，除十三篇零散诗文外，《史通》是其唯一完整的著作。

据新、旧《唐书》的《刘子玄传》和南宋王应麟《玉海》卷四九《唐〈史通〉析微》，刘知幾卒后，唐玄宗命人到他家里抄写《史通》进呈，至第二年即开元十年（722）十一月，其次子刘𫗧抄录进上，玄宗读而善之，追赠其为汲郡太守，不久又赠工部尚书，谥曰文。

对于刘知幾的史学才干，后晋官修《旧唐书》曾以"学际天人，才兼文史"给予高度评价，对其一生所从事的职业、对历史学这门学问本身，则认为是"非趋时之具"（卷一〇二史论）。北宋官修《新唐书》也从史官不易胜任，"为史者亦难言之"的角度，对刘知幾等六位史官史家寄寓了无限感慨（卷一三二史论）。显然，他们既高度评价了刘知幾的史学才能，又对其人生不幸报以无限同情。

## 二、《史通》的撰述宗旨与表述方式

### （一）《史通》的宗旨与性质

刘知幾自幼读史，经过二十多年的深入学习和精心研究，具有扎实深厚的史学素养和精辟独到的历史见识。担任史官以后，一心想用自己的史学见解，为朝廷的修史大业增光添彩，献其忠诚。但当时的史馆制度与同僚的落后观念根本不允许他发挥自己的创见，这促使他改变了原想编修一部叙事性纪传体史书的志向，萌生了编写批评性的史学理论著作的动机。对此，《史通·自叙》说得非常清楚。一方面，被监修贵臣所嫉，在史馆中无法发挥个人才能，痛感吾道不行、美志不遂，于是愤而私撰《史通》，以见己志；另一方面，痛感当时史臣对史学的认识不够清楚，更因夹杂政治等外在因素而远非纯正，于是决定以"辨其指归，殚其体统"为《史通》的撰述宗旨，明辨著史的意义和目的，阐发史书体裁体例方面的统一要求。这是《史通》得以撰著的两个原因。前者决定了刘知幾主动远离朝廷，私自撰述；后者决定了刘知幾撰写《史通》的旨趣与内容。

《史通》的这一撰述宗旨，在书名的确定上也有重要体现。对于《史通》一书的命名，刘知幾在自序中解释说：

> 昔汉世诸儒，集论经传，定之于白虎阁，因名曰《白虎通》。予既在史馆而成此书，故便以《史通》为目。且汉求司马迁后，封为史通子，是知史之称通，其来自久。博采众议，爰定兹名。

《白虎通》即《白虎通义》，或称《白虎通德论》。东汉章帝建初四年（79），诏诸儒于白虎观集中论考五经异同，章帝亲自裁决，后由班固等人整理编成《白虎通》一书，作为官方钦定的经典刊布于世，其内容代表了最高统治者意志，具有法典性质，是封建时代统治思想的重要根本。《史通》是刘知幾在史馆担任史官时所写，他将《史通》与《白虎通》相提并论，说明他自己很想通过《史通》为史学确立不易之法则，彰明史学义理，讲述史学史法。这是《史通》命名的第一层含义。据《汉书·司马迁传》及注释，汉朝政府之所以封司马迁后人为"史通子"，是因为司马迁"世为史官，通于古今"，可见"史通"一词原是称司马迁为通晓古今历史的史官。刘知幾是在作史官时撰成其书的，他沿用"史通"一词作为书名，就不只是一个简单的名称问题，而是"隐然以当代司马迁自居了"④。这是《史通》命名的第二层含义。前一层含义强调的是思想之通，后一层含义强调的是史学之通。两层含义合起来，即是通论古今史学思想、史学理论与史学方法。而《白虎通》与《史记》的特殊地位，也告诉我们，刘知幾把《史通》与二书相比拟，正说明他对自己著作的相当自信且无比重视。

著名哲学家熊十力曾经指出，中国古代学术，崇尚体认躬行，重视实际工作，而不喜辨智玄想，不肯敷陈理论⑤。史学大师钱穆也指出，中国人做学问，只重实际工作，很少写文学通论、史学通论等通论概论性质的著作，"《史通》则可说是中国一部史学通论，也几乎可以说是中国唯一的一部史学通论，所以这书成为一部特出的书"⑥。所谓"特出"，就是指从性质上说，《史通》是一部系统的史学理论著作，这在中国古代是最早的，也是唯一的；而从内容上说，《史通》对它产生之前的中国史学的发展历程，从理论到实践，从史家到史书，从官修到私修，进行了全面的清理总结，"几乎关涉到唐以前我国史学的全部领域，说它是一部古代史学的百科全书，也不算过分"⑦。

### （二）《史通》的篇章结构与表述方式

今传《史通》除作者自序外，全书分为"内篇""外篇"共二十卷四十九篇专论性文章⑧，其中前十卷为内篇，有单篇文章三十六篇，后十卷为外篇，有单篇文章十三篇。唐末柳璨著《史通析微》，"随篇"评论《史通》之失，凡四十九篇（王应麟《玉海》卷四九《唐〈史通〉析微》），可知唐末时其篇目与今传本正相符合。北宋官修《新唐书·刘子玄传》称其"著《史通》内外四十九篇",则亦与今传本符合。南宋时有人说内篇中另有《体统》《纰缪》《弛张》三篇亡佚,还有人说缺《体统》《纰缪》《弛张》《文质》《褒贬》五篇,不知确否,迄今学术界对这一问题也颇有争议⑨。从柳璨"随篇"评论的情况看来,即使缺失属实,也应在唐末之前即已亡佚。

从全书内容来看,《史通》是史学家对传统史学的自我反思,涉及中国传统史学的方方面面。其中,内篇采取了按史学专题分篇论述的形式。卷一《六家》和卷二《二体》两篇,是总结自先秦以来史学发展过程中出现的主要史学流派及主要史书体裁;卷二《载言》《本纪》《世家》《列传》和卷三《表历》《书志》六篇,论述纪传体史书的体例;以上都是讲论史书的外在表现形式。卷四《论赞》《序例》《题目》《断限》《编次》《称谓》、卷五《采撰》《载文》《补注》《因习》《邑里》、卷六《言语》《浮词》《叙事》和卷九《序传》《烦省》十六篇,是从史书内容方面讲论史书的编纂方法、写作技巧,以讨论纪传体史书为主,而兼论其他体裁之书。卷七《品藻》《直书》《曲笔》《鉴识》《探赜》、卷八《摸拟》《书事》《人物》和卷九《核才》九篇,是探讨史学家的撰著态度、历史见识与史学才能问题。卷十《杂述》是论述正史之外的史书体裁及其著作情况;《辨职》是论说史馆之史官的职守问题;《自叙》是作者自述研习历史的经过及撰著《史通》的动机、意旨和自我评价等问题。显然,内篇的这一结构、内容,严整并组织有序,是经过精心构思的,有其内在的逻辑体系,而且除最后一篇《自叙》内容特殊外,各篇文章的写法和结构也基本相同。这使《史通》成为一部系统的史学理论著作,形成了对中国古代史学各个方面予以理论性总结的完整体系。

与内篇按史学专题分篇论述的形式不同,外篇采取了因事命篇的形式。卷十一《史官建置》是叙述历代设立史官的情况;卷十二《古今正史》是总结历代官方和私家编修的主要史书的情况;卷十三《疑古》、卷十四

《惑经》《申左》、卷十六《杂说上》、卷十七《杂说中》、卷十八《杂说下》、卷十九《〈汉书·五行志〉错误》《〈五行志〉杂驳》、卷二十《暗惑》九篇，杂论一些具体著作的优劣得失，可补证内篇相关论述；卷十五《点烦》是举例说明如何删除繁芜字句以达到记事简要的方法，是对《叙事》中论"省句省字"一节内容的例示，相当于《叙事》一篇的附录，从性质上说属于史书编纂方法的内容，但它只是一条一条具体示例，并非理论性论述，故而作者将其置于外篇，不幸的是，在《史通》流传过程中，作者所做的各种点去烦文的标识全都失传，以致作者原意已不可晓；卷二十《忤时》是收录作者致史馆监修萧至忠等人求免史任的书信，主要内容是以亲身经历，批评官方修史的弊病。显然，外篇在文章结构、议论角度、材料组织等方面都与内篇迥然不同，不但内容基本上都是具体而微的论述，理论论述的色彩不浓，而且各篇之间没有体系上的联系，编排顺序比较随意，写法也很不一致，直接抄录原有读书札记而分类堆积的迹象比较突出，显得琐碎烦杂，与内篇的体系严整形成鲜明对照[10]。

　　从内篇的总体体制上看，《史通》是一部史学理论著作。但在具体的论述上，《史通》直接从正面倡言史学主张的文字占比却不多，往往仅有精练的三言两语，继之而来的，则是连续地评论众史，通过史学批评进一步申明己见。内篇的《本纪》《世家》《列传》《论赞》《称谓》等多篇，在文章结构和写作风格上大率如此，其中尤以《断限》篇最为典型，几乎通篇都以对各个史书的批评构成。这种体系上按史学专题分篇发论，内容上以史学评论占较大比重的特色之所以形成，是因为刘知幾撰写《史通》，乃是取资于多年积累的史学批评见解，是利用原来读史札记中品评众史的资料，经过深入研究，按照辨明史学指归、详论史学体统的目的，区分类聚，排比组合，从而编成内篇。外篇的大部分从原来读史札记中取材的迹象更为明显，因而也以史学评论占较大比重，其中只有三篇不同：前两篇《史官建置》《古今正史》是为补充内篇理论而叙述史学发展历程，采取了叙事体；最后一篇《忤时》是收录作者求免史任的书信，内容特殊，与他篇不同[⑪]。

　　这种史学批评的表述方式，使刘知幾的观点鲜明而直观，但也不可避免的，使他的书充满了浓烈的火药味，后人也因此称他"舌长而笔辣"（黄叔琳《史通训故补·序》）。对此，刘知幾自己也有深深体认，并不无悲哀地坦陈，《史通》"多讥往哲，喜述前非，获罪于时，固其宜矣"。果不出其所料，《史通》问世后，"俗以为愚"，"见者亦互言其短"。为使此书能够被世俗理解和接受，他又专作一篇《释蒙》来为自己辩白，但世人仍然不能理解其意，这使刘知幾精神极度紧张，非常担心《史通》能否顺利传世，"恐此书与粪土同捐，烟烬俱灭。后之识者，无得而观"，他也因此"抚卷涟洏，泪尽而继之以血"（《自叙》）。

　　对此，细心的读者一定会问：既然刘知幾极度担心史学批评的方式给自己带来严重的不良后果，为什么《史通》中还要使用这种表达方式呢？这不是一对解不开的矛盾吗？确实，除了担忧其书不传之外，刘知幾对自己的这种表述方式并无任何后悔之意，整部《史通》中绝无半点想改变这种通过反面批驳而立论的表达方式，转而从正面直接阐述自己史学理论的意思。这看起来似乎有些矛盾，其实也未尝不可理解。这除了刘知幾撰写《史通》，主要取资于原来读书札记中的史学批评见解这一客观原因外，还有他自己的主观精神寄寓其中。刘知幾在《史通》中反复强调据事直书，不虚美，不隐恶，不但把直书实录视为史学第一要义，而且他还把正直的品德作为史家具有史识的一个重要方面提出来。在现实政治生活中，他也是切直指陈时弊，提出改革政治的建议，武则天虽未采纳，但也不能不"嘉其直"（《新唐书·刘子玄传》）。他在《史通》中批评前代史家和当代作者的种种失误，从不使用闪烁犹疑之词，而是非常直率地表达自己的意见，不但毫不掩饰、毫不留情，而且有时几乎可用"痛快淋漓"一词来表达他说话时的口吻与心情，以致清代浦起龙在《史通通释》中说他"下字忒狠"（《曲笔》篇内评语）。但刘知幾本人非常自信，在他看来，前人的失误是真实存在的，他只是据实直说而已，并没有虚构，因而本就是不虚美、不隐恶的态度，无须为此而后悔。另一方面，也是更为重要的方面，《史通》是要批判当时史臣对史学的错误认识，是要与他们明辨史学指归，为史学确立法典法则。清代钱大昕总结的"拾遗规过，匪为齮龁前人，实以开导后学"（《廿二史考异·序》），正是刘知幾这种史学精神的体现。这种"开导后学"的强烈自信、强烈的责任感与使命感，使他不能左顾右盼，而必须以旗帜鲜明的态度、振聋发聩的言辞、特立独行的举动，扛起史学建设的大旗。因此他虽然"泪尽而继之以血"地担心史学批评的表述方式给自己带来不良影响，但仍然义无反顾地使用了这种表达方式，这是他实事求是、刚正不阿的性格使然，是他为史学向前发展而主动承担的责任感使然，是他为史学健康发展而勇于自我担当的历史使命感使然。浦起龙《史通通释举要》说："刘氏于诸作者，轻口挥斥，曰'愚'、曰'妄'，甚至曰'邪说'、曰'小人'，乃真罪过。是渠无素养之证见，亦是渠积素愤之由来。"刘知幾当然不是道德完人，相反，过于自信乃至自负、耿直孤介、随性发论等品性行为，都会使其涵养大打折扣，但他也绝非信口雌黄之人。浦起龙的庸俗见解，对认识《史通》的史学批评方式，实未达一间。

刘知幾很清楚，无论自己如何"泪尽而继之以血"，也左右不了世人对《史通》的互言其短。然而就在嚣嚣纷扰之际，他的知己好友、著名史学家徐坚深重其书，简明精要而掷地有声地指出："居史职者，宜置此书于座右！"（《旧唐书·刘子玄传》）事实表明，徐坚此言乃是深刻的、有历史预见性的公正评判：唐宋时期专门贬斥、批驳《史通》的著作无一传世，而被他们批评得近于体无完肤，后来也命运多舛的《史通》，却以其独树一帜的史学成就，傲然传世，并逐渐被公认为中国传统史学中的一座不朽丰碑。

# 三、《史通》的学术思想与历史价值

## （一）《史通》的学术思想

在《史通》中，刘知幾坦然真诚地表达了自己的所思所想，几乎是想怎么说就怎么说，率性率真，因而其学术思想也就表露得比较充分。

### 1. 以重人事、轻天命为特征的不彻底的无神论思想

刘知幾在《杂说上》评论《史记》时，通过列举正反两方面多个事例，详细阐述了此意。在他看来，无论功业成败、无论国灭身亡还是坐登大宝，都是人们主观努力的结果，肯定历史的发展是由人的主观作用决定的，并不是天命在事先主宰着一切。但天命还是存在的，并随人事而转移，"人君若德才兼备而有善行，天便降下符瑞以赞助之，于是'瑞表于先，而福居其后'，国家便可以兴起；相反的，若国君昏暴而行恶，则天降灾异，所谓'恶名早著，天孽难逃'，国家便将败亡"⑫。在他这里，人事是第一位的，天命是第二位的；既强调了人事对于历史发展所起的决定作用，也达到了宣扬"天予善人"，天命惩恶扬善的目的。他不是不讲天命、不承认天命的作用，而是反对离开人事而单纯地讲说天命、"推命而论"。正因如此，刘知幾在解释历史现象时，皆能坚持以人事为主，不简单地归结于天命；对史书的内容，也强调不应记载与人事无关的"天道"，要以人事为历史的中心。

但刘知幾也真真切切地大声疾呼："灾祥之作，以表吉凶，此理昭昭，不易诬也"，因而那些"事关军国，理涉兴亡""肇彰先觉，取验将来"的灾祥，"有而书之，以彰灵验"，"其谁曰不然！"（《书志》）对灾异祥瑞的灵验很是相信。在《〈汉书·五行志〉错误》中，他从八个方面，不厌其烦地批评刘向、班固等人对各种灾异与人事关系所作的荒谬解释，指责他们"多滥""非精""无识"，然后以真理在我的高高在上的姿态，重新将各种灾异与人事的关系一一作出解释说明、推演引申，"以所谓

'高深的'神学理论，驳斥别人庸俗的神学理论"⑬。其强聒不舍、斤斤争辩的劲头，足见其对灾祥与人事相配关系的深信不疑。

显然，无论是在思想上还是在实践上，刘知幾都不是一个彻底的无神论者，他的思想还处于一个矛盾的复杂体状态，是以重人事、轻天命为特征的不彻底的无神论思想。他在理论上还没有达到无神论，但也不难看出，"他的思想基本上是倾向于唯物主义和无神论的传统"⑭。

2. 反对简单地以政治成败评论历史人物

其明显体现，是在《称谓》和《编次》中，通过反对以往史书不为更始皇帝刘玄设立帝纪并直呼其名的做法，明确反对成王败寇，"势穷者即为匹庶，力屈者乃成寇贼"的正统历史观念。刘知幾在《自叙》中说，他在少年时就觉得范晔《后汉书》宜为刘玄立帝纪，后来读书益多，才知道东汉张衡也提出过这一观点。到三十年后写《史通》时，他将这一观点公开亮明，提出要把刘玄本纪列于光武帝刘秀之前，指出班固等东汉朝臣奉命纂修《东观汉记》，不敢如此书写，情有可原，但东汉以后的史学家如范晔就不该再沿袭班固等人的做法，而应予以改革。其立论的根据，只是刘秀曾经称臣于刘玄的事实，而把刘玄的失败、刘秀的成功完全抛在了一边，明显地体现了不以成败论英雄的思想。

由于时代和见识的局限，刘知幾对农民起义及其领袖持贬斥态度，不但动辄以"盗贼""寇贼"等蔑称相加，而且还因此反对将项羽列入本纪，说"项羽僭盗而死，未得成君"，就算"羽窃帝名，正可抑同群盗"，批评《史记》列项羽于本纪是"求名责实，再三乖谬"（《本纪》）；同理，他也反对将陈胜列于世家，说"陈胜起自群盗，称王六月而死，子孙不嗣，社稷靡闻，无世可传，无家可宅"，批评《史记》列陈胜于世家是个错误（《世家》）。与此相反，《史通》对帝王将相表现出深深的艳羡和推崇之意，如《书志》中宣称"帝王苗裔，公侯子孙，余庆所钟，百世无绝"，要求在国史中立《氏族志》予以记载。这些论述，都凸显了他未能彻底地坚持不以成败论人的思想观念，是其阶级局限性的表现。

　　3. 强调历史进步论

　　首先，刘知幾肯定历史发展中，古今是有变化的，强调"古今不同，势使之然"，体现了朴素的历史进化思想。《史通》开篇《六家》第二句即指出："古往今来，质文递变，诸史之作，不恒厥体。"全篇大旨就是阐明，一方面，随着历史的发展，逐渐产生出六种主要史书体裁及其流派，另一方面，因不能再适应社会发展的需要，有四种逐渐退出了历史舞台。这就从考察史书体裁发展演变的角度，强调了古今历史的变动发展的事实。继而《二体》中又指出，从三皇五帝到西周时期，文字记载简略，史书并无完备的体裁可言，只是到了战国秦汉时期，"载笔之体，于斯备矣"。认识到随着历史的发展，社会越来越进步。这就否定了把上古三代说成是黄金时代的历史退化论。

　　在《叙事》中，作者强调写作史书要使用当时的语言文字，不可"假托古词，翻易今语"，否则"何以考时俗之不同，察古今之有异？"在《烦省》中，作者明确提出："古今有殊，浇淳不等。"和早期史书记事简略相比，"近史芜累，诚则有诸，亦犹古今不同，势使之然也"。认为历史奔腾不息地向前发展，是古今变化的原因。

　　其次，强调在批判继承前人优秀传统的同时，更要"随时而革"，"适俗随时"（《杂说中》）。《烦省》中指出，早期史书全都记事简略，后来史书则记事详细，"若使同后来于往世，限一概以成书，将恐学者必诟其疏遗，尤其率略者矣"；如果再以前人的简略为标准而批评后人的详细繁富，则"不亦谬乎！"强调在变动的历史过程中，不能以前人为标准，而必须坚持发展的观点。在《题目》中，作者明确反对设立书名篇名时，"好奇厌俗，习旧捐新，虽得稽古之宜，未达从时之义"的做法。《称谓》中在列举一些史书对历史人物的称呼用语之后说："凡此诸名，皆出当代，史臣编录，无复张弛。盖取叶随时，不藉稽古。"《摸拟》中说"世异则事异，事异则备异"，《因习》中说"三王各异礼，五帝不同乐，故传称因俗，《易》贵随时"，这都是强调要随着历史的发展而适时改革，推陈出新。

但"适俗随时"并不就是直接否定过去、否定历史，刘知幾还提出了"得稽古之宜"的要求，不但"古"要"稽"，而且要"稽"其"宜"。他反对的是"必以先王之道，持今世之人"（《摸拟》），"事有贸迁而言无变革"（《因习》）的极端做法，认为这种一味的"必"正是史家"无识"的表现（《摸拟》）。他在《题目》中对《东观汉记》"择善而行，巧于师古"的行为给予了充分肯定，同时批评了班固、何法盛"贵于革旧，未见其能取新"的做法。《摸拟》中更是开篇即明确倡言："夫述者相效，自古而然。"写史书"若不仰范前哲，何以贻厥后来？"稽古是必要的，继承传统是正当的，而且也正是为了开出新的境界。《因习》篇指出："凡为史者，苟能识事详审，措辞精密，举一隅以三隅反，告诸往而知诸来，斯庶几可以无大过矣。"只有批判地继承前人的优秀传统，结合实际，应时变通，创造性地推陈出新，才能"庶几可以无大过"。作者的观点，是非常明确的。

4.坚持以传统儒学思想为治史理念之本

《史通》的《疑古》《惑经》两篇，对儒家盛称出于圣人孔子之手的《尚书》《春秋》二书，从史学求实的角度，指出其记事不实的错误，称《尚书》有可疑者十条，《春秋》有不可理解者十二条、虚美者五条。但通观《史通》全书，刘知幾对这两部书还是以推崇为第一位的，是把二者定格在至高无上的地位的。如《断限》中称："夫《尚书》者，七经之冠冕，百氏之襟袖。凡学者必先精此书，次览群籍。譬夫行不由径，非所闻焉。"《称谓》："昔夫子修《春秋》，吴、楚称王而仍旧曰子。此则褒贬之大体，为前修之楷式也。"《载文》："昔夫子修《春秋》，别是非，申黜陟，而贼臣逆子惧。……此乃禁淫之堤防，持雅之管辖，凡为载削者，

可不务乎？"《叙事》："昔圣人之述作也，上自《尧典》，下终获麟，是
为属词比事之言，疏通知远之旨。……意指深奥，训诂成义，微显阐幽，
婉而成章，虽殊途异辙，亦各有美焉。谅以师范亿载，规模万古，为述
者之冠冕，实后来之龟镜。……故世之学者，皆先曰五经。""历观自古，
作者权舆，《尚书》发踪，所载务于寡事；《春秋》变体，其言贵于省文。
斯盖浇淳殊致，前后异迹。然则文约而事丰，此述作之尤美者也。"而《本
纪》中更是明确宣布："服孔门之教义者，虽地迁陵谷，时变质文，而此
道常行，终莫之能易也。"也就是说，天地可变，但孔门教义却是必须
遵守而不能改变的指导思想。

　　毫无疑问，《史通》的政治思想、是非标准，仍然是儒家所标榜的
名教思想。在这个根本点上，《史通》并没有一点"非圣无法"的意识。
它对孔子和《春秋》等儒家经典的批评质疑，只是从史书必须实录记事
的角度进行的，并不关儒学思想本身。诚如当代研究者所言，刘知幾并
不贬低孔子、轻视经书，相反，儒家经典是《史通》全书的主导思想，
他对孔子和儒家经典的推崇是无以复加的，认为儒家经典的地位远在史
书、子书等之上，他在评论史书史家时，也以是否合乎圣人、经典之说
为褒贬标准，他并没有批判儒家的道德伦理观念，没有冲破儒家思想的
束缚，"他甚至有若干处指责《尚书》《春秋》所载不符合'名教'，该
隐讳而不隐讳"⑮。"知幾既不反儒，更不薄孔，这是我们现在研究刘知
幾史学思想必须掌握的钥匙。只是由于他以严肃认真的态度治史，在对
待《尚书》《春秋》时，就不能回避冒犯圣经。他提出怀疑、迷惑，是
就史而论，客观上虽也含有破灭儒经圣光的作用；但在今天如据此就说
它具有批儒的进步思想，不仅会陷入'虚美'的泥坑，读《史通》也会
扞格难解"⑯。

　　相对于求真求实的史学精神来说，在刘知幾这里，儒学名教观念是
更高层次的、居于统治地位的指导思想，直书实录只是具体的行事准则；

他所要求的直书实录，并不是无条件地进行的，而是在儒学名教观念指导和支配下进行的。在他身上，这两者并不矛盾，而是连体并生的上下辖属关系，儒学名教观念统摄着直书实录，指导着直书实录的进行，如果牵涉到名教问题，则自然是首先服从名教的观念。也正因此，我们很自然地看到了《史通》中的如下论断："史氏有事涉君亲，必言多隐讳，虽直道不足，而名教存焉。"(《曲笔》)"臣子所书，君父是党，虽事乖正直，而理合名教。"(《惑经》)虽然《史通》也批评了《春秋》隐讳过甚而"厚诬来世"的做法(《惑经》)，表达了不希望为了名教而完全违背历史真实的念头，但显而易见的是，为了名教，可以"事乖正直"却是他始终坚守的基本价值观念，这就不能不直接影响到他对直书实录、求真求实的史学精神的推崇与高扬。这是刘知幾的不足，是《史通》的历史局限，需要我们以唯物主义和历史主义的态度予以正确看待，而不能苛求作者必须超越当时的主流思想状态。

### (二)《史通》的历史价值

在中国古代史学发展过程中，先秦时期即已产生一些零星的史学评论论述，折射出理性的光芒。秦汉以来，司马迁、班彪、范晔等人都曾简要总结前人的史学成就，刘勰《文心雕龙·史传》更以专篇的形式总结了既往史学的发展历程，涉及史学功用、史书体裁体例、史书内容、史料采择、撰著态度等多个方面。刘知幾充分继承了《文心雕龙》的学术成果，并吸收了其他优秀传统文化因素，创造性地写出了中国第一部史学理论著作，从而使他的历史贡献远远超越了前人。其荦荦大者，主要有以下几个方面：

1.第一次以明确的才、学、识三个理论范畴，总结性地提出了史学家综合素质的标准，即"史才三长"论。

武则天长安三年（703）[17]，在回答同僚询问为何自古以来文士多而史才少时，刘知幾答曰：

> 史才须有三长，世无其人，故史才少也。三长谓才也、学也、识也。夫有学而无才，亦犹有良田百顷、黄金满籝，而使愚者营生，终不能致于货殖者矣。如有才而无学，亦犹思兼匠石、巧若公输，而家无楩楠斧斤，终不果成其宫室者矣。犹须好是正直，善恶必书，使骄主贼臣所以知惧，此则为虎傅翼，善无可加，所向无敌者矣。脱苟非其才，不可叨居史任。自夐古已来，能应斯目者，罕见其人。（《旧唐书·刘子玄传》）

这就是著名的"史才三长"论，其实质就是我们今天所讲的"史家标准"论。究其意，史才是指史家的撰史才能问题，史学是指史家的知识结构问题，史识则除了历史见识之外，还包括史家正直无私、善恶必书的品德修养和撰著态度在内。这是刘知幾在总结前人零散、孤立的相关论述的基础上，从整体上提出的有关史家修养问题的理论论述。不但是中国史学发展史，而且也是整个中国学术文化史上，第一次自觉明确地提出才、学、识三长的范畴，并对三者之间不可须臾或离的关系进行了论述。

对刘知幾的这一重要创见，当时闻者皆认为是有识之言。三年后，刘知幾开始撰写《史通》，其中多次讨论"史才"问题，其中《核才》开篇即说："夫史才之难，其难甚矣！"全篇专门对"史才之难"予以讨论，主旨即在"苟非其才，则不可叨居史任"。其所核之才，即是指涵容"三长"于一身的"史才"，也就是具有历史学综合素养的优秀人才，而并非仅指"三长"中与"学""识"并列的才能这一个方面。可惜刘知幾提出"史才三长"论时，尚未着手撰写《史通》，而《史通》采取的分题撰述方式，也使得"史才三长"这一整体性的重要论述竟未能在《史通》

中有集中阐释，这不能不说是个重大缺憾。但其意已在《采撰》《书事》《核才》《鉴识》《辨职》《品藻》《直书》《曲笔》《暗惑》《忤时》等篇中都有论述，因此这一理论论述自然是《史通》的重要组成部分，而其对后世影响之深远，则更在《史通》本书之上，不但在宋元时期成为中国传统史家标准论的代名词，还被推广到史学之外，成为中国古代通论人才标准的重要表述⑱，而且直到现在，这一才、学、识"三长论"也仍然经常被用来评价其人是否胜任其职的重要指标。我们可以毫不夸张地说，这一整体综合的人才观，是刘知幾和《史通》给予中国史学、中国文化、中国社会乃至全人类的一笔丰厚的文化遗产，至今依然有其实用价值，不但可以作为个人提高自身素养的基本要求，也对各类人才选用工作发挥着重要的理论指导作用。

2. 第一次比较全面而详细地总结了中国史学自产生以来一千多年的发展历程。

从《史通》全书来看，这一总结是从四个方面进行的。其一，是动态而发展地全面总结和论述了千余年史学发展过程中出现的史书体裁。《史通》以研讨叙事性、记事性史书为主，而不是对先秦以来所有类型的史书进行讨论，其显例即是对各种典章制度、簿录等史书绝不涉及，因此作者对史书体裁的考察也就以这一类史书为对象。《史通》开篇之《六家》《二体》率先总结了作者认为是正史的史书体裁。《六家》中指出，古往今来，随着社会的发展，史书体裁也有一个逐渐发展的过程，先后产生了以《尚书》为代表的记言体，以《春秋》为代表的记事体，以《左传》为代表的编年体，以《国语》为代表的国别体，以《史记》为代表的通史性纪传体，以《汉书》为代表的断代纪传。六种体裁各有自己的优缺点，后继学者竞相仿作，从而形成六种史学流派。但随着时移世异，有四种体裁及其流派逐渐被淘汰而退出了历史舞台。值得继续效法遵循的，只有《左传》所代表的编年体和《汉书》所代表的断代纪传体两种。《二体》紧接着就讨论这两种体裁的优劣对比,这既是对《六家》一篇内容的自然衔接,也是对南北朝时期有关编年、纪传二体孰优孰劣讨论的回应与总结。作者通过列举实例,详细比较、指陈二体各自优劣,提出二者各有其美,应该并行于世,而不该彼此取一而废一,二者并非矛盾不可互存。在《杂述》中,作者又将六家之外的各种非正史之书进行总结归纳,对其十种类别分别予以探讨评论,从而完成了他对古今正史与非正史的史书体裁的总结。

其二,是总结了历代史官的设立与沿革情况。官方记录历史、编修史书及其相关的制度与举措,为中国史学的繁荣发展作出了重要贡献,也是西方古代史学所不具备的文化特色。无论记录历史还是编修史书,史官作为史学主体都是不可或缺的。中国早在商周时期既已设立史官,东汉以后,官方修史活动更是连续不断,修史机构和修史官职逐渐成为国家政治制度和官僚机器的重要组成部分。唐代不但正式设立史馆,而且史官们还在继承前人史学遗产的基础上,短时间内修成了八部纪传体正史。刘知幾本人则多次担任史官,时间长达二十年。这都促使刘知幾在总结中国史学发展历程时,不能不重视对史官的设立与沿革的总结和梳理,其成果便是《史通》外篇的开篇之作《史官建置》。

其三,是以《古今正史》《杂述》两篇,梳理和总结了历代官私编修史书的主要情况。从先秦到作者生活的时代,举凡在当时发生过影响、在后世起到过一定作用的史书,作者都对其编修情况进行了考察。

其四,《史通》为了论证自己的史学理念,对先秦以来产生的绝大部分史书都有引录和评论,其中无论褒贬,都既有对前人评论的总结,更多有自己的独到分析,可谓对已有史书的总结性评论。这是《史通》进行理论思维的重要手段,在它这里,没有评论就没有理论。这些内容,既可以促进和启发后人的进一步思考,也为后人研究中国古代史学提供了重要资料,至今在史学史研究中发挥着重要的资料宝库的作用。而对于当今所有阅读者来说，作者在上下捭阖、纵横古今的议论驰骋中，表现出的不畏惧强权、不迷信权威、不盲从圣贤的顶天立地精神和独立思考的批判性思维，都是我们每一个人应该学习并效法、坚持的，都是我们今天进行文化建设、提升文化原创力的重要精神源泉。

以上四个方面，分别从史学主体（史官史家）、史学客体（史书）、史学客体的外部表现形式（体裁）和史学客体的内容评价等四个层次，对一千多年的史学遗产进行了总结，全面而详细，"以视西方近代所流行撰写的史籍史，其境界犹凌而上之。所以《史通》不但是人类有史以来第一部实实在在谈历史写作的论著，也是全世界最早出现的一部翔实的史学史。唐以前中国史学的发展，得到了一次全面的系统的总结。这是《史通》的真价值所在"[19]。其总结容有疏漏，其评断容有失误，但其敢为天下先的勇气与见识，则不能不使人钦仰。

3. 第一次比较全面地总结了史书编纂中各种具体方法和写作技巧，提出了一套规范化、程式化的历史编纂学见解。

"《史通》是一部评论史学的专著，所评论的中心在于历史编纂学。刘知几撰为此书，在史学史上可说是独树一帜的创作，对后来的研究和编纂工作大有裨益"[20]。在开篇的《六家》《二体》之后，《史通》在第三篇《载言》即开始了对纪传体史书编纂义例的论述，随后的《本纪》《世家》《列传》《表历》《书志》五篇，从篇名上一看便知是专门对纪传体史书编纂方法的总结与论述，此后的篇章是对各体史书编纂方法的论述，但仍以纪传体为主。如《本纪》提出纪以编年记事，唯叙天子一人，非天子不得入本纪，这是沿袭和总结了魏晋南北朝以来的观点；提出本纪专载国家大事，琐碎细事不能写入本纪。《世家》提出只有开国承家、世代相续的诸侯类人物可以列入世家。《列传》提出传以记人臣，反对将"生无令闻，死无异迹"之人列入传中，对附传给予了实事求是的肯定。《史通》对纪传体的表、志都不重视，《表历》《书志》两篇毫不含糊地表述了这一观点。《论赞》强调不必每篇都写史论，不能强生其文，不能与正文记事重复，特别是不能与夺乖异、论事不当。《序例》提出篇序必须言辞简质、叙述温雅，而不可遗弃史才、矜炫文采，如果前史已有同类篇序，且旨趣相同，则不必再写；强调史书凡例非常重要，绝不能自乱其例。《题目》强调无论书名和篇名都应"考名责实"，做到名实相符。《断限》从记事、记人、记地等方面对前代史书的相关记述进行评议，强调史书记事必须划分阶段，"正其疆里"，"明彼断限，定其折中"。《称谓》强调对各种人物的称谓必须严谨求实，"理当雅正"，既要合宜，又要"随时"。《采撰》强调史料采择必须坚持博采慎取、征实求信的原则。《邑里》批评了前代史书在记载人物籍贯时存在的不良现象乃至错误，独创性地提出从今不从旧，书写当代所居的观点。《言语》《浮词》两篇，是从史书语言文字方面讲论史书的编纂方法、写作技巧。《叙事》强调史书记事以简要为主，主张言近旨远、文约事丰，"略小存大，举重明轻"，反对"妄饰"。《书事》《人物》讨论了哪些事件和人物可以载入史书。《序传》专门论说写史过程中的作者自序问题，在总结前人多种自序的基础上，提出自传贵于真实，既能隐己之短、称其所长，又能做到其言不谬，即为实录，如此则即使自叙家世也可以扬名显亲，但不能夸尚，不能伪造。《史记》《汉书》等古代私修纪传体史书有以自序殿全书的传统，《史通》也以《自叙》作为内篇的最后一篇，并严格坚持了《序传》中提出的写作原则。如此等等，既有对前人成果的继承与总结，更有作者个人多年专精研治史学的亲身体会。显然，其中的很多内容，至今仍有重要的参考价值和启发意义。

对书中有关历史编纂学的总结论述，刘知幾非常自信。而在现实生活中，刘知幾又不愿趋炎附势，以致屡遭排挤，但他仍固守独立人格，因而《史通》在评价他人时毫无顾忌，从来都是明快直率地说出自己的观点和态度，毫不含糊地表示自己的爱憎喜怒，而且还将相关的体例要求予以严格划定。例如他坚持魏晋以来唯以天子为本纪的观点，遂对《史记》为灭商以前的周朝先世、统一六国以前的秦朝先世以及项羽设立本纪，提出严正批评，特别是对项羽立本纪，先后几次提到；他提出只有开国承家、世代相续的诸侯类人物可以列入世家，对《史记》为三家分晋之前的韩、赵、魏先世和田氏代齐之前的田氏先世列入世家提出批评；他指责《三国志》仅为吴蜀两国帝王立传是名实不副，认为本纪之体就应名为本纪，而不该标以传名；对《汉书》中记载汉朝以前人物的《古今人表》，他多次提出批评，指责其破坏断限之意；他主张纪传体史书应删除《天文志》《艺文志》《五行志》，主张设立都邑志、氏族志、方物志，皆言之凿凿，不容置辩；宣称"国史之美者，以叙事为工；而叙事之工者，以简要为主"，则更明显地把自己个人的观点看作为不二之法言。此类表述在《史通》中频频出现，显然可见其力倡史书编纂的规范化、程式化的目标，这是他通过《史通》为史学发展，特别是为史馆修史，确立法典法则的重要内容。"其缕析条分，如别黑白"，"其贯穿今古，洞悉利病，实非后人之所及"（《四库全书总目》卷八八《史通》），"观其议论，如老吏断狱，难更平反；如夷人嗅金，暗识高下；如神医眼，照垣一方，洞见五藏症结。……上下数千年，贯穿数万卷，心细而眼明，舌长而笔辣"（黄叔琳《史通训故补·序》），可谓"目洞千秋，手裁万化，决断无疑"（张民表《史通训故·序》），以致宋末元初著名学者王应麟高调宣称："史官欲明职业，有刘氏《史通》！"（《玉海》卷五四《唐七十五家总集》）

　　总的来看，有关历史编纂学的论述是书中最主要的内容，集中体现了《史通》针对当时官方修史弊端而"殚其体统"的撰述宗旨，以致清代史学理论家章学诚在谈到自己和刘知幾的区别时，简明扼要地概括为"刘言史法"和"刘议馆局纂修"（《章氏遗书》卷九《家书二》），这是符合刘知幾和《史通》的基本情况的。

　　《史通》的这部分内容，其意义首先是总结，其次是开新。所谓总结，是指刘知幾在前人的基础上，总结并提炼出一套规范化、程式化的历史编纂学见解。魏晋南北朝时期，官私学者们已经开始了对史书编纂方法的讨论，并提出了一些富有建设性意义的观点，但他们的讨论都是在具体编修史书的过程中进行的，属于具体而微的偶一为之。而《史通》则不同，是有意识地从整体上对史书编纂方法的各个角度、各个层面，予以全方位的理论性总结与论述，而且在动笔写作之前，就已进行了理论规划，从史书写作之初的史料采择，到编修过程中的叙事发论、记人书地、载言载文、题名断限、遣词造句、述事繁简，以致最后的如何写史家个人自传等各个环节，全都以专题专篇的形式写成文章，从正面立论和反面批驳两个方面予以总结研究，以强烈的批判精神，有破有立、立破相兼地明确提出了自己的意见。如此全面、系统地总结与提出书籍编纂全过程的一系列方法论论述，无论在中国史学发展史还是中国文化发展史上，都是第一次。刘知幾当然有其历史局限性，清朝人称他"排拓万古，推倒一世，而贤知之过，未免失中"（黄叔琳《史通训故补》"例言"第五则），是符合实际的，他对前人的批评确有拘泥僵化、不知变通，甚至激于义愤而失当之处。但是，"从整体来看，刘知幾在史学理论发展上所达到的高度，的确是前无古人的。《史通》写成于唐中宗景龙四年（710），这在世界史学史上，大概也是无与伦比的"[21]。"自知幾作《史通》，始于史籍义例作缜密之分析，而后史部批判，始有专书"[22]。从此，中国历史学不再只是一种埋头于史料堆中的实践行为，而且也成为一门积极开展理论和方法论探索的学问，成为一门有着自身理论和方法论为指导的学科。从这个意义上说，《史通》正是一部划时代的、承前启后、具有开创意义的总结性著作，它结束了一个几乎完全以史学实践为内容的时代，开启了一个实践与理论并重的史学新时代，"标志着中国史学进入到一个更高的自觉阶段，是史学思想和史学理论发展的新转折"[23]。

所谓开新，是指《史通》这部理论著作，自问世以来，虽然因"疑古""惑经"等内容受到很多非议、贬斥，但因其史学论述中"不易之说，十有八九"㉔，因而得到古代史家史官的认可，在编修史书过程中时常引为指导。有明确的理论和方法论的指引，不但可以避免少走弯路歧路，而且也从质量和水准上推动着史学实践的深入发展，对提高古代历史编纂学的整体水平有重要的促进作用，从而开创出史书编修的新时代。对此，浦起龙的《史通通释·自叙》"按"语，曾从十个方面予以详细指陈。在他看来，唐朝以后所修纪传体史书，对《史通》"罔敢不持其律"，《史通》是"为之向导者"，是"导吾先路"者。他说，只有认识到这一点，才算是"具眼读书者"。钱大昕则列举五条例证，指出《新唐书》采纳和践行了《史通》的理论，他说，刘知幾沉潜诸史，"用功既深，遂言立而不朽"，"后代奉为科律，谁谓著书无益哉！"（《十驾斋养新录》卷十三《史通》）既然奉为科律，则自然是以《史通》为理论指导。是则，"刘氏之书，诚载笔之圭臬"（纪昀《史通削繁·序》），"为作史者准绳"（张鼎思《续校〈史通〉序》），"信史家之砥砺，述者之夷庚"（张民表《史通训故·序》），"亦可云载笔之法家，著书之监史矣"（《四库全书总目》卷八八《史通》）。毫无疑问，刘知幾本人"虽没有作史的成绩，而史学之有人研究从他始。这好像在阴霾的天气中打了一个大雷，惊醒了多少迷梦，开了后来许多法门"㉕。

4. 第一次写出专门篇章，强调史家职业道德，力倡直书实录，丑诋曲笔阿容。

刘知幾与人谈论"史才三长"，在述说才、学之后，直接说道："犹须好是正直，善恶必书，使骄主贼臣所以知惧，此则为虎傅翼，善无可加，所向无敌者矣。"这就是他在当时的语境下，对"识"的解释和说明。之所以如此，是因为他把直书实录视为史学第一要义，因此他就把正直的品德作为史识的一个重要方面提出来，并用在这里来代指史识，强调有了包括史德在内的史识，就会如虎添翼，善无可加，所向无敌。之后撰写《史通》，他又专门写下《直书》《曲笔》两篇文章，从一正一反两个方面，集中探讨史学家的撰史态度问题。

《直书》指出，因世途多隘，史家往往有直书其事而受迫害者，世态如此，而责史臣以正直气节，是比较难的。但历史学自身的品格就要求史家必须坚守自己的职业道德，"仗气直书，不避强御"，"肆情奋笔，无所阿容"。作者力倡舍生取义的大丈夫精神，义正辞严地指出："烈士徇名，壮夫重气，宁为兰摧玉折，不作瓦砾长存。……虽周身之防有所不足，而遗芳余烈，人到于今称之。"这种为史学求真而献身的高尚品格和崇高精神，虽在先秦时期即已不乏事例，但如此壮怀激烈的宣示和慷慨激昂的推崇，还是有史以来第一次，就是今天的以史为职者，也仍须坚守这一品格。

在《曲笔》中，刘知幾尖锐地批评曲笔行为乃"作者之丑行，人伦所同疾"，泼辣地批判其作者乃"记言之奸贼，载笔之凶人，虽肆诸市朝，投畀豺虎可也"。然自古以来，"唯闻以直笔见诛，不闻以曲词获罪"，刘知幾悲愤地控诉："欲求实录，不亦难乎！"强调史家必须牢记史学"记功司过，彰善瘅恶"的功用，以"得失一朝，荣辱千载"的高标准来严格要求自己，做到奋笔直书，反对曲笔。篇中充溢着强烈的批判精神，旗帜鲜明而又淋漓尽致地阐发了记史求真的准则。

刘知幾深知："所谓直笔者，不掩恶，不虚美。"（《杂说下》）为将此实事求是的精神贯彻到底，他又毫不犹豫地写下《疑古》《惑经》两篇，以举世昏昏、惟我独醒的大无畏精神，矛头直指儒家经典《尚书》《春秋》，尖锐地批评了它们的隐讳史实、真伪不分、是非相乱等问题，显示了一位坚定的史学理论家为高扬职业道德建设旗帜，而具有的果敢坚毅的性格与勇于斗争的精神，但他个人也因此而被称为非圣无法的"名教罪人"达千余年之久。

尤为意味深长的是，刘知幾在《直书》中还特地指出，史书即使有不直书之处，后人也能根据相关传世史料，考证出历史的本来面目。这无疑是在告诫妄图篡改历史的权贵和未能据事直书的史臣，历史真实是掩盖不住的，历史不是任人摆布的玩偶，任何心存侥幸、痴心妄想都是徒劳无益的，最终只能证明他们的可耻与可憎。这层意思，唐朝以前很少有人讲到，但对高扬史家职业道德建设之大旗，绝不是可有可无的。刘知幾对直书准则之坚持，真可称千古一绝。

5.第一次以"爱而知其丑"的态度，集中批判了当时官方修史的种种弊端。

作为一名优秀的史学家，刘知幾深刻地认识到官方开馆设官修史的重要性，不但写下了考察古今史官的专门篇章《史官建置》，还在该篇序中高言畅论："史之为用，其利甚博，乃生人之急务，为国家之要道。有国有家者，其可缺之哉！"但长期参与史馆修史工作的亲身经历，也使他深深地认识到当时官方修史的缺陷与不足。于是，"伤当时载笔之士，其义不纯，思欲辨其指归，殚其体统"（《自叙》），就成为他针对当时官方修史之弊而写作《史通》的缘起与目的。与此同时，他对以史馆为代表的官方修史的种种弊端，也从正面予以揭露和批判。

首先，刘知幾对史馆官员缺乏史才提出严正批评。认为"监史为难，斯乃尤之尤者"，因而监修应以才具美者为之，而当时居此职者却不然，不但自己能力不行，"饱食安步，坐啸画诺，若斯而已"，而且选用的史官也"皆非其才"，以致他们"或当官卒岁，竟无刊述"，"或辄不自揆，轻弄笔端"，他们恣肆横行，将史馆变成了"素餐之窟宅，尸禄之渊薮"（《辨职》）。特别是"近代趋竞之士，尤喜居于史职，至于措辞下笔者，十无一二焉。既而书成缮写，则署名同献；爵赏既行，则攘袂争受。遂使是非无准，真伪相杂，生则厚诬当时，死则致惑来代"（《史官建置》）。这使修史责任感与使命感都极其强烈的刘知幾不能不痛感"言之可为大噱，可为长叹"，不能不发出"凡有国有家者，何事于斯职"（《辨职》）的悲痛呼号，不能不悲愤地质问：国家设立这样的史馆又有何用呢？

其次，从史馆不能修成良史的角度，冷静地分析、批判了官方修史的弊病。这就是《史通》全书最后一篇《忤时》中，作者致史馆监修萧至忠等人求免史任书信的前半部分内容，作者称之为"五不可"，即五个方面的弊病，白寿彝对此进行了阐释，"其一是说史馆成员虽多，但各不相下，在工作上不能合作；其二是说史馆缺乏史料上的供应制度和临时访寻之势难周全；其三是说史馆内情易于宣泄，增长编修者的顾虑；其四是编修的指归不明，监修人之间意见也不一致；其五是说刊削的工作和人员的铨配都没有明确的科条和具体的领导。这五点形象地揭露了史馆的乱糟糟、拖拉拉、人烦、日久、工作质量不高的现象。这是唐代史馆所不能解决的问题，也是以后官修史书不能解决的共同性的大病。刘知幾不可能看到这个问题的社会根源，但却准确地揭开了这种垄断机构的疮疤"⑳。

刘知幾对史馆修史的批判，皆得自于亲身参与史馆工作的个人经历，因而绝非无的放矢。不过也必须指出的是，他所说的"五不可"，"是从一正一反两个方面阐论史馆的，既指出现时史馆之弊，也指出应该如何如何，因而他未否定官修制度"㉗。他虽然在《辨职》篇末力倡私修，提出不必入史馆作史官，"退居清静，杜门不出，成其一家，独断而已"，但也并不一概反对史馆修史，他批评的只是史馆监修"坐啸画诺""冠猴献状"，致使徒延岁月而书不能成，他所反对的只是史馆内部制约着优秀史书产生的运行机制，而并非否定官修史书制度。就是刘知幾自己，虽然深感在史馆不得志，难以修成一部体现自己思想和学识的史书，于是私修《史通》以见其志，但他编修之始，也只是请求留在东都洛阳的史馆中工作，不与中央朝廷一起到京师奉职，他只是尽量远离朝廷的繁重工作和人事牵绊，以便清静地私自撰写《史通》，成其一家独断之学，而不是真的退出史馆、辞去史官职务。这也难怪，因为私修、官修本来就不是决然矛盾的对立物。正因此，虽然刘知幾言辞犀利地激烈批判了唐代史馆的弊病，但实际上是在为官方史学把脉问诊，是在为改善官方修史工作提出积极建议。因而他所力陈的"史馆修书五不可"，也就往往成为后世改良史馆运行机制的反面教材而被人们提起，对官方修史发挥着重要的警示作用。而其中的一些内容，如修史人员能否合作共事，史料如何收集，组织者是否领导有方，也是今天集体合作修书项目必须正视并解决的问题，否则同样会出现刘知幾所担心的头白可期而汗青无日的不良后果。

6. 重申并强调了关于史学功用的传统理念。

中国史学自先秦产生以来，就确立了以史为鉴、以史辅政、以史惩劝和以史教化的史学功用论，刘勰《文心雕龙·史传》的"居今识古，其载籍乎"，更从宏观上强调了史学的功用价值。在前人基础上，《史通》"虽以史为主，而余波所及，上穷王道，下掞人伦，总括万殊，包吞千有"，"其为义也，有与夺焉，有褒贬焉，有鉴诫焉，有讽刺焉"（《自叙》），对史学的功用做了很多申论。其中除了在讲述史法史例时包含有"上穷王道，下掞人伦"的内容外，还曾专门谈到这些内容。

《直书》中说："史之为务，申以劝诫，树之风声。其有贼臣逆子，淫君乱主，苟直书其事，不掩其瑕，则秽迹彰于一朝，恶名被于千载。言之若是，吁，可畏乎！"《史官建置》也在篇首序中说，只要史书存在、史学不亡，人们就可以借此而"神交万古""穷览千载"，更可以借此"见贤而思齐，见不贤而内省"，从而对提高个人道德素养、增强政治清明、纯洁社会风化起到重要作用，因此无论于国于民，史学都是"其利甚博"。这不仅是光明正大地坦然宣示了历史学的功用价值和存在意义，而且也是要求以史为职者必须具有高度的历史使命感、强烈的社会责任感和无尚的职业光荣感。

　　总的来看，《史通》重申并强调了传统史学功用的理念，其意义在于"进一步阐发了'载籍'（'竹帛'）在人们'识古'中的关键作用。用今天的话来说，就是史书是帮助人们认识历史的工具和桥梁"；"在史学思想上的价值在于：第一，他从正反两个方面提出问题，即有无史官、竹帛，是两种完全不同的结果；第二，他揭示了人们求善、敬贤之心，即史学功用是通过人的主观能动作用才能表现出来；第三，他强调了史学功用对于个人和国家都是非常重要的，即所谓'急务'与'要道'；第四，他丰富了唐太宗《修晋书诏》关于史学功用思想的内涵，即超出政治功能而具有广泛的意义"[28]。

　　以上所述，就是刘知幾和《史通》这部史学理论著作给予中国历史和中国文化的主要贡献。梁启超曾经指出：从史学所赖以建设、成立与发展的角度说，中国自有史学以来两千年间，最重要、最有关系的是唐代刘知幾、宋代郑樵和清代章学诚。此三人皆不见容于当时之流俗，但皆具卓识，"代表时代特色而且催促史学变化与发展"。三人中，"刘氏事理缜密，识力锐敏。其勇于怀疑，勤于综核，王充以来一人而已"。特别是对"史料的审查，他最注重"，"言之最精，非郑、章所能逮"，"前人所不敢怀疑的他敢怀疑"，"《疑古》《惑经》诸篇，虽于孔子亦不曲徇，可谓最严正的批评态度"。"史事不可轻信，史料不可轻用，这是刘知幾所开最正当的路"。总之，"自有刘知幾、郑樵、章学诚，然后中国始有史学矣。至其持论多有为吾侪所不敢苟同者，则时代使然，环境使然，未可以居今日而轻谤前辈也"[29]。不但明确评判了刘知幾对中国史学发展的贡献，而且也提出了对其思想学说应秉持的客观评价态度。

　　恩格斯说："一个民族想要站在科学的最高峰，就一刻也不能没有理论思维。"[30]问世于8世纪初的《史通》，不但是中国第一部史学理论著作，同时也是世界上最早的史学理论著作。其中，"创写史学史，开辟史学方法论，建立求真的批判史学，气象之宏，识见之卓，千年以后，难有其比"。而"西方近代史学家所倾力以求者为历史之真（所谓窥探往事的真相），所尝试撰写者为史学史之书，所热心讨论者，为史学方法论的经纬"，显然，"西方十九世纪以来所发展的崭新史学，往往与知幾的史学，不谋而合"③。"以当代史学原理为准，（刘知幾《史通》）在鉴空衡平之客观主义以外"，其史学思想中的分析心态、时变意识、理性精神与人文取向，也都"无一条不与欧洲文艺复兴以来之史学思潮主流暗合。而知幾于直书准绳之坚持，于持平原则之实践，均称千古一绝，非仅于中国罕见，即令就世界史林言，亦属少有"。作为 8 世纪初的史学家，刘知幾竟能"发近代史学之伟论，其卓见洞识且有超越时人千年以上者"②，以致于有学者不能不发出如下慨叹："读西洋史家朗各（Langlois）、辛诺波（Seignobos）、文森（Vincent）、鲁宾孙（Robinson）、法林（Fling）诸氏之书，觉西人所研究之史学问题，（刘知幾、章学诚）二君多已道其精微。"③移居美国的著名史学家洪业不但在早年即已开始研究《史通》，而且在晚年专门致力于《史通》的英文译注工作，他认为《史通》"是世界上第一部对史学体例进行了系统讨论之作，因此他发愤要把它译出来，让西方人知道中国史学造诣之深和发展之早"④。这些都表明，在史学理论方面，《史通》在当时确是站在了世界历史领域的高峰之上。中国传统史学绝不是像西方学者所说的那样没有理论思维、没有批判思维。相反，不但有，而且还要更早地就出现了专门讲述史学理论与史学方法的著作，这就是唐代史学家刘知幾撰写的《史通》。西方学者认为中国传统史学没有理论的论调，只是他们自己无知和盲目自大的表现。从这个意义上说，研究、推广、继承和发扬《史通》，在中国是当今增强史学文化创造力的一个必备环节，在国际上，则是增强中华文明影响力的一个必备环节，可以真切地向世界表明，中国文化传统中有着自己深厚的理论思维和丰富的理论遗产，特别是《史通》中对史料收集与选择的理论论述，对历史评论原则的理论论述，对史学家自身素养的理论论述等内容，都是用中国本土语言表述的具有自己风格、自己特色，并具有世界性普遍意义的理论，值得国际史学界细细咀嚼、反复玩味，以吸收其营养。

## 四、《史通》的版本与本书编写说明

### （一）《史通》的流传

《史通》撰成之后，刘知幾的好朋友徐坚深重其书，认为史家应将其置于座右，作为必备之书。但《史通》"多讥往哲，喜述前非"，甫一面世就招致史馆内外保守学者的非议。从唐至宋元，虽然《史通》既有抄本，也有刻本流传世间，在社会上流行易得，除了公开引用者外，私下参考、借鉴以修史者更多，但在唐宋元时期较少受到公开赞赏，即使有一些看似给予了很高评价的褒奖之语，细一分析即可发现，也主要是出于欲抑而先扬的策略考虑，因而明确反对者时时出现，且占据上风。

明初，蜀藩司据宋代蜀刻本刊印《史通》，个别学者家里也藏有《史通》抄本，但未能在社会上广泛流布。明成祖即位初期，编辑中国古代规模最大的类书《永乐大典》，将《史通》一书分散收入其中。明世宗嘉靖十三年（1534），陆深因读到蜀藩司翻刻的宋代蜀刻本《史通》，乃节选其部分篇章，并增补一些其他内容，编为《史通会要》，次年又将其重新校刻传世，由此促成了明代学者对《史通》研究的热潮，校勘和刻印《史通》、注释和评论《史通》者皆不乏其人，而践行《史通》所倡导的史学理论也达到了新的高度，对《史通》进行专深研究更是超出了前人的水平。因而有学者认为，正是从明代开始，"研究《史通》成为一门学问"[35]。

经过明代学者的努力，人们普遍认识到，《史通》虽然存在一些缺点，特别是在政治伦理上与正统观念不一致，但在史学上有其不可磨灭的价值，因而《史通》在清代的流传也就不再受到任何阻力，对《史通》进行文本校勘、注释评论与学术研究者均超过前人。

近代以来,《史通》作为中国传统史学理论著作备受重视,成为中国传统史学研究的最主要对象之一。较早者如梁启超、朱希祖等人,都对《史通》有很好的研究与论述。继而傅振伦出版《〈史通〉之研究》《刘知幾年谱》等著作;吕思勉出版《史通评》一书,以现代史学观点对《史通》进行逐篇评论。陈汉章《史通补释》、杨明照《史通通释补》、彭仲铎《史通增释》,则皆为对《史通》文本深有研究之作。至于翦伯赞等公开发表的《史通》研究论文,为数更多。值得提出的是,许多"史学概要""史学通论"等理论性著作,都以《史通》为重要的参照物,有的还专辟章节阐述《史通》、研究《史通》,表明《史通》对中国近现代史学理论的建设,发挥了重要作用。

中华人民共和国成立后,以唯物史观研究《史通》成为时代风气,侯外庐、白寿彝、任继愈、杨翼骧、卢南乔、王玉哲等人都发表了很有学术影响力的研究论文。改革开放以来,《史通》研究再度成为传统史学研究的热点,每年都发表有专题研究论文,程千帆《史通笺记》、张舜徽《史通平议》、赵俊《〈史通〉理论体系研究》、许凌云《刘知幾评传》、张三夕《史学的批判与批判的史学》、许冠三《刘知幾的实录史学》等专门学术研究著作也不断出现。2013 年,王嘉川出版《清前〈史通〉学研究》,第一次对清朝以前《史通》的流传状况进行了全面系统的研究。

### (二)《史通》的主要版本

在《史通》传世过程中,上述明世宗嘉靖十四年(1535)陆深校刻本《史通》,是为今传《史通》的最早版本。

万历五年(1577),张之象校刻了一部新版《史通》,对此后多种版本《史通》的形成,起到了重大作用,是为今传《史通》的第二个版本。

万历三十年(1602),张鼎思以陆深刻本为基础,重新校刻了一部

《史通》行世，是为今传《史通》的第三个版本。

万历三十二年（1604）夏，郭孔延在张鼎思刻本和李维桢提供的张之象刻本基础上，完成《史通评释》修订再刻本，成为今传《史通》的第四个版本。这是《史通》问世以来，第一部对《史通》进行全书注释和评论的著作，既为后人阅读和研究《史通》提供了极大便利，也对后人全面认识、解读、评价和研究《史通》的史学理论，有重要的参考价值。而它的问世，也结束了仅仅校刻《史通》本书的单一形式，此后世间流行之《史通》，已然变成了各种评、释本的天下。显然，郭孔延《史通评释》乃《史通》在后世流传过程中的一个重要转折。

《史通评释》刊刻之后流行一时，很快促成了另外两种《史通》版本的问世。一是李维桢受到郭书启发，对《史通》进行了逐篇评论，后形成二者合刊的"李维桢评、附郭孔延评释"之《史通》，这是今传《史通》第五个版本。二是王惟俭发现郭孔延的注释与自己的想法多有不合，于是另起炉灶，撰成《史通训故》，是为今传《史通》第六个版本。需要说明的是，明末有江南书贾直接盗窃郭孔延《史通评释》，假借陈继儒之名，刊行了所谓"陈继儒《史通注》"，其实只是郭书的改头换面，不能算是一个独立的版本，但它正好从反面说明了郭书在当时影响之大。

乾隆十二年（1747），黄叔琳将王惟俭《史通训故》删繁补遗，并做有少量批语，题为《史通训故补》，刊刻行世，是为今传《史通》第七个版本。

乾隆十七年（1752），浦起龙刊印《史通通释》，在吸取、借鉴前人成果的基础上，对《史通》进行校勘、注释与评论，虽有轻改旧文之弊，但诠释较为明备，对各篇的每层（段）文意皆有疏通讲论，评论也可取者多，对阅读和理解《史通》提供了很多便利，对研究《史通》有重要的参考价值和启发意义，是学界公认的古代各版本中最为重要者，是为今传《史通》第八个版本。

乾隆三十七年（1772），纪昀完成《史通削繁》一书，删去了《史通》中违背封建道德的内容及他认为的冗滥之处，并写有少量批语，在后世有一定影响。但此书只是据浦起龙《史通通释》而撰成的《史通》选本，算不得《史通》版本。

1978 年，上海古籍出版社出版由王煦华点校整理的浦起龙《史通通释》（2009 年又刊出新版）。这虽是浦氏原书的整理本，但一直是此后《史通》研究的最重要版本，其便利学界之实用价值，使其成为今传《史通》的第九个版本。1985 年，张振珮依据中华书局 1962 年影印之张之象本《史通》，出版《史通笺注》；1990 年，赵吕甫以整理本《史通通释》为主，出版《史通新校注》。二书皆为有评有注之作，因而既是《史通》研究的力作，也形成今传《史通》的两个不同版本，是为第十、第十一个版本。以上三书，虽然文本皆为明清版本，但其整理之功、实用之便，远非明清版本可比，因而这里将其称为三个不同版本。

1997 年，姚松、朱恒夫依据整理本《史通通释》，出版《史通全译》，解题、注释与翻译兼具，是为该书第一部现代汉语全译本，对普及《史通》这部优秀传统文化著作起到了重要作用。此外，还有一些注释、评论、译注《史通》全书或选篇的作品，但从版本的角度说，与《史通全译》一样，均不出以上范围，兹不再述。

**（三）本书编写说明**

本书是一部普及型的《史通》选编本。传世各种版本之间颇有些文字差异，本书以上海古籍出版社 2009 年出版的浦起龙《史通通释》为底本，但对标点与分段有所厘正，对个别文字有所改动则在注释中做出说明，其他一般不做文字性的版本校勘。

今传《史通》全书内外篇共二十卷四十九篇专论，正文和自注合计近十万字。其中内篇十卷三十六篇是全书主体，不但最为集中地体现了刘知幾的史学思想和历史贡献，而且组成了一个完整的史学理论体系，我们说《史通》是一部系统的史学理论著作，主要也是就内篇而言的。因此本书将其内篇全部选入，既以见其结构、内容、观点及思想之大体，也可说是浓缩了《史通》全书的精华。后十卷外篇则遴选《史官建置》《古今正史》《疑古》《惑经》《忤时》五篇文章，因其内容在上文已有述及，此处不再赘述，它们与内篇一样，都很好地反映了刘知幾和《史通》的才学器识与精神风貌。

根据丛书的统一要求，本书选入各篇的编写体例分为四个部分，一是原文，二是注释，三是点评，四是旁批。

原文不论长短，完全以思想、内容为依据，将其以全篇和节录两种形式选入。《史通》为了充分论证自己的观点，对之前史家史书进行了广泛的、多角度、多层次的具体评论。本书节录各篇的删节之处，大多为这些具体示例性的内容。

注释以简明扼要为原则。但《史通》是用骈体文写成的，引用各类典故较多，又因是评论史学之作，引用书名、人名较多，这都使本书的注释条目增加了许多；也使一些注释的内容不能不篇幅稍长，否则言不尽意，徒增困惑；还使有些语句虽无疑难字词，但理解不易，为了更好地疏通文意，对这些地方使用了句意串讲的方式。另与骈体文直接相关的是，骈体文的标点断句与现代汉语有明显差别，如果完全以骈体文的形式进行，则有些文句或殊难理解，或易生歧义，因此本书尽可能依现代汉语语法进行标点断句，以适应当今语言形式和本丛书普及化、大众化的要求。

点评均在各篇篇末，是对原典的再认识，意旨在简明、扼要、准确、明白地撮述原典大旨，作古今观照，萃取并弘扬其思想精华。

旁批是点评的重要补充。这主要体现在两个方面：一是本书各篇题名之下均有旁批，与篇末点评形成前后映照，并各有分工，互为补充。前者引导读者明快轻松地进入原典，后者结束全篇，走出古人的思想境界，反思其所思所想，阐释和弘扬其现代意义，发掘其历久常新的永恒生命力。二是各篇中对选入的原典文字，都有多少不等的旁批。其中有本书作者个人的学习心得，也有对古代学人和近现代前辈学者的引录。这些旁批，既可辅助阅读，提高读者兴趣，增强阅读效果，又可多角度、多层面地揭示和展现刘知幾与《史通》的思想与价值，促进读者对《史通》的理解与认知，促发读者与《史通》、与《史通》之后的古今学者共同思考，遨游于思想文化的长河之中。

① 傅振伦：《刘知幾年谱》，中华书局 1963 年版（第三次修订本），第 99 页。程千帆也认为：《史通》颇有前后矛盾之处，盖书成之后，"或乏整齐划一之功"。见其《史通笺记》，中华书局 1980 年版，第 10—11 页。

② 乔治忠：《〈史通〉编撰问题辨正》，载其《中国官方史学与私家史学》，北京图书馆出版社 2008 年版，第 378 页。

③ 翦伯赞：《论刘知幾的历史学》，《史料与史学》，北京大学出版社 1985 年版，第 122 页。

④ 白寿彝：《刘知幾的进步的史学思想》，《北京师范大学学报》1959 年第 5 期。

⑤ 熊十力：《十力语要》，上海书店出版社 2007 年版，第 19、171—173 页。

⑥ 钱穆：《中国史学名著》，生活·读书·新知三联书店 2000 年版，第 124 页。朱杰勤也认为："《史通》是我国第一本史学通论。"见其《中国古代史学史》，河南人民出版社 1980 年版，第 140 页。许凌云则说："《史通》是一部相当系统完备的古代史学通论"，"尤通历史编纂学"。见其《刘知幾评传》，南京大学出版社 1994 年版，第 175—176 页。

⑦ 程千帆：《〈史通〉读法》，《程千帆全集》第七卷，河北教育出版社 2001 年版，第 15 页。

⑧ 《史通》内篇结构及全书四十九篇的安排，很可能是摸拟刘勰的《文心雕龙》，见张固也注译《史通》"前言"第 6—7 页，中州古籍出版社 2012 年版。

⑨ 如金毓黻《中国史学史》，河北教育出版社 2000 年版，第 312 页；蒙文通《馆藏明蜀刻本〈史通〉初校记》，《蒙文通文集》第三卷，巴蜀书社 2005 年版，第 441—442 页；程千帆《史通笺记》，第 187—188 页。

⑩ 乔治忠：《中国史学史》，中国人民大学出版社 2011 年版，第 180—181 页；《〈史通〉编撰问题辨正》，载其《中国官方史学与私家史学》，第 383 页。

⑪　乔治忠：《〈史通〉编撰问题辨正》，载其《中国官方史学与私家史学》，第375—376页，并参其《中国史学史》，第182页。

⑫　王玉哲：《试论刘知幾是有神论者》，《文史哲》1962年第4期。

⑬　同上。

⑭　侯外庐：《论刘知幾的学术思想》，《历史研究》1961年第2期。白寿彝在前引文中认为，刘知幾"在理论上达到了无神论"；任继愈认为"刘知幾的无神论思想还有某些不彻底的地方"，见其《刘知幾的进步的历史观》，《文史哲》1964年第1期。

⑮　赵俊：《〈史通〉理论体系研究》，辽宁大学出版社1990年版，第177—183页。

⑯　张振珮：《史通笺注》，贵州人民出版社1985年版，第496页。

⑰　关于刘知幾提出"史才三长"的具体时间，也有学者认为是在唐玄宗开元初期，详见王嘉川：《清前〈史通〉学研究》，社会科学文献出版社2013年版，第4—5页。

⑱　王嘉川：《唐宋元时期的"史才三长"论》，《史学理论研究》2014年第2期。

⑲　杜维运：《中国史学史》，商务印书馆2010年版，第476页。

⑳　杨翼骧：《刘知幾与〈史通〉》，《历史教学》1963年第8期。

㉑　瞿林东：《中国古代史学理论发展大势》，《历史研究》1992年第2期。

㉒　张舜徽：《史通平议》，见其《史学三书平议》，中华书局1983年版，第102页。

㉓　瞿林东：《中国古代史学批评纵横》，中华书局1994年版，第220—221页。

㉔　傅振伦：《刘知幾年谱》，第146页。

㉕　梁启超：《中国历史研究法》，上海古籍出版社1987年版，第304页。

㉖　白寿彝：《刘知幾》，载其《中国史学史论集》，中华书局1999年版，第203页。

㉗　赵俊：《〈史通〉理论体系研究》，第87页。

㉘　瞿林东：《论刘知幾〈史通〉关于史学构成的思想》，《苏州大学学报》2016年第3期。

㉙　梁启超：《中国历史研究法》，第24—25、307—308页。

㉚　［德］恩格斯：《自然辩证法》，《马克思恩格斯文集》第9卷，人民出版社2009年版，第437页。

㉛　杜维运：《中国史学史》，第542、511页。

㉜　许冠三：《刘知幾的实录史学》，香港中文大学出版社1983年版，第10、20页。

㉝　张其昀：《刘知幾与章实斋之史学》，《学衡》第5期，1922年5月。

㉞　余英时：《顾颉刚、洪业与中国现代史学》，《中国史研究动态》1981年第8期。洪业的《史通》英文译注工作因其去世而未能完成。2012年，韩

　　国国立安东大学李润和教授将清代浦起龙《史通通释》译成韩文,在韩国
出版。《史通通释》是《史通》的一个重要版本,因此它的韩文译本也是《史
通》的一个重要外文译本。

㉟　杨艳秋:《刘知幾〈史通〉与明代史学》,《史学史研究》2002 年第 4 期。

# 史 通

## 《史通》原序

刘知幾

本篇是《史通》作者刘知幾为该书写作的序言，主旨是谈写作缘起与得名之由。

长安二年[1]，余以著作佐郎兼修国史[2]，寻迁左史[3]，于门下撰起居注[4]。会转中书舍人[5]，暂停史任，俄兼领其职。今上即位[6]，除著作郎、太子中允[7]、率更令[8]，其兼修史皆如故。又属大驾还京[9]，以留后在东都[10]。无几[11]，驿征入京[12]，专知史事[13]，仍迁秘书少监[14]。

《史通·自叙》有"三为史臣，再入东观"的说法。

[注释]

[1] 长安：武则天年号，共四年（701—704）。长安二年（702）为武周政权建立的第十二年，时刘知幾四十二岁。武则天（624—705），原籍并州文水（今属山西），自幼聪慧有才智。初被唐太宗选入后宫。太宗卒后，被高宗立为皇后，从此逐渐干预朝政，至麟德元年（664），政事完全由她决断。其子李显（中

宗）即位后，被尊为皇太后。后废黜中宗，立其弟李旦（睿宗），自己临朝称制。天授元年（690），改唐为周，自称圣神皇帝，此后多次改元，在位凡十五年，是中国历史上唯一正式称帝的女皇帝。　[2] 著作佐郎：唐代秘书省领著作局，置著作郎二人，从五品上，掌修撰碑志、祝文、祭文，与佐郎分判局事；著作佐郎四人，从六品上。唐太宗贞观三年（629），将史馆置于门下省，负责纂修本朝史书，有监修国史、史馆修撰、直史馆等史官。著作局失去撰史职能，隶属于掌管草拟一般公文的秘书省，但著作佐郎等官员作为个人仍可调用修史，故刘知幾能够以著作佐郎兼修国史。　[3] 迁：调动官职。左史：即起居郎。唐太宗贞观二年（628）省起居舍人，移其职于门下，置起居郎二员。高宗显庆年间（656—660），又置起居舍人，始与起居郎分在左右。高宗龙朔二年（662），改起居郎为左史，起居舍人为右史，从六品上。起居郎掌起居注，按时间顺序记录天子言动法度，以修记事之史，季终则授之国史。起居舍人掌修记言之史，录天子制诰言论，如记事之制，季终以授国史。　[4] 门下：即门下省。汉魏置侍中寺，晋始置门下省，隋唐五代因之。与中书省、尚书省共秉军国大政，号称三省。门下省掌封驳制诏章表。中书省所拟诏令文书，需经门下省过覆，交尚书省颁下执行，查有不妥者则封还中书重拟。臣下章表亦由门下省审验，交中书省进呈皇帝，查有不妥者亦可驳回修改。起居注：按时间顺序记述皇帝言行和国家政务的史书，是纂修国史和实录的重要资料。唐代起居注属于秘籍，实行人君不观起居注的制度，这是沿袭北朝以来的传统作法。起居注官在朝堂记录当时的议政情况，即使退朝后皇帝与权臣商议政务，也有起居注官执笔记录，这是唐朝起居注的正规体制。但起居注官级别很低，有时不能得闻要务，致使记述不周。　[5] 转：转官。古代转官分两种，一是调任品秩相同的其他官职，一是按一定次序升迁其他官职。刘知幾由从六品上的起居舍人转为正五品上的中书舍人，属于后一种升迁性质的转官。中书舍人：中书省属官，设六员，正五品上。掌侍奉进奏、参议表章。凡诏、旨、敕、制及玺书、册、命，皆按典故起草并进呈给皇帝圈阅审批；既下，则署而行之。其间，禁止漏泄、稽缓、违失、忘误，以示重王命。制敕既行，有误则奏而正之。　[6]今上：当朝皇帝，此指唐中宗李显（656—710）。弘道元年（683），高宗去世，中宗即位，武则天以太后临朝称制。次年中宗被废为庐陵王，先后迁于均州、房州等地。圣历二年（699）召还，复立为皇太子。神龙元年（705），武则天去世后复位。　[7]太子中允：太子东宫属官。据《旧唐书·职官志》，东宫有太子左春坊，下设左庶子二人，正四品上；中允二人，正五品下，为左庶子的副职，辅助左庶子侍从赞相，驳正启奏。　[8]率更令：即东宫属官太子率更令。东宫有太子率更寺，设令一人，从四品上，掌宗族次序、礼乐、刑罚及漏刻之政令。　[9]属：恰好遇到。大驾还京：神龙元年（705），武则天病逝于东都洛阳，中宗复位，次年十月，中宗还驾西京长安。　[10]以留后在东都：唐代实行两都制，长安为京师，洛阳为东都。皇帝不在东都时，有专门的留守机构负责守护宫殿，巡视所司，称为留后。"东"字原无，浦起龙《史通通释》认为旧本脱去，故加，实则"都"与前句"京"对言，并未脱字。　[11]无几：没有多久，不久。　[12]驿征：即驿召，以驿马传召。　[13]知：主管。　[14]秘书少监：秘书省属官。秘书监一员，从三品，少监二员，从四品上。秘书监之职，掌邦国经籍图书之事。少监为其副贰。

自惟历事二主[1]，从宦两京，遍居司籍之因任职而生鲜明强烈的岗位责任意识（角色意识），因岗位责任意识而生研讨理论与方法的写作责任意识（社会意识），待积稿渐多，遂以专题分类的方式，按照内在的逻辑体系，组织全书架构。

曹[2]，久处载言之职[3]。昔马融三入东观[4]，汉代称荣；张华再典史官[5]，晋朝称美。嗟予小子，兼而有之。是用职司其忧[6]，不遑启处[7]。尝以载削余暇[8]，商榷史篇[9]，下笔不休[10]，遂盈筐箧[11]。于是区分类聚[12]，编而次之[13]。

[ 注释 ]

[1] 二主：指武则天、唐中宗。　　[2] 司籍：掌管图书。曹，古代分科办事的官署。　　[3] 载言：谓记录国家盟会之辞。后亦泛指记录史事。语出《礼记·曲礼上》："史载笔，士载言。"汉代郑玄注释说："言，谓会同盟要之辞。"　[4] 马融（79—166）：字季长，东汉扶风茂陵（今陕西兴平市）人。安帝永初四年（110）拜为校书郎中，诣东观典校秘书，因忤执政之邓骘兄弟，十年不得升迁。安帝亲政后，召还郎署，再入东观，后历郎中、议郎、武都太守等职。桓帝时复拜议郎，重在东观著述，以病去官。马融有俊才，为世通儒，弟子以次相传，常有千人之多，然鲜有入其室者。尝欲注释《左氏春秋》，及见贾逵、郑众注，深感佩服，遂废而不作，仅著《三传异同说》。注《孝经》《论语》《诗》《易》《三礼》《尚书》《列女传》《老子》《淮南子》《离骚》等书，皆散佚。东观：自章帝之后，东汉皇家典藏图书、文献之处移于东观，修史亦在此处。　　[5] 张华（232—300）：字茂先，范阳方城（今河北固安县）人。曹魏时历任太常博士、佐著作郎、中书郎等职。西晋初拜黄门侍郎，封关内侯，后历侍中、中书监、司空等职，领著作。好奖掖人物。工于书法诗赋，词藻华丽。雅爱书籍，尝徙居，载书三十乘，卒后除书籍外，家无余财。朝廷整理官府图书，皆资

其藏书以取正。天下奇秘、世所稀有者，悉在其所。由是博物洽闻，世无与比，编纂有中国第一部博物学著作《博物志》。典：主管，担任。　[6]是用职司其忧：所以我的职责就是掌管思考如何修史的问题。是用，因此。"司"字，浦起龙《史通通释》改为"思"，认为旧本误作"司"字，实则不误，二字各有所本，但意思有所不同。　[7]不遑启处：遑，闲暇。启处，安居。没有闲暇的时间过安宁的日子。指忙于应付繁重或紧急的事务。语出《诗经·小雅·采薇》："王事靡盬（gǔ，止息），不遑启处。"　[8]载削：记载和删削，引申为编纂。　[9]商榷：商量，讨论。　[10]下笔不休：原形容动笔写文章时思路顺着行文漫延无边，不能紧扣主题适可而止。后多形容文思充沛而敏捷。典出班固《与弟超书》："武仲（傅毅）以能属文，为兰台令史，下笔不能自休。"　[11]盈：充满。筐篋：用竹枝等编制的狭长形箱子。本句意谓：已经积累了很多篇卷的书稿。　[12]区分类聚：按类进行分别归纳。　[13]编而次之：按一定的次序编排整理成书。

　　昔汉世诸儒，集论经传，定之于白虎阁，因名曰《白虎通》[1]。予既在史馆而成此书，故便以《史通》为目[2]。且汉求司马迁后，封为史通子[3]，是知史之称通，其来自久[4]。博采众议，爰定兹名[5]。凡为廿卷[6]，列之如左[7]，合若干言[8]。

以《白虎通》和司马迁自拟，定名《史通》。

[ 注释 ]

[1]《白虎通》：东汉章帝建初元年（76），校书郎杨终建议，仿效西汉宣帝召集群儒讨论五经之事，整理儒家经书。建初四年，

章帝采纳其议，召集各地著名儒生于洛阳白虎观，讨论五经异同。章帝亲自主持会议，由五官中郎将魏应秉承皇帝旨意发问，侍中淳于恭代表诸儒作答，章帝亲自裁决，大儒贾逵和班固、杨终等皆参加讨论，考详同异，连月始罢。此即历史上有名的白虎观会议。之后，班固将讨论结果纂辑成《白虎通德论》，又称《白虎通义》，作为官方钦定的经典刊布于世。这次会议肯定了"三纲六纪"，并将"君为臣纲"列为三纲之首，使封建纲常伦理系统化、绝对化，同时还把当时流行的谶纬迷信与儒家经典糅合为一，使儒家思想进一步神学化。　[2]便：就。目：名称。　[3]史通子：据《汉书·司马迁传》：司马迁卒后，"宣帝时，迁外孙、平通侯杨恽祖述其书（即《史记》），遂宣布焉。至王莽时，求封迁后，为史通子"。　[4]其来自久：从很久以前就开始了。　[5]爰：于是。　[6]廿（niàn）：二十。　[7]列之如左：即列之如下，列在下面。古人写字为从右到左的直行书写，故"左"即是"下"，"右"即是"上"。　[8]合若干言：总计有文字若干。明张鼎思校刻《史通》、郭孔延《史通评释》、王惟俭《史通训故》在此句下都有夹注说："除所阙篇，凡八万三千三百五十二字，注五千四百九十八字。"浦起龙《史通通释》标以"旧注"，存而未删，并云："字数今不可定，姑仍旧本存之。"但早于上述三书的明张之象校刻本《史通》并无此夹注。综合来看，《史通》是刘知幾亲手写定的，虽然写成之后，未能修改删润，进行整齐划一的刊定，甚或未能逐句、逐篇细读一遍，但刘知幾卒于《史通》成书之后的第十二年，《史通》最后一篇《忤时》也是成书三年后才补入的，因此其书在前后编撰过程中必是首尾完整，不会有缺篇，即使刚刚成书时或有所缺，也应在十二年中早已被刘知幾补全。刘知幾在世时，《史通》已有抄本行世，既有肯定之者，也有否定之者，但从未有人说它不是完书。刘知幾去世后第二年，唐玄宗命人到他家里抄写《史通》进呈御览，其次子刘㧑遂抄录进上，玄宗读而善之，追赠其为汲郡太守，不久又赠工部尚书，谥曰文，但仍未提及缺篇之事。是则，《史通》在刘知幾去世前后，本不存在缺篇问题。故上述夹注乃是流传过程中后人所加，并非刘知幾本人自注。

于时岁次庚戌 [1]，景龙四年仲春之月也 [2]。

[注释]

[1]次：有序的排列。庚戌：干支之一。中国古代用干支纪年，庚戌年为其中一个循环的第四十七年。在这种历法中，甲、乙、丙、丁、戊、己、庚、辛、壬、癸被称为十天干，子、丑、寅、卯、辰、巳、午、未、申、酉、戌、亥被称为十二地支，两者按顺序搭配组合成干支，用于纪年。按此排法，当十天干排了六轮与十二地支排了五轮之后，可构成六十干支，续排下去，又将恢复原状，周而复始，此即"六十年一甲子"之说。　[2]景龙：唐中宗李显年号，共四年（707—710）。景龙四年即公元710年。仲春：春季的第二个月，即农历二月。因处春季之中，故称仲春。景龙四年仲春之月，即《史通》自神龙二年（706）动笔撰写之后的完成时间。但其最后一篇《忤时》是抄录作者在景龙二年（708）致史馆监修萧至忠等人求免史职的书信，在其前后加上首尾两段序跋性文字，以说明此篇原委、交代其前后事态，是在玄宗开元元年（713）农历七月萧至忠因参与谋反被杀之后而补入的，故今传《史通》全书最后完成于玄宗开元元年（713）农历七月之后。但从该书整体规划来说，则仍以完成于景龙四年（710）农历二月为是。程千帆《史通笺记》认为，"《史通》之作，

盖取式子书，为一家言"，而战国以来"子书体制，盖有编入书疏者矣。如《韩非子》之《初见秦》《难言》两篇，皆其上秦王书也；贾谊《新书》之《益壤》篇，即《汉书》本传之请封建子弟疏也，其《淮难》篇，即本传之谏封淮南诸子疏也"，此皆《史通》编入《忤时》之所本。按照这一理解，《忤时》应在唐中宗景龙四年仲春《史通》初成之时即已编入，仅其篇首篇尾两段序跋性文字是玄宗开元元年七月后增写。这与本书观点不同，但也可说明《史通》仍以完成于景龙四年农历二月为是。

[点评]

　　本篇是作者为《史通》全书所作自序。现今传世各本，或题"《史通》序录"，或题"刘子玄自序"，浦起龙《史通通释》则题为"《史通》原序"；名称虽不统一，但内容并无不同。本书以浦氏《通释》为底本，则篇名亦沿用之。作者在篇中说，本书既然是其在史馆任职时写成，史家史书被尊称为"通"又由来已久，于是就以《史通》为书名。而本篇也从其担任史官写起，历叙转任各种职务的经过。其间谈到《史通》的撰写缘起，须与内篇最后之《自叙》合读，方能得一全面认识。从反映主旨上说，此序简明扼要，毫不拖沓，以致浦起龙不禁要以此而称赞作者其人与《史通》全书说："观此一序，简明典切，即可征其史笔之洁！"（《史通通释·史通原序》"按"语。以下各篇所引，凡出其篇者，不再注出篇名）

# 内篇　卷一

## 六家第一

自古帝王编述文籍，《外篇》言之备矣[1]。古往今来，质文递变[2]，诸史之作，不恒厥体[3]。榷而为论[4]，其流有六[5]：一曰《尚书》家[6]，二曰《春秋》家[7]，三曰《左传》家[8]，四曰《国语》家[9]，五曰《史记》家[10]，六曰《汉书》家[11]。今略陈其义，列之于后。

［注释］

[1]外篇：具体指《史通》外篇的《古今正史》，该篇专门考察历代史书的编纂情况。　[2]质文递变：质，质朴。文，文采。指社会风尚有时崇尚质朴，有时崇尚文采，两者交替变换。　[3]厥：代词，其。体：体裁，体制。　[4]榷：商讨，研究。　[5]流：流派，派别。下句中的"家"，亦是此意。　[6]《尚书》：中国现存最早的历史文献汇编，由先秦时期官府文书选编

"六家"就是由六种主要史书而演化出的六种史学流派，本篇即是考察这六种流派的发展演变。

黄叔琳《史通训故补》："六家体制，人日习而不知，一经提明，觉灿若列眉。"

而成。相传为孔子删定，今传本出于儒家学派在战国后期编订的选本。全书按虞、夏、商、周顺序，以典、谟、训、诰、誓、命等形式，记录了上起传说中的尧舜，下迄春秋中叶的秦穆公时期的部分历史。本称《书》，至西汉重新编订，才名为《尚书》。当时有由伏生传授、用隶书抄写的《今文尚书》二十八篇，又有从孔子旧宅发现的、以先秦篆书抄写的《古文尚书》，比前者多十六篇。汉时两书并存，魏晋时《古文尚书》佚失不传。东晋时梅赜献出一部《古文尚书》，与《今文尚书》一起被作为儒学经典传习，但历经宋、元、明、清学者考证，确认其为伪作。现今通行的《尚书》为今古文合编本，其中一直传习的今文二十八篇为真，是研究中国古代历史的重要史料。因其大部分篇章的内容都是以记载各种言论为主，故而一向被统称为记言之书，本篇即将其列为记言体的主要代表。　[7]《春秋》：春秋时期，周王朝与各诸侯国皆以编年体形式，按年、月、日的时间顺序简略记载史事，形成各国官方记录的史册，这些史册多以"春秋"为统名，也有如晋之"乘"、楚之"梼杌"等别名。当时有"百国《春秋》"的说法，但今传《春秋》只有一部，据说是孔子根据鲁国国史修订而成，并在其中赋予了"微言大义"，后被尊为儒学经典，但也有人认为其本身即是鲁国国史，未经孔子修订。这部《春秋》，记事上起鲁隐公元年（前722），下至鲁哀公十四年（前481），内容主要是统治者的政务与活动，以及一些值得注意的自然现象。记事极其简略，最长者四十五字，最少者一字，简直就是史事标题或大事记。但在时间顺序与事件记载方法上十分完备，尽量做到年、时（季节）、月、日齐全，属于严格的编年体史籍，是中国现存最早的编年体史书。因它只记事而不记载任何言论，故而一向被称为记事之书，本篇即将其列为记事体的主要代表。　[8]《左传》：中国第一部言事兼载、内容完备的编年体史书。记载了春秋时期，上起鲁隐公元年（前722年），下至鲁哀公二十七年（前468年）之间的史事。相传作者为春秋末期的鲁国史官左丘明，但现今多数学者认为非左丘明撰成，而是成书于战国时期，其中还有汉代窜乱和添加的内容。因今传《左传》完全按照《春秋》的系统来记述，有人认为它是专为解释《春秋》而作，但也有人认为它是独立的史籍，并无刻意解说《春秋》之意。本篇将其列为编年体的主要代表。　　[9]《国语》：春秋时期各诸侯国有称为"语"的历史文献，《国语》就是战国时期三晋（赵、魏、韩）之人收集周、鲁、齐、晋、郑、楚、吴、越八国零散之"语"而汇编成书，记载了上起周穆王在位，下至晋国智氏灭亡（前453年），包括了西周和战国之初的史事，但主要为春秋时期各国关于政务、军事、交聘、礼制、国势等方面的论议。因它是分国别的、以"记言"为主要内容的史籍，本篇将其列为国别体的主要代表。　　[10]《史记》：原称《太史公书》或《太史公记》，中国第一部纪传体通史著作，西汉司马迁撰。记载了上起传说中的黄帝，下迄汉武帝初期，长达三千多年的历史，内容丰富宏博，文笔生动感人，而且具有进步的历史观念，对之后的中国古代历史学产生了深远影响，并在文学方面也取得了极高成就，被鲁迅誉为"史家之绝唱，无韵之《离骚》"。本篇将其列为纪传体通史的主要代表。　　[11]《汉书》：主要记载西汉一代历史的纪传体史书，是中国第一部纪传体断代史著作，主要作者为东汉班固。它既保留了纪传体可以容纳丰富历史内容的优点，也具有了首尾比较明确，便于纂修成书，便于总结一代兴亡之迹的特点，特别适用于政权屡屡更迭的中国古代，因而后代史书多仿照之，成为中国古代最重要的史书体裁。本篇将其列为纪传体断代史的主要代表。

张舜徽《史通平议》："释《尚书》得名之故，而其实皆非也。古者记事之册，但谓之书。"

《尚书》家者，其先出于太古。《易》曰："河出《图》，洛出《书》，圣人则之。"故知《书》之所起远矣[1]。至孔子观书于周室，得虞、夏、商、周四代之典，乃删其善者[2]，定为《尚书》百篇。孔安国曰[3]："以其上古之书，谓之《尚书》。"《尚书璇玑钤》曰："尚者，上也。上天垂文象，布节度，如天行也[4]。"王肃曰[5]："上所言，下为史所书，故曰《尚书》也。"推此三说，其义不同。盖《书》之所主，本于号令，所以宣王道之正义，发话言于臣下，故其所载，皆典、谟、训、诰、誓、命之文[6]。至如《尧》《舜》二典直序人事[7]，《禹贡》一篇唯言地理[8]，《洪范》总述灾祥[9]，《顾命》都陈丧礼[10]，兹亦为例不纯者也[11]。

浦起龙《史通通释》："上古文字，何例可说？专以《尚书》属言，其说始自郑（玄）、荀（悦），讵云笃论？刘氏不此之辨，而疑《书》例之不纯，固哉言也！"

## ［注释］

[1]《书》之所起远矣：相传上古伏羲时，黄河中浮出龙马，背负图形，伏羲依此而演成八卦；大禹时，洛水中浮出神龟，背负图书，大禹依此划天下为九州。《河图》《洛书》之说在古代影响很大，本篇也将其作为《尚书》的起源，实则疏谬不实，不可信据。　[2]删：删定，经过修改而确定。善者：此指符合儒家思想的内容。相传《尚书》原有三千多篇，经孔子之手删定为百

篇，惜并无切实依据，但今传《尚书》确实出于儒家学派所编订则是事实。 [3]孔安国：孔子后裔，西汉经学家。武帝时经学博士，官至临淮太守。曾整理孔壁所藏《古文尚书》，并作传一篇。后其家将该书献之朝廷，开创经学古文学派。 [4]《尚书璇玑钤》：西汉末，儒学经师好以神学迷信来附会、讲说儒家经典，所成之书称为"纬书"，以对经书而言。《尚书璇玑钤》即其中一种，实皆不可信。全句意谓："尚"就是上天，上天在运行中显现出各种自然天象、节序度数，《尚书》记载历史也像上天运行一样。 [5]王肃（195—256）：字子雍，三国魏东海郡郯县（今山东郯城县）人。官至中领军，加散骑常侍。曾兼采今、古文，遍注群经，所注多不同于郑玄注，故有"郑学""王学"之争。撰有《尚书传》《尚书驳议》《尚书答问》等，均佚失不传。 [6]典、谟、训、诰、誓、命：《尚书》的六种文体。典，记载典章制度的文章。谟，君臣议论计谋的文体。训，教诲，大臣对君主的进谏。诰，诰谕，君命令臣。誓，君王或诸侯的誓众之词。命，君王任命官员或赏赐诸侯的册命。 [7]《尧》《舜》二典：即《尚书》中的《尧典》《舜典》，记载尧、舜禅让之事。 [8]《禹贡》：《尚书》篇名，战国时人所作。托名大禹，分当时天下为九州，记载各地山川、河流、土壤、物产、贡赋、交通等情况，代表了撰者理想中的政治区划。是中国最早的地理著作。 [9]《洪范》：《尚书》篇名，旧说是记载箕子向周武王陈述的治国大法。有些内容经过周人的加工润饰，中心思想是鼓吹神权政治，用水、火、木、金、土"五行"和"天人感应"思想来解释自然现象和人事吉凶。这些神学观方面的内容被汉代学者极力宣扬，成为汉代神学迷信的理论依据。本篇称"《洪范》总述灾祥"，也是从这个角度来讲的。 [10]《顾命》：《尚书》篇名，记载周成王临终时命召公、毕公率诸侯辅佐康王之事。 [11]为例不纯：例，体例，体制。纯，纯粹，一致。意谓:《尚书》全书体例不一致。

张舜徽《史通平议》:"西京校书之时，固视《周书》与《尚书》并重。顾自汉以降，学者已苦《尚书》难读，更无人理此艰涩之编。《隋志》列之史部杂史类，学者益轻忽其书。知幾独推尊及之，实有发潜阐幽之功。自宋以来，诵习者众，皆刘氏表章之力也。"

又有《周书》者[1]，与《尚书》相类，即孔氏刊约百篇之外，凡为七十一章。上自文、武，下终灵、景[2]。甚有明允笃诚[3]，典雅高义;时亦有浅末恒说，滓秽相参，殆似后之好事者所增益也。至若《职方》之言[4]，与《周官》无异[5];《时训》之说[6]，比《月令》多同。斯百王之正书[7]，《五经》之别录者也。

[ 注释 ]

[1]《周书》:即《逸周书》，最早成书于春秋末期，宋朝时与西晋出土的《汲冢周书》合并为一书，称《汲冢周书》，明代杨慎将之更名为《逸周书》，为后人沿用。内容驳杂，类似《尚书》者占一半以上，其中有一些篇章成于战国末年，甚至出于汉代以后的窜乱，但有很多可信的史料，价值较高。 [2]文、武、灵、景:即周文王姬旦、周武王姬发、周灵王姬泄心、周景王姬贵。 [3]以下五句是说:《逸周书》中有很多明白切实、真实可信、文辞雅致、义理高尚的内容，但也时而有一些浅薄常谈、糟粕秽语夹杂其间，很像是后来的好事之人增添进去的。 [4]《职方》:《逸周书》篇名，主要记载周朝四方山川、地理、经济、风俗等内容，与《周礼》中的《职方氏》一篇相似。 [5]《周官》:即《周礼》，产生于战国时期，是按照儒家政治理想记载古代官制的著作，后被列为儒家经典之一。 [6]《时训》:《逸周书》篇名，记载天象和节气时

令的变化，与《礼记》中的《月令》一篇相似。《礼记》也是儒家经典之一，主要讲述"礼"的作用和意义。　[7] 以下两句是说:《逸周书》也是记载历代帝王的正式典籍，是五经之外的重要记录。五经，指儒家的五部经典著作《易》《诗经》《尚书》《礼记》《春秋》。原为六经，后《乐》失传，故称五经，但"六经"一词作为通称也一直沿用至今。

　　自宗周既殒[1]，《书》体遂废，迄乎汉、魏，无能继者。至晋广陵相鲁国孔衍[2]，以为国史所以表言行，昭法式，至于人理常事，不足备列。乃删汉、魏诸史，取其美词典言，足为龟镜者[3]，定以篇第，纂成一家[4]。由是有《汉尚书》《后汉尚书》《汉魏尚书》，凡为二十六卷。至隋秘书监太原王劭[5]，又录开皇、仁寿时事[6]，编而次之，以类相从，各为其目，勒成《隋书》八十卷。寻其义例[7]，皆准《尚书》。

孔衍、王劭之书已佚，赖此得以窥知其著述之一斑。此类事例在《史通》中甚多，这一保存文献资料的价值，是《史通》至今为人所重的因素之一。

[注释]

[1] 宗周: 即周王朝，因周为所封诸侯国之宗主国，故称。殒: 灭亡。　[2] 孔衍（268—320）: 字舒元，孔子后裔。东晋时官安东参军、中书郎、广陵相等职。著有《汉尚书》《后汉尚书》《汉魏尚书》，分别记录西汉、东汉、三国时期有关政治的言论;《汉春秋》《后汉春秋》《汉魏春秋》则模仿《春秋》，分别记载西汉、

东汉、三国历史;《春秋时国语》《春秋后国语》,是模仿《国语》,分别记载春秋、战国时有关政治的言论。均已佚失。  [3] 龟镜:借鉴。龟可用来占卜吉凶,镜可用来分别美丑,因而龟镜即比喻可供人对照学习的榜样或引以为戒的教训。  [4] 一家:指有独到见解、自成体系的学说或论著。  [5] 王劭:字君懋,太原(今山西太原市)人。隋朝时历官著作佐郎、秘书少监等职,掌国史纂修。著作有《隋书》《齐志》等,均不传。  [6] 开皇、仁寿:隋文帝杨坚年号,开皇起公元 581 年至 600 年,共二十年;仁寿起601 年至 604 年,共四年。"开皇、仁寿时事",即指隋文帝一朝历史。  [7] 义例:体例。

原夫《尚书》之所记也[1],若君臣相对,词旨可称,则一时之言,累篇咸载。如言无足纪,语无可述,若此故事,虽有脱略,而观者不以为非。爰逮中叶,文籍大备,必翦截今文,摸拟古法,事非改辙,理涉守株。故舒元所撰汉、魏等书,不行于代也。若乃帝王无纪[2],公卿缺传,则年月失序,爵里难详,斯并昔之所忽,而今之所要。如君懋《隋书》,虽欲祖述商、周,宪章虞、夏[3],观其所述,乃似《孔子家语》[4]、临川《世说》[5],可谓画虎不成,反类犬也。故其书受嗤当代,良有以焉。

浦起龙《史通通释》:"《尚书》固是史家开体,然不编年、不纪传,原非史体正宗,故后世难为其继,亦不必有继。刘氏讥衍、劭为守株画虎,洵通识也!"

［注释］

[1] 以下十八句是说：考察《尚书》所记载的内容，君臣之间的对话，如果义旨值得称道，即使是临事而发的一时性话语，也会连篇累牍地全部记载；如果言论不值得记载，文词也不值得称述，诸如此类的过去事件，即使有所脱漏省略，读者也不会认为不合适。但到了秦汉以后，各种文献书籍已经非常完备，如果还要删改当今通行的文辞去模仿古代史书的写法，那么这样做事虽然没有改变过去的方法，但在道理上与守株待兔没有两样。因此孔衍所编撰的记载汉魏等朝代历史的《尚书》体史书，不能流传于后世。　[2] 以下六句是说：至于帝王不立本纪加以记载，公卿大臣也缺少专门列传记载他们的事迹，就会造成纪年月份没有顺序可言，官位和籍贯也难以说清楚。这些内容都是过去史书所忽视的，却是当今所重视的。　[3] 祖述商、周，宪章虞、夏：祖述、宪章，皆为遵循、效法之意。《尚书》内容按所记时代顺序可分为虞、夏、商、周四代之书，故这两句即是说王劭《隋书》想要效法《尚书》。　[4]《孔子家语》：简称《家语》。原书二十七卷，为孔子后裔及门人所撰，今传本为十卷共四十四篇，是一部记录孔子及孔门弟子思想言行的著作。　[5] 临川《世说》：即南朝宋临川王刘义庆所撰《世说新语》，主要记载东汉至东晋时期士大夫的逸闻轶事和玄言清谈。

《春秋》家者，其先出于三代[1]。案《汲冢琐语》记太丁时事[2]，目为《夏殷春秋》。孔子曰："疏通知远，《书》教也[3]。""属辞比事，《春秋》之教也[4]。"知《春秋》始作，与《尚书》同时。

"春秋"乃当时编年体史书之通称，春秋战国时各国史书可以直接使用"春秋"之名，也可以有自己的专有名称。

《琐语》又有《晋春秋》，记献公十七年事。《国语》云："晋羊舌肸习于《春秋》[5]，悼公使傅其太子。"《左传》昭二年，晋韩宣子来聘[6]，见《鲁春秋》，曰："周礼尽在鲁矣。"斯则春秋之目，事匪一家[7]。至于隐没无闻者，不可胜载。又案《竹书纪年》[8]，其所纪事皆与《鲁春秋》同。《孟子》曰："晋谓之乘，楚谓之梼杌，而鲁谓之春秋，其实一也。"然则乘与纪年、梼杌，其皆春秋之别名者乎！故墨子曰："吾见百国春秋[9]。"盖皆指此也。

[ **注释** ]

[1] 三代：即夏、商、周三代。　[2]《汲冢琐语》：西晋武帝时期，盗墓人不準偷掘位于汲郡（今河南汲县）的战国时期魏襄王墓，官方从被盗古墓中获得多种古书竹简，其中有《琐语》十一篇，为战国时各国卜梦占筮相书。后在宋朝时佚失。太丁：又名文丁，商朝第二十八代帝王。　[3] 疏通：通达，贯通。知远：了解久远的事。全句意谓：使人贯通前后，明了远古的事情，是《尚书》的功用。　[4] 属辞比事：连缀文辞，排比史事。全句意谓：使人知道连缀文辞，排比史事，是《春秋》的功能。　[5] 羊舌肸（xī）：即叔向。因习于《春秋》，被认为可对君主劝善规恶，晋悼公使其为太子傅。　[6] 韩宣子：名起，谥宣，史称韩宣子，春秋后期晋国六卿之一。聘：访问。　[7] 春秋之目，事匪一家：

用"春秋"作为史书名称的，不止一家。　[8]《竹书纪年》：汲郡古书竹简中最重要的是编年体史籍"纪年"和"周书"，被称为《汲冢纪年》和《汲冢周书》。《汲冢纪年》后通称《竹书纪年》，记事自上古一直到"今上"即战国魏襄王二十年（前299），也就是编纂者生活的当代，记事简略如《春秋》，但皆有清晰、连续的编年顺序，是中国第一部编年体通史。原书在宋代佚失，今传《今本竹书纪年》为明代学者伪作；《古本竹书纪年》为辑佚本，有四百多条记事，已为学界认可。　[9]墨子：即墨翟（？—前376），春秋战国之际宋国宋城（今河南商丘市）人，一说鲁国（今山东滕州市）人。墨家学派创始人。主张兼爱、非攻、尚贤、尚同、节用、节葬、非乐、明鬼、非命等，其学说被后人汇编为《墨子》一书。墨翟说自己见到过很多诸侯国的编年体国史，即"百国《春秋》"，但此语不见于今传《墨子》，乃是其佚文，见《隋书·李德林传》引。

逮仲尼之修《春秋》也 [1]，乃观周礼之旧法，遵鲁史之遗文；据行事，仍人道；就败以明罚，因兴以立功；假日月而定历数，籍朝聘而正礼乐；微婉其说，志晦其文；为不刊之言，著将来之法 [2]，故能弥历千载，而其书独行。

从写作方法上，总结《春秋》的编纂特点，后又在《叙事》中推崇为"师范亿载，规模万古，为述者之冠冕，实后来之龟镜"。

［注释］

[1] 以下十一句是说：等到孔子编修《春秋》的时候，他就参考周代礼仪的旧法，遵循鲁国史书的记载；根据人物的行为，遵从做人的道理；根据人事的失败来申明惩戒，根据人事的兴盛来

树立功德；通过记载时间的方法来确定帝王继承次序，通过记载朝见天子的活动来订正礼乐制度；其评论语言委婉精微，其记事文辞含蓄隐晦。籍，通"藉"，凭借。 [2] 刊：删改。全句意谓：孔子编修的《春秋》，留下了后世不可更改的言论，立下了后代必须遵守的原则。

又案儒者之说春秋也[1]，以事系日，以日系月；言春以包夏，举秋以兼冬，年有四时，故错举以为所记之名也。苟如是，则晏子[2]、虞卿[3]、吕氏[4]、陆贾[5]，其书篇第，本无年月[6]，而亦谓之春秋，盖有异于此者也。

[注释]

[1] 以下七句是说：另外，有些儒家学者解释《春秋》书名，说是将史事用日来联属，把日用月来联属；说"春"时也就包括了"夏"，说"秋"时也就包括了"冬"，一年有四季，所以就交错列举，用来作为所记载的一年事情的名称。按，称《春秋》错举四时以命名，乃西晋杜预一家之说，此前并无人如此称说。 [2] 晏子：即晏婴，字平仲，春秋后期齐国大夫。传世有《晏子春秋》一书，主要记述其君臣之间的问答之词，一般认为是后人集其言行轶事而编成。 [3] 虞卿：战国时主张合纵抗秦的赵国谋士，但不得志，乃著《虞氏春秋》，以刺讥国家得失，是一部以史论为主，借史论申述自己政治见解的著述，已佚。 [4] 吕氏：即吕不韦（？—前235），战国末年卫国濮阳（今属河南）人，官至秦国相国。曾召集门客纂辑《吕氏春秋》（又名《吕览》），

张舜徽《史通平议》："上世坟籍，以'春秋'标题者，盖有二体：有论治乱存亡之理者，有记治乱存亡之事者。……正不必逐年依次书事，如鲁史之体制，然后谓之'春秋'也。"

有选择地融会各家学派的观点，试图建立一个有特色的文化思想构架。　[5]陆贾（？—前170）：汉初楚国人。早年追随刘邦起兵反秦，能言善辩。汉朝建立后，两次出使南越，说服赵佗臣服汉朝。后与陈平、周勃等同力诛除吕氏，拥立文帝。著有《新语》等书，其《楚汉春秋》今已佚失，但主要内容被司马迁《史记》采用。　[6]其书篇第，本无年月：《晏子春秋》《虞氏春秋》《吕氏春秋》《楚汉春秋》四书都不编年记事，但都称"春秋"，故而本篇将其相提并论。

　　至太史公著《史记》[1]，始以天子为本纪[2]，考其宗旨，如法《春秋》。自是为国史者，皆用斯法。然时移世异，体式不同[3]。其所书之事也，皆言罕褒讳，事无黜陟[4]，故马迁所谓整齐故事耳[5]，安得比于《春秋》哉！

史书记事一味讲究褒贬、皆言褒讳黜陟，绝非好的做法，《春秋》中也并非如此；《史记》中本纪书事也非"皆言罕褒讳，事无黜陟"。刘知幾此处沿袭了尊经卑史的传统思想。

[ 注释 ]

[1] 太史公：即司马迁（前145或前135—？），字子长，西汉左冯翊夏阳（今陕西韩城县南）人。十岁起诵习先秦典籍，曾向当时著名学者孔安国、董仲舒学习，融汇经史，博览百家。二十岁开始游历全国，从而大开眼界，增长阅历，并培养其胸襟博大、视野宏阔的治学气度。汉武帝时任太史令，参与"太初历"的制定。后为败降匈奴的名将李陵辩护，被处以宫刑，但忍辱负重，以"究天人之际，通古今之变，成一家之言"的宗旨，撰成中国第一部气势恢弘、内容丰富的纪传体通史，时称《太史公书》或《太史公记》，至东汉后期以《史记》之名行世。　[2]本纪：

或简称纪，是中国古代纪传体史书中的一种体例，为司马迁《史记》所创。其内容是按编年形式记载各个时期具有最大权势的统治者的政治事迹，提纲挈领地反映当时的国家政务大事，并非仅仅"以天子为本纪"，故而没有成为"天子"的项羽、吕后等人也都列为本纪。"本纪"的命名可能得自《禹本纪》的启发，但《禹本纪》内容不详，很难将两者简单并论。　[3]体式：体制格式。　[4]言罕褒讳，事无黜陟：言论极少有褒扬和隐讳，记事也没有贬抑和赞扬，不像《春秋》那样一字成褒贬。　[5]整齐故事：整理旧事。整齐，整理使之有条不紊。

《左传》家者，其先出于左丘明[1]。孔子既著《春秋》，而丘明受经作传[2]。盖传者[3]，转也，转受经旨，以授后人。或曰传者[4]，传也，所以传示来世。案孔安国注《尚书》，亦谓之传，斯则传者，亦训释之义乎[5]。观《左传》之释经也[6]，言见经文而事详传内，或传无而经有，或经阙而传存。其言简而要，其事详而博，信圣人之羽翮[7]，而述者之冠冕也[8]。

刘知幾推崇《左传》不遗余力，以致吕思勉有"誉《左》成癖"之评（《史通评·杂说上》）。

[ **注释** ]

[1]左丘明：相传为鲁国史官，其姓氏、名字，一说复姓左丘名明，一说姓左名丘明，至今无定论。　[2]经：指儒家经典。传：解释儒家经典的著作。　[3]以下四句是说：所谓传，就是转的意思，把所接受的经书意旨再转授给别人和后代。　[4]以下三

句是说：也有人说传是传授的意思，把经书意旨传授给别人和后代。　　[5]训释：注解，解释。　　[6]以下四句是说：考察《左传》解释《春秋》的做法，有的言论见于经书而事情始末详细记载在传内，有的事情在传内没有但经书上却有记载，有的事情在经书上没有但传内却有记载。　　[7]信：实在。羽翮（hé）：翅膀，比喻辅翼或辅佐者。　　[8]冠冕：古代帝王、官员所带的帽子。比喻首位。

　　逮孔子云没，经传不作。于时文籍，唯有《战国策》及《太史公书》而已[1]。至晋，著作郎鲁国乐资[2]，乃追采二史，撰为《春秋后传》。其书始以周贞王续前传鲁哀公后[3]，至王赧入秦[4]，又以秦文王之继周[5]，终于二世之灭[6]，合成三十卷。

浦起龙《史通通释》："已上不言编年，而编年自见。"

[ 注释 ]
　　[1]《战国策》：西汉末年刘向整理宫廷图书时，从零散的战国历史文献中选材、汇集、分篇、定名而编成。内容主要为战国游说之士的政治说词、谋略策划。但其中既有真实成分，也有伪托造作，特别是纵横家们为了证明自己的见解所引述的往事，随口腾说的可能性更大，故而书内资料不能直接作为信史看待，需要加以辨别。　　[2]乐资：晋朝人，曾官著作郎，著《春秋后传》《山阳公载记》，已佚。　　[3]前传：即《左传》。《左传》的记事范围，上起鲁隐公元年，下迄鲁哀公二十七年（前468）亦即东周君主

周贞王（？—前441）即位之年，故本篇说乐资《春秋后传》"以周贞王续前传鲁哀公后"。　[4]王赧：即周赧王姬延，东周最后一位君主，公元前256年降于秦，同年卒。　[5]秦文王：即秦孝文王（前302—前250），秦始皇祖父，公元前250年即秦王位，三天后去世。公元前256年周赧王降秦，但尚有东周君，公元前249年，秦庄襄王灭掉东周，周朝灭亡。故乐资《春秋后传》就以秦孝文王接续周朝。　[6]二世：即秦朝二世皇帝胡亥，在位三年（前209—前207），被宦官赵高逼迫自杀，不久秦朝灭亡。

当汉代史书，以迁、固为主[1]，而纪传互出，表志相重[2]，于文为烦，颇难周览[3]。

纪传体史书除了因体例缘故，造成全书之间有一些互相重叠的内容，显得文字繁复外，其记载历史的内容非常丰富，堪称百科全书式历史资料宝库，这也是它"颇难周览"的客观原因之一。

[注释]

[1]迁、固：迁即司马迁，已见上文。固即东汉史学家班固（32—92），字孟坚，东汉扶风安陵（今陕西咸阳市东北）人。明帝时任兰台令史等职，受诏参修《东观汉记》。章帝时参加白虎观会议，负责整理编订《白虎通义》。其最重要贡献是承袭父亲续写《史记》的成就，撰写《汉书》，在他去世之后，又得其妹班昭与同郡马续修纂，终成记载西汉一代历史的纪传体断代史。　[2]纪传互出，表志相重：《史记》开创了纪传体史书的先河，全书分为本纪、表、书、世家、列传五种体例；班固编写《汉书》时，将五种体例改为纪、表、志、传四种，为后代所沿袭。但纪、传以人物为中心记事，表、志按事分题记载，造成各部分之间有一些互相重叠的内容。　[3]周览：全部阅览。

　　至孝献帝，始命荀悦撮其书为编年体[1]，依《左传》著《汉纪》三十篇。自是每代国史，皆有斯作[2]，起自后汉，至于高齐[3]。如张璠[4]、孙盛[5]、干宝[6]、徐广[7]、裴子野[8]、吴均[9]、何之元[10]、王劭等，其所著书，或谓之春秋，或谓之纪，或谓之略，或谓之典，或谓之志[11]。虽名各异，大抵皆依《左传》以为的准焉[12]。

　　编年体史书在先秦即已出现，但汉朝以来则以荀悦《汉纪》为最早，并对后世有重要影响。

## ［注释］

[1] 荀悦（148—209）：字仲豫，东汉颍川颍阴（今河南许昌市）人。汉献帝时为曹操幕僚，后升任秘书监等职。献帝以《汉书》文繁难省，令其仿《左传》删略《汉书》，乃成《汉纪》三十卷，以编年体方式记载西汉的国家大政、人物要事，为中国第一部编年体皇朝断代史。两晋南北朝时期，断代编年史与纪传史竞相涌现，同样繁荣，即是有得于《汉纪》的成功示范，对中国史学发展产生了很大影响。　　[2] 斯作：此类著作。此指编年体史书。　　[3] 高齐：即南北朝时期由高洋取代东魏而建立的北齐政权。　　[4] 张璠：北齐安定（今甘肃泾川县）人，曾任秘书郎，著《后汉纪》，但未能完成。　　[5] 孙盛（302—373）：字安国，祖籍太原中都（今山西平遥县）。东晋时历官著作佐郎、秘书监等职，以博学善辩闻名，著有《晋阳秋》《魏氏春秋》《魏阳秋异同》等书，世称良史，已佚。"阳秋"，正式书名应为"春秋"，因东晋简文帝之母名"阿春"，讳改"春秋"为"阳秋"。　　[6] 干宝（？—336）：字令升，东晋新蔡（今属河南）人。曾任著作郎、散骑

常侍等职，领修国史。著有编年体史书《晋纪》，已佚。　[7] 徐广：原作"徐贾"，浦起龙《史通通释》认为应是徐广之误，遂改。徐广（352—425）字野民，东晋东莞（今山东莒县）人。曾任秘书郎、散骑常侍、著作郎等职，著有《晋纪》，已佚。　[8] 裴子野（469—530）：字幾原，南朝河东闻喜（今属山西）人，历仕齐、梁两朝。其曾祖父裴松之、祖父裴骃都是著名史学家，他依据沈约纪传体《宋书》而撰为编年体《宋略》，有名于时，惜佚失不传。又欲撰《齐梁春秋》，未就而卒。　[9] 吴均（469—520）：字叔庠，南朝吴兴故鄣（今浙江安吉县）人。曾私撰《齐春秋》，梁武帝恶其实录，以不实的罪名将其禁毁。不久奉旨撰写《通史》，未成而卒。其诗文自成一家，称为"吴均体"。　[10] 何之元（？—593）：南朝陈庐江灊（今安徽霍山县）人。历官信义令、扬州别驾、咨议参军等职，著《梁典》，已佚。　[11] 志：指王劭《北齐志》一书，已佚。　[12] 的：箭靶的中心。的准，标准，典范。

《国语》家者，其先亦出于左丘明。既为《春秋内传》[1]，又稽其逸文，纂其别说，分周、鲁、齐、晋、郑、楚、吴、越八国事，起自周穆王[2]，终于鲁悼公[3]，别为《春秋外传国语》，合为二十一篇。其文以方《内传》，或重出而小异。然自古名儒贾逵[4]、王肃、虞翻[5]、韦曜之徒[6]，并申以注释，治其章句[7]，此亦《六经》之流，《三传》之亚也[8]。

"二十一篇"应为二十一卷。其中《晋语》卷数、篇幅超过其他各国至少三倍，而且记事下延时间最晚，故《国语》应为战国时期三晋（赵、魏、韩）之人编辑而成。至于其与《左传》之关系，因史料缺乏，迄今悬而未决。

[ 注释 ]

[1]《春秋内传》: 即《左传》。与之相对,《国语》被称为《春秋外传》。　[2] 周穆王: 即西周穆王姬满,传世《穆天子传》即是有关他的一些传说故事。　[3] 鲁悼公: 春秋时鲁国君主,在位三十一年（前 467—前 437）。　[4] 贾逵（30—101）: 字景伯,东汉扶风平陵（今陕西咸阳市西北）人。官至侍中,领骑都尉。博通五经,尤精于《左传》《国语》,所著《左氏传解诂》《国语解诂》等经传义诂及论难凡百余万言,学者宗之,世称通儒。　[5] 虞翻（164—233）: 字仲翔,会稽余姚（今属浙江）人,三国时仕吴,多次被贬。曾为《周易》《论语》《孝经》《老子》《周易参同契》等作注,又有《春秋外传国语注》,已佚。　[6] 韦曜: 即韦昭（204—273）,字弘嗣,西晋时因避司马昭讳,被改为"韦曜"。三国时吴郡云阳（今江苏丹阳市）人,历任吴国太史令、博士祭酒、左国史等职。撰写吴国历史《吴书》与通史性史籍《洞纪》等,久佚。《国语注》为其力作,引据丰富,解说明晰,创树颇多。　[7] 治: 研究。章句,章节和句子,经学家以剖章析句来解说经义的一种方式。　[8]《三传》: 指为《春秋》作注释的《左传》《公羊传》《穀梁传》三书。《公羊传》,相传其作者为子夏弟子、战国时齐人公羊高。该书初时只是口说流传,西汉景帝时,由公羊寿与胡毋生一起著于竹帛。《穀梁传》,相传其作者是子夏弟子、战国时鲁人穀梁赤。起初也为口头传授,至西汉时才成书。

暨纵横互起,力战争雄,秦兼天下,而著《战国策》。其篇有东西二周[1]、秦、齐、燕、楚、三晋[2]、宋、卫、中山,合十二国,分为三十三卷。夫谓之策者[3]，盖录而不序，故即简以为名。或云，汉代刘向以战国游士为之策谋[4]，因谓之《战国策》。

《战国策》为西汉末刘向编成，其内容主要为先秦历史记录。

**[注释]**

[1] 东西二周：公元前 367 年，东周王朝贵族为争夺权力，分裂成西周、东周两个部分，在河南（今河南洛阳市）的称西周公，在巩（今河南巩义市西南）称东周公。公元前 256 年，秦灭西周，公元前 249 年，又灭东周，周亡。　[2] 三晋：赵、魏、韩三国的合称。赵氏、魏氏、韩氏本为晋国六卿中的三家，后三家分晋，于是后世将赵、魏、韩三国合称为三晋，其地约当今之山西省、河南省中部北部、河北省南部中部。现今三晋统指山西。　[3] 以下三句是说：称之为"策"，大概因为它只是把材料粗略的编录在一起，而没有编定时代顺序，所以就用简策来命名了吧。简是战国至魏晋时期的书写材料，削制成的狭长竹片或木片，竹片称"简"，木片称"札"或"牍"。若干简编缀在一起叫"策"（册）。　[4] 刘向（？—前 6）：原名更生，字子政，西汉彭城（今江苏徐州市）人，为西汉宗室楚元王刘交四世孙，历官谏大夫、宗正、中垒校尉等。曾续补《史记》，著有《新序》《说苑》《列女传》等。又曾奉命领校秘书，所撰《别录》是中国最早的图书目录，已佚。

至孔衍，又以《战国策》所书，未为尽善。乃引太史公所记，参其异同，删彼二家，聚为一录，号为《春秋后语》[1]。除二周及宋、卫、中山<sup>[2]</sup>，其所留者，七国而已。始自秦孝公<sup>[3]</sup>，终于楚、汉之际，比于《春秋》，亦尽二百三十余年行事。始衍撰《春秋时国语》，复撰《春秋后语》，勒成二书，各为十卷。今行于世者，唯《后语》存焉。按其书序云："虽左氏莫能加。"世人皆尤其不量力<sup>[4]</sup>，不度德。寻衍之此义<sup>[5]</sup>，自比于丘明者，当谓《国语》，非《春秋传》也。必方以类聚，岂多嗤乎！

凡比较评论，须同类比较，而不能比拟不伦。

**[ 注释 ]**

[1]《春秋后语》：《新唐书·艺文志》著录有"孔衍《春秋时国语》十卷，又《春秋后国语》十卷"，则《春秋后语》乃《春秋后国语》之省称，已佚。　[2]除：删除，去掉，这里是"不记载"的意思。　[3]秦孝公（前381—前338）：战国时秦国君主渠梁。在位时重用商鞅，施行变法，为秦结束战国割据局面奠定了基础。　[4]尤：责备，责怪。　[5]以下几句是说：考察孔衍序言的意思，他拿自己的《春秋后国语》与左丘明相比的书，是左丘明的《国语》，而不是《春秋左氏传》。如果他真是这样同类相比的话，怎么能够嗤笑他呢！

当汉氏失驭，英雄角力。司马彪又录其行事<sup>[1]</sup>，因为《九州春秋》，州为一篇，合为九卷。寻其体统<sup>[2]</sup>，亦近代之《国语》也。

《国语》为"语"体文献，虽分国别记载，但以记言论为主，《九州春秋》乃叙事之作，二者不完全相同。

[ 注释 ]

[1] 司马彪（？—306）：字绍统，晋河内温县（今属河南）人，西晋宗室。著有《九州春秋》，记载东汉末年军阀割据事迹。九州指司、冀、徐、兖、荆、扬、梁、益、幽。其书已佚，今有辑佚本传世。又著有《续汉书》，已佚，但其八志因被南朝梁刘昭用来注补范晔《后汉书》而留存于世，是研究东汉历史的重要资料。　[2] 体统：体制，格局。

自魏都许、洛[1]，三方鼎峙[2]；晋宅江、淮，四海幅裂[3]。其君虽号同王者，而地实诸侯。所在史官，记其国事，为纪传者则规模班、马，创编年者则议拟荀、袁[4]。于是《史》《汉》之体大行，而《国语》之风替矣[5]。

仍是仅强调分国别，忘记了《国语》另一"语"体文献的特色。

[ 注释 ]

[1] 许、洛：许昌、洛阳。建安元年（196），曹操迎汉献帝于洛阳，取得"挟天子以令诸侯"的地位，随后挟持献帝迁都许昌，自己总揽大权。建安二十五年（220）曹操病逝后，其子曹丕代汉建魏，定都洛阳。故本文统称"魏都许、洛"。　[2] 三方鼎峙：指魏、蜀、吴三国鼎立。220年，曹丕代汉称帝，国号"魏"，史称曹魏；次年，刘备称帝，国号"汉"，史称蜀汉；229年，孙权称帝，国号"吴"，史称"东吴"，三国正式鼎立。263年，蜀汉为曹魏所灭。265年，司马炎代魏自立，国号"晋"，史称西晋。280年，西晋灭东吴，三国时代结束。　[3] 晋宅江、淮，四海幅裂：西晋在实现全国短期统一后，于316年为北方匈奴政权灭

亡。第二年，西晋皇室后裔司马睿在建康（今江苏南京市）称帝，重建晋朝，史称东晋，以江淮流域为统治中心。北方则处于分裂状态，少数民族先后建立十几个政权，后因记载这一历史的《十六国春秋》一书而称之为十六国时期。420 年，刘裕代晋建宋，此后又接续出现齐、梁、陈三朝，统称为南朝。439 年，北魏拓跋焘统一北方。后分裂为东魏、西魏，继而分别被北齐、北周取代。581 年，杨坚取代北周，建立隋朝，589 年灭陈，统一全国。从西晋灭亡到隋朝统一，中国一直处于南北分裂的状态。　[4] 袁：即东晋史家袁宏（？—376），字彦伯，东晋阳夏（今河南太康县）人，官至东阳太守。著有记述东汉历史的编年体史书《后汉纪》，以考察政权兴亡为重点，突出记述与政治、礼法、道德相关的史事，并多发史论，将历史问题提高到名教思想的根本原则的角度予以评述。　[5]《史》《汉》之体大行，而《国语》之风替矣：《史》《汉》一般指《史记》《汉书》，分别为纪传体通史和纪传体断代史，总之都是纪传体。但上文中明说"为纪传者则规模班、马，创编年者则议拟荀、袁"，则"《史》《汉》之体大行"应该是统指纪传体和编年体都盛行于世，而《国语》代表的国别体却衰落下去，故此处的"《汉》"应泛指班固《汉书》、荀悦《汉纪》、袁宏《后汉纪》三书而言。

　　《史记》家者，其先出于司马迁。自《五经》间行 [1]，百家竞列，事迹错糅，前后乖舛 [2]。至迁乃鸠集国史，采访家人 [3]，上起黄帝，下穷汉武 [4]，纪传以统君臣 [5]，书表以谱年爵 [6]，合百三十卷。因鲁史旧名，目之曰《史记》[7]。自

　　《史记》首创纪传体史书体裁，以本纪、表、书、世家、列传"五体"相互配合、有机联系，形成统一整体。这是中国传统史学上伟大的、独特的创造。清代赵翼说："自此例一定，历代作史者遂不能出其范围，信史家之极则也。"（《廿二史劄记》卷一《各史例目异同》）

是汉世史官所续，皆以《史记》为名<sup>[8]</sup>。迄乎东京著书，犹称《汉记》<sup>[9]</sup>。

[ 注释 ]

[1]间行：间，交替，错杂。间行，相继行世。　[2]乖舛：矛盾；谬误，差错。　[3]家人：此指私修著作，与官修国史相对而言。　[4]穷：终端。　[5]纪传以统君臣：在最早的纪传体史书《史记》中，本纪是记载各个时期具有最大权势的统治者的政治事迹，故书中有《项羽本纪》《吕太后本纪》，但自南朝以来，只有帝王才列为本纪。在《史记》中，列传记载"立功名于天下"的人物，以及"扶义俶傥，不令己失时"的各个阶层、各种类别的突出人物，从政治身份说，他们都是当代帝王的臣子，这是列传的主体部分，另外还有少量的域外政权、其他少数民族也置于列传内记述。故此处泛称"纪传以统君臣"。　[6]书表以谱年爵：《史记》中"书"这一体例，《汉书》改称为"志"，为后世沿用；其内容是记载国家典章制度以及与典制密切关联的历史事实。表则以表格的形式，分别排列某一专门史实事项，布列名目、总括全貌，以收一目了然之效。本句意谓：用书、表来排列叙述时间年月和官爵制度。　[7]因鲁史旧名，目之曰《史记》：沿袭鲁国史书的旧有名称，将它称为《史记》。按，此言有误。东汉王充《论衡·正说篇》和西晋杜预《春秋经传集解·序》都说"《春秋》者，鲁史记之名"，可知鲁国史书本名《春秋》，"史记"乃当时史书通称（即史官之所记），并非"鲁史旧名"。《史记》原称《太史公书》或《太史公记》，至东汉后期人们才称之为《史记》；司马迁著书时，并未自称或自署为《史记》，其书中尚有多处提及"史记"一词。　[8]"史官所续，皆以'史记'为名"句：此误。汉代续司马迁《史记》者，

如冯商有《续太史公》七篇、班彪有《后传》数十篇，都不以"史记"为名。 [9]《汉记》：指《东观汉记》，东汉时期官方组织修纂的纪传体国史。汉明帝时开始修纂，一直延续到东汉后期，班固、蔡邕等都曾参与其中。全书结构参照《史记》《汉书》，设立纪、表、志、传，同时设立"载记"一体，附载那些不归本朝辖属、不属于叛乱、也不承认其可与本朝并列而正当存在的政权或势力，不失为体例上的变通良法。今有辑本传世。

至梁武帝 [1]，又敕其群臣，上自太初 [2]，下终齐室，撰成《通史》六百二十卷。其书自秦以上，皆以《史记》为本，而别采他说，以广异闻；至两汉已还，则全录当时纪传，而上下通达，臭味相依 [3]；又吴、蜀二主皆入世家 [4]，五胡及拓拔氏列于《夷狄传》 [5]。大抵其体皆如《史记》，其所为异者，唯无表而已。

《通史》早已失传，但"通史"之名却由其肇始。

[ 注释 ]

[1] 梁武帝：即南朝梁建立者萧衍（464—549），字叔达，南兰陵（今江苏常州市）人。在经学、史学、文学及音乐等方面都有研究，在书法上也有很深造诣。当时断代史兴盛，他则倡导编撰通史，令吴均等史官编纂《通史》一书，上起三皇，下至齐代。他对《通史》期望极高，曾说："我造通史，此书若成，众史可废。"据称撰成六百二十卷（一说四百八十卷、六百零二卷），但基本上是抄略已有史书的内容，价值不大，后来失传。 [2] 太

初：汉武帝刘彻年号，共四年（前104—前101）。　[3]上下通达，臭味相依：前后朝代相互连贯接续，人物事迹相类者编在同一列传之内。　[4]吴、蜀二主：指三国吴、蜀两国君主。世家，纪传体史书体例之一，一般主要取"世代传家"之意，记载世代承袭的分封诸国、因功德取得世袭爵位的重要人物；《史记》创立世家体例时，还记载有长久享受公众祭祀的特殊人物，如《陈涉世家》。　[5]五胡及拓拔氏：五胡指东晋时期统治中国北方地区的匈奴、鲜卑、羯、氐、羌五个少数民族，他们在北方先后建立了多个政权，最后为北魏统一。拓拔氏，指鲜卑族的拓跋部，南北朝时在中国北方建立了北魏政权。

其后元魏济阴王晖业[1]，又著《科录》二百七十卷，其断限亦起自上古，而终于宋年[2]。其编次多依放《通史》[3]，而取其行事尤相似者，共为一科，故以《科录》为号。皇家显庆中[4]，符玺郎陇西李延寿抄撮近代诸史[5]，南起自宋，终于陈，北始自魏，卒于隋，合一百八十篇，号曰《南、北史》。其君臣流例[6]，纪传群分，皆以类相从，各附于本国[7]。凡此诸作，皆《史记》之流也。

通史乃通贯古今之作，从上古一直写到作者所处的时代。李延寿《南史》《北史》分别记载南朝、北朝历史，仍属于朝代史，并非《史记》类通史。

**［注释］**

[1]元魏济阴王晖业：此误，撰《科录》者应为元晖（？—

519），而非济阴王元晖业。元晖字景袭，北魏宗室，曾任吏部尚书、冀州刺史、尚书左仆射等职。雅好文学，招集儒士崔鸿等撰录百家要事，以类相从，名为《科录》，是一部分类叙事的通史。唐初《隋书·经籍志》曾将之列入子部杂家，与《皇览》《类苑》《华林遍略》等类书并列，但久已失传，不能得知其分类方法。元魏即北魏，因魏孝文帝迁都洛阳后，改本姓"拓跋"为"元"，所以历史上也称元魏。　[2] 宋年：指南朝宋政权。　[3] 编次：按一定次序编排。　[4] 显庆：唐高宗李治年号，共六年（656—661）。为避唐中宗李显讳，唐人曾追称显庆年号为明庆，又作光庆。　[5] 李延寿：字遐龄，唐代相州（今河南安阳市）人，曾任崇贤馆学士、符玺郎、兼修国史等。其父李大师（570—628）曾欲以编年形式撰写包含南北两朝的史书，因去世未成。李延寿继承其父书稿，但改编年体为纪传体，并以南、北分修，著成《南史》（宋、齐、梁、陈史）、《北史》（北魏、北齐、北周、隋史）。二书多将一家一姓的人物编为合传，这是为了篇幅简洁而采取的纂修方式，而且也客观地反映了南北朝时期的历史原貌，即出身门第对人物生平确实起重要作用。但二书主要是连缀多种断代史资料而成，遂造成一些失当和讹误。　[6] 例：浦起龙《史通通释》认为"恐当作'别'"。　[7] 皆以类相从，各附于本国：都分类记载，把同类的排列在一起，各自列在其本国之内。

　　寻《史记》疆宇辽阔[1]，年月遐长，而分以纪传，散以书表。每论家国一政，而胡、越相悬；叙君臣一时，而参、商是隔。此其为体之失者也。兼其所载[2]，多聚旧记（原注[3]：谓采《国语》《世

通史自有其短，但亦有其长，此处仅言其短而略其长，未免偏颇。

不同史书之间，内容有所重复是正常的，关键在于二者宗旨、思想、观点上的区别，如果在这些方面后来者与前者皆无区别，则后来者真可不作。

本》《国策》等<sup>[4]</sup>），时采杂言，故使览之者事罕异闻，而语饶重出。此撰录之烦者也。况《通史》已降<sup>[5]</sup>，芜累尤深，遂使学者宁习本书，而怠窥新录。且撰次无几，而残缺遽多，可谓劳而无功，述者所宜深诫也。

[ 注释 ]

[1] 以下九句是说：考察《史记》一类的通史，其所记载的历史范围，疆域广阔，时间长久，又用纪、传、书、表等体例分开记载。每当谈论一个国家的一件事情，就如北胡、南越两地相距千里一样，分记于书内前后不同的地方；叙述同一时代的君臣，就如参、商二星不同时出没一样，写在了不同的篇章之内。这是其书体裁体例造成的记事缺陷。　[2] 以下六句是说：再加上它所记载的内容，大多是聚合旧有的记载，经常采录各种杂说，因而使读者极少能从它这里得到与众不同的史事见闻，但同样的史事、言论却多次重复出现。这是其书在内容写作方面的烦杂之处。　[3] 原注：此为刘知幾所作自注。今传《史通》正文的注释，有出自刘知幾本人者，浦起龙《史通通释》称之为"原注"，也有后人所作而混入者，浦起龙称之为"旧注"。　[4]《世本》：西汉末刘向整理官府藏书时，汇集所见先秦"世"类零散文献，编辑而成，其内容是记载宗族世系。　[5] 以下八句是说：更何况梁武帝《通史》以后的通史类著作，内容更加纷乱，比之前史书重复也更加严重。这就使研习历史的人宁愿去直接阅读之前的原有史书，也不愿意来读这些抄略原有史书而写成的新书。而且这些新书编成时间不长，就出现了很多残缺散佚。这真可说是徒劳无

功，值得史学著述之人深刻省诫啊。

　　《汉书》家者，其先出于班固。马迁撰《史记》，终于今上[1]。自太初已下，阙而不录。班彪因之，演成《后记》[2]，以续前编。至子固，乃断自高祖，尽于王莽，为十二纪、十志、八表、七十列传，勒成一史，目为《汉书》。昔虞、夏之典，商、周之诰，孔氏所撰，皆谓之"书"。夫以"书"为名，亦稽古之伟称[3]。寻其创造，皆准子长，但不为"世家"[4]，改"书"曰"志"而已。自东汉以后，作者相仍，皆袭其名号，无所变革，唯《东观》曰"记"[5]，《三国》曰"志"[6]。然称谓虽别，而体制皆同。

"今上"二字，司马迁可用，刘知幾不应沿用，《史通·因习》中还曾指责他人沿用之误。

《史通·题目》："孟坚既以汉为《书》，不可更标'书'号，改'书'为'志'，义在互文。"

[注释]

[1] 今上：当朝皇帝，此指汉武帝。　[2]"班彪《后记》"句：班彪（3—54）字叔皮，汉扶风安陵（今陕西咸阳市东北）人。家世儒学，造诣颇深。东汉时曾任徐县令、望都长等职。因司马迁《史记》自汉武帝太初以后缺而不录，遂博采资料，作《史记后传》数十篇，并曾评论《史记》等史书得失。后其子班固在其文稿基础上，撰修纪传体断代史《汉书》。　[3]稽古：考察古代事迹以明辨是非。　[4]不为"世家"：班彪在续写《史记》时，仅作纪、传而不作世家，班固沿袭，在《汉书》中将《史记》列

入世家的汉代人物都取消世家，改入列传。　[5]《东观》曰"记"：指《东观汉记》一书。　[6]《三国》曰"志"：指陈寿所著《三国志》一书。陈寿（233—297），字承祚，巴西安汉（今四川南充市）人，历仕蜀汉、西晋，任佐著作郎等职。《三国志》记载三国时期曹魏、蜀汉、东吴三国历史，编纂特点是记述从简，对史事的择取十分严格，当时人甚称之。但叙事简略欠详也是其一大缺点，南朝宋裴松之为之作注，补缺、备异、惩妄、论辩，保存了大量史料与史实。

　　历观自古，史之所载也，《尚书》记周事，终秦穆；《春秋》述鲁文，止哀公；《纪年》不逮于魏亡[1]；《史记》唯论于汉始。如《汉书》者[2]，究西都之首末，穷刘氏之废兴，包举一代[3]，撰成一书，言皆精练，事甚该密。故学者寻讨，易为其功。自尔迄今，无改斯道。

司马迁卒于汉武帝时，最多也只能将《史记》写到自己所生活的汉代前期，怎么可能像《汉书》一样，再往下写到汉末？

## ［注释］

[1]《纪年》：即《竹书纪年》。其记载史事自上古一直到战国魏襄王二十年（前299），即编纂者生活的当代，下距魏国灭亡（前225）尚有七十五年。　[2]以下至段末是说：像《汉书》就不同了，它从头到尾考察了西汉王朝的发展历程，完整地写出了刘氏一朝兴盛衰亡的发展经过，把整个朝代的历史，全部编写在一部书之内。而且它的语言都简明扼要，记事非常完备周密。学者钻研效法，容易收到功效。因而从它产生到现在，《汉

书》这种体裁一直被大家所遵循。 [3]究西都之首末，穷刘氏
之废兴，包举一代：张舜徽《史通评》说："知幾斯语，但就《汉
书》中纪、传言之耳。若夫十志所叙，贯通古今，何尝专明一
代！后之断代为书者，述及典章制度，靡不溯厥本原，穷搜远绍。
良以因革损益，非综述不能明。以此见断代为书之穷，而通史
之体，究不可废。"

　　于是考兹六家[1]，商榷千载，盖史之流品，
亦穷之于此矣。而朴散淳销，时移世异，《尚书》
等四家，其体久废，所可祖述者，唯《左氏》及
《汉书》二家而已。

浦起龙《史通
通释》："纪传家，
自隋唐以来《经
籍》《艺文》诸志
皆列史部首科，谓
之正史。先马次
班，此定例也。刘
氏以时近者易为
功，代远者难为
力，有鉴于《通史》
《科录》之芜累，
故特标举断限，借
《史》《汉》二家以
示适从云尔。……
评者认此为乙马甲
班，直不晓文义
矣。"

[ 注释 ]
[1]本段意谓：到此，本文考察了上述六种史书流派，研究了
上千年史书的编纂形式，大概主要史书的派别都在这里了。随着
古代淳朴风尚的逐渐消散尽净，时代在变化，社会在变迁，《尚书》
等四种史书流派，其体制被废弃不用已经有很长时间了，现在值
得效法遵循的，只有《左传》所代表的编年体和《汉书》所代表
的断代纪传体两种了。

[ 点评 ]
《尚书》《春秋》等六种史书，各以其记述历史的独
特方法和记事内容，形成了六种史书流派。本篇对这六
种史书流派的发展脉络、各自优缺点进行了分析评述，
从社会发展、与时更革的历史进步论角度，总结了史体

的演变路径。作者将古来史学的发展源流以史书流派的宏观梳理来统领，这是中国古代史学自产生以来千余年发展中的第一次，表现了作者对中国古代史学所具有的高屋建瓴的全局把握能力。对各种史书流派进行追原溯始、贯通古今的考察，也是《史通》全书考察各种史学问题的最重要方法之一，体现了作者深邃的历史眼光。作者还突破传统观念的束缚，明确把汉代以来一直被尊为经学代表著作的《尚书》《春秋》作为史书看待，并以史学原则进行分析、解读和批判，这也是其创见卓识。但篇中往往以后来才产生的史学理论、以后起的体裁规制来衡评前人，无论其正确与否，都只能是高度概括性的大致区分，不可能做到恰切入微。而不同学者也可以按照不同标准，做出多种划分，不必类同于本篇所说的六家。因此对本篇的立论，需要秉持理解之同情的态度，把握其大体，理解其精神，而不可过于苛求。

# 内篇　卷二

## 二体第二

三、五之代[1]，书有典、坟[2]，悠哉邈矣，不可得而详。自唐、虞以下迄于周[3]，是为《古文尚书》，然世犹淳质，文从简略，求诸备体[4]，固以阙如。既而丘明传《春秋》，子长著《史记》，载笔之体[5]，于斯备矣。后来继作[6]，相与因循，假有改张，变其名目，区域有限，孰能逾此！盖荀悦、张璠，丘明之党也；班固、华峤[7]，子长之流也。惟此二家，各相矜尚[8]。必辨其利害，可得而言之。

［注释］

[1]三、五之代：即三皇五帝的时代。三皇指燧人氏（燧皇）、伏羲氏（羲皇）、神农氏（农皇）；五帝指黄帝、颛顼（zhuān

上篇末提出"二家"问题，本篇即专门比较、辨析编年体和纪传体在记述史事内容方面的长短优劣。

史书体裁有一个逐渐完备的过程，对成熟的史书体裁进行分类比较辨析，则其长短优劣就会显然彰明。

xū）、帝喾（kù）、尧、舜。三皇五帝并不是真正的帝王，而是原始社会中后期出现的几位作出卓越贡献的部落首领或部落联盟首领，后人追尊他们为"皇"或"帝"。　[2]典、坟：传说三皇之书为三坟，五帝之书为五典，有所谓三坟言大道、五典言常道之说，但具体内容不详。　[3]唐、虞：即尧、舜。　[4]备体：完备的体裁。　[5]载笔：本指史官携带文具以记录王事，后泛指撰写史书。　[6]以下六句是说：后来继之而撰写的史书，都沿用了他们这两种体裁，即使有所改变，也只是变换了史书的具体名称，变化的范围都很有限，谁能超越他们呢！　[7]华峤（？—293）：字叔骏，魏晋时平原高唐（今属山东）人。曾任散骑常侍、侍中、尚书等职。博闻多识，有良史之才，以《东观汉记》烦秽，慨然改作而成《汉后书》，受到时人推重，并对后来范晔撰写《后汉书》有重要参考价值，已佚。　[8]矜尚：夸耀。

夫《春秋》者[1]，系日月而为次，列时岁以相续，中国外夷，同年共世，莫不备载其事，形于目前。理尽一言，语无重出。此其所以为长也。至于贤士贞女，高才俊德，事当冲要者[2]，必盱衡而备言[3]；迹在沈冥者[4]，不枉道而详说[5]。如绛县之老[6]，杞梁之妻，或以酬晋卿而获记，或以对齐君而见录。其有贤如柳惠[7]，仁若颜回[8]，终不得彰其名氏，显其言行。故论其细也[9]，则纤芥无遗；语其粗也，则丘山是弃。此

吕思勉《史通评》："此篇乃从六家中取其二体，以为可行于后世者也。编年之体有二长：一则便于考见一时代之大势，以其以时为纲，在同一时代中，各方面之情形毕具，此篇所谓'中国外夷，同年共世，莫不备载其事，形于目前'者也。一则可将重复之文，尽行删去，故其体最宜于长编，此篇所谓'理尽一言，语无重出'者也。其短则在委曲琐细，不能备详；朝章国典，无所依附。故其记载，不如纪、传、表、志体之完全；而后世正史之体，遂不得不舍此而取彼。"

其所以为短也。

[ 注释 ]

[1] 以下十句是说:《左传》这种编年体,以日期、月份作为记事的次序,再排列季节、年份使它们相互衔接,无论是中原国家还是边远地区政权,只要是同一个年代、同一个时期,无不详细记载各自发生的事件,让人一目了然。一次记载就能讲清道理和事情,话语也不用重复出现。这是这种体裁的长处。《春秋》:此指《左传》,但文中所论实为以《左传》为代表的编年体。   [2] 事当冲要:指其人其事有关国政。   [3] 盱(xū)衡:扬眉举目,引申为理直气壮。备言,详尽叙述。   [4] 迹在沈冥:此指其人其事无关国政。沈,通"沉"。   [5] 枉道:不合正道,违背常理。   [6] 以下四句是说:晋国绛县的一位老者因应答晋卿赵孟,齐国杞梁妻子因对答齐庄公,都被记载在《左传》上。   [7] 柳惠:即展获(前 720—前 621),字子禽(一字季),鲁国大夫,封邑在柳下,谥惠,后人尊称为"柳下惠"。以其德行,被视为儒家心目中的贤人,在当时各诸侯国中有很大影响。   [8] 颜回(前 521—前 481):字子渊,春秋末期鲁国人,孔子得意门生,后世尊称为"颜子"。   [9] 以下五句是说:所以,要说到它记载的细致程度,就连像小草这样细微的事情都不会遗漏;要说到它的粗疏,就连像山丘这样重大的事件也会舍弃。这是这种体裁的短处。

《史记》者<sup>[1]</sup>,纪以包举大端<sup>[2]</sup>,传以委曲细事<sup>[3]</sup>,表以谱列年爵<sup>[4]</sup>,志以总括遗漏<sup>[5]</sup>,逮于天文、地理、国典、朝章,显隐必该,洪纤靡

以上所论二体"其所以为长"与"其所以为短",皆其体裁固有之特点,不应用长短优劣来衡量评论。

失。此其所以为长也。若乃同为一事[6]，分在数篇，断续相离，前后屡出，于《高纪》则云语在《项传》[7]，于《项传》则云事具《高纪》。又编次同类[8]，不求年月，后生而擢居首帙，先辈而抑归末章，遂使汉之贾谊将楚屈原同列，鲁之曹沫与燕荆轲并编。此其所以为短也。

[注释]

[1]《史记》：本篇所论，实为以《史记》为代表的纪传体，并非《史记》一书。　[2]大端：重要项目，重大事件。　[3]委曲细事：详密地叙述细小事情。　[4]谱列：排列。　[5]总括：汇总。遗漏，此指纪、传所未能记载的史事。　[6]以下四句是说：至于同一件事情，分散记载在多篇之内，断断续续地不能得到集中叙述，在前前后后的篇章里屡次出现。　[7]"《高纪》"两句：《高纪》：指《史记》的《高祖本纪》。《项传》，即《史记》的《项羽本纪》，称为"项传"，是为了与前面"高纪"避免用字重复。意谓：在《高祖本纪》里涉及项羽的事，就说写在《项羽本纪》里了，在《项羽本纪》里涉及高祖的事，就说写在《高祖本纪》里了。按，这种记事方法是纪传体史书的固有特点，刘知幾称之为"短"即缺点或弊端，这是不对的，一来，体裁本身的特点不好直接用缺点或优点来做简单评价；二来，他此论也停留于表面现象，如此明显的重复、断续，司马迁必有其个人撰述思想在内，但刘知幾却只停留在见到这一外在表现形式和字面内容，而没有进一步深入事物内部去思考其内在思想与撰述宗旨，是脱离了作者本人撰述思想而仅就体例讲体例，因而也就近于空谈空论，泥于定体而脱离具体事实。　[8]以下七句

是说：另外，它编排同类的人物时，不要求时代相同，时代在后的有时被提到前边叙述，时代在前的反而被降到后边叙述，于是就使汉代的贾谊与战国时楚国的屈原被编在同一列传之中，春秋时鲁国的曹沫与战国时燕国的荆轲编在一篇之中。这是这种史书体裁的短处。贾谊（前200—前168），西汉洛阳（今属河南）人。曾任博士、太中大夫等职，但受排挤，不得志。散文代表作有《过秦论》《论积贮疏》等，辞赋以《吊屈原赋》《鹏鸟赋》最为著名。屈原（前340—前278），名平，字原，战国时楚国丹阳（今湖北秭归县）人。曾任三闾大夫、左徒等，因遭排挤被流放，后以楚都郢（今湖北荆州市）被秦军攻破，悲愤交加，自沉于汨罗江。他在楚国民歌基础上创造了新的诗歌体裁楚辞，主要作品有《离骚》《九歌》《九章》《天问》等。曹沫、荆轲分别是春秋和战国时期著名刺客，《史记·刺客列传》中有二人传记。

考兹胜负，互有得失。而晋世干宝著书，乃盛誉丘明而深抑子长[1]，其义云：能以三十卷之约，括囊二百四十年之事，靡有遗也。寻其此说，可谓劲挺之词乎[2]？案春秋时事，入于左氏所书者，盖三分得其一耳。丘明自知其略也，故为《国语》以广之。然《国语》之外，尚多亡逸，安得言其括囊靡遗者哉？

驳干宝贬纪传、褒编年的偏激之论。

[注释]

[1]盛誉：大加赞扬。深抑，极力贬低。　[2]劲挺：坚实有力。

以假设性推论，进一步批驳贬纪传、褒编年的偏激之论，"言设使左（丘明）为汉史，仍用编年，则如上所云，不载既不安，载之又费力，有不得不变为纪传者"（浦起龙《史通通释》）。

向使丘明世为史官[1]，皆仿《左传》也，至于前汉之严君平[2]、郑子真[3]，后汉之郭林宗[4]、黄叔度[5]，晁错、董生之对策[6]，刘向、谷永之上书[7]，斯并德冠人伦[8]，名驰海内，识洞幽显[9]，言穷军国[10]。或以身隐位卑[11]，不预朝政；或以文烦事博[12]，难为次序[13]。皆略而不书，斯则可也。必情有所吝[14]，不加刊削，则汉氏之志传百卷，并列于十二纪中[15]，将恐碎琐多芜，阘单失力者矣[16]。

[ 注释 ]

[1] 向：假使。　[2] 严君平：即西汉隐士严遵，字君平，蜀郡（今四川）人。好老庄思想，隐居成都，以卜筮为生，著有《老子指归》。　[3] 郑子真：即西汉隐士郑朴，左冯翊谷口（今陕西礼泉县）人。耕读不仕，修道静默，世人服其清高。成帝时，大将军王凤欲引为己用，重礼聘之，不从。　[4] 郭林宗：即东汉郭泰（128—169），字林宗，太原郡介休县（今属山西）人。德行高卓，又与名士李膺等交游，名重京师洛阳，被太学生推为领袖，为士人所称誉。官府辟召，都不应命，闭门教授，弟子达千人。　[5] 黄叔度：即东汉黄宪（75—122），字叔度，慎阳（今河南正阳县）人，以学行见重于时。同郡戴良才高倨傲，及见黄宪，茫然若失，自愧不及。周乘则说："吾时月不见黄叔度，则鄙吝之心已复生矣。"天下号曰征君。　[6] 晁错（前200—前154）：西汉颍川（今河南禹县）人，曾任太子家令、内史、御史

大夫等职。其政论文章疏直激切，尽所欲言，代表作有《言兵事疏》《守边劝农疏》《论贵粟疏》《举贤良对策》等。董生即董仲舒（前179—前104），西汉广川郡（今河北景县）人，曾任江都易王刘非国相、胶西王刘端国相。汉武帝下诏征求治国方略，他上《举贤良对策》，提出天人感应、大一统学说和罢黜百家、表彰六经的主张。　[7]谷永（？—前9）：字子云，西汉长安（今陕西西安市）人，官至光禄大夫。通晓儒家经典，屡次应诏对策，直言上疏进谏。　[8]德冠人伦：德，才学品行。冠，超出众人，居于首位。人伦，人们。　[9]识洞幽显：识，见解。洞，通晓，透彻了解。幽，隐藏，不公开的。显，公开的。　[10]穷军国：穷，推究到极点。军国，国家大事。　[11]身隐位卑：隐居不仕，指上述严遵、郑朴、郭泰、黄宪四人。　[12]文烦事博：文，文章著作。事，行事。指文章著作繁多，行事复杂多样。　[13]次序：编排。　[14]必：如果。吝，吝惜，不忍割爱。　[15]志传百卷，并列于十二纪中：《汉书》有纪、表、志、传共一百卷，后人因其个别篇幅较大，又分上下卷，共一百二十卷，其中纪十二卷。　[16]阘茸：疲软不振。本段意谓：如果用编年体写汉代历史，严遵、郑朴、郭泰、黄宪的事迹和晁错、董仲舒、刘向、谷永的上疏，或者因他们隐居民间，地位卑微，不参预朝政，或者因他们著作繁多，行事复杂，难以编排，因而都略去不写，这是可以的。如果在感情上不忍割舍，不予以删减，那么纪传体《汉书》一百卷的内容，将都一起写入编年记事的十二篇帝纪中，如此一来，这个编年记事的十二纪只怕就会琐碎凌乱，芜杂粗糙，不成体统。

　　故班固知其若此[1]，设纪传以区分，使其历然可观，纲纪有别。荀悦厌其迂阔[2]，又依左氏成书，翦截班史，篇才三十，历代褒之，有逾本传。

**［注释］**

[1] 以下四句是说：班固知道，如果用编年体写史就会出现上面所说的那种不良后果，所以他写《汉书》就采用纪传体，用纪、表、志、传来分类撰写，使全书内容清晰明白，纲目有条有理，便于观览。按，在"班固"二字下，浦起龙《史通通释》注释说"以固例迁"，即"班固"一词也是包括了司马迁在内。从本篇仅是讲论体裁而不是讲论各书优劣的角度说，浦氏此言很是有理。　[2] 以下六句是说：荀悦不喜欢纪传体《汉书》的内容繁冗，就又依据《左传》的编年体形式写成《汉纪》，内容主要是对班固《汉书》予以删削，全书仅三十卷，但历代学者都褒扬它，觉得它超过了《汉书》。迂阔，迂腐而不切合实际，此指《汉书》篇卷较多而不便阅读。

然则班、荀二体，角力争先[1]，欲废其一，固亦难矣。后来作者，不出二途。故晋史有王、虞[2]，而副以干《纪》[3]；《宋书》有徐、沈[4]，而分为裴《略》[5]。各有其美，并行于世。异夫令升之言，唯守一家而已[6]。

**［注释］**

[1] 角力争先：互争胜负，唯恐落后。　[2] 王、虞：指王隐、

---

*左侧批注：*

纪传晚出，矫编年之弊。然世人又有厌纪传繁复而效编年之简洁者。此正与上文"考兹胜负，互有得失"呼应。

此为全篇主旨所在。然其所举各书皆断代史，而不及前已提到之《史记》，实则《史记》乃纪传体创始著作，但通史既不为刘知幾所重，故不为提及。

虞预，二人都著有纪传体晋朝史书。王隐字处叔，西晋陈留（今河南淮阳县）人，曾官著作郎。博学多闻，撰成《晋书》，然拙于文辞，凡次第可观者，皆其父所写，自作者多文体混漫，义不可解。已佚。虞预（？—340）字叔宁，西晋余姚（今属浙江）人。历官著作佐郎、著作郎、散骑常侍等职。雅好经史，学问富博，著有《晋书》《会稽典录》《诸虞传》等，均佚。　[3] 干《纪》：即干宝《晋纪》，编年体史书。其书简略，直而能婉，世称良史，惜全书失传，唯其《总论》全文俱存，主旨是总结西晋灭亡的原因，在历史见识、文章气魄、文笔生动等方面，都堪称佳作。　[4] 徐、沈：指徐爰、沈约，二人都著有纪传体南朝宋史。徐爰（394—475）字长玉，南朝宋南琅琊开阳（今江苏句容市）人。历官著作郎、兼尚书左丞、中散大夫等职。他接续何承天、山谦之、苏宝生等官修国史成果，写成纪传体《宋书》，已佚。沈约（441—513）字休文，吴兴武康（今浙江德清县）人，历仕南朝宋、齐、梁三代。于南齐时奉敕纂修《宋书》，接续何承天、山谦之、苏宝生、徐爰等纂修成稿，于梁武帝天监年间完成全书，其中纂修八志是他最主要的贡献，有宝贵的史料价值。　[5] 裴《略》：即裴子野《宋略》，编年体史书，已佚。子野曾祖松之在刘宋时曾受诏续修何承天《宋书》，未成而卒，子野常欲继成先业。及沈约《宋书》既行，子野据之删烦撮要，为《宋略》二十卷，叙事评论多善，沈约见而叹曰："吾弗逮也。"《史通》遂称"裴《略》为上，沈《书》次之"，其实沈约自叹不如之说，乃一时推奖之言，不足为定论。　[6] 异：奇怪。全句意谓：干宝的言论真是可怪，其实他只是拘守自家的观点罢了。

## ［点评］

上篇《六家》指出，古今正史的史书流派原本主要有六种，但随着时代的发展、社会的变迁，有四种逐渐被淘汰而退出了历史舞台，值得继续效法遵循的，只有《左传》所代表的编年体和《汉书》所代表的断代纪传体两种。于是本篇就继之专门比较分析这两种史书体裁的各自优缺点。虽内中也谈到《史记》的通史纪传体裁，但最终仍以断代纪传体为落脚点。在两晋南北朝时期，学者们或肯定编年体而贬抑纪传体，或褒扬纪传体而否定编年体，都将二者直接对立。因而本篇也是对前人探讨的接续与回应。作者通过列举实例，比较对观，详细指陈二体各自优劣，提出二者并非矛盾不可互存，而是各有其美，应该并行于世，而不该偏守一家，实乃公允恰切之论。此后虽有个别学者仍偏持一端之说，但学界公认其说最为允当，而之后的中国古代史学不仅确以编年体和断代纪传体为最主要的史书体裁，而且还常常引用其说作为讨论二体的重要理论基础，足证其言之合理。

不过，"纪传之体，合纪、传、表、志以为一书，自具经纬错综之方，兼包人物典章之事，虽不能掩编年之长，取而代之，然学者于焉取资，实有非编年之所及。故《史通》虽以二体同号正史，然于纪传之书及其义例，论述独详，固亦有所偏重也"（程千帆《史通笺记》），此亦不可不知。

此外，本篇列举多部史书，以作为品评二体长短优劣的例证，后世遂有将其言论移作对这些史书优劣之评价者。实则此乃误解本篇主旨而致误，本篇"错举多书，总归二体。盖揭二体之两行，非评诸书之优劣也"（浦起龙《史通通释》）。

# 载言第三

古者言为《尚书》，事为《春秋》，左右二史，分尸其职[1]。盖桓、文作霸[2]，纠合同盟，春秋之时，事之大者也，而《尚书》阙纪。秦师败绩[3]，缪公诚誓，《尚书》之中，言之大者也，而《春秋》靡录。此则言、事有别，断可知矣。

本篇专门讨论史书中应该如何记载制册章表之类言辞文章的问题。

言事有别，但是否分属于左右二史，实已难言之。

## ［注释］

[1] 尸：掌管，主持。《礼记·玉藻》说"动则左史书之，言则右史书之"，郑玄《六艺论》说"左史所记为《春秋》，右史所记为《尚书》"。而《汉书·艺文志》则说"左史记言，右史记事。事为《春秋》，言为《尚书》"。其说出于刘歆，刘知幾从之。　[2] 桓、文作霸：指春秋时期齐桓公、晋文公等人相继称霸事，而非仅指齐桓公、晋文公二人。齐桓公是春秋时期齐国第十五位国君，在位四十三年（前 685—前 643）。任管仲为相，积极改革内政，使齐国迅速强盛。提出"尊王攘夷"的口号，在诸侯中树立了很高威信，先后几次大会诸侯，取得霸主地位。晋文公是春秋时期晋国的第二十二位君主，在位九年（前 636—前 628）。任用贤才，实行通商宽农、明贤良、赏功劳等政策，作三军六卿，使晋国国力大增，是继齐桓公之后的第二位霸主。　[3] 秦师败绩：周襄王二十四年（前 628），秦穆公派将领孟明视、西乞术、白乙丙率军越晋境偷袭郑国。次年四月，秦军回师路经崤山时，遭到晋襄公率伏兵突袭，全军覆没，孟明视等

三将被擒。不久三人被释放回国，穆公后悔不听劝阻，当众作誓词，即《秦誓》。后来《尚书》的编写者将其作为最后一篇，收入书中。

逮左氏为书，不遵古法，言之与事，同在《传》中[1]。然而言、事相兼，烦省合理[2]，故使读者寻绎不倦，览讽忘疲[3]。

《左传》善叙事，尤善于描写战争。

[注释]

[1]《传》:《左传》。《左传》以记述历史事件和人物活动为主线，而对话与议论穿插其中，已经发展为言事兼载、内容完备的史书。 [2]烦省合理: 记载的详略合乎事理。 [3]寻绎不倦，览讽忘疲: 推求探讨不感到劳累，浏览诵读不觉得困倦。

至于《史》《汉》则不然，凡所包举，务在恢博[1]，文辞入记，繁富为多。是以《贾谊》《晁错》《董仲舒》《东方朔》等传[2]，唯上录言，罕逢载事[3]。夫方述一事[4]，得其纪纲，而隔以大篇，分其次序。遂令披阅之者，有所懵然。后史相承，不改其辙，交错分扰[5]，古今是同。

是否影响阅读，要视具体情况而定，虽是仁智互见的问题，但要说"遂令披阅之者，有所懵然"，则似有夸张。

[注释]

[1]务在恢博: 一意求博求大。 [2]东方朔（前154—前

93）：字曼倩，西汉平原厌次（今山东德州市陵城区）人。武帝即位后，他上书自荐，诏拜为郎，后任太中大夫等职。性格诙谐，言词敏捷，滑稽多智。曾言政治得失，陈农战强国之计，但始终被当作俳优看待，不受重用。著述甚丰，有《答客难》《非有先生论》等名篇。　[3]唯上录言，罕逢载事：只喜欢记录他们的言论文辞，对他们的事件则记载很少。"上"，浦起龙《史通通释》说通"尚"，"或作'止'"。徐复引《史通·世家》"或传国唯止一身"等为证，认为"作'止'之本是，作'上'系形近之误"，见其《〈史通〉校记》（载《徐复语言文字学丛稿》，江苏古籍出版社1990年版）。　[4]以下六句是说：正在叙述一件史事，梳理好了大纲和情节眉目，却插进来一长篇文章，把正在叙述的事情前后隔开了，一下子使阅览者糊涂发懵，忘了事件前后的发展层次。　[5]交错分扰：指史书中言论和事件相交错杂、混在一起的情况。

　　案迁、固列君臣于纪传[1]，统遗逸于表志，虽篇名甚广，而言无独录。愚谓凡为史者，宜于表志之外，更立一"书"。若人主之制册、诰令[2]，群臣之章表、移檄[3]，收之纪传，悉入书部，题为"制册章表书"，以类区别。他皆放此[4]。亦犹志之有"礼乐志""刑法志"者也。

独抒己见，别具手眼。

　　[ **注释** ]
　　[1]以下四句是说：司马迁《史记》和班固《汉书》将君臣分别列于本纪和列传之中，纪传没有记录的内容全部列入表和志，

虽然表和志名称很多、记录范围很广，但对言辞文章却没有单独立篇予以记录。　[2]制、册、诰、令：古代帝王所用的文体名称。制，帝王发布的命令文书，一般是有关国家典章制度的重要文书。册，帝王封官授爵的诏书。诰，帝王发布的训诫、勉励的文告。令，帝王发布的对于某个具体的人和事的命令。　[3]章、表、移、檄：古代大臣所用的公文文体名称。章，奏章，向帝王进言陈事的文书。表，有所陈请的奏章。移，官府之间的交涉性公文。檄，用于征召、晓谕或声讨的文书。　[4]放：通"仿"，仿照。

又诗人之什，自成一家。故风、雅、比、兴[1]，非《三传》所取[2]。自六义不作[3]，文章生焉。若韦孟讽谏之诗[4]，扬雄出师之颂[5]，马卿之书封禅[6]，贾谊之论过秦[7]，诸如此文[8]，皆施纪传。窃谓宜从古诗例，断入书中，亦犹《舜典》列《元首之歌》，《夏书》包《五子之咏》者也。夫能使史体如是，庶几《春秋》《尚书》之道备矣。

[ 注释 ]

[1]风、雅、比、兴：风、雅指《诗经》中收录的诗歌类型。风为各地土风歌谣，大部分是民歌；雅是周王朝直辖地区的音乐，即所谓正声雅乐，按音乐的不同又分为《大雅》《小雅》，除《小雅》中有少量民歌外，大部分是贵族的作品。比、兴是《诗经》中诗歌创作的修辞方法，即比喻和象征。　[2]《三传》：解释《春秋》一书的《左传》《公羊传》和《穀梁传》三部著作。但《左传》

浦起龙《史通通释》："尝窃计之，就如贾生、董傅、方朔、马卿，未作要官，无他政迹，其生平不朽，正在陈书对策、诗颂论著等文，设检去之，以何担重？……即刘于《载文篇》亦言'非复史书，更成文集'，不且自矛乎？况乎后世著述如林，弥滋繆轕矣。此论不可行。"

以《春秋》《尚书》为评价标准。

多处引《诗经》，非本篇所说不取。　　[3]六义：即风、雅、颂三
种诗歌体裁和赋、比、兴三种诗歌表现手法，此处代指赋诗见志
的风气。不作，衰微。　　[4]韦孟讽谏之诗：韦孟（？—前156）
为西汉彭城（今江苏徐州市）人，任楚元王傅，以其孙荒淫不
法，作诗讽谏，《汉书·韦贤传》记载有其事与其诗。　　[5]扬雄
出师之颂：扬雄（前53—18）字子云，西汉蜀郡成都（今属四川）
人，曾任给事黄门郎等。《汉书·扬雄传》载其文赋多篇，但无
《出师颂》；《文选》卷四七在收录扬雄《赵充国颂》之后，录有
史岑《出师颂》，刘知幾或因此而仅凭记忆，将该文误为扬雄所
作。　　[6]马卿之书封禅：司马相如（？—前118）字长卿，西汉
蜀郡成都（今属四川）人。工辞赋，词藻富丽，结构宏大，是汉
赋的最重要代表，被后人称为赋圣和辞宗。临终前遗有《封禅书》
（又称《封禅文》）一卷，由家人上奏给武帝，阐明请求封禅的主
张，强调武帝最宜封禅，最后又以天人感应的思想，强调封禅可
促进帝王居安思危，从更广泛的意义上阐明应该封禅的主旨。《史
记》和《汉书》的司马相如传都收录有这篇文章。　　[7]贾谊之
论过秦：即贾谊传世的政论名文《过秦论》。全文从多个方面分析
秦王朝的过失，以作为汉王朝巩固统治的借鉴，是一篇见解深刻
而又极富艺术感染力的文章。因是总结秦朝速亡的历史教训，故
而司马迁在《史记·秦始皇本纪》、班固在《汉书·陈胜传》中
都收录了这篇文章，而二书的贾谊传中则不再重复收录。　　[8]以
下八句是说：诸如此类的文章，过去都收录在本纪和列传之中。
我认为应当依照古代史书收录诗歌的方法，将它们从纪传中分出
来，放到"书"类中，也就是像《尚书》的《舜典》中收录《元
首之歌》和《夏书》中收录《五子之咏》那样。如果历史著作的
体例都是这样的话，就算是具备了《春秋》《尚书》所确立的言
辞与事件分别记录的写作原则。

昔干宝议撰晋史，以为宜准丘明，其臣下委曲[1]，仍为谱注[2]。于时议者，莫不宗之[3]。故前史之所未安[4]，后史之所宜革。是用敢同有识，爰立兹篇，庶世之作者，睹其利害。如谓不然，请俟来哲。

反对因循守旧、抱残守缺，力倡革故鼎新、继往开来。

[注释]

[1]委曲：史事的曲折变化和琐碎的细节。　[2]仍：乃。谱，叙写，记载。注，自注。本句意谓：就用自注的方式来记载。　[3]宗：尊奉。　[4]以下两句是说：由此看来，凡是前代史书中有不合适的地方，后代史书都应该将它们进行改革。

[点评]

本篇是《史通》全书第三篇，它和前两篇《六家》《二体》，都是刘知幾在熟读史书、了然于古今史学发展脉络的基础上，出乎胸臆的独创之作。本着"前史之所未安，后史之所宜革"的历史进步理念和改革创新精神，本篇提出，应在纪传体史书中，于纪、传、表、志四种体例之外，专门创立"书"这一体例，把原来纪、传中所收的君臣诏令奏表之类言辞文章全部移到"书"中，在"制册章表书"题目下收录。可见从本篇起，作者已经开始对纪传史体裁的内部体例进行讨论。从全书来看，作者虽然将编年、纪传二体史书全都看作正史，但编年体史书内部既不像纪传体那样再细分纪、表、志、传等多种体例，其记述内容也不如纪传体史书宏阔全面，加以唐代官修前代史和官修国史都是采用纪传体，因而作者在书中对纪传史体的讨论更多也更为深入。只是因为本篇完全是作者独出心裁的别识创见，遂紧随《六家》《二体》而排在第三篇，之后才从第四篇《本纪》开始，对以纪传体史书为最主要代表的传统史学进行专题性的理论总结与评述。这个编排顺序，说明刘知幾在写作本书时具有明确的理论规划与逻辑体系。

刘知幾倡导史书叙事崇尚简要，认为纪、传中插入长篇言辞文章，影响前后叙事，所以产生创立"书"部的想法，欲将言辞文章移出纪、传而统归"书"部。但后世却无人奉行，其原因，主要在于纪、传中所录文章，大多与当时政治、学术以及传主生平行事有重要关系，可以反映人物的思想、性格特点，可以表现当时的历史形势，可以突出人物的出色才华，如此等等，皆非仅仅是为了外在形式上的文章繁复收录为美，如果不收录此类文章，势必影响到对当时政治、学术以及传主的认识。所以，作者想在纪、表、志、传四种体例之外，专门创立"书"体，把诏令奏表之类言辞文章全部列入"书"中的做法，是不合适的。作者具有勇于革旧、敢于创新的精神，这是值得肯定的，但因思虑不周，不具有实践性、可行性。凡事都要从实际出发，坚持实践的观点、辩证的观点，在思维缜密、把握准确、考虑周全的基础上推陈出新。

# 本纪第四

本篇专门讨论纪传体史书中应该如何撰写本纪的问题。

昔汲冢竹书是曰《纪年》，《吕氏春秋》肇立纪号[1]。盖纪者，纲纪庶品[2]，网罗万物[3]。考篇目之大者，其莫过于此乎？及司马迁之著《史记》也，又列天子行事，以本纪名篇[4]。后世因之，守而勿失[4]。譬夫行夏时之正朔[5]，服孔门之教义者[7]，虽地迁陵谷，时变质文[8]，而此道常行，终莫之能易也。

称司马迁"列天子行事"为本纪，这只是刘知幾自己的观点，并非司马迁原意。

[注释]

[1]肇：开始。《吕氏春秋》全书二十六卷，分为十二纪、八览、六论，故此处称其创立纪的名称。　[2]纲纪庶品：纲纪，统率。庶，众。品，种类。　[3]网罗：搜罗，包容。　[4]以本纪名篇：司马迁《史记》中已称引《禹本纪》，可知"本纪"一词并非司马迁所创。但《禹本纪》已失传，其内容体制不详，因此除了名称之外，今已很难说《史记》的本纪就是效法《禹本纪》。　[5]守而勿失：遵循仿效，没有废除。　[6]行夏时之正（zhēng）朔：行，遵守。夏时，夏朝的历法。正朔，农历正月初一。古代帝王改朝换代，必改正朔，以示新承天命，表示一个朝代对中国（华夏）衣钵的正统继承的资格。夏、商、周、秦及汉初的正朔各不相同，汉武帝后皆用夏制，以孟春之月（即今农历正月）为岁首。本句意谓：奉行夏代历法的正朔。　[7]服孔门之教义：服，信奉。孔门之教义，孔子所创立的儒家学说。　[8]时变质文：时代变迁，

社会风尚由喜好质朴转变为喜好文采。

　　然迁之以天子为本纪，诸侯为世家[1]，斯诚说矣[2]。但区域既定，而疆理不分[3]，遂令后之学者罕详其义。案姬自后稷至于西伯[4]，嬴自伯翳至于庄襄[5]，爵乃诸侯，而名隶本纪。若以西伯、庄襄以上，别作周、秦世家，持殷纣以对武王[6]，拔秦始以承周赧[7]，使帝王传授，昭然有别，岂不善乎？必以西伯以前[8]，其事简约，别加一目，不足成篇。则伯翳之至庄襄，其书先成一卷，而不共世家等列，辄与本纪同编，此尤可怪也。

力主"以天子为本纪"，严格区分世家与本纪的不同，将体例的整齐划一强调到绝对化的地步，却忽略了史书记事的完整性、系统性要求，不符合历史本身发展的序列要求。是仅顾及史书体例，而不顾历史实际。

[ 注释 ]

[1] 迁之以天子为本纪，诸侯为世家："天子为本纪，诸侯为世家"，语出南朝宋裴松之《史目》"天子称本纪，诸侯曰史家"，浦起龙《史通通释》已经指出，今可见于《史记·五帝本纪》张守节《正义》引，可知此乃晋朝以来形成的历史观念，并不能代表司马迁本人的观点。所以此处说"迁之以天子为本纪，诸侯为世家"，更只是刘知幾自己的看法，与司马迁本人无关。　[2] 谠（dǎng）：正直的，正确的。　[3] 区域：类别，门类。这里指纪传体史书的纪、表、志、传等体例。疆理，界限。此指纪、表、志、传等体例之间的区别。　[4] 姬自后稷至于西伯：姬，周朝王族之

姓，这里代指周朝。后稷，姬姓始祖，名弃，尧舜时任掌管农业之官，曾被尧举为"农师"，因教民耕种，被舜封于邰，赐姓姬，《史记·周本纪》就是从他开始记载的。西伯，即周文王，其父死后，继承西伯侯之位，使周成为西方霸主，为其子武王灭商奠定了基础。　[5]赢自伯翳至于庄襄：赢，秦族之姓，这里代指秦国。伯翳，秦族始祖，因助大禹治水有功，被舜赐赢姓，《史记·秦本纪》就是从他开始记载的。庄襄王，即子楚（前281—前247），秦孝文王之子，秦始皇之父。孝文王在公元年前250年即位，三天后去世，庄襄王即位，在位三年，攻灭东周君，继又蚕食赵、魏、韩三国，攻占大片土地。《史记》将秦族自伯翳至庄襄的历史单独写为《秦本纪》，置于《秦始皇本纪》之前。　[6]持殷纣以对武王：殷纣即商纣王，名受。在位前期，曾把商朝势力扩展到江淮一带。后期沉湎酒色，宠信佞臣，滥施苛政，后为周武王所败，自焚死，商朝灭亡。本句意为：以周武王接续商纣王。　[7]拔秦始以承周赧：秦始即秦始皇（前259—前210），名政。即王位后，任用尉缭和李斯等人，积极推行统一战略，最终灭六国，建立了第一个统一的多民族中央集权国家。周赧王在公元前256年为秦昭王攻灭，七年后，东周亦亡于秦庄襄王。本句意为：以秦始皇接续周赧王。　[8]以下九句是说：如果认为西周西伯以前的历史比较简略，另外加一个《世家》来写，不足以独立写成一篇，那也就算了，但是秦国从伯翳到庄襄王的历史，《史记》中已先单独写成了一卷，可以列为一篇《世家》了，但却没有写入世家，以与其他世家并列，而是题为《秦本纪》，与其他本纪编在了一起，这是非常奇怪的。

　　项羽僭盗而死[1]，未得成君，求之于古，则齐无知、卫州吁之类也<sup>[2]</sup>。安得讳其名字，呼之曰王者乎<sup>[3]</sup>？春秋吴、楚僭拟<sup>[4]</sup>，书如列国。假使羽窃帝名，正可抑同群盗<sup>[5]</sup>，况其名曰西楚，号止霸王者乎？霸王者，即当时诸侯。诸侯而称本纪，求名责实<sup>[6]</sup>，再三乖谬。

### ［注释］

[1] 项羽（前 232—前 202）：名籍，字羽，秦末下相（今江苏宿迁市）人。秦末农民起义爆发后，跟随叔父项梁起兵响应，率军消灭秦军主力。秦亡后称西楚霸王，分封灭秦功臣及六国贵族为王。不久刘邦发兵相争，四年后项羽失败自杀。僭，超越本分，古代指地位在下者冒用在上者的名义或礼仪、器物。　[2] 齐无知：春秋时齐国公子。公元前 686 年冬，齐襄公在狩猎归途中被杀，无知被拥立为君，次年春被杀。卫州吁，春秋时卫国公子，公元前 719 年春，州吁杀卫桓公自立为君，秋时被卫人所杀。此二人皆为杀君自立，故《左传》直书其名，而不称为君。刘知幾认为项羽和无知、州吁一样，也不能称为君。　[3] 讳其名字，呼之曰王：讳，避讳。古代对君主和尊长，不能直呼其名字，称作"避讳"。《史记》中多次称项羽为"项王"，而未直呼其名，但此乃沿袭当时人对项羽的通称，并无特别尊崇项羽之意，刘知幾以为出于避讳，实乃误解。　[4] 以下两句是说：春秋时期吴、楚两国都曾自称为王，但《史记》没有将它们列入本纪，而是和各诸侯国一样，列为世家。　[5] 抑：贬抑，降低。群盗，指陈胜、吴广，这是刘知幾对农民起义领袖的蔑称。　[6] 求名责实：按照名称或名义去寻求实际内容，使得名实相符。

徐时栋《烟屿楼读书志》卷十二《史记》："天下号令在某人，则某人为本纪，此史公史例也。故《高祖本纪》之前有《项羽本纪》，高祖以后不立孝惠皇帝本纪，而独立《吕后本纪》，固以本纪为纪实，而非争名分之地也。此后无人能具此识力，亦无人敢循此史例矣。"

盖纪之为体，犹《春秋》之经，系日月以成岁时，书君上以显国统[1]。曹武虽曰人臣[2]，实同王者，以未登帝位，国不建元[3]。陈《志》权假汉年，编作《魏纪》[4]，亦犹《两汉书》首列秦、莽之正朔也[5]。后来作者，宜准于斯。而陆机《晋书》，列纪三祖[6]，直序其事，竟不编年。年既不编，何纪之有？

提出本纪的一个体例要求：用帝王年号编年记事。

批评陆机不效法《三国志·魏书·武帝纪》的写法来"列纪三祖"。陆机以传为体、以纪为名的写法，应是仿效《史记·项羽本纪》。

[ **注释** ]

[1] 国统：即帝统，君主一脉相承的统绪。　[2] 曹武：即魏武帝曹操（155—220），字孟德，小字阿瞒，东汉沛国谯县（今安徽亳州市）人。东汉末军阀混战，曹操统一北方，以东汉丞相的身份，挟持汉献帝，号令天下，后进位魏王，谥武王。他生前未登帝位，其子曹丕称帝后，追尊他为武帝。　[3] 建元：开国后第一次建立年号。泛指建国。　[4] 陈《志》：即陈寿《三国志》。《魏纪》，指《三国志》中的《魏书·武帝纪》，其记事纪年起汉献帝初平元年（190），迄建安二十五年（220），用汉献帝年号。　[5]《两汉书》首列秦、莽之正朔：班固《汉书》开篇《高帝纪》在记载汉高祖刘邦称帝以前史事时，使用秦二世纪年；范晔《后汉书》开篇《光武帝纪》在记载光武帝刘秀称帝以前史事时，使用王莽新朝年号纪年。范晔（398—445）字蔚宗，南朝刘宋时顺阳（今河南淅川县南）人，以才学闻名。他参考多种东汉史籍，撰成纪传体《后汉书》，其中史论是他着重用力之处，不仅笔势纵放、词语精炼，而且颇具深湛见解。南朝梁刘昭在注释其《后汉书》

时，将西晋司马彪《续汉书》的八志附于其后，至北宋时合为一书，是为今传"二十四史"之一。　[6]陆机（261—303）：字士衡，西晋吴郡吴县（今江苏苏州市）人。曾任平原内史、祭酒、著作郎等职。著有《晋纪》《洛阳记》等。三祖即司马懿及其子司马师、司马昭。司马昭之子司马炎建晋称帝后，追尊其祖父司马懿为宣皇帝，庙号高祖，伯父司马师为景皇帝，庙号世宗，父司马昭为文皇帝，庙号太祖。陆机《晋纪》已佚，据其《晋书限断议》，其记三祖事，叙述内容为列传体，但名为"纪"。

夫位终北面[1]，一概人臣，傥追加大号，止入传限，是以弘嗣吴史，不纪孙和[2]，缅求故实[3]，非无往例。逮伯起之次《魏书》[4]，乃编景穆于本纪[5]，以庡园虚谥，间厕武、昭[6]，欲使百世之中，若为鱼贯[7]。

强调人臣只可编入列传，不可妄入帝纪。

批驳魏收做法，于史学之理甚确。然就史实而论，魏收所为则符合北魏制度。

[注释]

[1]北面：古代君主面朝南坐，臣子朝见君主则面朝北，所以对人称臣为北面。　[2]"弘嗣"两句：三国史家韦昭字弘嗣，吴末帝孙皓时任左国史，是纂修《吴书》最主要的史官。孙皓以宗室旁支入承帝位，其父孙和未曾为帝，但孙皓想在史书中为其父立帝纪，韦昭认为孙和不登帝位，宜名为传，从而触怒孙皓。后韦昭被捕入狱，右国史华覈上疏解救，希望令其完成《吴书》，但孙皓不允，被杀。　[3]缅求故实：缅，遥远。故实，以往的有历史意义的事实，此指韦昭不把孙和列入帝纪事。本句意谓：追溯前代已有的事实。　[4]伯起：北魏史学家魏收（505—572），

字伯起，巨鹿下曲阳（今河北晋州市）人。历仕北魏、东魏、北齐三朝，甚有才名。北齐时受命撰魏史，修成记述北魏、东魏历史的纪传体史书《魏书》。此乃承袭北魏多年纂修国史的成果，非魏收一人独撰，但立例取舍皆由魏收作主。书成，被诬为"秽史"，魏收也被命三次修改《魏书》，后又有其他史官再加修订。隋朝曾重新纂修魏书，未能取而代之，唐初也曾一度试图重修，最终放弃，魏收之《魏书》终成为"正史"之一。　[5]景穆：北魏拓跋晃谥号。拓跋晃为太武帝拓跋焘长子，立为皇太子后，未即位而卒。其子濬即位，追尊为景穆皇帝，庙号恭宗。《魏书》将其事编为《恭宗纪》，附于记载拓跋焘的《世祖纪》后。　[6]戾园：戾太子的陵园，借指戾太子。汉武帝太子刘据，因巫蛊事被害，后其孙宣帝即位，追谥为"戾"，并置园邑为"戾园"。武、昭，即武帝、昭帝。《汉书》没有为戾太子立本纪，而是将其事迹夹插安置在《武帝纪》《昭帝纪》之间。　[7]鱼贯：穿鱼成串。比喻依次连接。自"逮伯起"以下六句是说：到魏收编修《魏书》时，竟然把追尊的景穆帝编入本纪，就像把西汉戾太子这样的空虚谥号，夹插安置在《武帝纪》和《昭帝纪》之间，他的目的是想让北魏一百多年的帝王世系，像鱼群一样首尾连贯。按，据周一良研究，景穆帝之所以被列于本纪，并非魏收破例尊崇之，当时景穆帝曾以太子监国，而且北魏一代，"太子未即位而殁者，追谥为帝，即列为一朝"，魏收只是沿袭北魏国史列景穆帝为纪的原文，其制度如此，不能责怪魏收。（《魏收之史学》）

又纪者，既以编年为主，唯叙天子一人。有大事可书者，则见之于年月；其书事委曲，付之列传。此其义也。如近代述者魏著作<sup>[1]</sup>、李安平之徒[2]，其撰《魏》《齐》二史（原注：魏彦渊撰《后魏书》，李百药撰《北齐书》），于诸帝篇，或杂载臣下，或兼言他事，巨细毕书，洪纤备录（原注：如彦渊帝纪载沙苑之捷，百药帝纪述淮南之败是也）。全为传体[3]，有异纪文，迷而不悟，无乃太甚。世之读者，幸为详焉。

## ［注释］

[1]魏著作：即魏澹（580—645），字彦渊（唐时以避高祖李渊讳而被改称彦深），巨鹿下曲阳（今河北晋州市）人。历仕北齐、北周、隋三朝，曾任散骑常侍、太子舍人、著作郎等职。博涉经史，善属文，词采赡逸。隋文帝不满魏收《魏书》以东魏为正统，诏令魏澹等人重修，以西魏为正统，以表明隋朝政权由来有自，修成纪传体《魏书》，义例上明确体现儒学名教观念，贯彻《春秋》大一统精神，很得文帝赞赏。炀帝即位后，诏令重修，但最终无成。魏澹等原已修成之书也逐渐废弃不传。　[2]李安平：即李百药（565—648），字重规，定州安平（今属河北）人。唐时历官中书舍人、礼部侍郎、散骑常侍等。其父李德林在北齐时曾预修国史，入隋任内史令，奉诏撰《齐史》。唐太宗时，李百药奉诏撰《齐书》，据其父旧稿，兼采他书，修成纪传体《北齐书》。　[3]传体：列传的体例。

## ［点评］

从本篇开始的连续五篇，是专门讨论纪传体史书的

吕思勉《史通评》："必天子而后可称纪；纪必编年，只纪大事；每事又止以简严之笔，记其大纲：此乃后世史体，不可追议古人。……（且）后史之纪，非纪帝王本人，乃为全史提纲挈领耳，所谓'犹《春秋》之经'也。然帝王之身，亦有时宜加叙述；必严纪与传之别，于纪只许以简严之笔，叙述大事，则帝王之性行不显矣。"

本纪、世家、列传、表和志五种体例。纪传体是唐代官修国史和前代史的通行体裁，刘知幾在史馆任职多年，深感史馆纂修官们对编写史书的原则、方法尚不够成熟，对著史宗旨和史书体例的认识还不够明晰，遂著《史通》以申明之，纪传体自然也就成为他主要考察的对象。

本篇分析总结了本纪体例的源流和历代史书本纪编纂的得失，以有破有立的论述方式，明确提出本纪必须编年记载天子事迹，不编年记事不能称本纪，非天子者不得入本纪；本纪仅记载天子大事，事件的详细经过则放到有关人物的传记中去记载。这些观点简明易晓，后来纪传体史书多遵从之。但作者有时不考察前人著史的实际情况，就径直以自己的观点来要求和讥评前人，则未免考虑欠周。

# 世家第五

本篇探讨纪传体史书中世家体例的源流及编纂方法、前代史书世家体制的优劣。

自有王者，便置诸侯，列以五等[1]，疏为万国。当周之东迁[2]，王室大坏，于是礼乐征伐自诸侯出[3]。迄乎秦世[4]，分为七雄。司马迁之记诸国也，其编次之体，与本纪不殊。盖欲抑彼诸侯，异乎天子，故假以他称，名为世家。

提出自己对世家以记诸侯的体例要求。

[注释]

[1]五等：古代分封制时代的五等爵位，即公、侯、伯、子、男。　[2]周之东迁：公元前771年，西北少数民族犬戎等攻破

镐京（今陕西西安市），杀死周幽王。太子姬宜臼即位，是为平王，以镐京残破，向东迁都洛邑（今河南洛阳市），史称平王东迁，历史进入东周时代。　[3]礼乐征伐自诸侯出：语出《论语·季氏》："天下有道，则礼乐征伐自天子出；天下无道，则礼乐征伐自诸侯出。"礼乐征伐本该"自天子出"，"自诸侯出"意味着诸侯坐大，国运衰落。　[4]秦世：此指战国时期。经过春秋时期的争霸战争，到战国时，诸侯国数量大为减少，并逐渐形成齐、楚、秦、燕、赵、魏、韩七雄鼎峙的格局，其中秦国又逐渐强盛，最终兼并其他六国，建立秦统一王朝。

　　案世家之为义也[1]，岂不以开国承家，世代相续？至如陈胜起自群盗，称王六月而死，子孙不嗣，社稷靡闻，无世可传，无家可宅，而以世家为称，岂当然乎？夫史之篇目[2]，皆迁所创，岂以自我作故，而名实无准？

以自己定下的体例要求，批评八百年前的古人自相矛盾。

[ 注释 ]

[1]以下三句是说：考察世家的含义，难道不是凭借建立和传承一个国家，让子孙世世代代接续下去吗？按，这是刘知幾自己对世家体例的规定，其实司马迁《史记》创立世家体例时，"开国可也，不开国亦可也；世代相续可也，不能相续亦可也；乃至身在草野，或不旋踵而亡，亦无不可也"（朱东润《史记考索·〈史记〉纪表书世家传说例》）。　[2]以下四句是说：纪传体史书的纪、表、志、传等体例，都是司马迁创立的，难道因为是他自己创立的，《史记·陈涉世家》就可以名称和实际不相符合吗？准：标准。

且诸侯、大夫，家国本别[1]。三晋之与田氏[2]，自未为君而前，齿列陪臣[3]，屈身藩后[4]，而前后一统[5]，俱归世家。使君臣相杂，升降失序，何以责季孙之八佾舞庭[6]，管氏之三归反坫[7]？又列号东帝[8]，抗衡西秦，地方千里，高视六国，而没其本号，唯以田完制名[9]（原注：谓《田完世家》也），求之人情，孰谓其可？

[注释]

[1]诸侯、大夫，家国本别：古代诸侯所受封地称国，其君长世袭，在封国内行使统治权。诸侯分封的贵族称为卿大夫，其领地和政权称家。　[2]三晋：指赵、魏、韩三国。三姓原为晋国卿大夫，后三家分晋而成诸侯。田氏，指战国时齐太公田和（？—前384）。其先世为齐国卿大夫，曾祖父田常任国相时，逐渐掌握齐国政权。前391年，田和自立为齐君，放逐齐康公于海岛，使食一城，以奉姜姓之祀。前386年，田和被周王列为诸侯，至此正式称侯，但仍沿用齐国名号，世称田齐，以示别于姜姓齐国，史称"田氏代齐"。前379年齐康公死，田氏并其食邑，姜遂绝祀。　[3]齿：排列。陪臣，即家臣，诸侯所封卿大夫。　[4]藩：天子所封诸侯国。　[5]一统：一并，一齐。《史记》将赵、魏、韩三国及其各自先世，取代姜齐之田和及其先世，全部列入《赵世家》《魏世家》《韩世家》及《田敬仲完世家》中一并记述，而没有将四者先世分出另述。从《太史公自序》解说为何设立此四篇世家可知，这样记述的目的是为了记事的源流有序、始末完

诸侯、大夫有别，前者入世家，后者入列传。但如果将三晋与田氏历史分作诸侯、大夫两截写入书中，则势必断续分离。此仍只是单纯地考虑理论和方法论意义上的体例问题，而没有考虑历史前后始末的完整书写的实践问题，是在脱离历史书写实际而空谈体例。

整。　[6] 季孙之八佾（yì）舞庭：季孙，春秋时鲁国大夫。佾，古代乐舞的行列。周代制度规定，天子用八佾（行、列皆为八人），诸侯六、大夫四、士二。季孙自家的乐舞用八佾，是以大夫身分僭用天子乐舞。　[7] 管氏之三归反坫（diàn）：管氏，即春秋时齐国大夫管仲（？—前 645），名夷吾，字仲。齐桓公时任齐相，大兴改革，富国强兵，辅佐桓公称霸。三归，台名，储藏钱财的库房。坫，土筑的平台。反坫，周代诸侯宴会时的一种礼节，即互相敬酒后把空杯放还在坫上。管仲以大夫身份而有三归台、反坫，是僭用诸侯仪制。　[8] 东帝：指齐湣王。齐湣王十三年（前 288），秦昭王和齐湣王相约共同称帝，秦为西帝，齐为东帝。秦、齐称帝，意在兼并其他诸侯国。但不久齐湣王放弃帝号，秦无奈，也被迫放弃。　[9] 田完：又称陈完，本名妫完，是陈厉公的次子。陈宣公时，为避祸逃至齐国。以谦逊有礼获贤名，受到齐桓公赏识，任为工正（管理工匠的官），并封于田地，卒谥敬仲。其子孙以采地为氏，称为田姓。至田和，取代姜齐为诸侯。《史记》中记述田齐历史，以《田敬仲完世家》名篇。

　　当汉氏之有天下也，其诸侯与古不同。夫古者诸侯，皆即位建元，专制一国[1]，绵绵瓜瓞[2]，卜世长久[3]。至于汉代则不然。其宗子称王者[4]，皆受制京邑[5]，自同州郡；异姓封侯者[6]，必从宦天朝，不临方域[7]。或传国唯止一身[8]，或袭爵才经数世[9]，虽名班爵胙土[10]，而礼异人君[11]，必编世家[12]，实同列传。而马迁强加别

录 [13]，以类相从，虽得画一之宜 [14]，讵识随时
之义 [15]？

[注释]

[1] 专制一国：在国内独自掌握政权。  [2] 绵绵瓜瓞（dié）：
绵绵，延续不断的样子。瓞，小瓜。如同一根连绵不断的藤上结
了许多大大小小的瓜一样。常用来比喻子孙绵延不绝。  [3] 卜
世：占卜预测传国的世数。亦泛指国运。  [4] 宗子：皇室子
弟。  [5] 京邑：京城，都城。此代指中央政权。  [6] 异姓：不
与皇族同姓。  [7] 从宦天朝，不临方域：跟着皇帝到京城朝廷去
做官，并不到自己的封国去统管一方。按，此说不尽然，汉初异
姓诸侯亦临方域。  [8] 传国唯止一身：没有将诸侯国传到自己后
代手中。  [9] 袭爵：承袭爵位。  [10] 名班爵胙土：名，名义上。
爵，浦起龙《史通通释》说"一（本）多'爵'字，非"；徐复认
为"'爵'字不当删，'班爵'谓次列等级，……如无'爵'字，
则'班'字列'胙土'上，为不合文法"（《〈史通〉校记》）。班
爵胙土，给予爵位，封赐领地。  [11] 礼：制度。  [12] 必：即
使。  [13] 强加别录：硬要加以区别。  [14] 画一：整齐，一致，
一律。  [15] 讵：岂，怎，哪里。识，认识。随时，顺从时宜，
顺应时代变化的要求。语出《易·随》："大亨贞，无咎，而天下
随时。随时之义大矣哉！"王弼注："得时，则天下随之矣。随之
所施，唯在于时也，时异而不随，否之道也。"

盖班《汉》知其若是，厘革前非 [1]。至如萧、
曹茅土之封 [2]，荆、楚葭莩之属 [3]，并一概称传，

浦起龙《史
通通释》："当子长
时，汉封犹在，故
立此名目，以处夫
臣人而亦君人者。
自兹以降，去古益
远，藩微封耗，史
无世家，时为之
也。'随时之义'
四字，乃持论主
句。""'随时'二
字，具有通识！"

无复世家。事势当然，非矫枉也[4]。

［注释］

[1]厘革：改革。　[2]萧、曹：即西汉相国萧何、曹参。萧何（前257—前193），沛郡丰县（今属江苏）人，秦末辅佐刘邦起义，对刘邦建立汉朝发挥了重要作用。后又协助刘邦消灭韩信、英布等异姓诸侯王。以功封酂侯、安平侯。曾采摭秦六法，重新制定律令制度。在治国思想上，主张无为，喜好黄老之术。曹参（？—前190），字敬伯，泗水沛（今江苏沛县）人，跟随刘邦起兵反秦，屡立战功。汉朝建立后，赐爵平阳侯。继萧何为相，一遵萧何约束，有"萧规曹随"之称。茅土之封，即封为诸侯。古天子分封王、侯时，用代表方位的五色土筑坛，按封地所在方向取一色土，包以白茅而授之，作为受封者得以有国建社的表征。　[3]荆、楚：刘邦建汉之后，封其兄刘贾为荆王，弟刘交为楚王。葭（jiā），初生的芦苇。莩（fú），芦苇秆内的薄膜。葭莩，代指亲戚。　[4]矫枉：此为"矫枉过正"之意，指把弯的东西扳正，又歪到了另一边。比喻纠正错误超过了应有的限度。这两句是说：这是事情发展的必然结果，并非是矫枉过正。

自兹已降，年将四百。及魏有中夏[1]，而扬、益不宾[2]，终亦受屈中朝，见称伪主[3]。为史者必题之以纪，则上通帝王[4]；榜之以传[5]，则下同臣妾[6]。梁主敕撰《通史》，定为吴、蜀世家。持彼僭君，比诸列国，去太去甚[7]，

"事势当然"并非"矫枉"，可谓辨析恰切。《自叙》言"自小观书，喜谈名理"，可相印证。

古今不同，但名称可用，处置之道，须以"折中"为宜。

其得折中之规乎[8]！次有子显《齐书》[9]，北编《魏虏》[10]；牛弘《周史》[11]，南记萧詧[12]。考其传体，宜曰世家。但近古著书，通无此称。用使马迁之目[13]，湮没不行；班固之名[14]，相传靡易者矣。

[注释]

[1]魏有中夏：指三国时期曹魏政权占据中原地区。　[2]扬、益：扬即扬州，三国时魏、吴各置扬州，魏的治所在寿春，吴的治所在建业（今江苏南京市）。吴以建业为都城，故这里以扬州代指孙吴政权。益即益州，治成都（今属四川），蜀汉以成都为都城，故这里以益州代指蜀汉政权。宾，服从，归顺。　[3]受屈中朝，见称伪主：降服于中央王朝，被称为"伪主"。屈，低头，降服。中朝，中央王朝，指灭蜀之曹魏和灭魏、吴之西晋。伪主，非正统王朝的君主。　[4]通：同。　[5]榜：告示，称呼。　[6]臣妾：古来称地位低贱者，男曰臣，女曰妾。　[7]去太去甚：适可而止，不可过分。　[8]折中之规：适中的原则。　[9]子显：即南朝史学家萧子显（487—537），字景阳，南朝梁南兰陵（今江苏常州市）人，齐高帝之孙。历任国子祭酒、吏部尚书、吴兴太守等职。博学能文，撰有《后汉书》《晋史草》《南齐书》等历史著作，除纪传体《南齐书》外，均失传。《南齐书》的纂修，承袭了前人编纂齐史的成果，又得到梁武帝的准许和支持，以当代人记当代事，保留了一些比较原始的资料。　[10]北编《魏虏》：萧子显《南齐书》将北朝北魏历史编为《魏虏传》。　[11]牛弘（545—610）：字里仁，

安定鹑觚（今甘肃灵台县）人。历仕北周、隋两朝，历官秘书监、吏部尚书、右光禄大夫等职。曾上表请开献书之路，奉命修撰《五礼》，又撰《周史》，但未最终成书，已佚。　[12]萧詧（519—562）：一作萧察，字理孙，梁武帝萧衍之孙，昭明太子萧统第三子。因对萧纲、萧绎为帝不满，向西魏投降称藩。555年，西魏立其为梁主，年号大定，仅辖江陵一州之地，是为西梁。在位八年，其子孙继立，凡三十三年，为隋所废。牛弘《周史》不传，据本篇，知其有《萧詧传》记载西梁历史。唐时，令狐德棻等在前人基础上纂修《周书》，其中卷四八立有《萧詧传》。　[13]马迁之目：指司马迁《史记》的世家体例。　[14]班固之名：指列传。《汉书》将《史记》中列入世家的汉代人物，全部取消世家，改入列传。

[ **点评** ]

　　本篇指出，世家并非各个时代的纪传体史书所必须，世家的产生是历史的产物，设立与否要"随时"变化，要顺应"事势当然"，世上没有此类人物就不该在史书中强加编录这一体例。这些都是非常正确的认识，符合历史主义的进步标准，表现了作者的卓越史识。但他对《史记》中赵、魏、韩、田齐、陈胜等五篇世家的设立的批评，没有考虑史书记载和叙述历史事件的完整性，仅就体例而论体例，未免偏执己见，灵活变通不足。刘知幾论史崇尚通识，但其识见也有未能通透之处，这是研读《史通》时必须清楚的。

# 列传第六

夫纪传之兴，肇于《史》《汉》。盖纪者，编年也；传者，列事也。编年者，历帝王之岁月[1]，犹《春秋》之经；列事者，录人臣之行状[2]，犹《春秋》之传。《春秋》则传以解经，《史》《汉》则传以释纪。

[注释]

[1]历：依照次序记录。　[2]行状：叙述死者世系、生平、生卒年月、籍贯、事迹的文章。

寻兹例草创[1]，始自子长，而朴略犹存[2]，区分未尽[3]。如项王宜传，而以本纪为名，非惟羽之僭盗，不可同于天子；且推其序事[4]，皆作传言，求谓之纪，不可得也。或曰：迁纪五帝、夏、殷，亦皆列事而已。子曾不之怪[5]，何独尤于《项纪》哉[6]？对曰：不然。夫五帝之与夏、殷也，正朔相承[7]，子孙递及，虽无年可著，纪亦何伤？如项羽者，事起秦余，身终汉始[8]，殊夏氏之后羿[9]，似黄帝之蚩尤[10]。譬诸闰位[11]，

本篇从列传与本纪的区别入手，讨论了列传的源流、体例、类型等问题，在对前史设立列传的得失进行评价的基础上，提出自己对设传的认识。

称列传"录人臣之行状"，是仅就其主体内容而言，此外还有不属于"人臣"的少数民族传、外国传等，不可拘泥理解。

"纪者编年也，传者列事也。编年者，历帝王之岁月，列事者，录人臣之行状"，此例并非创自司马迁，而是后来才产生的，不该以此来要求司马迁，不能以后起之例衡评前人。

容可列纪；方之骈拇<sup>[12]</sup>，难以成编。且夏、殷
之纪，不引他事<sup>[13]</sup>。夷、齐谏周<sup>[14]</sup>，实当纣日，
而析为列传，不入殷篇。《项纪》则上下同载，
君臣交杂，纪名传体，所以成嗤<sup>[15]</sup>。

[注释]

[1] 草创：开始兴办，创建。　[2] 朴略：朴，质朴。略，粗
略。朴略，粗具规模。　[3] 区分未尽：没有完全区别开来。此指
纪和传的区分还不严密。　[4] 推：推究，研究。序事，叙述事
情。　[5] 怪：责怪。　[6] 尤：归咎。　[7] 正（zhēng）朔：此指
正统，象征着一个王朝统治、代表中国的合法性与唯一性，而其
他同时期并列的政权，则往往被称为"伪"。　[8] 事起秦余，身
终汉始：项羽在秦朝末年起兵反秦，在汉朝开始建立的时候就已
败亡。　[9] 后羿：相传夏朝时东夷族有穷氏的首领，善射。夏
王太康沉湎于游乐，羿推翻其统治，自立为君，号有穷氏。不久
因喜狩猎，不理民事，为其臣寒浞所杀。　[10] 黄帝：古华夏部
落联盟首领。姓公孙，居轩辕之丘，号轩辕氏。又居姬水，改姓
姬。国于有熊，亦称有熊氏。后世五行家认为他以土德王，土配
黄色，故曰黄帝。先后打败炎帝，击杀蚩尤，被拥戴为部落联盟
领袖。　[11] 闰位：非正统的帝位。　[12] 骈拇：脚上的拇指与
第二趾连在一起。这里比喻项羽和正式称帝的刘邦是同时并存者，
可比作与脚拇指连在一起的第二趾，难以按本纪编写。　[13] 引：
援引，记载。　[14] 夷、齐：即伯夷、叔齐，商末孤竹国（今河
北卢龙县西）君主之子。其父遗命立三子叔齐为继承人，但叔齐
让位给长兄伯夷，伯夷不受，叔齐认为自己做国君是于兄弟不义、

于礼制不合，也不愿登位。二人先后逃到周国，遇周武王伐纣，二人叩马谏阻，未能成功。武王灭商后，二人耻食周粟，入首阳山采薇而食，最终饿死山中。　[15] 成嗤：成为讽刺的对象。

夫纪传之不同，犹诗赋之有别，而后来继作，亦多所未详。案范晔《汉书》记后妃六宫[1]，其实传也，而谓之为纪；陈寿《国志》载孙、刘二帝[2]，其实纪也，而呼之曰传。考数家之所作，其未达纪传之情乎[3]？苟上智犹且若斯，则中庸故可知矣。

应进一步思考二书何以如此，不能脱离具体史书内容而谈其体例。

[注释]

[1] 范晔《汉书》：即范晔《后汉书》，其卷十为《皇后纪》，记载光武帝郭皇后至汉献帝曹皇后共十七位皇后史事。虽名为"纪"，但无年号可编，实同传体。钱大昕认为范晔是沿袭了晋代史学家华峤《汉后书》立《皇后纪》的做法（《廿二史考异》卷十《后汉书皇后纪》）。　[2] 孙、刘二帝：即三国时东吴和蜀汉两国君主。陈寿《三国志》以曹魏君主列为帝纪，对吴、蜀两国君主则以传为名，但传内记事时却以其各自年号编年，所以名称虽为传，而实为纪体。　[3] 达：通晓。情，情况，此指纪、传体例不同的情况。对上述范晔、陈寿二书的两种不同情况，刘知幾认为都是"未达纪传之情"。

又传之为体，大抵相同，而述者多方，有时

而异。如二人行事，首尾相随，则有一传兼书，包括令尽。若陈馀、张耳合体成篇[1]，陈胜、吴广相参并录是也[2]。亦有事迹虽寡，名行可崇，寄在他篇，为其标冠。若商山四皓[3]，事列王阳之首[4]；庐江毛义[5]，名在刘平之上是也[6]。

因时而异，因事制宜，灵活变通，创立新法。

合传，为两个或两个以上的人物设立的传记。立传的原则一般多为以类相从，也有对比组合者，如《史记·廉颇蔺相如列传》。

### [注释]

[1]陈馀、张耳：二人皆为秦末大梁（今河南开封市）人。初为至交，一起参加陈胜、吴广反秦起义。后背叛陈胜，拥立原六国旧贵族为王。不久二人之间又生龃龉，张耳归附刘邦，杀陈馀。汉代建立，张耳被封赵王。《史记》《汉书》中都以二人合传。　[2]陈胜、吴广：秦末农民大起义领导者。陈胜（？—前208）字涉，阳城（今河南商水县西南）人。吴广（？—前208）字叔，阳夏（今河南太康县）人。二人一同起兵反秦，《史记·陈涉世家》和《汉书·陈胜传》记载了陈胜领导起义的过程，其中都叙述了吴广事迹。　[3]商山四皓：秦末四位隐士，即东园公唐秉、夏黄公崔广、绮里季吴实、角里先生周术。以避秦乱，隐居于商山，须眉皆白，被称为四皓。曾向汉高祖刘邦讽谏不可废太子刘盈，使刘盈最终即位，是为惠帝。《史记》《汉书》中均无四人传，但《史记·留侯世家》和《汉书·王贡两龚鲍传》述及之。　[4]王阳：即王吉，字子阳，琅邪皋虞（今山东青岛市即墨区）人，汉初高士。《汉书·王贡两龚鲍传》正文所载第一个人物即是王吉，但在正文之前尚有该传序言一篇。　[5]毛义：字少节，东汉末庐江（今属安徽）人。以孝行著于乡里，举为贤良。母卒后，辞官隐居山野。《后汉书·刘赵淳于江刘周赵列传》序中

述及之。　[6]刘平：字公子，本名旷，后改平。汉楚郡彭城（今江苏徐州市）人。东汉时举孝廉，曾任全椒长、议郎、宗正等职。为官有政绩，是《后汉书·刘赵淳于江刘周赵列传》正文所载第一个人物。

客观平实地肯定附传，可谓卓识明理，精论不刊！

自兹已后，史氏相承，述作虽多，斯道都废。其同于古者，唯有附出而已[1]。寻附出之为义，攀列传以垂名[2]，若纪季之入齐[3]，颛臾之事鲁[4]，皆附庸自托[5]，得厕朋流[6]。然世之求名者，咸以附出为小。盖以其因人成事[7]，不足称多故也[8]。窃以书名竹素[9]，岂限详略，但问其事竟如何耳。借如召平[10]、纪信[11]、沮授[12]、陈容[13]，或运一异谋[14]，树一奇节[15]，并能传之不朽，人到于今称之。岂假编名作传[16]，然后播其遗烈也！

[ 注释 ]

[1]附出：附载在其他人物的传记里出现。也就是纪传体史书中列传类型之一的附传。　[2]攀：攀附，依附。垂名，流传声名。　[3]纪季之入齐：纪，春秋时国名，地在今山东寿光县南。纪季，纪侯之弟，曾将酅邑（今山东淄博市临淄区东北）送给齐国，请求为其附庸。　[4]颛臾之事鲁：颛臾，春秋时国名，地在今山东费县，为鲁国的附庸国。　[5]附庸：附属于诸侯大

国的小国。托，依靠。　[6]厕：夹杂在里面，参与。朋，同类。流，类别。　[7]因人成事：因，依靠。依靠别人的力量办成事情。　[8]称：称誉。多，赞叹。　[9]竹素：竹，古时写字的竹简。素，古时写字的绢帛。竹素即竹帛，多指史册、书籍。　[10]借如：例如。召平，秦末汉初人。秦时为东陵侯，秦亡后隐居种瓜。萧何拜相时，他劝萧何推辞勿受，并以家财资助军资，以释高祖之疑。萧何从其计，高祖果大喜。其事迹附见于《史记·萧相国世家》和《汉书·萧何传》中。　[11]纪信：刘邦部将。楚汉相争时，刘邦被项羽围于荥阳，纪信假扮刘邦投降，出城往见项羽，刘邦得以逃脱，而纪信则被烧杀。其事迹附见于《史记·高祖本纪》和《汉书·陈胜项籍列传》中。　[12]沮授：东汉末广平（治今河北鸡泽县东）人。为袁绍谋士，多次劝其挟汉献帝以令诸侯，不被采纳。官渡之战中，袁绍为曹操所败，沮授被俘，以拒降被杀。其事迹附见于《后汉书·袁绍传》。　[13]陈容：东汉末人。为汉末群雄之一的臧洪部属，臧洪为袁绍所败，陈容被俘杀。其事迹附见于《三国志·魏书·臧洪传》。　[14]运：运用，使用。异，特别的。谋，策略，计策。[15]树：建立。节，节操。[16]以下两句是说：哪里是靠着别人把他们的名字编成单独的列传，然后才使其英名节操流传于后世的呢！假，凭借。遗烈，前人遗留的节烈风操。


　　嗟乎！自班、马以来，获书于国史者多矣。其间则有生无令闻[1]，死无异迹[2]，用使游谈者靡征其事[3]，讲习者罕记其名[4]，而虚班史传[5]，妄占篇目。若斯人者，可胜纪哉！古人以没而不

浦起龙《史通通释》：“自‘自兹以后’至末，寓情尤远。果可片端不朽，奚须扬厉滋多？微后波靡，屹然砥柱！”

朽为难<sup>[6]</sup>，盖为此也。


[注释]

[1]令闻：美好的声誉。　[2]异迹：特别的功绩。　[3]游谈：高谈阔论。靡，无，没有。征，援引。　[4]讲习：研讨学习。　[5]班：记载，安排。史传，史册，史书。　[6]没而不朽：指人虽死，但其精神业绩永存人间。


[点评]

　　本纪和列传是纪传体史书中最重要的组成部分。《史记》在创立纪传体时，按照本纪、表、书、世家、列传的先后顺序排列全书内容，《汉书》改为纪、表、志、传的顺序，成为后世纪传体史书遵循的基本构架。而《史通》在本纪之后即讨论世家、列传，一定程度地反映了作者轻视表志而更重视人物的史学思想。

　　本篇认为，本纪与列传相辅相成，但各有分工，不可相混。指出列传主要是记载人臣事迹，其体例在各史中大体相同，但具体编写方法可以灵活多样，合传、附传都可采用，并特别对附传进行了论列与肯定，反对一看到附传的名称就遽加轻视的偏颇做法。作者指出，历史人物的功绩与贡献，并不在于史书对其记载的详与略，也不在于被列入附传，而仅在于"其事竟如何耳"，要求史家在考虑是否立传时必须具有严肃、端正的态度，既循其名又考其实，反对将"生无令闻，死无异迹"之人列入史传，"妄占篇目"。在刘知幾看来，人们后世声名的好坏，并不取决于他是被史书列为附传还是列为专传，而是取决于他自己的一生行事，只要于国于民有利，即使因为事迹不多，难以单独立传而被列入附传，也照样"能传之不朽，人到于今称之"。这是一种不唯名、只唯实的客观公正的评价历史人物的方法，是以事实为标准，坚持以实际作为来考察人物的是非优劣，实为颠扑不破之理，远非重名轻实者可比。

# 内篇　卷三

## 表历第七

本篇论说纪传体史书中表体的源流体例、价值功用等问题，对前史设立各表的得失进行评价。题为"表历"，浦起龙《史通通释》说："表以世系年月为行次，故曰历。"

推论表之起源及其格式。

盖谱之建名<sup>[1]</sup>，起于周代，表之所作，因谱象形<sup>[2]</sup>。故桓君山有云<sup>[3]</sup>："太史公《三代世表》旁行邪上<sup>[4]</sup>，并效周谱<sup>[5]</sup>。"此其证欤？

［注释］

[1] 谱：依照事物的类别、系统制作的表册。　[2] 因谱象形：按照谱的形式来写作。象，描绘。　[3] 桓君山：即东汉桓谭（？—56），字君山，沛国相（今安徽淮北市相山区）人。历仕西汉、王莽、东汉三朝，官议郎、给事中等。博学多通，遍习五经，喜非毁俗儒。因反对谶纬神学，险遭东汉光武帝处死，被贬，病卒于途中。著有《新论》，主要内容是破谶纬迷妄，去虚妄伪饰，认为形体死亡，精神即不复存在。已佚，今有辑本传世。　[4] 旁行邪上：旁行，表的横格。邪，通"斜"，邪上，指表的纵格。　[5] 周谱：泛指周朝记述世系内容的谱牒类书。

司马迁撰《史记》，即曾引录《牒记》《五帝系牒》《春秋历谱牒》《谱牒》等。

　　夫以表为文<sup>[1]</sup>，用述时事，施彼谱牒<sup>[2]</sup>，容或可取，载诸史传，未见其宜。何则？《易》以六爻穷变化<sup>[3]</sup>，《经》以一字成褒贬<sup>[4]</sup>，《传》包五始<sup>[5]</sup>，《诗》含六义<sup>[6]</sup>。故知文尚简要，语恶烦芜，何必款曲重沓<sup>[7]</sup>，方称周备。

### ［注释］

[1] 以表为文：用表格代替文字来写史书。　[2] 谱牒：记载某一宗族主要成员世系及其事迹的书籍。　[3]《易》：即《周易》，也称《易经》。本是周代卜筮之书，后被儒家列为经典之一。"易"有简易、变易、不易等义，相传为周文王所作，故名《周易》。一说"周"有周密、周遍、周流等义。全书以八卦象征天、地、雷、风、水、火、山、泽等自然现象，推测自然和社会变化，认为阴阳两种势力的相互作用形成万事万物，包含有朴素的辩证观点。爻，组成八卦的一长横或两短横，用来表示变化。每卦由六爻组成。　[4]《经》：此指《春秋》。古人有《春秋》以一字为褒贬的说法。　[5]《传》：此指《公羊传》。五始，公羊派经学家对《春秋》义例的解释。《春秋》一书以元年、春、王、正月、公即位开篇，公羊学家谓之"五始"。认为元者，气之始；春者，四时之始；王者，受命之始；正月者，正教之始；公即位者，一国之始，是为五始。　[6]《诗》：中国最早的诗歌总集。本名《诗》，汉朝时尊为经典，始称《诗经》。创作年代上起西周初年，下至春秋

中期，编成年代当在春秋末年，相传曾经孔子删定。全书共分三部分，《风》是地方民歌，《雅》是宫廷和京畿一代所演唱的乐歌，《颂》是宗庙祭祀时所演唱的乐歌。其表现手法分为赋、比、兴三种。六义，即风、雅、颂三种诗歌体裁和赋、比、兴三种诗歌表现手法。　[7]款曲重沓：款，条款，这里用来比喻一条一条详细的样子。曲，周遍，详尽。沓，重复。以下两句是说：为什么一定要文字详详细细乃至重复，才称得上是记载完备呢。

"矣"，一作"夫"，属下句。《史通》全书有十余处此类"则不然"句式，均无后缀副词。"夫"是，"矣"讹。

吕思勉《史通评》："史之有表，似繁实省"，可用以表世系、表国、表官、表地、表人、表事，"要而言之，事之零碎无从叙，又不可弃者，则以表驭之；眉目既清，事实又备，实法之最便者也。今后史法较前益密，表之为用必愈广。"

观马迁《史记》则不然矣。天子有本纪，诸侯有世家，公卿以下有列传。至于祖孙昭穆[1]，年月职官，各在其篇，具有其说，用相考核，居然可知[2]。而重列之以表，成其烦费[3]，岂非谬乎？且表次在篇第[4]，编诸卷轴[5]，得之不为益，失之不为损。用使读者莫不先看本纪，越至世家[6]，表在其间，缄而不视[7]，语其无用，可胜道哉！

[注释]

[1]昭穆：古代宗法制度对宗庙或墓地的辈次排列规则和次序。以始祖居中，二世、四世、六世，位于始祖之左方，称"昭"；三世、五世、七世，位于始祖之右方，称"穆"。　[2]居然：明白清楚。　[3]烦费：繁琐费辞。　[4]次：排列。篇第，篇章的顺序。　[5]卷轴：编成的史书。　[6]越：跨越。　[7]缄：封。

既而班、《东》二史（原注：《东》谓《东观汉记》），各相祖述，迷而不悟，无异逐狂[1]。必曲为铨择，强加引进[2]，则列国年表或可存焉。何者？当春秋、战国之时，天下无主，群雄错峙，各自年世[3]。若申之于表以统其时[4]，则诸国分年，一时尽见。如两汉御历[5]，四海成家，公卿既为臣子，王侯才比郡县，何用表其年数，以别于天子者哉！

[ 注释 ]

[1] 逐狂：盲目追随别人。典出《韩非子·说林》："狂者东走，逐者亦东走。其东走则同，其所以东走则异。" [2] 铨择：评量选择。引进，引入，带领入内。这两句是说，如果从多方面加以评量选择，勉强把表引入到史书中。 [3] 各自年世：各自有自己的纪年。 [4] 申：表明，表达。以下四句是说：如果在表中申明诸侯国年代，用来统理其时间先后，那么即使各国分别独立纪年，同一时间各国发生的史事也会全都一目了然。 [5] 御历：指皇帝登位，君临天下。

《史通·杂说上》："观太史公之创表也，于帝王则叙其子孙，于公侯则纪其年月，列行萦纡以相属，编字戢香而相排。虽燕越万里，而于径寸之内，犬牙可接；虽昭穆九代，而于方寸之中，雁行有叙。使读书者阅文便睹，举目可详，此其所以为快也。"

又有甚于斯者。异哉，班氏之《人表》也[1]！区别九品[2]，网罗千载，论世则异时[3]，语姓则他族。自可方以类聚，物以群分，使善恶相从，主张对历史人物不必列表分等记述，而归入相关合传、类传或附传。

从史书断限的角度，批评《汉书》的《古今人表》只记载汉朝以前人物而不记载汉朝人物。

先后为次，何藉而为表乎？且其书上自庖牺[4]，下穷嬴氏[5]，不言汉事，而编入《汉书》，鸠居鹊巢[6]，茑施松上[7]，附生疣赘[8]，不知剪截，何断而为限乎[9]？

[注释]

[1]班氏之《人表》：即班固《汉书》之《古今人表》。《史通·古今正史》曾正确地指出，《古今人表》不出班固之手，但《史通》在具体指责《古今人表》时，无一不指向班固本人，这虽是为了行文之便，将"班固"一词直接等同于"《汉书》"一词，但《汉书》作者并非仅班固一人，故而他对班固的批评是有失偏颇的。吕思勉《史通评·表历》还提出另一种观点，认为此表可能续《史记》者所撰，后人编入《汉书》，此可备一说。　[2]九品：九等。《汉书·古今人表》把所记人物分成上上、上中、上下、中上、中中、中下、下上、下中、下下九等。　[3]论世则异时：世，世代。异时，不是同一时代。《汉书·古今人表》所记载的人物，都是汉朝以前的古人，没有汉朝的人物，这与书名不相符合。　[4]庖牺：即伏羲，又写作宓羲、庖牺、包牺、伏戏，亦称牺皇、羲皇、太昊。传说他根据天地万物的变化，创造八卦，创造文字，教人渔猎。　[5]嬴氏：即秦朝。嬴为秦族姓。　[6]鸠居鹊巢：本比喻女子出嫁，住在夫家。后比喻强占别人的房屋、土地等。　[7]茑（niǎo）：古书上所说的一种小灌木，茎有蔓性，能攀缘别的树木。施，施加，此指攀援。　[8]疣赘：皮肤上生的瘊子。比喻多余的、无用的东西。　[9]断：截开，断开。限，时限、界限。断限，即划定年代界限，断于何时、限于何代，是史书所记史事的起讫年代。

至法盛书载中兴[1]，改表为注，名目虽巧，芜累亦多[2]。当晋氏播迁，南据扬、越[3]，魏宗勃起[4]，北雄燕、代[5]，其间诸伪，十有六家[6]，不附正朔，自相君长。崔鸿著表[7]，颇有甄明[8]，比于《史》《汉》群篇，其要为切者矣[9]。

今传明代屠乔孙、项琳之补辑本《十六国春秋》仍题"崔鸿撰"，并署"屠乔孙、项琳之同订"，但无表，则此处八字，即可证其非原书。

[ 注释 ]

[1]法盛：即南朝宋史学家何法盛。曾官湘东太守，著有纪传体《晋中兴书》，记东晋一代事迹。或云其书并非自撰，系窃取郗绍所作。　[2]芜累：文辞繁冗累赘。　[3]扬、越：古扬州、越州，今江浙一带。东晋统治区域为今淮河、长江以南地区。　[4]魏宗：指北魏政权。为鲜卑族拓跋部所建，起于道武帝登国元年（386），迄孝武帝永熙三年（534），先后建都平城（今山西大同）、洛阳（今属河南）。　[5]燕、代：战国时燕国、代国所在地，泛指今河北西北部和山西东北部地区。　[6]十有六家：西晋末年，原居中国北方的少数民族纷纷南下，在长江以北地区，先后建立了至少十六个政权。由于这些政权主要是由匈奴、鲜卑、羯、氐、羌五个少数民族所建，史称"五胡十六国"。　[7]崔鸿（478—525）：字彦鸾，北魏清河（今山东临清市东）人。历官司徒长史、散骑常侍、齐州大中正等职。博综经史，著有《十六国春秋》，记述十六国史事，已佚，今有辑本传世。　[8]甄明：辨明，明察。　[9]要：要领，纲要，原则。切，实在。

若诸子小说[1]，编年杂记[2]，如韦昭《洞张舜徽《史通平议》："凡此诸家之书，乃古历谱牒之遗，亦后世大事记、年表之体所自出。……皆于考明古史，大有裨益。安可一概目为非国史之流乎？由其记事简略质朴，与表体为近，故知幾亦从而轻蔑之耳。"

纪》[3]、陶弘景《帝代年历》[4]，皆因表而作，用成其书。既非国史之流[5]，故存而不述。

[ 注释 ]

[1] 诸子：指春秋战国以来子部各学术流派的著作。小说，指记载街谈巷议、道听途说等琐碎言论之书，篇幅短小，内容庞杂，多属"小道""小知"，与经世治国的"大道""大知"相对，但也有一定的历史根据，并非完全虚构。　[2] 编年：此指纪年、世系之类书籍。杂记，记载各种杂事内容之书。　[3]《洞纪》：三国吴史学家韦昭著。韦昭见世间流传的古历注之书多虚妄不实，其他史书的记载也有错谬之处，于是参考各种传记，考证异同，以作《洞纪》，起自伏羲，至于秦汉，凡为三卷，已佚。此即前文中"编年"之类书籍。　[4] 陶弘景（456—536）：字通明，南朝齐梁间道士，自号华阳居士，丹阳秣陵（今江苏南京市）人。好著述，尤精阴阳五行、风角星算、山川地理、医术本草等，有《帝代年历》等著作多种。　[5] 国史：此处指当朝人所修纂的本朝纪传体或编年体史书。《史通》中把这两种体裁的史书全都列为正史。

[ 点评 ]

作者认为，表这一体例记述的内容在其他纪、传等篇中都有记载，"用相考核，居然可知"。而史书"文尚简要，语恶烦芜"是他的一个根本看法，包括本篇在内的《史通》全书中时常表述这个观点，因而他也就明确反对纪传体史书设立表体，主张予以废除，认为"语其无用，可胜道哉！"他把本篇在编排次序上置于列传之后，也是不重视表体的反映。但鉴于史表多方面的积极意义，他又退而求其次，认为如果一定要有所保留的话，诸国并立分裂时期的"列国年表或可存焉"，实则仍以全盘废除为首选，自然是一种极端片面的认识。但他批评《汉书·古今人表》违背断限之义，不记汉事，对研治汉史无益，则是准确的。作者是古代少有的优秀史学理论家，《史通》也以卓识明理著称，但也并非全然正确、毫无缺点，这是我们必须予以理性而正确地把握的。

# 书志第八

夫刑法、礼乐、风土、山川，求诸文籍，出于《三礼》[1]。及班、马著史，别裁书志。考其所记，多效《礼经》[2]。且纪传之外，有所不尽，只字片文，于斯备录。语其通博，信作者之渊海也[3]。

本篇专门论述纪传体史书中书志体例的源流、类别及价值功用等问题，对前史设立书志的得失进行评价。

开篇高度评价书志的作用。

[ **注释** ]

[1]《三礼》: 指儒家的三部经典著作《周礼》《仪礼》和《礼记》。《周礼》亦名《周官》《周官经》，为战国时期儒者根据当时各国官制，添附儒家政治思想，增减编排而成。《仪礼》亦名《礼经》或《士礼》，为周代部分礼制的汇编，记载周人的各种礼节仪式，成书于战国初期至中叶间。《礼记》亦称《小戴礼记》《小戴礼》《小戴记》，是西汉戴圣辑录战国至汉初儒家学者各种仪礼论文，编纂

而成，其中包含有儒家思想的重要资料，特别是《中庸》《大学》《礼运》等篇对后代思想有重大影响。　[2]《礼经》：常指《仪礼》。古文经学家或称《周礼》为《礼经》。此处应泛指《三礼》而言。　[3]渊海：深渊和大海。比喻事物包容深广或荟萃之处。

原夫司马迁曰书，班固曰志，蔡邕曰意 [1]，华峤曰典 [2]，张勃曰录 [3]，何法盛曰说 [4]。名目虽异，体统不殊。亦犹楚谓之"梼杌"，晋谓之"乘"，鲁谓之"春秋"，其义一也。

各史书志名称更改不一。

[注释]

[1] 蔡邕曰意：蔡邕（133—192）字伯喈，东汉陈留圉县（今河南杞县）人。曾拜官左中郎将，故有"蔡中郎"之称。通经史，善辞赋，精篆隶。曾参与官修《东观汉记》，被判罪流徙后，仍致力于撰史，于四十多篇纪传之外，完成"十意"即十篇志，并将成稿进献朝廷。他将"志"改称为"意"，应是出于避讳汉桓帝之名刘志。　[2] 华峤曰典：晋代史学家华峤撰有纪传体史书《汉后书》，有纪、典、传等体例，其中典为志之改名。　[3] 张勃曰录：晋人张勃撰有纪传体史书《吴录》，其书已佚，但据清代章宗源研究，该书只是书名称"录"，并非将书内"志"的体例改称为"录"，《史通》误（《隋经籍志考证》卷一《吴录》）。　[4] 何法盛曰说：何法盛撰有纪传体史书《晋中兴书》，将纪、表、志、传改称典、注、说、录。

于其编目，则有前曰《平准》 [1]，后云《食

货》[2]；古号《河渠》[3]，今称《沟洫》[4]；析《郊祀》
为《宗庙》[5]，分《礼乐》为《威仪》[6]；《悬象》
出于《天文》[7]，《郡国》生于《地理》[8]。如斯
变革，不可胜计，或名非而物是，或小异而大同。
但作者爱奇，耻于仍旧，必寻源讨本，其归一揆
也[9]。

各史书志篇目
更改不一。

**[ 注释 ]**

[1]《平准》：指《史记·平准书》，内容是记载汉初至武帝时
期财政经济的发展过程及经济政策。　[2]《食货》：指《汉书·食
货志》，改自《史记·平准书》，但内容有增加。　[3]《河渠》：
指《史记·河渠书》，内容主要是记载河道和水利设施。　[4]《沟
洫》：指《汉书·沟洫志》，改自《史记·河渠书》，内容有所增
补。　[5]析《郊祀》为《宗庙》：《汉书》有《郊祀志》，主要记
载祭祀诸神和祖先的活动及仪式。司马彪《续汉书》有《祭祀志》，
是改自《汉书·郊祀志》，其下细目有"郊""宗庙"等。　[6]分
《礼乐》为《威仪》：《史记》有《礼书》《乐书》，主要记述国家的
礼乐制度。《汉书》合为一志，改名《礼乐志》。司马彪《续汉书》
从礼乐中分出威仪部分，名《礼仪志》。　[7]《悬象》出于《天文》：
何法盛《晋中兴书》改"志"为"说"，其《悬象说》的内容即
之前纪传体史书的《天文志》。　[8]《郡国》生于《地理》：《汉书》
有《地理志》，司马彪《续汉书》改称《郡国志》。　[9]揆：准则，
原则。

　　若乃《五行》《艺文》，班补子长之阙[1]；《百官》《舆服》，谢拾孟坚之遗[2]。王隐后来，加以《瑞异》[3]；魏收晚进，弘以《释老》[4]。斯则自我作故[5]，出乎胸臆[6]，求诸历代，不过一二者焉。

肯定史家因时创造的精神与见识。

**[注释]**

[1] 班补子长之阙：司马迁《史记》书体八篇中没有《五行》《艺文》，而班固《汉书》有《五行志》《艺文志》，故云"班补子长之阙"。　[2] 谢拾孟坚之遗：谢即三国吴史学家谢承，字伟平，会稽山阴（今浙江绍兴市）人。曾任五官郎中、长沙东部都尉、武陵太守等职。博学洽闻，尝所知见，终身不忘，尤精东汉史事及本郡掌故，著《后汉书》，已佚，今有辑本传世，但已无《百官》《舆服》二志。《汉书》中无此二志，故本篇称"谢拾孟坚之遗"。但据程千帆研究，《汉书·百官公卿表》实兼具志、表二体，其上篇仅述官制、禄秩，与后代史书《百官志》一致，《史通》此说是"仅循名而不责实"之误（《史通笺记》）。　[3]《瑞异》：王隐《晋书》已佚，据后人所引，其中有《石瑞记》，章宗源认为《史通》以王隐该志与魏收《释老志》并言，"文取相配，故改'石瑞'而称'瑞异'"（《隋经籍志考证》卷一"王隐撰《晋书》"）。清人汤球辑王隐《晋书》，分为《石瑞》《瑞异》二志。　[4]《释老》：魏收《魏书》有《释老志》，记载北魏时期北方佛教、道教的发展状况，其中以佛教为主，是中国最早关于佛教历史和思想的专篇记载，对研究当时政治、宗教与经济等具有重要史料价值。　[5] 自我作故：作故，创始。由我创造。指不沿

袭前人。　[6]胸臆：内心深处的想法，即自己的创见。

　　大抵志之为篇，其流十五六家而已。其间则有妄入编次，虚张部帙[1]，而积习已久[2]，不悟其非。亦有事应可书，宜别标题[3]，而古来作者，曾未觉察。今略陈其义，列于下云。

对各史书志存在的问题，提出自己独到的思考。

　　[注释]

　　[1]部帙（zhì）：篇幅，卷册。　[2]积习：长久以来形成的习惯。　[3]标题：标，标立，建立。题，题目，名称。标题，设立篇目。

　　窃以国史所书，宜述当时之事[1]。必为志而论天象也[2]，但载其时彗孛氛祲[3]，薄食晦明[4]，禆灶、梓慎之所占[5]，京房、李郃之所候[5]。

各朝史书只应记载本朝史事，其《天文志》只应记载当时天文现象，不应重复各时代大致相同的天体概论等内容。

　　[注释]

　　[1]当时：国史所记载的时代。　[2]为志而论天象：指《天文志》，内容主要是记载各朝天文星象。《史记》中有《天官书》，《汉书》改"书"为"志"，设立《天文志》，但班固卒时，《天文志》没有完成，后由马续补写完成。　[3]彗孛（bèi）氛祲（jìn）：彗，彗星，古人认为的一种不祥之星。孛，古人指光芒四射的一种彗星。祲，妖氛，古人认为的一种不祥之气。彗孛氛祲，即不祥的天象和气象。　[4]薄食晦明：薄，逼近，靠近。食，日、月

蚀。晦明，昏暗与光明。薄食晦明，即指日蚀、月蚀和阴晴明暗。　[5]裨灶、梓慎：分别是春秋时郑国、鲁国的占星家，曾根据星孛出现，预测宋、卫、陈、郑四国有火灾。占，占卜。　[6]京房、李郃：京房字君明，西汉东郡顿丘（今河南清丰县西南）人。曾任魏郡太守。治易学，详于灾异，开创京氏易学。曾多次根据星象预测国家大事，所言屡中，但终以灾异干政被杀。李郃字孟节，东汉南郑（今属陕西）人，善占星。候，即占候，古代星占家根据天象变化预测灾异和天气变化。

伏羲已降，文籍始备[1]。逮于战国，其书五车[2]，传之无穷，是曰不朽。夫古之所制，我有何力，而班《汉》定其流别[3]，编为《艺文志》[4]。论其妄载，事等上篇[5]。《续汉》已还[6]，祖述不暇。夫前志已录，而后志仍书，篇目如旧，频烦互出，何异以水济水[7]，谁能饮之者乎？

[ 注释 ]

[1]文籍：书籍。　[2]其书五车：指书籍很多。语出《庄子·天下》："惠施多方，其书五车。"后遂用"五车书"指书多，或形容读书多，学问深。　[3]流别：源流和派别。　[4]《艺文志》：西汉成帝时，官藏书籍散乱，刘向奉命领校，撰成《别录》。刘向卒后，其子刘歆负责总校群书，在《别录》基础上，修订而成中国历史上第一部图书分类目录《七略》。《汉书·艺文志》即改编《七略》而成，记载了西汉朝廷现存图书，对考察典籍流传与学

蒋伯潜《校雠目录学纂要》："刘知幾底《史通·书志篇》独以《艺文志》为无用。……刘氏论作史，特重一'简'字，且生当唐代全盛之时，藏书丰富，古籍俱存，故有此主张。不知经安史、黄巢诸乱之后，秘书亡佚殆尽，后来学者欲知古书大概情形，乃不得不求之于《汉书》《隋书》之志。即此，可见史志底重要，刘氏底偏见了。"

术源流具有重要价值。 [5] 上篇：即前面说的《天文志》。 [6]《续汉》：即司马彪《续汉书》。 [7] 以水济水：用清水来给清水增加味道。比喻雷同附和，于事无所补益。

但自史之立志，非复一门，其理有不安[1]，多从沿革。唯艺文一体[2]，古今是同[3]，详求厥义，未见其可。愚谓凡撰志者[4]，宜除此篇。必不能去[5]，当变其体。近者宋孝王《关东风俗传》亦有《坟籍志》[6]，其所录皆邺下文儒之士[7]，雠校之司[8]。所列书名，唯取当时撰者[9]。习兹楷则[10]，庶免讥嫌[11]。语曰："虽有丝麻，无弃菅蒯[12]。"于宋生得之矣。

倡言废除《艺文志》，如果实在不能完全废除，就"唯取当时撰者"。《明史·艺文志》受此启发，只著录明代学者著述，使《艺文志》由主要反映一代藏书，一改而为反映一代著述，但失去了考察古今学术源流的意义。

[ **注释** ]

[1] 以下两句是说：其中有些志的设立不是很合理，后人大多予以改革。安，合适。沿革，本指因袭和变革，此处偏指变革。 [2] 艺文一体：指纪传体史书中的《艺文志》，有的称作《经籍志》。 [3] 古今是同：古往今来都一样。这是相对于前面"其理有不安，多从沿革"而言的，认为《艺文志》的写法没有什么变革。 [4] 愚：谦辞，用于自称。 [5] 以下两句是说：如果史书中不能不写《艺文志》，也应该改变它的写作体制。 [6] 宋孝王：广平（治今河北鸡泽县东南）人。曾任北齐北平王文学，因求入文林馆不成，撰《朝士别录》以非毁朝士。北周灭齐后，增广见闻，将其改为《关东风俗传》，上呈朝廷，被认为言多妄谬、

篇第冗杂、无著述体，已佚。相传三皇之书为三坟，内容是讲论大道，《关东风俗传》中的《坟籍志》，当由此得名。　[7]邺下：指北齐都城邺城（今河北临漳县治村）。　[8]雠校：即校雠。一人读书，校其上下，得谬误为校；一人持本，一人读书，若怨家相对，曰雠（也写作"雠"）。校雠，即考订书籍，纠正讹误。司，古代官署的名称，即部门。　[9]唯取当时撰者：书中所记载的，都是北齐当时的人所撰写的书籍。　[10]习：学习，效法。楷则，法式，楷模。　[11]庶：也许可以，差不多。讥嫌，讥议嫌恶。　[12]虽有丝麻，无弃菅蒯（jiān kuǎi）：语出《左传》成公九年。丝麻可做制衣原料，菅蒯是可以编绳的一类茅草。意谓：即使有好的东西，差的也不应该放弃。

**批评以往各志都没能抓住最重要的问题，以引出下文自己的观点。**

历观众史，诸志列名，或前略而后详，或古无而今有。虽递补所阙，各自以为工，权而论之，皆未得其最。

**称自己为"宜先"，称别人为"不急"，可谓自信自负。实则后世赞同者少。**

盖可以为志者，其道有三焉：一曰都邑志[1]，二曰氏族志[2]，三曰方物志[3]。……实为志者所宜先，而诸史竟无其录。如休文《宋籍》，广以《符瑞》[4]；伯起《魏篇》，加之《释老》[5]，徒以不急为务，曾何足云。

[注释]

[1]都邑：都城。　[2]氏族：此指世家大族。　[3]方物：地方产物，土产。　[4]休文：即南朝史学家沈约，其《宋书》比

之前史书增加了《符瑞志》，记载先秦两汉以来各种所谓祥瑞现象。　[5]伯起：即北朝史学家魏收，其《魏书》比之前史书增加了《释老志》。

或问曰：子以都邑、氏族、方物宜各纂次，以志名篇。夫史之有志，多凭旧说，苟世无其录，则阙而不编，此都邑之流所以不果列志也。对曰：……凡此诸书，代不乏作，必聚而为志，奚患无文？譬夫涉海求鱼，登山采木，至于鳞介修短[1]，柯条巨细[2]，盖在择之而已。苟为鱼人、匠者[3]，何虑山海之贫罄哉[4]？

> 南宋郑樵《通志》设《都邑略》《氏族略》，元初马端临《文献通考》立《土贡考》，皆受此启发，但亦有所发展。
>
> 为学要善于择取。

[注释]

[1]鳞介：泛指有鳞和介甲的水生动物。修短，长短，大小。　[2]柯条：枝条。巨细，大小，长短。　[3]匠者：木工，工匠。　[4]贫罄（qìng）：穷无所有；穷尽。

[点评]

本篇全文先是序言性质的内容，论说书志的渊源、价值、各史书志的名称及其演变；继而对《天文志》《艺文志》《五行志》分别进行专门讨论，认为前二者可删、不必作，如非要保留不可，则需改变其写作内容，至于《五行志》则可以不作；最后提出并论列自己认为"可以为志"而"诸史竟无其录"的三种志。篇中对书志的渊源、价值的考察论述，对《天文志》《艺文志》《五行志》的基本否定态度，在后世史学发展中都曾引起广泛讨论，其中以反对者占据多数，此后纪传体正史仍设立志体并多有上述三志即为明证。其实如果真的可以不设志体，那么聪慧的司马迁为什么还要多此一举，继而班固还要为之补充完善呢？古人未必不如今人。刘知幾的一大性格缺点，即在于过度自信以至于自负。篇末还提出史书应编写都邑志、氏族志、方物志，这也曾引起后人的褒贬议论，其中仍以反对者占上风，不但后来纪传体正史不予遵行，近代以来学者亦多有保留意见。金无足赤，人无完人，任何人都不可能做到凡事都把真理掌握在自己手中，都不可能唯己正确，更不应该有此想法，而必须保持谦虚谨慎、不骄不躁的作风，牢记"三人行必有我师"的道理，努力践行"毋意、毋必、毋固、毋我"的"四绝"要求。

# 内篇　卷四

## 论赞第九

《春秋左氏传》每有发论，假君子以称之[1]。二传云公羊子、穀梁子[2]，《史记》云太史公。既而班固曰赞，荀悦曰论，《东观》曰序，谢承曰诠，陈寿曰评，王隐曰议，何法盛曰述，扬雄曰撰[3]，刘昞曰奏[4]，袁宏、裴子野自显姓名，皇甫谧、葛洪列其所号[5]。史官所撰，通称史臣。其名万殊[6]，其义一揆。必取便于时者，则总归论赞焉。

本篇专门论说史书写作过程中如何进行历史评论的问题。篇名"论赞"，"论"为篇末史论之辞，"赞"为"论"后韵语之辞。

各书史论名称不一，但内容差不多。

[注释]

[1] 假君子以称之：《左传》在记述史事之后，时而有以"君子曰""君子谓"等词语表明的历史评论，语言简短，并较多引

证《诗》《书》以及格言警句。有人认为君子是指孔子；也有人认为这些评论是后人所加，"所言非必与本经有关，且有极不是处，故林黄中疑为刘歆所加，朱熹亦谓《左传》'君子曰'最无意思"（张舜徽《史通平议》）。　[2]二《传》：即《春秋公羊传》《春秋穀梁传》。　[3]扬雄曰撰：浦起龙《史通通释》认为，扬雄没有以"撰曰"为名的史论，而东晋常璩《华阳国志》以"撰曰"为论赞，因而句中"扬雄"当为"常璩"之误，所言甚是。另外，本句列在王隐、何法盛之后，也是一旁证。　[4]刘昞（bǐng）：字延明，敦煌（今属甘肃）人。曾在西凉为官。虽有政务，手不释卷。以《史记》《汉书》《东观汉记》文字繁复，删著《三史略记》，已佚。又著《凉书》《敦煌实录》等书，注《周易》《韩非子》《人物志》《黄石公三略》等，均佚。　[5]皇甫谧、葛洪：皇甫谧（215—282）字士安，晋安定朝那（今宁夏固原市）人。博综典籍百家，以著述为务，后得风痹疾，犹手不辍卷，自号玄晏先生。著《帝王世纪》《年历》《高士传》《逸士传》《列女传》《玄晏春秋》等书，在当时很受重视，今已大都亡佚。其中，《帝王世纪》记载帝王世系、年代及事迹，上起三皇，下迄汉魏，内容多采自经传图纬及诸子杂书，并有《史记》《汉书》等没有记载的史事，其历史评论则以"玄晏先生曰"的形式出现。宋朝时佚，今有辑本传世。葛洪（284—364）字稚川，自号抱朴子，晋丹阳郡句容（今属江苏）人。曾任司徒掾、咨议参军等职，后隐居炼丹。有道家类著作《抱朴子》《神仙传》《隐逸传》，史学著作《史记钞》《汉书钞》《后汉书钞》，笔记小说类著作《西京杂记》，医学类著作《金匮药方》《肘后备急方》等，大多亡佚。其中《抱朴子》《神仙传》中均有以"抱朴子曰"形式出现的评论文字。　[6]万殊：各不相同。

夫论者，所以辩疑惑，释凝滞[1]。若愚智共了，固无俟商榷。丘明"君子曰"者，其义实在于斯。司马迁始限以篇终，各书一论[2]。必理有非要[3]，则强生其文，史论之烦，实萌于此。夫拟《春秋》成史[4]，持论尤宜阔略[5]。其有本无疑事，辄设论以裁之[6]，此皆私徇笔端[7]，苟炫文彩[8]，嘉辞美句，寄诸简册[9]，岂知史书之大体，载削之指归者哉[10]？

史学评论不需要事事皆论、篇篇皆有，但必须写出自己的创见，避免人云亦云和苟炫文彩。

**[注释]**

[1] 凝滞：难通之处。　[2] 司马迁始限以篇终，各书一论：《左传》对史事发表议论的"君子曰"，都是随文发论，在书内并无一定位置，也并非事事都有评论。司马迁《史记》以"太史公曰"发表的史论，不但每篇都有，而且绝大部分置于每篇篇末，只有一小部分置于篇首或篇中。班固《汉书》以来的纪传体史书，史论基本上都在每篇篇末，这当然都是模仿《史记》，故本篇说"司马迁始限以篇终"。　[3] 以下两句是说：即使从道理上说没有必要写史论，但也硬要写上一段评论文字。按，《史记》以"太史公曰"形式出现的史论，皆为有感而发，并非虚设无谓的空言，更非"理有非要，强生其文"。刘知幾之所以持这一观点，主要在于他始终坚持史书记事首先要以简要为主，能省则省，不喜繁费。　[4] 拟《春秋》成史：司马迁十分尊重孔子和《春秋》，在《太史公自序》中明说《史记》是继《春秋》而作，书中也有许多刻意效法《春秋》之处。　[5] 持论：提出主张，立论。阔

略，宽简，简省。　[6] 辄：总是。裁，衡量，判断。这两句是说：其中有些本来没有疑问的史事，但也总是要写一段评论文字来评判它。　[7] 私徇：犹徇私。曲从私情，为私情而做不合法的事。　[8] 苟：随便，随意。炫，夸耀。文彩，即文采，词藻雅丽，文章华美。　[9] 寄：托付，依附。简册，中国古代用于书写的材料，多用竹或木制成。简是狭长竹木片，若干简编连起来就成为册，故简册泛指书籍，此指史书。　[10] 载削：记载和删削，引申为编纂。指归，宗旨。自"苟炫文彩"以下六句是说：这都是肆意放纵笔头，随便炫耀自己的文章雅丽，把漂亮华美的词句，用在史书之上，哪里懂得史书编写的基本原则和宗旨呢？

必寻其得失，考其异同，子长淡泊无味[1]，承祚俙缓不切[2]，贤才间出[3]，隔世同科[4]。孟坚辞惟温雅[5]，理多惬当[6]。其尤美者，有典诰之风[7]，翩翩奕奕[8]，良可咏也。仲豫义理虽长[9]，失在繁富。自兹以降，流宕忘返[10]，大抵皆华多于实[11]，理少于文，鼓其雄辞，夸其俪事。必择其善者，则干宝、范晔、裴子野是其最也，沈约、臧荣绪[12]、萧子显抑其次也，孙安国都无足采[13]，习凿齿时有可观[14]。若袁彦伯之务饰玄言[15]，谢灵运之虚张高论[16]，玉卮无当[17]，曾何足云！王劭志在简直[18]，言兼鄙野[19]，苟得其理，遂忘其文。观过知仁[20]，斯

评各书史论得失，阐发自己的史论标准。没有评论就没有理论，信然！

之谓矣。大唐修《晋书》[21]，作者皆当代词人[22]，远弃史、班，近宗徐、庾[23]。夫以饰彼轻薄之句[24]，而编为史籍之文，无异加粉黛于壮夫，服绮纨于高士者矣。

[ **注释** ]

[1]淡泊无味：朴实自然。典出《老子》："道之出口，淡乎其无味。" [2]承祚：即西晋史学家陈寿，字承祚。偄（ruǎn），柔宛。缓，舒缓。切，急迫，轻躁。 [3]间出：隔代出现。 [4]隔世：不同时代。同科，同等，同一种类。 [5]温：柔和。雅，高尚。 [6]惬当：恰如其分，合乎情理。 [7]典诰：本为《尚书》中《尧典》《汤诰》等篇的并称，喻指文章风格典雅恢弘。 [8]翩翩：文采优美。奕奕，盛大的样子。 [9]仲豫：即东汉史学家荀悦。荀悦在《汉纪》中以"荀悦曰"为标示，发表历史评论，被后人评为"论辩多美"。他提出"立典有五志焉，一曰达道义、二曰彰法式、三曰通古今、四曰著功勋、五曰表贤能"，认为有此五项，就是"天人之际，事物之宜，粲然显著，罔不备矣"，自称《汉纪》是"惩恶而劝善，奖成而惧败，兹亦有国之常训，典籍之渊林"。此即本篇所称其长于义理者。 [10]流宕忘返：放任恣肆而不知所归。 [11]以下四句是说：大概都是文采多于实情，义理少于文饰，搬弄恢弘的辞气，炫耀骈俪的文采。 [12]臧荣绪（414—488）：南朝东莞莒（今山东莒县）人。出生官宦之家，但不愿为官，多次征召不就。博学多才，潜心著述，撰纪传体《晋书》，记载两晋历史，是唐代官修《晋书》的最主要参考著作。 [13]孙安国：即东晋史学家孙盛，字安国。 [14]习

凿齿（328—412）：字彦威，东晋襄阳（今属湖北）人。历官荆州别驾、荥阳太守等职，著有《汉晋春秋》《襄阳耆旧传》《逸人高士传》等。《汉晋春秋》为编年体，记述东汉至西晋的历史。其中三国史事，指曹魏为篡逆，以蜀汉为正统，至司马昭平蜀乃为汉亡而晋始兴，以晋承汉，故以名书。已佚，今有辑本传世。　[15]袁彦伯之务饰玄言：袁彦伯即东晋史学家袁宏，字彦伯。饰，妆点。玄，深奥。　[16]谢灵运之虚张高论：谢灵运（385—433），南朝会稽始宁（今浙江嵊州市）人，小名"客"，人称谢客，又以袭封康乐公，人称谢康公、谢康乐。博览群书，文章之美冠一时，尤长于山水诗。南朝宋初，为秘书监，整理秘阁图书。又受命撰《晋书》，但早已佚失不传，其史论如何高谈阔论，不得而知。　[17]玉卮无当：玉杯没有底。比喻事物华丽而不合实用。　[18]简直：简朴质直，直截了当。　[19]鄙野：鄙陋粗野。　[20]观过知仁：察看一个人所犯过错的性质，就可以了解他的为人。　[21]《晋书》：唐太宗于贞观二十年（646）下诏官修纪传体《晋书》，由房玄龄、褚遂良监修，参与纂修官员二十一人，皆富有撰史经验和才干，两年后完成。其中立有"载记"，记述十六国少数民族政权，在体例上有贬斥之意，但内容则较真实；有《四夷传》，记述西域、"倭人"、"匈奴"、"马韩"、"辰韩"（朝鲜半岛）、"大秦"等。还多载鬼神怪异之事，这主要是由其史料来源造成的，同时也有史臣认识水平上的因素。　[22]词人：擅长文辞的人。　[23]徐、庾：即南朝梁骈文家徐陵、庾信，其文号徐庾体。徐陵（507—583）字孝穆，东海郯县（今山东郯城县）人。仕梁，官至秘书监。博通经史，好著述，有文集《徐孝穆集》，另编有《玉台新咏》。庾信（513—581）字子山，南阳新野（今属河南）人。初仕南朝梁，出使西魏被扣。北周灭西魏，仕周至骠骑大将军、开府仪同三司，世称庾开府。后人辑其诗文为《庾开府集》《庾子山集》传世。　[24] 以下四句是说：用那些经过修饰的轻浮浅薄的文辞，来编写史书的文句，这与在壮汉的脸上涂脂抹粉、让高尚脱俗的隐士穿上华丽的花绸衣服，没有什么两样。

　　史之有论也，盖欲事无重出[1]，文省可知[2]。如"太史公曰"：观张良貌如美妇人[3]；项羽重瞳，岂舜苗裔[4]。此则别加他语，以补书中，所谓事无重出者也。又如班固"赞曰"：石建之浣衣[5]，君子非之；杨王孙裸葬[6]，贤于秦始皇远矣。此则片言如约[7]，而诸义甚备，所谓文省可知者也。及后来赞语之作，多录纪传之言，其有所异，唯加文饰而已。至于甚者，则天子操行，具诸纪末[8]，继以"论曰"接武前修[9]，纪论不殊，徒为再列。

吕思勉《史通评》："'事无重出'、'文省可知'两端，自足为作论赞者之模楷。"

**[注释]**
　　[1] 事无重出：意指史论中所言应为前面叙事正文中没有的内容。　[2] 文省：文字简约。　[3] 张良（？—前186）：字子房，战国时韩国贵族后裔。秦朝统一后，狙击秦始皇未遂。秦末农民战争爆发后，聚众归刘邦，为其主要谋士，助其灭秦及项羽。汉朝建立后，封留侯，以学道为名功成身退。司马迁在《史记·留侯世家》中记载了他的主要事迹，但未言其相貌，而在篇

末的"太史公曰"中称其"貌如妇人好女"。　[4]项羽重瞳，岂舜苗裔：重瞳即一个眼睛里有两个瞳仁。《史记·项羽本纪》篇末的"太史公曰"中说，人们称舜的眼睛是重瞳，而项羽也是重瞳，"羽岂其苗裔邪？"但这些话在之前的该篇正文中都没有出现。　[5]石建之浣衣：石建（？—前123），西汉万石君石奋之子，河内郡温县（今河南温县西南）人。武帝时任郎中令，忠孝谨慎，武帝甚尊礼之。虽年老白首，然每五日休沐归家，必亲自为父亲洗涤近身所穿衣裤。　[6]杨王孙裸葬：杨王孙名贵，字王孙，汉武帝时人，学黄老之术，临终前嘱咐儿子："吾欲裸葬，以反吾真，必无易吾意。"子从之。　[7]片言：简短的文字或语言。如，好像。约，简单。　[8]操行：操守、品行。　[9]接武：前后相继，继承。前修，本指前贤，此指"论"前面的帝纪正文。

　　马迁《自序》传后[1]，历写诸篇，各叙其意。既而班固变为诗体，号之曰述[2]。范晔改彼述名，呼之以赞[3]。寻述赞为例，篇有一章，事多者则约之使少，理寡者则张之令大，名实多爽，详略不同。且欲观人之善恶，史之褒贬，盖无假于此也。然固之总述合在一篇，使其条贯有序[4]，历然可阅[5]。蔚宗《后书》，实同班氏，乃各附本事，书于卷末，篇目相离[6]，断绝失次。而后生作者不悟其非，如萧、李《南、北齐史》[7]，大唐新修《晋史》，皆依范《书》误本，篇终有赞。夫每卷立论，其烦已多，而嗣论以赞，为黩弥甚<sup>[8]</sup>。亦犹文士制碑，序终而续以铭曰<sup>[9]</sup>；释氏演法，义尽而宣以偈言<sup>[10]</sup>。苟撰史若斯，难以议夫简要者矣。

强调"论"可有，"赞"必除。

**[ 注释 ]**

[1]《自序传》：即《史记·太史公自序》。《史记》有列传七十篇，《太史公自序》是其最后一篇，既是《史记》全书的自序，也是司马迁个人的自传。先述司马迁家世及个人传记，之后是一一叙述全书各篇和各种体例的写作宗旨，以"为某事作某篇"的语言形式写出，具有篇目提要的性质，但这是自述作书本意，与各篇中题名"太史公曰"的史论不同，因而置于书末，也不嫌重复。　[2]述：班固《汉书》仿照《史记》，也在列传最后一篇《叙传》中一一历述各篇要义，但文字用四言诗体，又以自谦，称为"述"而不称"作"。但这也是自述作书本意，与各篇中题为"赞曰"的史论不同。　[3]赞：范晔《后汉书》仿照《史记》《汉书》，也写有自述作书本意的文字，但将其全部移到相应各卷末题为"论曰"的史论之后，用四言诗体，称为"赞"。范晔本人对其论赞很是自负，直视为前无古人，后代史书也纷纷效法。但这样一来，就等于是在散文体的史论之后，又加了一层四言韵语形式的史论，因而本篇下文称之为"烦黩弥甚"。　[4]条贯：条理。　[5]历然：指清晰的样子。　[6]篇目相离：指《后汉书》中的各篇"赞"因各自置于本篇之末而被隔离开来，不像《史记》《汉书》那样都在书末自序一篇之内。　[7]萧、李《南、北齐史》：指萧子显《南齐书》、李百药《北齐书》。　[8]黩：冗滥。弥，更加。　[9]铭

曰：古代墓志铭的内容之一。墓志铭是一种悼念性的文体，通常分为两部分：第一部分是志文，记述死者世系、名字、爵位及生平事迹等；后一部分就是以"铭曰"开头的铭文，多为四字句韵文，内容是对逝者一生的评价，表示对死者的悼念和赞颂。另外也有仅有志或仅有铭文的墓志铭。　[10]偈（jì）言：佛教徒宣讲教义结束时，必以四句整齐的韵文作结，称偈语。偈，是梵语音译"偈陀"的省称，是歌颂之意。

篇末总结：史论必须客观公正，权衡得中。

　　至若与夺乖宜[1]，是非失中，如班固之深排贾谊[2]，范晔之虚美隗嚣[3]，陈寿谓诸葛不逮管、萧[4]，魏收称尔朱可方伊、霍[5]，或言伤其实，或拟非其伦[6]。必备加击难[7]，则五车难尽，故略陈梗概，一言以蔽之。

[注释]

[1]与夺：褒贬。乖宜，失当。　[2]深：苛刻地。排，斥责。　[3]隗（wěi）嚣（？—33）：字季孟，天水成纪（今甘肃秦安县）人。出身陇右大族，王莽新朝末年，据陇西起兵。刘玄更始政权建立后，归更始，进封御史大夫，因谋乱逃回陇西。东汉建立后，被命为西州大将军。后向公孙述称臣，不久东汉西征，忿恚而死。　[4]诸葛：即诸葛亮，字孔明。管、萧，即管仲、萧何。　[5]魏收称尔朱可方伊、霍：尔朱即尔朱荣（493—530），字天宝，北魏秀容（今山西忻州市西北）人。北魏明帝时为六州大都督，因拥立庄帝有功，封太原王，进位太师，一度挟持庄帝，专制朝政，后为庄帝所杀。伊即伊尹，一说名挚，小名阿衡。曾

辅助汤灭夏建商，又相商多年，对商朝发展有重要贡献。霍即霍光（？—前68），字子孟，西汉河东平阳（今山西临汾市）人，霍去病异母弟。历仕武帝、昭帝、宣帝，官至大司马大将军。期间曾废立昌邑王，立汉宣帝。伊尹、霍光被并称伊霍，后世也往往以行伊霍之事，代指权臣摄政，废立皇帝。按，《史通》此处论"魏收称尔朱可方伊、霍，拟非其伦"，有断章取义之失。魏收《魏书·尔朱荣传》原文是："向使荣无奸忍之失，修德义之风，则彭、韦、伊、霍夫何足数？""向使"者，假设之词，其意是在贬责尔朱荣，而《史通》竟说"魏收称尔朱可方伊、霍"，正与其原意相悖。　[6]伦：类别。　[7]击难：批评，指责。一言以蔽之，用一句话概括。以下四句是说：如果全面地予以批评指正，就是写很多书也难以说完，因此这里只是简单地述说一下大略情况，用一两句话概括一下就算了。

## ［点评］

从本篇开始，作者用六卷二十五篇，分专题来具体讨论史书编写的各个环节、各个方面的体例要求，涉及编年、纪传等多种体裁的史书，但因各体史书内容详略、价值轻重有别，作者仍以纪传体史书为主，进行分析、讨论与评述。

本篇指出，《左传》最早以"君子曰"穿插历史评论，后来史书中虽然使用了不同的名称，但义旨则是一样的，作者使用了"论赞"一词予以概括，对其撰写目的、撰写原则进行了分析论述，并对前代史书中论赞内容的得失进行了具体指陈，以有破有立、破立互补的方式，提出"论"后之"赞"实为画蛇添足之举，应予取消，强调史论的内容必须事无重出、理皆惬当，反对与夺乖宜、是非失中。其中有个别具体论述，后世学者并不赞同，但从整体来看，"此篇持论，大体精核。实为箴肓起废、惩前毖后之言。郑樵《通志总序》、章学诚《答甄秀才论修志第二书》，皆引申斯义，大畅其说。自此治史者，重在史实之求真，不尚虚文之敷论，皆知幾斯议为之先导。"（张舜徽《史通平议》）足见本篇对后来史书编撰、史学发展影响之大。而从专业研究来说，历史评论更是历史研究的重要内容之一，不但其本身是一项综合性的工作，能够很好地体现出作者的综合素养和历史见识，而且也能够为后人更好地认识历史提供启发和借鉴。对当今的历史研究者来说，不仅本身要评论历史，而且还要对前人的历史评论进行再审视、再评论，以期更好更全面地阐述和总结历史。因此，本篇所提出的历史评论原则，也是我们今天历史研究需要给予重要关注的一项基本内容。

# 序例第十

本篇专门论说史书的篇序和全书凡例问题。

开门见山地提出篇序主旨。

孔安国有云：序者，所以叙作者之意也。窃以《书》列典、谟[1]，《诗》含比、兴，若不先叙其意，难以曲得其情。故每篇有序，敷畅厥义[2]。

[ **注释** ]

[1] 以下四句是说：我认为《尚书》中包含有典、谟等体裁篇章，《诗经》中包含有比、兴等创作手法，如果不事先叙述其写作意图，读者将很难了解其中隐含的意思。按，《尚书》《诗经》之序乃后来注释者所补写，具有解题的性质，与史学家自序不同。　[2] 敷畅：铺叙而加以发挥。

降逮《史》《汉》，以记事为宗，至于表志杂传，亦时复立序。文兼史体[1]，状若子书[2]，然可与诰誓相参[3]，风雅齐列矣[4]。

论《史记》《汉书》篇序。

[ **注释** ]

[1] 兼：照顾到。　[2] 子书：诸子百家等子部书籍。这两句是说：文章体制属于史体，样子却像子书。　[3] 诰、誓：《尚书》中主要包含典、谟、训、诰、誓、命六种文体。这里用"诰、誓"代指《尚书》。相参，相近似。　[4] 风、雅：《诗经》中的诗篇根据乐调的不同分为风、雅、颂三类。这里用"风、雅"代指《诗经》。齐列，并列。

迨华峤《后汉》，多同班氏，如《刘平》《江革》等传[1]，其序先言孝道，次述毛义养亲。此则《前汉》《王贡传》体[2]，其篇以四皓为始也。峤言辞简质[3]，叙致温雅，味其宗旨，亦孟坚之亚欤？

华峤《汉后书》已佚，赖此得窥其鳞爪。

[注释]

[1]江革：字次翁，东汉临淄（今山东淄博市临淄区）人。以孝行，被乡里称为"江巨孝"。后举孝廉，曾任谏议大夫等职，然不乐仕宦，终谢病归家。　[2]《前汉》王、贡传：即班固《汉书·王贡两龚鲍传》。体，体制，体式。　[3]简质：简洁质朴。

史书需要讲求文笔，但不是文学性的矜炫文彩，而是准确明白、平实凝练。

爰泊范晔，始革其流，遗弃史才，矜炫文彩[1]。后来所作，他皆若斯。于是迁、固之道忽诸[2]，微婉之风替矣[3]。若乃《后妃》《列女》《文苑》《儒林》，凡此之流，范氏莫不列序。夫前史所有，而我书独无，世之作者，以为耻愧[4]。故上自《晋》《宋》[5]，下及《陈》《隋》[6]，每书必序，课成其数[7]。盖为史之道[8]，以古传今，古既有之，今何为者？滥觞肇迹[9]，容或可观；累屋重架[10]，无乃太甚[11]！譬夫方朔始为《客难》[12]，续以《宾戏》《解嘲》[13]；枚乘首唱《七发》[14]，加以《七章》《七辩》[15]。音辞虽异[16]，旨趣皆同[17]。此乃读者所厌闻[18]，老生之恒说也[19]。

各书类传篇序要写出自己的独到之处，不能全抄旧史，敷衍了事。

[注释]

[1]矜炫：夸耀，炫耀。　[2]忽诸：迅速消亡。诸，助

词。　[3]微婉：含蓄委婉。替，衰亡。　[4]耻愧：羞愧。　[5]《晋》《宋》：指唐朝官修《晋书》和沈约所修《宋书》。　[6]《陈》《隋》：指唐朝官修《陈书》《隋书》。　[7]课：督促完成指定的工作。课成其数，此指按惯例在一些篇章上都写有序言。　[8]以下四句是说：撰写史书的目的，是把古代的事情传到现在，古代的书中既然都已经有了，现在为什么还要写呢？　[9]滥觞：比喻事物的起源、发端。肇迹，肇始，肇兴。　[10]累屋重架：累屋、重架为同义复指，谓屋上造屋。比喻反复重叠。　[11]无乃太甚：不是太过分了吗！　[12]方朔：即西汉东方朔。"难"是东方朔首创的一种文体。据《汉书·东方朔传》，他向武帝直言切谏，但未得尊重，便作《答客难》，以问答的形式，揭露君主不尊重人才，抒发怀才不遇的苦闷。　[13]《宾戏》《解嘲》：东汉永平十八年（75），班固感叹年届四十，写成《答宾戏》一文，以问答形式，抒发自己的苦闷和感慨，又从正面反驳自己不该有的想法和抑郁，鼓励自己坚定志向，按照既定目标奋斗不息。西汉末，扬雄于公元5年写作《解嘲赋》，以问答形式，对历史上的人物和事件展开纵横捭阖的评说，抒发其愤懑之情与落拓之志。　[14]枚乘（？—前140）：字叔，西汉淮阴（今江苏淮安市）人。初为吴王刘濞郎中，因在七国叛乱前后两次上谏吴王而显名。景帝时拜为弘农都尉，以病去官。武帝即位后征之，以年老，卒于途中。枚乘擅辞赋，所撰《七发》是一篇讽谕性的作品，以互相问答的形式构成八段文字，标志着汉代散体大赋的正式形成，并影响到后人的创作，在赋中形成了一种主客问答形式的文体——"七体"。　[15]《七章》《七辩》：《七章》，据程千帆《史通笺记》，唐以前作七者四十家，但无《七章》。《七辩》为张衡所作，以争辩问答形式，讲述招隐故事，决心为汉朝贡献力量。张衡（78—139）字平子，东汉南阳西鄂（今河南南召县南）人，历任太史令、侍中、河间相等职，对天文、地理、历史、数学、文学等都很有研究。　[16]音辞：言谈和辞令。此指具体内容和表现形式。　[17]旨趣：要旨，大意。此指文章的主题思想。　[18]厌闻：不愿听。　[19]老生之恒说：老生，老书生。恒，常。老书生经常发表的平凡的议论。比喻被人们听惯了的没有新意的老话。

郭孔延《史通评释》："看'例'字重。"

夫史之有例[1]，犹国之有法。国无法，则上下靡定[2]；史无例，则是非莫准[3]。昔夫子修经[4]，始发凡例[5]；左氏立传，显其区域[6]。科条一辨[7]，彪炳可观[8]。

[注释]

[1]例：凡例，义例，条例。即纂修书籍的具体规划和编写原则。　[2]靡定：不确定。　[3]准：准则，依据。　[4]夫子修经：指孔子据鲁国官修史书删定《春秋》。　[5]发：创立。　[6]显：表露。区域，界限，范围，类别。　[7]科条：项目，科目，类别。　[8]彪炳：光明，显著。

诸史之例，今皆已佚。其实古今凡自成体系之书，都有其凡例，非仅史书如此。

降及战国，迄乎有晋，年逾五百，史不乏才，虽其体屡变，而斯文终绝。唯令升先觉[1]，远述丘明，重立凡例，勒成《晋纪》。邓、孙已下[2]，遂蹑其踪[3]。史例中兴，于斯为盛。若沈《宋》之《志序》[4]，萧《齐》之《序录》[5]，虽皆以序为名，其实例也。必定其臧否<sup>[6]</sup>，征其善恶，干宝、范晔，理切而多功<sup>[7]</sup>，邓粲、道鸾<sup>[8]</sup>，词烦而寡要，子显虽文伤蹇踬<sup>[9]</sup>，而义甚优长。斯一二家，皆序例之美者。

[ 注释 ]

[1]令升：即东晋史学家干宝。先觉，事先认识觉察。　[2]邓、孙：指晋朝史学家邓粲、孙盛。邓粲为长沙（今属湖南）人，少时抱道守中，高洁自好，且道广学深，不应州郡辟命，颇负时誉。后荆州刺史桓冲以厚礼聘为别驾。长于史学，著《晋纪》，又注《老子》，行于当时，后佚。　[3]蹑：追踪，跟随。　[4]沈《宋》之《志序》：沈约《宋书》卷十一至卷四十为志，其中卷十一《律志》正文前有《志序》一篇，从其文字可知，乃是全志总序，因篇幅较短，未独立成卷，而是置于第一篇《律志》之首。　[5]萧《齐》之《序录》：萧子显《南齐书》原有《序录》一卷，已佚。序录，亦写作"叙录"，书目的编次和说明，其中说明部分包括著作的源流、要旨等，略相当于图书提要。　[6]臧否：善恶，得失。　[7]理切而多功：条理得当，多有成效。按，干宝《晋纪》已佚，凡例无存，《史通》的《载言》《书事》等篇曾引及其说，应是凡例中语。范晔《后汉书》传世，但凡例亦佚，清代洪颐煊《读书丛录》卷二二《后汉书序例》曾搜辑五条。　[8]道鸾：即南朝宋史学家檀道鸾，字万安，高平金乡（今属山东）人。历国子博士，官至永嘉太守。著《续晋阳秋》，记述东晋一代史事，今有辑本传世。　[9]子显：即南朝齐梁间史学家萧子显。蹇踬（jiǎn zhì），文辞滞涩，不通畅。

夫事不师古，匪说攸闻[1]，苟模楷曩贤[2]，理非可讳[3]。而魏收作例，全取蔚宗[4]，贪天之功以为己力[5]，异夫范依叔骏[6]，班习子长。攘袂公行[7]，不陷穿窬之罪也[8]？

刘知幾不喜魏收，动辄讥议。魏收《魏书》确曾参考范晔《后汉书》，但称其序例"全取"范晔则不然。

**[注释]**

[1] 事不师古，匪说攸闻：语出《尚书·说命下》："事不师古，以克永世，匪说攸闻。"意谓：做事情不遵循古人的法度，还想永远流传，这样的事从来没有听说过。攸，放在动词之前，构成名词性词组，相当于"所"。　[2] 模楷：效法，学习。　[3] 理非可讳：从道理上讲，是不能隐讳不说出来的。　[4] 魏收作例，全取蔚宗：魏收《魏书》、范晔《后汉书》原都有序例，今皆亡佚，魏收是否"全取"范晔，已无法一一比对，但研究表明，实不尽然，详见周一良《魏收之史学》（《魏晋南北朝史论集》，北京大学出版社1997版）一文。　[5] 贪天之功以为己力：把上天所成就的功绩，说成是自己努力的结果。比喻把别人的东西占为己有。　[6] 范依叔骏：范指范晔，叔骏指华峤（字叔骏）。范晔《后汉书》刘平、江革等传序言，明说引录华峤之辞，故云。　[7] 攘袂公行：公开进行攘夺。　[8] 陷：掉进，坠入。穿窬（yú），指翻墙头或钻墙洞的盗窃行为。

盖凡例既立，当与纪传相符。案皇朝《晋书》例云[1]："凡天子庙号[2]，唯书于卷末。"依检孝武崩后[3]，竟不言庙曰烈宗。又案百药《齐书》

史书体例要与内容相符，不能自相矛盾，言行不一。

例云<sup>[4]</sup>："人有本字行者<sup>[5]</sup>，今并书其名。"依检
如高慎、斛律光之徒<sup>[6]</sup>，多所仍旧，谓之仲密、
明月。此并非言之难，行之难也。又《晋》《齐》
史例皆云："坤道卑柔<sup>[7]</sup>，中宫不可为纪<sup>[8]</sup>，今
编同列传，以戒牝鸡之晨<sup>[9]</sup>。"窃惟录皇后者既
为传体，自不可加以纪名。二史之以后为传，虽
云允惬，而解释非理<sup>[10]</sup>，成其偶中<sup>[11]</sup>。所谓画
蛇而加足<sup>[12]</sup>，反失杯中之酒也。

[ **注释** ]

[1] 皇朝《晋书》：即唐朝官修《晋书》。皇朝，中国封建时
代对本朝的尊称，也称国朝。《晋书》凡例已佚，此处引录两条，
外篇《杂说中》引录一条。　[2] 庙号：皇帝死后，在太庙立室奉
祀时所起的名号，如高祖、太宗等。　[3] 孝武：指东晋武帝司马
曜（362—396），字昌明，在位二十五年（372—396），庙号烈
宗。　[4] 百药《齐书》：即李百药《北齐书》。其凡例已佚。　[5] 本
字行：古人有名有字，一些人以字行于世，称"以字行"。如《史
通》作者刘知幾字子玄，以避李隆基名讳，即以"刘子玄"行于
世。　[6] 高慎、斛律光：高慎字仲密，渤海蓨县（今河北景县）人，
北魏、东魏官员。斛律光（515—572）字明月，朔州敕勒部（今
山西朔州市）人。北齐名将，骁勇善战，治军严明，为部下所敬重，
深为邻敌北周所惮，后遭谗被杀。　[7] 坤道：犹妇道，指女性。
卑柔，谦卑温顺。　[8] 中宫不可为纪：中宫，皇后。其实华峤《汉
后书》、范晔《后汉书》都立有《皇后纪》。　[9] 牝鸡之晨：母鸡

报晓。比喻妇女掌握朝政。语出《尚书·牧誓》："牝鸡无晨。牝鸡之晨，惟家之索。" [10]非理：不合常理，违背道理。 [11]偶中：偶然命中。 [12]画蛇而加足：即画蛇添足。比喻做了多余的事，非但无益，反而不合适。典出《战国策·齐策二》。

至于题目失据[1]，褒贬多违，斯并散在诸篇，此可得而略矣。

为引出下篇《题目》做伏笔。

[ 注释 ]

[1]以下四句是说：至于设置标题和篇目缺乏依据，褒扬和贬斥有很多背离常理之处，这些都已经分散在本书有关篇目中予以说明，这里就省略不谈了。

[ 点评 ]

自序是作者用来阐述全书写作意图和每篇写作宗旨的文字，凡例（或称"义例"）则是作者撰修书籍的具体规划和编写原则，二者的区别是很明显的，但史书中往往有以序为名而其实为例的情况，因此《史通》就将二者置于一篇之中予以讨论。关于史书自序，本篇主要讨论了篇序（后面《序传》讨论了全书之序），认为篇序是必要的，但须言辞简质、叙述温雅，而不可遗弃史才、矜炫文彩；如果前史已有同类篇序，且旨趣相同，则后人不必再写，否则老生常谈，有谁愿闻？关于史书凡例，作者将其提到与国法并论的高度，指出国家若无法制，社会就会动荡；史书若无凡例，等于没有是非标准。

应该说，他这一说法是很有道理的，古今成体系的著作，无不讲求凡例。篇中从正反两个方面论述史书凡例，对各书凡例优劣进行了简要品评，并专门批评了有例不依的做法，有很多精审独到的观点，对后世史书编纂、史学发展有重要推进作用。但也显而易见的是，不可能每件史事都制定一条凡例来予以规定或约束，亦即凡例有限而史事无穷，则即使一书之内，也可能有突破凡例而须灵活变通之处，不可拘泥固守于一隅。至于自有体要的各人著述，自然也就各有自己不同于他人的体例凡例，很难形成所有作者都必须遵守的、固定的、一成不变的、适合所有人的体例凡例。吕思勉说："此篇所论，殊中肯綮。……论史例当如何，说多精审，而其讥弹古人处，则多失之，由其未知一书有一书之例，未可概执我见，以绳古人也。"（《史通评》）这是很有见地的评论，体现了通达的史学见识。

# 题目第十一

上古之书有三坟、五典、八索、九丘[1]，其次有春秋、尚书、梼杌、志、乘[2]。自汉已下，其流渐繁，大抵史名多以书、记、纪、略为主。后生祖述，各从所好，沿革相因，循环递习[3]。盖区域有限，莫逾于此焉。至孙盛有《魏氏春秋》，孔衍有《汉魏尚书》，陈寿、王劭曰志，何

本篇专门论说史书的题目问题，涉及全书书名和书内各篇篇名两个方面，内中对纪传体史书列传的篇名问题进行了较多探讨。

之元、刘璠曰典 [4]。此又好奇厌俗，习旧捐新 [5]，虽得稽古之宜 [6]，未达从时之义 [7]。

求异不可，拟古不必，贵在从时。此真通核之论！

[ 注释 ]

[1] 八索、九丘：传说中的古书名。八索即八卦之说。索，考察、寻求其义。九丘即九州之志。丘，聚。 [2] 志：先秦的一种史籍名称。据传世各种书籍所引，"志"书是在一定的历史背景下，依据经验教训，得出对于政务、世事的类似格言警句式的论断，言简意赅，具有较大的影响力，可以起到辅助政治决策的作用。因其也是"记言"，与"书"类文献相近，自古就常常含混不分，但"志"充满格言的内容，这是与"书"相区别的主要特征。 [3] 递：顺着次序。习，相因。 [4] 刘璠（510—568）：字宝义，沛国沛县（今江苏沛县）人。善属文，慷慨好功名。南朝梁时为官，战乱中为北周俘获，历官黄门侍郎、内史中大夫等。曾纂集《梁典》，始就，未及刊定而卒，其子遵嘱，代为刊定缮写，勒成一家，已佚。 [5] 习旧捐新：仿效古人，舍弃新法。 [6] 稽古：考察古代事迹以行之。 [7] 从时：顺从时宜。

强调题目必须准确反映内容。但称只有编年体史书才能名为"春秋"、纪传体史书就该名为"书"，则未免僵化教条。

榷而论之，其编年月者谓之纪，列纪传者谓之书，取顺于时，斯为最也。夫名以定体，为实之宾 [1]，苟失其途 [2]，有乖至理 [3]。案吕、陆二氏，各著一书 [4]，唯次篇章，不系时月。此乃子书杂记，而皆号曰春秋。鱼豢、姚察著魏、梁二史 [5]，巨细毕载，芜累甚多，而俱榜之以略，考名责实，奚其爽欤 [6]！

[ 注释 ]

[1] 名以定体，为实之宾：名称是用来确定体例的，是服从于实际内容的。宾，服从，归顺。　[2] 失：违背，不遵守。途，途径，方法。　[3] 至理：根本原则。　[4] 吕、陆二氏各著一书：指吕不韦《吕氏春秋》和陆贾《楚汉春秋》。　[5] 鱼豢、姚察：鱼豢，三国魏京兆（今陕西西安市）人，曾任郎中，撰有纪传体史书《魏略》，已佚。姚察，误，应作姚最。姚最为史学家姚察之弟，吴兴武康（今浙江德清县）人，生于梁，仕于周，殁于隋，著有《梁后略》一书，已佚。按，刘知幾之所以有此误，应是出于一时误忆而又未复查原书。浦起龙《史通通释·举要》说："凡著书，必不能无谬误。他人之误，由记分生；刘氏之误，由记分熟。生者不到边，熟者不覆堪。"从《史通》全书来看，所言很是在理。　[6] 奚：疑问代词，相当于"胡"、"何"。爽，矛盾。

若乃史传杂篇，区分类聚，随事立号，谅无恒规。如马迁撰皇后传，而以外戚命章。案外戚凭皇后以得名，犹宗室因天子而显称，若编皇后而曰外戚传，则书天子而曰宗室纪，可乎？班固撰《人表》，以古今为目。寻其所载也，皆自秦而往，非汉之事，古诚有之，今则安在？子长《史记》别创八书，孟坚既以汉为《书》，不可更标书号，改书为志，义在互文 [1]。而何

鱼、姚二书题名中"略"字为经略之义，并非简要叙述之义，刘知幾理解有误。

李维桢："马迁之以外戚传皇后也，此是疏略处。而子玄剔发精详，词气跌宕，可以解颐，可以捧腹，谓之'史圣'也亦宜！"（李维桢评、郭孔延评释《史通》）

钱大昕《廿二史考异》："今人不可表。表古人，以为今人之鉴。俾知贵贱止乎一时，贤否著乎万世；失德者，虽贵必黜，修善者，虽贱犹荣。后有作者，继此而表之，虽百世亦可知也。班序但云'究极经传'，不云褒贬当代。"

氏《中兴》易志为记[2]，此则贵于革旧[3]，未见其能取新[4]。

[注释]

[1] 义在互文：其意在于把书名和篇名在文字上相互错开。　[2] "记"：应作"说"，《史通·书志》称何法盛改"志"为"说"，其他古书所引该书也可证"说"字为确。　[3] 贵于革旧：可贵之处在于勇于改变旧的名称。　[4] 取：趋向。

夫战争方殷，雄雌未决，则有不奉正朔，自相君长。必国史为传，宜别立科条。至如陈、项诸雄，寄编汉籍[1]；董、袁群贼，附列《魏志》[2]。既同臣子之例[3]，孰辨彼此之殊？唯《东观》以平林、下江诸人列为载记[4]。顾后来作者，莫之遵效。逮《新晋》始以十六国主持载记表名[5]，可谓择善而行，巧于师古者矣。

此处称"董、袁群贼"，《品藻》又称"袁、董并曰英雄"；刘知幾论史极重称谓，则其对董卓、袁绍之称不该如此矛盾。这是《史通》修成后未能修订删润、整齐划一的一个表现。

[注释]

[1] 陈、项：即陈胜、项羽（名籍，字羽）。《汉书》中有《陈胜项藉传》。　[2] 董、袁：即董卓、袁绍。董卓（？—192）字仲颖，东汉凉州陇西临洮（今甘肃岷县）人。于桓帝末年担任并州刺史，扶立并挟持献帝，后被朝臣联合其部下所杀。袁绍（？—202）字本初，汝南汝阳（今河南商水县西南）人。出身名门望族，

曾与曹操等起兵共讨董卓，后在官渡之战中败于曹操，两年后病故。《三国志》卷六《魏书六》有《董卓传》《袁绍传》。　[3] 以下两句是说：既然董卓、袁绍在《三国志》中和曹魏臣子是同样的体例，谁能分辨出他们彼此之间的不同？按，《史通》之所以如此论说，是因为纪传体断代史书中，列入本纪中的人物都是当时的最高统治者，而列传中的人物基本上都是该朝代的臣子；但是《三国志》的《魏书》中虽有《董卓传》《袁绍传》，董卓、袁绍却并非曹魏臣子。　[4]《东观》以平林、下江诸人列为载记：平林、下江为西汉末年两支农民起义军称号，《东观汉记》原书已佚，将二者列为载记的情况已不可晓。　[5]"《新晋》"句：唐太宗于贞观二十年（646）下诏，认为当时存世的各种晋史烦而寡要、事亏实录，指示重修《晋书》，两年后告成，《新晋》即指此书。其中有《载记》记述十六国史事。

　　观夫旧史列传，题卷靡恒[1]。文少者则具出姓名，若司马相如、东方朔是也。字烦者唯书姓氏，若毋将、盖、陈、卫、诸葛传是也。必人多而姓同者[2]，则结定其数[3]，若《二袁》《四张》《二公孙》传是也。如此标格[4]，足为详审[5]。

提倡标目简洁明快。

[ **注释** ]

　　[1]题卷靡恒：每一篇的标题没有固定的标准。　[2]必：如果。　[3]结定：总结确定。　[4]标格：标题格式。　[5]详审：周详审慎。

批评范晔《宋书》列传篇题过于繁复。《因习》中有更为详细地说明。

浦起龙《史通通释》："柳州（柳宗元）有言：'每读古人一传，数纸已后，再三申卷，复观姓氏，旋又废失。'钝器正多患此。题目加详，宜勿深责也。"

至范晔举例[1]，始全录姓名，历短行于卷中，丛细字于标外，其子孙附出者，注于祖先之下，乃类俗之文案孔目[2]、药草经方，烦碎之至，孰过于此？窃以《周易》六爻，义存《象》内[3]；《春秋》万国，事具《传》中[4]。读者研寻[5]，篇终自晓，何必开帙解带，便令昭然满目也。

[注释]

[1] 以下六句是说：到了范晔制定凡例的时候，才开始全部记录姓名，在每一篇卷中逐一短行列为标题，在标题之外又夹杂着小字，把那些以附传形式记载的子孙姓名，都标注在写于标题上的祖先姓名之下。按，钱大昕据此文指出，史学家自造目录始于范晔《后汉书》，此前古书目录都置于全书之末，《史记·太史公自序》《汉书·叙传》即其目录，今传《史记》《汉书》书首目录乃后人所增，见其《十驾斋养新余录》卷中《史汉目录》。　[2] 文案孔目：文书与档案的条目。　[3]《象》：即《周易》中的《象传》，内容是解释卦、爻之辞，又称《易大传》。　[4]《传》：此指《左传》。　[5] 研寻：研究探索。以下四句是说：读者要研究探索，读完一篇自然就明白了。为什么一定要刚一翻开，就使其内容一目了然呢。

自兹已降，多师蔚宗[1]。魏收因之，则又甚矣。其有魏世邻国编于魏史者，于其人姓名之上，又列之以邦域，申之以职官，至如江东帝主则云

"僭晋司马睿"[2]、"岛夷刘裕"[3]，河西酋长则云"私署凉州牧张寔"[4]、"私署凉王李暠"[5]。此皆篇中所具[6]，又于卷首具列[7]。必如收意，使其撰《两汉书》《三国志》，题诸盗贼传[8]，亦当云"僭西楚霸王项羽"、"伪宁朔王隗嚣"；自余陈涉、张步、刘璋、袁术[9]，其位号皆一一具言，无所不尽者也。

批评魏收《魏书》，反对篇题滥施褒贬。

**[ 注释 ]**

[1]蔚宗：即南朝宋史学家范晔，字蔚宗。 [2]司马睿（276—323）：字景文，司马懿曾孙，东晋开国皇帝（318—323年在位）。魏收《魏书》有《僭晋司马睿传》，记载东晋历史。 [3]刘裕（363—422）：字德舆，小名寄奴。彭城（今江苏徐州市）人，西汉楚元王刘交之后，南朝宋开国皇帝（420—422年在位）。《魏书》有记载南朝宋政权历史的《岛夷刘裕传》。 [4]张寔（271—320）：字安逊，安定（今甘肃泾川县）人，十六国时期前凉建立者。《魏书》有记载前凉政权历史的《私署凉州牧张寔传》。 [5]李暠（hào，351—417）：字玄盛，小字长生，陇西成纪（今甘肃秦安县）人。自称为西汉李广十六世孙，十六国时期西凉政权建立者，是唐高祖李渊六世祖。《魏书》有记载西凉政权历史的《私署凉王李暠传》。 [6]具：备有。 [7]具：古同"俱"，都，完全。 [8]题：设立标题。 [9]自余：其余，此外。陈涉，即陈胜，字涉。张步字文公，西汉末琅邪（今山东诸城市）人。时天下大乱，起兵占据齐地，割据东方。东汉建立后历官东莱太守，封安丘侯，

后以谋反被杀。刘璋（？—220）字季玉，东汉江夏竟陵（今湖北天门市）人。继父亲刘焉担任益州牧，但懦弱多疑，后迎刘备入益州，刘璋投降。袁术（？—199）字公路，汝南汝阳（今河南商水县西南）人，袁绍之弟。曾与袁绍、曹操等起兵共讨董卓，后与袁绍对立，被袁绍、曹操击败。建安二年（197）自立为帝，不久为吕布、曹操所破，呕血而死。

盖法令滋章[1]，古人所慎。若范、魏之裁篇目[2]，可谓滋章之甚者乎？苟忘彼大体[3]，好兹小数[4]，难与议夫"婉而成章"[5]"一字以为褒贬"者矣[6]。

篇末总结，从"破"的角度，再次强调标目必须简明得体、不事浮华。

[注释]

[1] 滋章：繁多，繁密。滋，繁盛，茂盛。章，通"彰"，彰明，显著。　[2] 范、魏：即上文所说的范晔、魏收。　[3] 大体：大要，纲领。[4] 小数：与前文"大体"相对，小的方面。[5] 婉而成章：婉，曲折，委婉。用词婉转而顺理成章。形容文章美妙。　[6] 一字以为褒贬：用一个字词来寓意褒贬。泛指记事论人时，用字措辞严谨有分寸。

[点评]

本篇总结了自古以来史书名称的源流演变情况，提出了自己对编年、纪传二体史书命名的认识，评述了一些史书书名和篇名的得失。强调无论书名和篇名都应"考名责实"，做到名实相符，既反对"习旧捐新"、"未达从时之义"的复古守旧，也反对"贵于革旧，未见其能取新"的盲目革新，主张依事依实定名，择善而行。作者提出篇名的确立没有固定标准，但宜简约，不能琐碎，宜与正文相参互补，不宜重复叠见，特别是主观褒贬之词，正文可有，而题目不宜，反对妄事褒贬，这些都是很有见地之论。总的看来，篇中举例虽有评论失当之处，如称鱼豢《魏略》书名之"略"为简略之意，实乃望文生义之误，但所论大体得实，并具有朴素的辩证思维色彩。

# 断限第十二

夫书之立约[1]，其来尚矣。如尼父之定《虞书》也[2]，以舜为始，而云"粤若稽古帝尧"[3]；丘明之传鲁史也，以隐为先[4]，而云"惠公元妃孟子"。此皆正其疆里[5]，开其首端。因有沿革[6]，遂相交互，事势当然，非为滥轶也。过此已往，可谓狂简不知所裁者焉。

吕思勉《史通评》："断限即范围之谓。史事前后衔接，而作史必有范围，抽刀断流，允当非易，此篇即论其法也。"

交互正常，滥轶则非。

［注释］

[1] 约：限制；共同议定并要遵守的条款。　[2] 尼父之定《虞书》：旧传《尚书》为孔子删定而成，包括虞书、夏书、商书、周书四部分，其中虞书包括《尧典》《舜典》《大禹谟》《皋陶谟》

《益稷》五篇文章。　[3] 粤若稽古帝尧:《尚书·尧典》的第一句, 意为考察古代的帝尧。粤若, 发语词。　[4] 以隐为先:《春秋》记事起自鲁隐公元年(前 722), 左丘明作《左传》亦是如此, 但在隐公元年之前追述了隐公之父惠公、嫡母孟子及继室声子生隐公等事。　[5] 疆里:界限, 指定的范围。以下两句是说:这都是准确地划定范围, 从头开始说起。　[6] 以下六句是说:因为事物的发展有沿袭也有变革, 于是就会有所交叉错综, 这是事物发展的必然, 不能说是越出记载的范围。但是超过这个界限, 就可以说是大而无当, 不懂得裁定范围的道理了。狂简, 志向高远而处事疏阔, 典出《论语·公冶长》:"吾党之小子狂简, 斐然成章, 不知所以裁之。"

余嘉锡《四库提要辨证》卷三《宋书》:"传因人立, 考其年月仕履, 固可断归某朝;志以事分, 举凡制度典章, 孰非上承前代?《汉书》十志, ……使不追叙沿革, 何以剖判源流?以此议班, 事同胶柱。若沈约《宋史》, 上括魏朝, 盖因《三国》无志, 用此补亡, 斯诚史氏之良规, 安可反用为讥议乎?"

夫子曰:"不在其位, 不谋其政[1]。"若《汉书》之立表志, 其殆侵官离局者乎[2]?考其滥觞所出[3], 起于司马氏[4]。案马《记》以"史"制名, 班《书》持"汉"标目。《史记》者, 载数千年之事, 无所不容;《汉书》者, 纪十二帝之时[5], 有限斯极[6]。固既分迁之记, 判其去取, 纪传所存, 唯留汉日[7];表志所录, 乃尽牺年[8]。举一反三[9], 岂宜若是?胶柱调瑟[10], 不亦谬欤!但固之踳驳[11], 既往不谏[12], 而后之作者, 咸习其迷[13]。《宋史》则上括魏朝[14],《隋书》则仰包梁代[15]。求其所书之事, 得十一于千百。

一成其例[16]，莫之敢移；永言其理，可为叹息！

**[注释]**

[1] 不在其位，不谋其政：语出《论语·泰伯》。意谓不在那个职位上，就不考虑那个职位上的事。指不过问别人的事情。这里指史书记事应当严守时间范围。　[2] 侵官：超越权限而侵犯其他官员的职权。离局，离开自己的职守。　[3] 滥觞：指江河发源处水很小，仅可浮起酒杯。后用来比喻事物的起源、发端。　[4] 司马氏：即司马迁。　[5] 十二帝：《汉书》有本纪十二卷，其中卷三《高后纪》记载高后吕雉和两位少帝刘恭、刘弘事。此"十二帝"乃代指西汉帝王的虚称。　[6] 有限斯极：这个记载的范围是有最高限制的。　[7] 汉日：西汉时期。　[8] 牺年：伏羲的时代。　[9] 举一反三：从一件事情类推而知道其它许多事情。指触类旁通。　[10] 胶柱调瑟：瑟，古代一种弹拨乐器。用胶粘住瑟上用以调音的短木，不能再调整音的高低缓急。比喻拘泥死板，缺少变通。典出《史记·廉颇蔺相如列传》。　[11] 踳（chuǎn）驳：错乱，驳杂。踳，古同"舛"，乖违，相背。　[12] 既往不谏：已经过去的事就不必再去匡正挽回。典出《论语·八佾》："成事不说，遂事不谏，既往不咎。"意谓：已经做成的事就不要再解释了，已经决定的事就不要再劝阻了，已经过去的事情就不要再责怪了。　[13] 迷：迷途，错误的道路。浦起龙《史通通释》说"一作'途'"。徐复《〈史通〉校补》认为"途"是，即途径的意思（收入《徐复语言文字学晚稿》，江苏教育出版社 2007 年版）。　[14]《宋史》则上括魏朝：沈约《宋书》各志有很多记述了南朝宋以前魏晋时期的史事。　[15]《隋书》则仰包梁代：唐太宗时修成南朝梁、陈和北朝北齐、北周、隋朝史书之后，又官修《五代史志》，至高宗时告成，是贯通前五代政权的典章制度

史，后全部移入《隋书》之中，于是《隋书》之中也就包括了前五代政权的史事。但这部分内容并非专为《隋书》而作，所以刘知幾在这里将其列为《隋书》失于断限的例证是错误的。其实刘知幾是知道这一情况的，外篇《古今正史》中就做了很明确的阐述。《史通》是先写内篇，大概是写作时因急于成书而一时疏忽，全书完成后又没有来得及修改删润，故有此失误。　[16]以下四句是说：一旦成了固定的体例模式，就没有人敢改变它，总是认为它是合理的，这真让人感到叹息。

当魏武乘时拨乱，电扫群雄[1]，锋镝之所交[2]，网罗之所及者，盖唯二袁、刘、吕而已[3]。若进鸩行弑[4]，燃脐就戮[5]，总关王室[6]，不涉霸图[7]，而陈寿《国志》引居传首[8]。夫汉之董卓，犹秦之赵高[9]，昔车令之诛，既不列于《汉史》[10]，何太师之毙，遂独刊于《魏书》乎[11]？兼复臧洪、陶谦、刘虞、孙瓒生于季末[12]，自相吞噬。其于曹氏也，非唯理异犬牙[13]，固亦事同风马[14]，汉典所具[15]，而魏册仍编，岂非流宕忘归，迷而不悟者也？

**［注释］**

[1]电扫：像闪电划过。比喻迅速扫荡净尽。　[2]锋镝(dí)：锋，刀口；镝，箭头。泛指兵器。　[3]二袁、刘、吕：指袁绍、

吕思勉《史通评》："史家记事，必求完备。董卓与汉末群雄，虽若与魏武无涉，然魏武为戡定汉乱之人，略此诸人，即汉末之乱象不明，魏武之功业，亦不能睹其全矣。陈寿既非兼修《后汉书》之人，其修《三国志》，亦非承接某一家之汉史而作，于此诸人，安得而略乎！刘氏之论，似谨严而实非也。"

袁术、刘表、吕布。刘表（142—208）字景升，东汉山阳郡高平（今山东微山县）人。汉末任荆州牧，曾杀孙坚，抗曹操，然性多疑忌，无四方之志。死后，次子刘琮举州降曹。吕布（？—199）字奉先，五原郡九原县（今内蒙古包头市九原区）人。曾为董卓部将，与司徒王允诛杀董卓，割据一方，后被曹操击败处死。　[4]进鸩（zhèn）行弑（shì）：指董卓用鸩酒毒杀东汉少帝刘辩。鸩，此指用鸩鸟的羽毛泡成的毒酒。弑，封建时代称臣杀君、子杀父母为弑。　[5]燃脐就戮：董卓死后，被暴尸于市，守尸者在其脐上利用其体内油脂点火，燃烧数日方熄。　[6]总关王室：全部关系到东汉朝廷。　[7]霸图：指曹操的霸业谋划。　[8]引居传首：《三国志》前五卷记载曹魏皇帝及后妃，从卷六开始，为记载包括曹魏臣子在内的各种人物的列传，其中第一人为董卓。　[9]赵高（？—前207）：秦朝时宦官。秦始皇病死沙丘后，他与丞相李斯合谋伪造诏书，逼长子扶苏自杀，另立幼子胡亥为二世，自任郎中令。后害死李斯，任丞相，独揽大权。又迫二世自杀，另立子婴为秦王。不久被子婴诛杀，夷三族。　[10]不列于《汉史》：指《汉书》中没有赵高的传记。　[11]《魏书》：指《三国志》卷六《魏书六》。　[12]臧洪、陶谦、刘虞、孙瓒：臧洪（160—195）字子源，一作子原，广陵郡射阳县（今属江苏）人，汉末群雄之一，后为袁绍所杀。陶谦（132—194）字恭祖，丹阳郡丹阳县（今安徽当涂县东北）人，汉末群雄之一。性格刚直，有大志。后为曹操所败，忧劳而逝。刘虞（？—193）字伯安，东海郯（今山东郯城县）人，汉光武帝刘秀之子东海恭王刘强之后。累官至大司马，封襄贲侯。为政宽仁，后为公孙瓒所杀。孙瓒即公孙瓒（？—199），字伯珪，辽西令支（今河北迁安县）人。汉末群雄之一，后为袁绍所败，引火自焚死。　[13]犬牙：即犬牙交错。错，交叉、交杂。意谓交界线很曲折，像狗牙那样参差不齐。比喻情况复杂，双方有多种因素参差交错。 [14]风马：即风马牛不相及。兽类雌雄相诱叫"风"。马和牛不同类，不致相诱。比喻事物之间毫不相干。 [15]汉典所具，魏册仍编：汉典指南朝宋范晔所撰《后汉书》，上述臧洪、陶谦、刘虞、公孙瓒四人在《后汉书》中都有传记。魏册指西晋陈寿《三国志·魏书》，臧洪、陶谦、公孙瓒三人在《三国志》中都有传记，刘虞虽无传，但多处提到，并因其与公孙瓒交涉较多，在公孙瓒传中有比较详细的集中记述。按，本句表述在时间上有误，《三国志》撰修早于《后汉书》，所以正确的表述应该是"魏册所具，汉典仍编"，但这又不符合此处上下文之意。在《三国志》之前，有谢承《后汉书》、薛莹《后汉记》、司马彪《续汉书》，都曾记载东汉史事，但刘知幾在《史通》中很少提到此三书内容，故"汉典"应指范晔《后汉书》。大概此处论述汉魏史事，刘知幾出于一时疏忽，仅从书名判断《后汉书》在前、《三国志》在后，故有此"汉典所具，魏册仍编"之误说。通观《史通》全书，此类明显错误并不少见。以下四句是说：记载东汉历史的史书中已经有了详细记载，《三国志·魏书》仍然编入，这不是放任而不知剪裁，糊涂而不知醒悟吗？

批评沈约《晋书》上限、魏收《魏书》下限过于宽泛。实则各书断限自有标准，作为读者，所应考察的只是该书断限是否通达大体，与该书主旨相配，然后再据实评价，而不是一上来就以自己的标准对其横加指责。刘知幾的缺点之一，恰恰就是往往不考察前人的实际情况，就以自己的观点批评前人。

亦有一代之史，上下相交[1]，若已见它记，则无宜重述。故子婴降沛[2]，其详取验于《秦纪》；伯符死汉[3]，其事断入于《吴书》。沈录金行[4]，上羁刘主[5]；魏刊水运，下列高王[6]。唯蜀与齐各有国史，越次而载[7]，孰曰攸宜[8]？

[ **注释** ]

[1] 上下相交：前后有交叉的史事。　[2] 子婴降沛：赵高立子婴后，沛公刘邦率兵进至秦都咸阳西南的霸上，子婴投降。其事详于《史记·秦始皇本纪》，《汉书·高帝纪》虽也记载此事，但较之为略。　[3] 伯符：即孙策（175—200），字伯符，吴郡富春（今浙江杭州市富阳区）人。三国吴奠基者之一。官渡之战时，密谋袭击许都以迎汉献帝，但旋即被人暗杀。其本传载于《三国志·吴书》，范晔《后汉书》无其传记，仅在《献帝纪》建安五年说"是岁孙策死"。　[4] 沈录金行：沈约写有《晋书》，记载晋朝的历史。按照古代五行德运之说，曹魏为土德尚黄，晋为金德尚白，故"金行"即指晋代。沈约《晋书》已佚。　[5] 上羁刘主：羁，系，捆绑。这里指记载。刘主，即三国时蜀汉刘氏政权。以上两句是说：沈约《晋书》在记载晋朝历史的同时，还向上追溯记载了蜀汉的历史。　[6] 魏刊水运，下列高王：魏收的《魏书》记载北魏史事，并向下记载了北齐高氏政权的历史。按照古代五行德运之说，北魏为水德，故"水运"即指北魏。　[7] 次：顺序，次序。　[8] 攸宜：攸，放在动词之前，构成名词性词组，相当于"所"。宜，适合，适当。

　　自五胡称制[1]，四海殊宅[2]。江左既承正朔，斥彼魏胡，故氏、羌有录[3]，索虏成传[4]。魏本出于杂种[5]，窃亦自号真君[6]。其史党附本朝[7]，思欲凌驾前作[8]，遂乃南笼典午[9]，北吞诸伪[10]，比于群盗，尽入传中。但当有晋元、明之时[11]，中原秦、赵之代[12]，元氏膜拜稽首[13]，自同臣

赞同南朝所修《宋书》《南齐书》设立记载北朝历史的传记，反对北朝所修《魏书》设立记载南朝历史的传记，这是源于作者以南朝为正统政权的观念（"江左既承正朔"），实属偏执论调。

妾，而反列之于传，何厚颜之甚邪[14]！又张、李诸姓[15]，据有凉、蜀，其于魏也，校年则前后不接，论地则参商有殊[16]，何预魏氏而横加编载[17]？

[注释]

[1]五胡称制：五胡，东晋时期统治中国北方地区的匈奴、鲜卑、羯、氐、羌五个主要少数民族。称制，称皇帝，立帝制。　[2]四海殊宅：殊，不同。宅，家。意谓国家分裂。　[3]氐羌有录：十六国中，氐族建有前秦、后凉、后赵，羌族建有后秦，《宋书》中有《氐胡传》、《南齐书》中有《氐羌传》记载其事。　[4]索虏成传：索指发辫。中国古代北方民族多有发辫。虏，中国古代对北方外族的贬称。《宋书》有《索虏传》记载北魏事。　[5]杂种：古代称散居中国北方的诸少数民族部落为“杂种胡”。建立北魏的鲜卑族就是其中一种。　[6]真君：北魏太武帝拓跋焘于440年改年号为太平真君，共十一年（440—450）。　[7]党附：党，偏私，偏袒。附，依从。　[8]凌驾前作：凌驾，超越，压倒。前作，前代写作的史书。　[9]南笼典午：笼，包括，包罗。典午，“司马”的隐语，典出《三国志·蜀书·谯周传》。典，司；午，马。晋帝姓司马氏，后因以“典午”指晋朝。意谓向南包括了江南的东晋政权。魏收《魏书》中有记载东晋诸帝的《僭晋司马睿传》。　[10]诸伪：指当时北方除北魏之外的其他少数民族政权。《魏书》中有其传记。　[11]元、明之时：指东晋元帝、明帝在位的时代，分别为317—322年、323—325年。　[12]秦、赵之代：指氐族苻氏建立的前秦政权、匈奴族刘

氏建立的前赵政权、羯族石氏建立的后赵政权，立国时间大致相当于东晋元、明二帝时代。　[13]元氏膜拜稽首：元氏，即元魏（北魏）。膜拜，古代的拜礼。行礼时，两手放在额上，长时间下跪叩头。原专指礼拜神佛时的一种敬礼，后泛指表示极端恭敬或畏服的行礼方式。稽首，古代的一种跪拜礼，为"九拜"之一。行礼时，施礼者屈膝跪地，左手按右手（掌心向内），拱手于地，头也缓缓至于地。这是九拜中最隆重的拜礼，常为臣子拜见君王时所用。　[14]厚颜：厚脸，不知羞耻。即厚颜无耻。　[15]张、李：张指张寔，他在父亲张轨死后继任凉州刺史，317年建立前凉，在位七年。其后子孙相继，国亡于376年。李指李雄。301年，李特等率秦雍六郡流民起义，转战于益梁地区，304年在成都建立政权，306年李雄称帝，国号成，338年，李寿改称汉，史称成汉。347年为东晋桓温所灭。　[16]校年则前后不接，论地则参（shēn）商有殊：北魏道武帝拓跋珪在386年改国号为魏，都平城（今山西大同市）。在时间上与前凉、成汉政权相差较多，在地域上与二者相差较远，故云。参商，指参星与商星，二者在星空中此出彼没、彼出此没，因以比喻彼此有距离、有差别、对立、不和睦等。　[17]预：干预、参预。横加，指蛮不讲理，强行施加。编载，编写，记载。按，魏收《魏书》有记载前凉政权历史的《私署凉州牧张寔传》、记载成汉政权历史的《賨李雄传》。

夫《尚书》者，七经之冠冕[1]，百氏之襟袖。凡学者必先精此书，次览群籍。譬夫行不由径，非所闻焉。修国史者，若旁采异闻，用成博物，斯则可矣。如班书《地理志》，首全写《禹贡》

各书内容自有断限要求，各自独立撰写的"后书"也并非都是"持续前史"，更不可能每涉前史即写"前史已详，请读者自行参见前史"等字样，为使著作内容系统、完整，"后书"不必刻意回避"重述古文"的问题，而只能视自己著作的具体情况而定。

一篇。降为后书[2]，持续前史。盖以水济水，床上施床，徒有其烦，竟无其用，岂非惑乎？昔春秋诸国，赋诗见意，《左氏》所载，唯录章名[3]。如地理为书[4]，论自古风俗，至于夏世，宜云《禹贡》已详，何必重述古文，益其辞费也？

[注释]

[1] 七经：指《诗》《书》《礼》《乐》《易》《春秋》六经及《论语》。 [2] 以下七句是说：作为后来的史书，应该是接续前代的史书，往下进行撰写，而不用再抄录前代史书已有的内容。否则，就如同往水里加水、在床上加床一样，只能是增加繁琐，最终没有什么用处，这不是糊涂吗？ [3] 唯录章名：只写篇章名称，不记载其内容。 [4] 以下六句是说：如果撰写记载地理的书志类文章，谈论自古以来的风俗，说到夏代的时候，就应该写"《尚书·禹贡》中已经详细记载了"，这就够了，又为什么一定要重新复述古人书中的内容，增加自己书中的文字累赘呢？

若夷狄本系[1]，种落所兴，北貊起自淳维[2]，南蛮出于盘瓠[3]，高句丽以鳖桥获济[4]，吐谷浑因马斗徙居[5]。诸如此说，求之历代，何书不有？而作之者曾不知前撰已著，后修宜辍[6]，遂乃百世相传，一字无改。盖骈指在手[7]，不加力于千钧；附赘居身[8]，非广形于七尺[9]。为史之体，有若于斯，苟滥引它事，丰其部帙，以此称博，异乎吾党所闻。

**［注释］**

[1]本系：指原来的谱系或指宗族的世系。此指起源。　[2]北貊（mò）起自淳维：貊，中国古代称东北方的民族。淳维，匈奴的始祖。《晋书·北狄传·匈奴》称"匈奴之类，总谓之北狄"，《史记·匈奴列传》说"匈奴，其先祖夏后氏之苗裔也，曰淳维"。　[3]南蛮出于盘瓠（hù）：蛮，中国古代称南方各族。盘瓠，中国古代神话中的人物。传说远古高辛帝有一畜狗，名曰盘瓠，助帝平乱，帝以少女妻之。盘瓠负而走入南山，其后子孙繁衍滋蔓，号曰蛮夷。《后汉书·南蛮传》《南史·南蛮传》均载之。　[4]高句丽以鳖桥获济：《魏书·高句丽传》载：高句丽出于夫余，自言先祖为朱蒙。夫余人以朱蒙非人所生，谋杀之。朱蒙逃往东南，中途遇大河，有鱼鳖并浮，为之成桥。朱蒙至纥升骨城居焉，号曰高句丽。《隋书·高丽传》亦载之。　[5]吐谷（yù）浑因马斗徙居：《宋书·吐谷浑传》载：吐谷浑为辽东鲜卑人弈洛韩长子，庶出，其弟若洛廆为嫡出。二部俱牧马，马斗相伤，若洛廆怒责其兄，吐谷浑遂拥马西附阴山。《魏书·吐谷浑传》亦载之。　[6]辍：停止，废止。　[7]骈指：即骈拇枝指。骈拇，脚上的拇指与第二趾合成一趾。骈，合。枝指，手上大拇指旁多生一指。骈指，比喻多余的、无用的东西。　[8]附赘：即附赘悬疣。附赘，附生于皮肤上的肉瘤。悬疣，皮肤上突起的瘊子。比喻多余无用的东西。　[9]广：扩大，补充。七尺，指身躯。

"滥引它事，丰其部帙"确属不可，但"史书（内容）因袭相沿，无妨并见；专门之业，别具心裁，不嫌貌似"（章学诚《文史通义》卷四《释通》，《章学诚遗书》本）。

陆士衡有云："虽有爱而必捐[1]。"善哉斯言，对之前史书断限情况都不满意。强调断限宜明，虽有爱而必捐。此理甚是，然断限需要根据实际情况通盘考虑，不可空谈，更不可仅及其一而不顾其余。

可谓达作者之致矣[2]。夫能明彼断限，定其折中[3]，历选自古，唯萧子显近诸。然必谓都无其累[4]，则吾未之许也[5]。

[注释]

[1]"陆士衡"两句：陆士衡即陆机，字士衡。其《文赋》云："苟伤廉而愆义，亦虽爱而必捐。"意谓：倘若有损廉洁，丧失道义，尽管喜爱，也要坚决舍弃。　[2]达：懂得，了解。致，用意，意图。　[3]折中：适中，公允。　[4]累：缺陷，毛病。　[5]许：赞许。

[点评]

本篇专门讨论史书记事的断限问题。广义的断限指史书记事的范围界限，包括时间、空间、内容等多个方面，狭义的断限则主要指记事的时间界限。历史的发展，前后相连不断，具有继承性、延续性的特点，但编写史书则必有一个始末起讫的时间范围、史事发生的空间范围和史事记载的内容范围，而不可能毫无限制、不着边际的"漫天飞舞"。此外，历史的发展也往往呈现出阶段性的特点，客观上存在着历史阶段的划分，这也要求史书编写者必须注意把握历史发展的各个阶段，从而客观地选择历史记载的时间范围。这是无论编写断代史还是通史，都要遇到并需尽早解决的问题。本篇指出，历史发展有因有革，前后"遂相交互"，实乃"事势当然，非为滥轶"，因此史书记事，前后之间有所交叉重复是必然的，但超过"交互"这一界限就属"滥轶"，"滥轶"就必须剪裁删除。篇中从记事、记人、记地等方面对前代史书的相关记载情况进行评议，其中一些具体观点值得商榷，但它所讲的一般性道理，如强调史书必须"正其疆里"，"明彼断限，定其折中"等等，在理论上是正确的，有些论述还比较精到。史书的记事范围就该严整有序，必须坚持严格严肃的态度，而不能随意"侵官离局"，"滥引它事，丰其部帙"，"滥轶"无界。就是当代的历史书写与历史研究，也必须秉持这一原则。因而本篇的论述，在今天也是有其实用价值的。

# 编次第十三

昔《尚书》记言，《春秋》记事，以日月为远近，年世为前后，用使阅之者雁行鱼贯[1]，皎然可寻[2]。至马迁始错综成篇[3]，区分类聚[4]。班固踵武[5]，仍加祖述。于其间则有统体不一[6]，名目相违[7]，朱紫以之混淆[8]，冠履于焉颠倒，盖可得而言者矣。

## [注释]

[1]雁行鱼贯：比喻连续而进，犹如雁阵行进，鱼群相接。这里是借喻史书编纂条理井然。　[2]皎然：清晰分明的样

本篇专门论说史书谋篇布局的逻辑次序问题，强调史书内容的编排次序必须整严有法、准当洽切。

编年体依从时间先后的自然状态来记述历史，故而史事编次的问题比较简单。纪传体则是建立在对历史发展的整体把握、逻辑归类的基础之上，因而史事的编次问题也就比较复杂，容易出现失误。

子。　[3]错综：交错配合，综合。　[4]区分类聚：按照类别分开聚合。司马迁曾明说他写《史记》是继《春秋》而作，书中也有许多刻意效法《春秋》之处，但他没有采用《春秋》的编年体，而是以纪传体，将全书分为十二本纪、十表、八书、三十世家、七十列传，在内容上交错配合，在形式上分类聚合，来记载历史。　[5]踵武：踵，脚跟。武，足迹。跟随着前人的脚步走。比喻效法或继承前人。　[6]统体：即体统，指体制、格局、规矩等。　[7]名目相违：此指史书篇名与内容矛盾不符。名目，名称，名义。　[8]朱紫：朱，正色；紫，间色之好者，恶其邪好而夺正色。后因以"朱紫"比喻正与邪、是与非、善与恶。

《史记》列传以人物居多，但不只是记载人物。《龟策传》乃褚少孙所补，并非司马迁原文，不该归咎于他。

寻子长之列传也，其所编者唯人而已矣。至于龟策异物[1]，不类肖形[2]，而辄与黔首同科[3]，俱谓之传[4]，不其怪乎？且龟策所记，全为志体，向若与八书齐列[5]，而定以书名，庶几物得其朋，同声相应者矣[6]。

### [注释]

[1]龟策：指龟甲和蓍草，古人用来占卜吉凶。异物，不同之事，其他事物。　[2]肖形：泛指形状。　[3]黔首：古代平民用黑布包头，故称"黔首"。　[4]俱谓之传：今传《史记》有《龟策列传》，但并非司马迁所撰，而是褚少孙补写，其内容是杂述龟卜之事，从体例上说属于书志的内容，与人物传不同。　[5]八书：指《史记》的《礼书》《乐书》《律书》《历书》《天官书》《封禅书》《河渠书》《平准书》八篇文章，其内容是对政治、文化、

经济等国典朝章的专题记载和论述。《汉书》改"书"为"志"，为后世所沿用。　　[6]同声相应：同类的事物相互感应。指志趣、意见相同的人互相响应，自然地结合在一起。

　　孟坚每一姓有传[1]，多附出余亲。其事迹尤异者，则分入它部。故博陆、去病昆弟非复一篇[2]，外戚、元后妇姑分为二录[3]。至如元王受封于楚[4]，至孙戊而亡。案其行事[5]，所载甚寡，而能独载一卷者，实由向、歆之助耳[6]。但交封汉始，地启列藩；向居刘末，职才卿士。昭穆既疏，家国又别。适使分楚王子孙于高、惠之世[7]，与荆、代并编；析刘向父子于元、成之间，与王、京共列。方于诸传，不亦类乎？

　　附传、专传、合传、类传，除专传外，其余三者易有出入；各书自有分合标准，难以一概而论。

[注释]

　　[1]以下两句是说：班固《汉书》常常是一个人设立一篇传记，里面大多还要附录记载该人的其他亲属。　　[2]博陆、去病，昆弟非复一篇：博陆为西汉武帝、昭帝、宣帝时期的元辅重臣霍光，以功封博陆侯。去病即汉武帝时期的名将霍去病，官至大司马、骠骑将军，封冠军侯。霍光是霍去病的异母弟，但因二人对汉朝历史影响较大，班固撰《汉书》时未将二人合在一篇立传，而是各与事迹相类之卫青、金日磾合传，写成《卫青霍去病传》和《霍光金日磾传》。　　[3]外戚、元后妇姑分为二录：《汉书》中先设立

《外戚传》记载西汉诸帝后妃，继以《元后传》专门记载元帝皇
后、王莽姑母王政君，这是因为她历经四位君主，把持政权六十
余年，群弟世权，更持国柄，最终酿成王莽专政的局面。　[4]元
王：即楚元王刘交。他是刘邦少弟，汉初封楚王，至其孙戊，在
景帝时参与七国之乱被杀，封国亡。　[5]案：同"按"，考查，
研求。　[6]向、歆之助：刘向为楚元王刘交四世孙，歆为向子。
《汉书·楚元王传》为刘交及其子孙与刘向父子合传，但刘交及
其子孙事迹仅占全传篇幅的五分之一，向、歆父子则占五分之
四。　[7]以下六句是说：假使将楚元王的子孙分开，把一部分放
在汉高祖、汉惠帝的时代，与荆王刘贾、代王刘仲编在一起；把
刘向父子分出来，放在汉元帝、成帝的时代，与经学家王式、京
房共同编排，这样一来，和其他列传相比，不就更加类似了吗？
荆、代：西汉建立后，高祖刘邦封兄刘仲为代王，封从父兄刘贾
为荆王。此二人与楚元王刘交为同辈兄弟。王、京：指西汉末元
帝、成帝时期的经学家王式、京房。王式字翁思，东平新桃人（今
山东东平县）。曾教授昌邑王刘贺。昭帝死后，昌邑王嗣位，旋
以淫乱被废。王式免死归家，教授生徒，其弟子张幼君、唐长宾、
褚少孙皆为博士，由此《鲁诗》有张、唐、褚氏之学。

又自古王室虽微，天命未改[1]，故台名逃
责[2]，尚曰周王；君未系颈[3]，且云秦国。况神
玺在握，火德犹存[4]，而居摄建年，不编《平纪》
之末[5]；孺子主祭，咸书《莽传》之中[6]。遂令
汉余数岁[7]，湮没无睹，求之正朔，不亦厚诬？

主张为孺子
刘婴立帝纪，或者
把居摄三年历史附
入《汉书·平帝纪》
末。但没有考虑如
此一来，《王莽传》
述其篡汉事将被割
裂而不完整。

**[注释]**

[1]天命未改：指朝代未改变。天命，上天的意志，常指改朝换代。　[2]台名逃责：责，通"债"。东周末代君主周赧王为诸侯凌迫，又无法偿还欠债，就躲避到台上去，周人称其台为逃责台。　[3]系颈：系绳于颈。表示降服。此指秦王子婴降汉。　[4]神玺在握，火德犹存：神玺指汉传国玺。子婴降于汉高祖时，奉上始皇玺。及高祖即天子位，服其玺，世世传授，号曰汉传国玺。火德指汉朝，古人认为汉朝的五行德运属火。　[5]居摄建年，不编《平纪》之末：汉平帝卒后，王莽为便于篡夺政权，选立年仅两岁的刘婴为太子，自己摄行皇帝之事，改元居摄。但《汉书》在《平帝纪》后，没有为刘婴立帝纪。　[6]孺子主祭，咸书《莽传》之中：王莽居摄共三年，期间虽掌握实权，但名义上仍是代行皇帝之权，继承汉朝君统的还是刘婴。之后王莽废掉刘婴，自为皇帝，改朝为新，西汉亡。因《汉书》中没有刘婴纪，西汉最后三年的史事就都记载在《王莽传》中。　[7]以下四句是说：于是就使汉末的几年，在帝纪体例上被清除掉而看不到了。按照正统纪年来要求，这样的做法不也太荒谬了吗！

寻夫本纪所书，资传乃显[1]；表志异体，不必相涉[2]。旧史以表志之帙介于纪传之间[3]，降及蔚宗，肇加厘革[4]，沈、魏继作，相与因循[5]。既而子显《齐书》、颖达《隋史》[6]，不依范例，重遵班法。盖择善而行，何有远近；闻义不徙，是吾忧也[7]。

从司马迁创立纪传体开始，纪、表、志、传等各部分虽分类编写，但相互配合、错综互见、有机联系，形成统一整体，并非如刘知幾所说的表志与纪传不相牵涉。

[ 注释 ]

[1] 资：凭借。　[2] 表志异体，不必相涉：表志与纪传的体例不同，内容可以不互相牵连。　[3] 表志介于纪传之间：《史记》按照本纪、表、书、世家、列传的顺序排列全书，《汉书》稍作体例调整，按照纪、表、志、传的顺序编写，基本为后世沿用。　[4] 降及蔚宗，肇加厘革：范晔撰《后汉书》，完成纪、传后，被诬以谋反罪，入狱被杀。原拟撰志，且有他人为之草拟初稿，惜罪案发后被毁。南朝梁人刘昭注释范晔《后汉书》时，将西晋司马彪《续汉书》的八志附于其后。此处却说成是范晔"肇加厘革"，将志放在纪、传之后，当是出于一时疏忽之误。　[5] 沈、魏继作，相与因循：沈约《宋书》、魏收《魏书》沿袭了范晔的做法，将志列在纪、传之后。按，此乃疏忽而致误之说，范晔本没有写成志，故二人不是沿袭范晔的做法，而应是个人独立所为。另外今传《宋书》因后人改动，已是志在传前。　[6] 子显《齐书》、颖达《隋史》：即萧子显所撰《南齐书》和孔颖达等所撰《隋书》。孔颖达（574—648）字冲远，冀州衡水（今属河北）人，孔子后裔。隋时任河内郡博士、太学助教等职。入唐，任国子监祭酒。曾奉命编纂《五经正义》，是集魏晋南北朝以来经学大成的著作。并曾参与魏徵主修的《隋书》。　[7] 闻义不徙，是吾忧也：已经得知正确的做法，却不跟从效法，这是我所忧虑的啊。语出《论语·述而》："德之不修，学之不讲，闻义不能徙，不善不能改，是吾忧也。"


[ 点评 ]

编年、纪传等各种体裁的史书都会遇到篇章的编排次序问题，但相对来说，编年体以时间先后为记事的原则，体例比较单一，编次问题处理起来比较容易，而纪传体以纪、表、志、传多种体例错综成篇、区分类聚，篇章内容的逻辑次序就需特别讲求，因而本篇也主要就纪传体史书发论。作者指出，纪传体史书容易在编次问题上出现体统不一、名目相违，以致分类混淆，进而是非因之混淆、尊卑因之颠倒的现象。全篇几乎完全是以批评前代史书的形式，强调史书体例的整齐划一，提出自己对各种历史人物编排次序的见解，并对一些具体记事内容混入他篇的情况进行了批评。作者认为"本纪所书，资传乃显"，提出纪、传应前后相接，不该以表、志介于其间，体现了作者不重视表、志的一贯思想。本纪乃简要总括一代历史大事，其所书不仅"资传乃显"，也需"资表、志乃显"，且表、志所载内容具有一代之始末的特点，这与人物传的一人之始末、以个人为中心记载历史的方式显然有别，而与本纪相近，因而纪、表、志、传的编排次序也是有其内在逻辑体系的。将列传提到表、志之前，虽然后世也有少数遵从者，但自是作者的一家之言，并没有被普遍接受。不过本篇对各史的批评颇能切中肯綮，浦起龙《史通通释》称赞说："错举纪、传、表、志中离合收除诸义，例比而论之。苟非大段创通，那能有此即事分拨！"对作者的史才、史识给予了高度肯定。特别是本篇所力倡的史书结构必须严密严整的原则是非常正确的，因而一些观点被后人继承，至今仍对史学发展有其积极意义。

# 称谓第十四

孔子曰:"唯名不可以假人<sup>[1]</sup>。"又曰:"名不正则言不顺,"<sup>[2]</sup>"必也正名乎<sup>[3]</sup>!"是知名之折中<sup>[4]</sup>,君子所急<sup>[5]</sup>。况复列之篇籍,传之不朽者邪!昔夫子修《春秋》,吴、楚称王而仍旧曰子。此则褒贬之大体<sup>[6]</sup>,为前修之楷式也<sup>[7]</sup>。

**[注释]**

[1]唯名不可以假人:语出《左传》成公二年:"仲尼曰:唯器与名,不可以假人,君之所司也。"意思是唯有名号和器物,不能假借给别人。　[2]名不正则言不顺:语出《论语·子路》。原指在名分上用词不当,言语就不能顺理成章。后多指说话要与自己的地位相称,否则道理上就讲不通。　[3]必也正名乎:语出《论语·子路》。指必须按照正统伦理观念和礼仪关系来端正纲纪名分。　[4]折中:适度,准确。　[5]君子:指人格高尚、道德品行兼好之人。急,紧要。　[6]大体:重要原则。　[7]楷式:楷,法式,模范。式,物体外形的样子。楷式,作为样板的法式。

马迁撰《史记》,项羽僭盗而纪之曰王,此则真伪莫分,为后来所惑者也。自兹已降,讹谬相因<sup>[1]</sup>,名讳所施<sup>[2]</sup>,轻重莫等。至如更始中

本篇专门论说史书编写过程中对各种人物的称呼问题,包括姓名、代称、庙号、谥号、尊称等方面,以儒家"正名"思想为原则,提出自己的解决之道。

强调称谓问题之重要,并立《春秋》为其标准。

兴汉室[3]，光武所臣[4]，虽事业不成，而历数终在[5]。班、范二史皆以刘玄为目[6]，不其慢乎[7]？

### [注释]

[1] 讹谬：差错谬误。因，承袭。  [2] 名讳：应该避讳的君主和尊长之名。施，加，此指书写，记载。  [3] 更始：指更始帝刘玄（？—25），字圣公，南阳蔡阳（今湖北枣阳县西南）人，西汉皇族，东汉光武帝刘秀族兄。王莽新朝末年，爆发绿林、赤眉农民大起义。绿林军拥立刘玄为帝，年号更始。后赤眉军杀王莽，灭新朝，刘玄逃走，不久投降赤眉。此时，刘秀东汉政权已经建立四个月。  [4] 臣：臣服。  [5] 历数：指帝王继承的次序。古代迷信说法，认为帝位相承与天象运行次序相应。终，到底，总归。  [6] 班、范二史皆以刘玄为目：范晔《后汉书》有《刘玄传》，径呼其名。班固《汉书》中无"刘玄"之称。  [7] 慢：怠慢。

夫历观自古，称谓不同，缘情而作[1]，本无定准[2]。至若诸侯无谥者[3]，战国已上谓之今王；天子见黜者，汉、魏已后谓之少帝[4]。周衰有共和之相[5]，楚弑有郏敖之主[6]；赵佗而曰尉佗[7]，英布而曰黥布[8]；豪杰则平林、新市[9]，寇贼则黄巾、赤眉[10]；园、绮友朋共云四皓[11]，奋、建父子都称万石[12]。凡此诸名，

吕思勉《史通评》："古之称人，多以其号。所谓号者，乃众所习称之名。或名、或字、或官、或爵、或谥、或生地、或里居、或封邑，皆可为之。又或舍此而别有称谓，无定例，亦不能强使一律也。……《史记》之称项籍为项王，盖亦如此，非尊之也。……号既为众所习称，举之自为众所易晓。古人之文，原近口语，举笔时即从众所习称者书之，固其宜耳。此正刘氏所谓'取协随时'者也。"

措置事务，首在因时制宜，而不可一味沿袭固有之法，方能与时变化，向前发展。

皆出当代，史臣编录，无复张弛[13]。盖取叶随时[14]，不藉稽古[15]。

## [注释]

[1]缘情：因循人情，顺乎人情。　[2]定准：一定的标准、程式。　[3]诸侯无谥者：谥即谥号，古人死后依其生前行迹而为之所立的称号。帝王的谥号一般由礼官议上；臣下的谥号由朝廷赐予；一般文人学士或隐士的谥号，则由其亲友、门生或故吏所加，称为私谥，与朝廷颁赐的不同。诸侯无谥者，指尚未去世的在位诸侯王。　[4]少帝：指对被废皇帝的称呼。　[5]共和之相：西周厉王施行残暴统治，激起国人愤慨，于公元前841年发动暴动，厉王逃出国都，国人共推诸侯共伯和代理政事，直到公元前827年宣王执政。这中间有十四年，号称共和行政。也有说由召公、周公共同执政，故曰共和。　[6]楚弑有郏（jiá）敖之主：公元前542年，楚公子围缢杀楚共王，葬之于郏（今河南郏县），谓之郏敖。敖，楚国君主死后无谥号的称敖。　[7]赵佗而曰尉佗：赵佗（？—前137），秦朝恒山郡真定县（今河北正定县）人，一作赵他，"他"通"佗"。秦末时建南越国，自立为南越武王。汉高祖时，归附汉朝，被立为南越王。吕后时，自立为南越武帝。文帝即位后，废帝号称王，成为汉朝藩属国。《史记》有《南越尉佗传》，称"南越王尉佗"。　[8]英布而曰黥布：英布（？—前196），六县（今安徽六安市）人。曾犯秦法被黥面，故又称黥布。秦末率骊山刑徒起义，初归项羽，楚汉相争时归附刘邦。汉朝建立后，见韩信、彭越被高祖所杀，起兵反，兵败被杀。　[9]豪杰则平林、新市：王莽新朝末年，天下大乱，新市（今湖北京山县）绿林山一代的豪杰聚众起义，

因其根据地在绿林山，故称为"绿林军"。不久，分化为下江、平林、新市三支军队。　[10]寇贼则黄巾、赤眉：黄巾即黄巾军，东汉末年张角领导的农民起义军，因头包黄巾而得名。赤眉即赤眉军，王莽新朝末年，樊崇率领的农民军因用赤色涂眉，被称为"赤眉军"。　[11]园、绮友朋共云四皓：即商山四皓，以隐居商山，须眉皆白，被称为四皓，分别是东园公唐秉、夏黄公崔广、绮里季吴实、甪里先生周术。　[12]奋、建父子都称万石：西汉石奋（？—前124）字天威，河内温（今河南温县）人。无文学，恭谨无比。景帝即位，列为九卿，身为二千石，四子皆官至二千石，故景帝称其为"万石君"。石建为其长子。　[13]张弛：张，紧张、绷紧；弛，放松、松懈。张弛，松紧有度，收放自如。这里指改变。　[14]取叶（xié）随时：取，趋向，采取。叶，同"协"，和洽。随时，顺应时势，切合时宜。意谓采取符合时宜的做法。　[15]不藉稽古：不借助于考察古事。

抑又闻之，帝王受命，历数相承，虽旧君已没，而致敬无改，岂可等之凡庶，便书之以名者乎？近代文章，实同儿戏。有天子而称讳者，若姬满、刘庄之类是也[1]。有匹夫而不名者，若步兵、彭泽之类是也[2]。史论立言，理当雅正[3]。如班"述"之叙圣卿也[4]，而曰董公惟亮；范"赞"之言季孟也[5]，至曰隗王得士。习谈汉主[6]，则谓昭烈为玄德（原注：习氏《汉晋春秋》以蜀为正统，其编目、叙事，皆谓蜀先主为昭烈皇帝，

"史论立言，理当雅正"，精当漂亮！

至于论中语，则呼为玄德）；裴引魏室[7]，则目文帝为曹丕。夫以淫乱之臣[8]，忽隐其讳；正朔之后，反呼其名。意好奇而辄为[9]，文逐韵而便作（原注：班固《哀纪》述曰："宛娈董公，惟亮天功。"《隗嚣公孙述传》赞曰："公孙习吏，隗王得士。"），用舍之道[10]，其例无恒。但近代为史，通多此失。上才犹且若是[11]，而况中庸者乎[12]？今略举一隅[13]，以存标格云尔。

张舜徽《史通平议》："唐以前人修史，罕有先定义例而后从事纂述者，故称谓之际，不免牴牾。自知幾此论出，而后史家讲求及之。宋以下益臻详密。……虽然，在当日修史，惟患例之不周，在今日读史，则转恨例之太密。盖例密，则去取从严，而史实多漏。故历代正史，虽可汗牛，论其叙事，乃有不及稗官野史、文集之详核者。即称谓之际，已归划一，仍无以救旧史之穷，此亦学者所当知也。"

[注释]

[1] 姬满：即西周穆王。刘庄（28—75），即东汉明帝，在位十九年（57—75）。　[2] 步兵：即阮籍（210—263），字嗣宗，三国魏陈留（今河南尉氏县）人。曾任步兵校尉，世称阮步兵。彭泽即陶渊明（352 或 367—425），字元亮，号五柳先生，浔阳柴桑（今江西九江市）人。东晋时名渊明，入南朝宋后改名潜。曾任彭泽县令等职，后弃职归隐。有《陶渊明集》传世。　[3] 雅正：典雅方正。　[4] 圣卿：即董贤（前 22—前 1），字圣卿，西汉冯翊云阳（今陕西泾阳县西北）人。因貌美，为汉哀帝男宠。为大司马卫将军，位居三公，百官因其奏事，其家亦皆得贵盛之极。哀帝卒，受劾自杀。班固《汉书》将其列入《佞幸传》，并在《叙传》中将"婉娈董公，惟亮天功，《大过》之困，实桡实凶"，列为"述《哀帝纪》"的两个原因之一。亮，辅佐。　[5] 季孟：即隗嚣，字季孟。范晔《后汉书·隗嚣公孙述传》之"赞曰"说："公孙习吏，隗王得士。"　[6] 习：即东晋史学家习凿齿。汉主，

此指三国蜀汉君主刘备，字玄德，谥号昭烈皇帝。　[7]裴：即南朝宋史学家裴松之（372—451），字世期，河东闻喜（今属山西）人，官至中书侍郎。曾撰史书多种，均佚。又为《三国志》作注释，有重要史学价值。引，此指记载。魏室，指三国时魏国。　[8]淫乱之臣：此指前述董贤、隗嚣。　[9]以下两句是说：只要立意新奇就随手去写，只要行文押韵就信笔而书。　[10]以下两句是说：取舍的原则，没有一定的体例。　[11]上才：具有上等才能的人。也写作"上材"。　[12]中庸：才能中等、平庸之人。　[13]以下两句是说：我现在只是简单地列举一斑，借以示范而已。标格，风范、品格。

[ **点评** ]

　　作者用孔子的"唯名不可以假人""名不正则言不顺""必也正名"等语，强调史书对各种人物的称谓必须严谨求实。认为称谓"本无定准"，但须"事在合宜"，既要"取叶随时"，又需"理当雅正"，严谨、严肃、严格地予以对待，这都是非常平实的、正确的观点。篇中对各史有关称谓的做法有褒有贬，且贬多褒少，体现了全书"多讥往哲，喜述前非"的史学批评特色，其中还有一些今天看来并不妥当的正统论等封建主义思想观念的论述，但从抽象继承的角度说，其所论之理则基本正确，值得今人借鉴参考。

# 内篇　卷五

## 采撰第十五

本篇专门论说史书编写过程中搜集和选择史料的问题。

广搜史料是史书编撰的第一步，也是史书能够成为一部优秀著作的重要标准。

　　子曰："吾犹及史之阙文[1]。"是知史文有阙，其来尚矣。自非博雅君子[2]，何以补其遗逸者哉？盖珍裘以众腋成温[3]，广厦以群材合构。自古探穴藏山之士[4]，怀铅握椠之客[5]，何尝不征求异说，采摭群言[6]，然后能成一家，传诸不朽。

### [注释]

[1] 及：追赶上。此指见到。阙文，原指有疑暂缺的字，后也指有意存疑而未写出的文句。全句语出《论语·卫灵公》。 [2] 博雅：学识渊博，品行端正。君子，指人格高尚、道德品行兼好之人。 [3] 以下两句是说：珍贵温暖的裘衣是广集众狐之腋而制成的，宽广的大厦是用很多木材集合在一起建造的。 [4] 探穴藏山之士：指搜集资料，编撰图书之人。《史记·太史公自序》说：

"探禹穴，窥九疑。"唐代司马贞注释："张晏云：'九疑（山），舜葬，故窥之。'寻上探禹穴，盖以先圣所葬处，有古册文，故探窥之。亦搜采远矣。"《太史公自序》又说欲将《史记》"藏之名山，副在京师，俟后世圣人君子"，《报任安书》亦曰"仆诚已著此书，藏之名山，传之其人，通邑大都"。　[5]怀铅握椠（qiàn）之客：指搜集资料，编撰图书之人。怀铅握椠，即怀铅提椠，常带书写工具，以备写作的需要。铅、椠，古人书写文字的工具，铅为石墨笔，椠为木板片。　[6]采摭：选取，摘录。

　　观夫丘明受《经》立《传》，广包诸国，盖当时有《周志》《晋乘》《郑书》《楚杌》等篇[1]，遂乃聚而编之，混成一录[2]。向使专凭鲁策[3]，独询孔氏，何以能殚见洽闻[4]，若斯之博也？马迁《史记》，采《世本》《国语》《战国策》《楚汉春秋》[5]。至班固《汉书》，则全同太史[6]。自太初已后，又杂引刘氏《新序》《说苑》《七略》之辞[7]。此并当代雅言[8]，事无邪僻[9]，故能取信一时[10]，擅名千载[11]。

资料既要博采兼收，更要真实无误，尤其要重视那些当代产生的第一手史料和直接史料。

**［注释］**

　　[1]《周志》：春秋时周朝官修史书。《郑书》，春秋时郑国史书。《楚杌》即楚国史书《梼杌》。　[2]混成：合并写成。　[3]鲁策：指春秋时鲁国官修史书。　[4]殚见洽闻：殚，尽，完全。洽，广

博。该见的都见过了，该听的都听过了。形容见多识广，知识渊博。　[5]采《世本》《战国策》：班固《汉书·司马迁传》称《史记》"采《世本》《战国策》"，但整部《史记》中并未提到此二书，这是因为二书乃西汉末刘向汇集所见先秦文献资料编辑而成，其本身并非先秦时期成书的史籍，司马迁在西汉前期是看不到的。班固此语，只在于说明司马迁采录了二书内包含的资料。　[6]全同太史：此指《汉书》中武帝以前史事多据《史记》，其中有的还一字不改，但并非"全同"《史记》，也有不少增补删修。　[7]《新序》：西汉末刘向编撰的一部以讽谏为政治目的的历史故事类编，其中记载春秋时事尤多，汉事不过数条。大抵采百家传记，以类相从。原三十卷，今存宋代曾巩整理本十卷。《说苑》，亦为刘向所编，分类记述春秋战国至汉代足为法戒的遗闻轶事，其中以记述诸子言行为主。原二十卷，后仅存五卷，经曾巩搜辑，复为二十卷，每卷各有标目。　[8]雅言：正确合理的言论。　[9]邪僻：乖谬不正。　[10]取信一时：取得当时人的信任。　[11]擅名：享有名声。

　　强调对史料真实性的批判考证。杂史杂著、小说家言等文献虽有不可轻弃的史料，但选择时需要以批判的眼光谨慎为之，不能以广博为由而滥收虚伪不实的内容。

　　但中世作者，其流日烦，虽国有册书，杀青不暇[1]，而百家诸子，私存撰录[2]，寸有所长，实广闻见。其失之者，则有苟出异端[3]，虚益新事[4]，至如禹生启石[5]，伊产空桑[6]，海客乘槎以登汉[7]，姮娥窃药以奔月[8]。如斯踳驳，不可殚论，固难以污南、董之片简[9]，沾班、华之寸札[10]。而嵇康《高士传》[11]，好聚七国寓言[12]，玄晏《帝王纪》[13]，多采六经图谶[14]。引书之误，其萌于此矣。

[注释]

[1] 杀青：古人写书多用竹简，但新竹易为虫蛀，且不易书写，所以写字之前，先用火烤干水分，称"杀青"，也称"汗青"。这里指编撰书籍。　[2] 撰录：编写著录。　[3] 苟出异端：随随便便地记载一些非正统的说法。　[4] 虚益新事：荒诞无稽地添加一些人所不知的奇闻异事。　[5] 禹生启石：启，禹子，夏朝第一个君主。据《淮南子·修务训》：大禹治水时，通轘辕山，化为熊，其妻涂山氏惊吓羞愧而去，至嵩高山下化为石。时涂山氏正待产子，禹曰："归我子来。"石遂破而生启。此事亦见于《山海经》，唐初颜师古注释《汉书·武帝纪》、比刘知幾大致稍晚的司马贞注释《史记·夏本纪》，都引用了类似说法。　[6] 伊产空桑：伊即伊尹。据《吕氏春秋·本味》：有侁氏女子采桑时，得婴儿于空桑之中，献之君，君令庖人养之，察其所以，曰："其母居伊水之上，孕。梦有神告之曰：'臼出水而东走，毋顾。'明日，视臼出水，东走十里而顾，其邑尽为水，身化为空桑，故命之曰伊尹。"司马贞注释《史记·殷本纪》，也引用了类似说法。　[7] 海客乘槎（chá）以登汉：槎，同"楂"，木筏。汉，银河，天河。据西晋张华《博物志》：天河与海通。有人居海渚，见年年八月有浮槎，去来不失期。此人乘槎而去，至一处，见一丈夫牵牛饮之，问是何处，答曰："君还，至蜀郡问严君平，即可知之。"后至蜀，问君平，曰某年月日有客星犯牵牛宿。计年月，正此人到天河时。南朝梁人宗懔所撰《荆楚岁时记》亦有类似记载。　[8] 姮娥窃药以奔月：《后汉书》刘昭补《天文

志》注中引张衡《灵宪论》：羿请不死之药于西王母，姮娥窃之以奔月，遂托身于月，是为蟾蜍。姮娥，汉避文帝刘恒讳而改称嫦娥。　[9]污：玷污。南、董，即春秋时期秉笔直书的著名史官南史、董狐。南史为齐国史官，听说太史兄弟因记载大夫崔杼杀庄公事而接连被杀，遂前往京城，准备继续记载该事于国史之中，路上得知已被记载，乃还。董狐为晋国史官，晋灵公被权臣赵盾族人所杀，董狐在国史上记载"赵盾弑其君"，孔子赞扬董狐为"古之良史也，书法不隐"。简，古代用来写字的狭长竹片或木片，竹片称简，木片称札或牍，统称为简。片简，此指史书。　[10]沾：沾污。班即东汉史学家班固，华即魏晋时期史学家华峤。札，古代用来写字的小木片。寸札，此指史书。　[11]嵇康《高士传》：嵇康（224—263，一作223—262）字叔夜，三国魏谯铚县（今安徽濉溪县）人。为曹魏宗室婿，官至中散大夫，世称嵇中散。司马氏掌权，拒绝为官，与阮籍等游息于竹林之间，被称为竹林七贤。所撰《圣贤高士传》，收录上古以来圣贤隐逸者一百余人，已佚。　[12]寓言：寓，寄托。寓言即有所寄托的话，后来成为一种故事文体，用假托的故事或拟人手法说明某个道理或教训。　[13]玄晏《帝王纪》：即皇甫谧《帝王世纪》。　[14]六经图谶：汉人迷信符命占验之说，编造了很多书籍以解释六经，又称纬书。谶，是秦汉间巫师、方士编造的预示吉凶的隐语，并附有图。

　　故作者恶道听途说之违理[1]，街谈巷议之损实[2]。观夫子长之撰《史记》也，殷、周已往，采彼家人[3]；安国之述《阳秋》也[4]，梁、益旧事<sup>[5]</sup>，访诸故老<sup>[6]</sup>。夫以刍荛鄙说<sup>[7]</sup>，刊为竹帛正言<sup>[8]</sup>，而辄欲与五经方驾<sup>[9]</sup>，三志竞爽<sup>[10]</sup>，斯亦难矣。呜呼！逝者不作<sup>[11]</sup>，冥漠九泉；毁誉所加，远诬千载。异辞疑事，学者宜善思之。

调查采访得到的"刍荛鄙说"与"竹帛正言"的史料价值并非是完全对立的，二者各自皆有真伪、优劣、是非之分，使用时都须谨慎审查其资料的真伪是非、价值优劣，不可笼统地一概而论。

### ［注释］

[1]道听途说：道、途，路。狭义是指路上听来的、路上传播的话，泛指没有根据的传闻。语出《论语·阳货》："道听而途说，德之弃也。"《汉书·艺文志》："小说家者流，盖出于稗官，街谈巷语、道听途说者之所造也。"　[2]街谈巷议：大街小巷里人们的议论。指民间的舆论。　[3]家人：此指私修著作，与官修国史相对而言。　[4]安国：东晋史学家孙盛字安国，著有《晋阳秋》等书。　[5]梁、益：即梁州、益州。263年，魏灭蜀汉，分蜀汉故地为益、梁二州。　[6]故老：元老，旧臣；前朝遗老；年高而见识多的人。[7]刍荛（ráo）：割草打柴，也指割草打柴的人。鄙说，粗俗浅陋的议论。　[8]竹帛：竹简和白绢。古代无纸时，用竹帛书写文字。引申指书籍、史乘。正言，合于正道的话。　[9]方驾：比肩，媲美。　[10]三志：即三史，魏晋隋唐时期，以《史记》《汉书》《东观汉记》为三史。竞爽，媲美，争胜。按，上文刚说《史记》"采彼家人"是违理损实、不太合适，这里马上又以《史记》为难以竞爽的标准，如此自相矛盾，正是《史通》写成后没有修订删润的例证。　[11]以下六句是说：已经故去的人不会再起来为自己申说什么，他们在昏暗的九泉之下寂静无声。于是写史书的人对他们所作的褒贬评价，可能会长久地误导和欺骗后人。因此，凡是书中有说法不同和令人感到可疑的事情，后世学者都应

该予以慎重思考。

## ［点评］

　　史料是历史研究的基石，是历史研究中第一位的，没有充分的、正确的资料，不可能写出好的、足以传世的历史著作。中国自先秦时期就已开始搜集资料、编纂史书，司马迁《史记》、裴松之《三国志注》等书中也有一些零散的对史料采集和运用的原则性论述，但专门从理论上进行详细阐述的，则首推此篇。文中论述了史料搜集的重要性、选择史料的标准，并对前代史书选取史料的得失进行了评价，提出择取史料的原则性意见。郭孔延评价本篇说："采撰当博，踳驳当择，是此篇大旨。"（《史通评释》）概括得相当准确。作者开篇指出，史书编撰的第一步工作，就是必须广搜材料，"征求异说，采摭群言"，这是史书"能成一家，传诸不朽"的最基本条件。但搜集之后还要谨慎选择，对那些虚益新事、故造奇说、神鬼怪物、虚誉矜夸等不可信者，不可误采误用，只有靠大量的、批判地审查过的、充分地掌握了的历史资料，才可"取信一时、擅名千载"。纪昀评论说："此篇持论最严正，颇中文士爱奇之病。"（《史通削繁》）浦起龙则从史家素养的高度予以热情洋溢的颂赞："此篇持论正大方严！刘子尝言作史三难，首尚学识。即此可以证其本领！"（《史通通释》）从今天的史学研究来说，本篇最重要的启示，是从资料采择这一编撰史书的第一环节上，强调和高扬史书记事必须坚持博采慎取、征实求信的原则，提出了评价史书优劣的一个基本原则，那就是：历史著作的价值，其根本就在于所得史料的完备与否，是否以丰富的资料来反映它所记载的那个时代的社会内容；所用史料的正确与否，所依据和使用的资料是否是真实可靠、经得住检验的。这自然是正确的、科学的，今天依然必须坚守这一原则。

# 载文第十六

夫观乎人文[1]，以化成天下；观乎国风，以察兴亡。是知文之为用，远矣大矣。若乃宣、僖善政[2]，其美载于周诗[3]；怀、襄不道[4]，其恶存乎楚赋。读者不以吉甫、奚斯为谄，屈平、宋玉为谤者[5]，何也？盖不虚美、不隐恶故也[6]。是则文之将史[7]，其流一焉，固可以方驾南、董，俱称良直者矣。

本篇从文史关系的角度，专门论说史书编写过程中采录传主、当事人等所撰文章，写入史书的问题，对其做法优劣及选录标准进行探讨。

先秦文辞不虚美、不隐恶，与史无别。

**[注释]**

[1] 以下四句是说：考察古代风俗人情的记载，可以借鉴来教化天下；考察采集来的各地民歌，可以从中了解国家兴亡的迹象。　[2] 宣、僖：指西周宣王、鲁僖公。周宣王姬静（？—前782）在位四十六年（前827—前782），任用召穆公、仲山甫等贤臣辅佐朝政，使西周国力得到短暂恢复，史称"宣王中兴"，

但晚年昏庸，"中兴"遂成有始无终。鲁僖公姬申在位三十三年（前659—前627），使鲁国易乱为治，转危为安，恢复和提高了鲁国声威，受到鲁人的尊敬、歌颂。 [3] 其美载于周诗：《诗经·大雅》中的《崧高》《烝民》《韩奕》《江汉》四篇，是尹吉甫为颂美周宣王而作。尹吉甫（前852—前775）即兮甲，字伯吉父（一作甫），房陵（今湖北房县）人，官至内史，据说是《诗经》的主要采集者。《诗经·鲁颂》中的《駉》《有駜》《閟宫》《泮水》四篇，是奚斯为歌颂僖公而作。奚斯即鲁国公子鱼，字奚斯。 [4] 怀、襄：即战国时期的楚怀王和楚襄王。楚怀王熊槐（？—前296）在位三十年（前328—前299），初期任用贤良，使国势大盛。后误信秦国说客张仪，先后败于秦、齐，排斥贤臣屈原，致使国事日非。最终入秦被扣，死于秦国。楚顷襄王熊横（前329—前263）为怀王之子，在位三十六年（前298—前263），在秦军攻击下，丧失都城郢，楚国先王墓地也被焚毁，襄王只好将都城迁到陈城（今河南淮阳县）。 [5] 屈平：即屈原，名平，字原。宋玉，屈原弟子，楚国鄢郢（今湖北宜城市）人，曾任大夫。通晓音律，善辞赋。屈原被放逐，他作赋为其鸣不平，批判楚国政治的险恶，呵斥妒害贤良的佞人。是屈原之后杰出的楚辞作家，后世常将两人合称为"屈宋"。 [6] 不虚美、不隐恶：不妄加赞美，也不隐讳恶行。 [7] 将：与，同。以下四句是说：由此可知，和史书相比，早期的文学作品在考察历史兴亡和反映历史真实方面的功用是一致的，这自然可以与南史、董狐并肩比美，都称得上是贤良正直。

秦汉文体大变，与史有别，提出采以入史之文的标准。

爰泊中叶，文体大变，树理者多以诡妄为本 [1]，饰辞者务以淫丽为宗 [2]。譬如女工之有绮縠[3]，音乐之有郑、卫[4]。盖语曰："不作无益害有益[5]。"至如史氏所书，固当以正为主。是以虞帝思理[6]，夏后失御[7]，《尚书》载其元首、禽荒之歌[8]；郑庄至孝[9]，晋献不明[10]，《春秋》录其大隧、狐裘之什[11]。其理说而切[12]，其文简而要，足以惩恶劝善[13]，观风察俗者矣。若马卿之《子虚》《上林》[14]，扬雄之《甘泉》《羽猎》[15]，班固《两都》[16]，马融《广成》[17]，喻过其体[18]，词没其义[19]，繁华而失实[20]，流宕而忘返[21]，无裨劝奖[22]，有长奸诈。而前后《史》《汉》皆书诸列传[23]，不其谬乎！

《史记》《汉书》《后汉书》等于文学家多载辞赋，这是以文传人之意，通过其文章更好地展现其人成就与贡献，并非将辞赋本身当作事实看待。刘知幾以史学求实标准来要求文学词赋，显示出求真求实始终是他对史学第一要义的认识，但也未免偏执。

[注释]

[1]树理：论述道理。诡妄，怪诞荒谬。本，根本，宗旨。　[2]饰辞：修饰言辞。淫丽，奢华，华丽。后多指诗文辞采浮华艳丽。　[3]女工：亦作"女功""女红"，旧指妇女所作的纺织、刺绣、缝纫等事。绮（qǐ），有文彩的丝织品。縠（hú），有皱纹的纱。绮縠，即绫绸绉纱之类丝织品的总称。　[4]音乐之有郑、卫：指春秋时期郑、卫二国的音乐。古称郑、卫之音浮华淫靡，非雅乐正声。　[5]不作无益害有益：不做无益的事情来妨害有益的情。语出《尚书·旅獒》。　[6]虞帝思理：舜帝想要达到政治清明。"理"，程千帆认为"本为'治'，避唐高宗讳改"（《史通笺记》）。　[7]夏后失御：夏朝君主太康丧失权力。太康即位后，

很快沉湎于享乐游猎，不理政事。有穷国君主羿拥兵占据夏都，赶走太康。史称"太康失国"。　[8]元首、禽荒之歌：元首之歌，伪《古文尚书·虞书·益稷》中记录的舜和皋陶等君臣的欢歌，其中称君为"元首"、臣为"股肱"，歌词大意谓：如果君主英明奋发，大臣贤良尽忠，所有事情都会兴旺发达；如果君主处事琐碎，不得要领，大臣们懈怠，所有事情都会荒废无成。禽荒之歌，伪《古文尚书·夏书·五子之歌》中所记第二首，其中说"内作色荒，外作禽荒"，歌词大意谓：君主内为女色所迷，外为游猎所迷，沉迷于酒和音乐之中，追求宫室的华丽堂皇，这几条中只要沾上一条，国家就没有不灭亡的。　[9]郑庄至孝：郑庄公姬寤生（前757—前701）为春秋初期郑国国君（前743—前701在位），即位时，其母武姜溺爱并纵容幼子叔段为乱，庄公平叛后，把武姜放逐到颍城，发誓不到黄泉不再相见。既而悔之，于是颍考叔劝其掘地见泉，母子于地道相见，遂和好如初。　[10]晋献不明：晋献公姬诡诸（？—前651）为春秋时期晋国君主（前677—前651年在位），宠爱骊姬，听其谗言，逼死太子申生，又欲加害公子重耳和夷吾，以使幼子奚齐继位。献公死后，诸公子争位，晋国大乱。奚齐被里克所杀，里克立公子夷吾，是为惠公，惠公后又逼杀里克。重耳在秦国支持下，返国即位，是为晋文公。　[11]《春秋》录其大隧、狐裘之什：《春秋》，指《左传》。什，诗篇。大隧之什，《左传》隐公元年"夏五月，郑伯克段于鄢"条详细记载了庄公克段之事，其中记载庄公入地道见母而赋歌曰："大隧之中，其乐也融融！"其母出而赋："大隧之外，其乐也泄泄（yì，舒畅快乐）。"狐裘之什，《左传》僖公五年载：晋献公派士蒍为公子重耳、夷吾筑蒲城、屈城。士蒍不认真对待，把柴草放进围墙里。夷吾诉之，献公使人责备士蒍，士蒍答复后，又赋诗说出了自己的无奈："狐裘尨（méng）茸，一国三公，吾谁适从？"大意谓：穿着狐皮袍子的贵族乱哄哄，一个国家有三个公，我该服从那个公？　[12]其理说而切：这些歌词的道理正确直爽而且恳切。　[13]惩恶劝善：惩罚邪恶，劝勉向善。　[14]马卿之《子虚》《上林》：即司马相如的《子虚赋》《上林赋》。《子虚赋》写楚国子虚先生出使齐国，向乌有先生讲述楚国的广大丰饶，乌有不服，便以齐国的大海名山、异方殊类，傲视子虚。此赋极铺张扬厉之能事，通过夸张声势的描写，表现汉朝的强大声势和雄伟气魄。《上林赋》是《子虚赋》的姊妹篇，描绘上林苑宏大的规模，进而描写天子率众臣在上林狩猎的场面，表现汉朝盛世气象。《史记》《汉书》的《司马相如传》都载有二赋。　[15]扬雄之《甘泉》《羽猎》：扬雄是继司马相如之后西汉最著名的辞赋家，曾模仿《子虚赋》《上林赋》而作《甘泉赋》《河东赋》《羽猎赋》《长杨赋》，其内容为铺写天子祭祀之隆、苑囿之大、田猎之盛，结尾兼寓讽谏之意。其用辞构思亦华丽壮阔，与司马相如赋相类，所以后世有"扬马"之称。《汉书·扬雄传》载有二赋。　[16]班固《两都》：《两都赋》是班固创作的大赋，分《西都赋》《东都赋》两篇。《西都赋》由假想人物西都宾叙述长安情况，以暗示建都长安的优越性；《东都赋》由另一假想人物东都主人对东汉建都洛阳后的各种政治措施进行美化和歌颂，意谓东汉洛阳的盛况已远远超过了西汉首都长安。《后汉书》的《班彪传》附《班固传》载有此赋。　[17]马融《广成》：东汉安帝永初四年（111），马融任校书郎。时邓太后掌权，马融写《广成赋》讽谏朝廷，陈述文治、武功不可偏废。《后汉书·马融传》载有此赋。　[18]喻过其体：喻，比喻，此指上述各赋中使用的典故。过，超越，超过。体，思想内容。　[19]词没其义：词，词藻。没，掩盖。义，主旨，主题。　[20]繁华而失实：文章气势恢宏，但内容不合乎事实。　[21]流宕而忘返：放任恣肆而不知所归。　[22]无裨劝奖：

无益于劝勉鼓励。　[23]前后《史》《汉》：指《史记》《汉书》《后汉书》。

　　且汉代词赋，虽云虚矫[1]，自余它文，大抵犹实。至于魏、晋已下，则讹谬雷同。榷而论之，其失有五：一曰虚设[2]，二曰厚颜[3]，三曰假手[4]，四曰自戾[5]，五曰一概[6]。

归纳分析魏晋以来文辞讹谬雷同的五种表现。此既可见其用功之勤，又见其用功之深。

[ 注释 ]

[1]虚矫：空虚做作。　[2]虚设：形式上虽有，却不起作用，如同没有一样。据本文"徒有其文，竟无其事，此所谓虚设也"，可知是指空有虚假文章而无相应事实，是虚有其文之意。　[3]厚颜：厚颜无耻。据文意，这里包括虚夸己长、掩盖己短、污蔑别人等含义。　[4]假手：即假手于人，借助别人来为自己办事。假，利用。据文意，此指君主诏诰皆命臣下代写，舞文弄笔，全非事实。　[5]自戾：自相矛盾。据文意，此指褒则善无可加，贬则罪不容责，同为一人，是非变于瞬息。　[6]一概：即一概而论，不加区别地用一个标准来看待。比喻对问题不做具体分析，笼统地看成一个样子。据文意，此指人事屡变而文理无异，遂致文中所见，无论何时，主上永远圣明，宰相永远英伟，令读者无所适从。

　　于是考兹五失[1]，以寻文义[2]，虽事皆形似，而言必凭虚[3]。夫镂冰为璧[4]，不可得而用也；

画地为饼，不可得而食也。是以行之于世，则上下相蒙[5]；传之于后，则示人不信[6]。而世之作者，恒不之察，聚彼虚说，编而次之，创自起居[7]，成于国史，连章疏录[8]，一字无废，非复史书，更成文集。

反对将"五失"之文编入史中而造成的"非复史书，更成文集"之弊，纪昀《史通削繁》评云："八字确当！"

**［ 注释 ］**

[1] 以下四句是说：我这里考察了上述五种失误的情况，如果以此来探究文章的内容，就会发现，虽然叙述的事情在形式上都很相似，但文章本身肯定是虚构不实的。　[2] 寻：探究，研究，推求。文义，文章的内容。　[3] 形似：指形式、外观相似。言：文章使用的言辞，此代指文章本身。凭虚，虚构不实。[4] 镂：雕刻。璧，玉璧。　[5] 相蒙：互相欺骗。　[6] 不信：不诚实，不信实。　[7] 起居：即起居注，古代记载帝王日常言行的记录。从汉朝以后，几乎历代帝王都有起居注，虽内容、体制有所不同，但都是撰修国史的基本材料，可惜大都佚失。　[8] 以下四句是说：把那些虚构不实的词赋作品整篇整篇的全部收录进去，一个字也不删掉，这已经不再是撰写历史著作，而变成汇编文集了。"疏"，浦起龙《史通通释》说"一作'毕'"。

若乃历选众作，求其秽累[1]，王沈、鱼豢[2]，是其甚焉；裴子野、何之元，抑其次也。陈寿、干宝，颇从简约[3]，犹时载浮讹[4]，罔尽机要[5]。唯王劭撰《齐》《隋》二史，其所取也，文皆诣

文辞并非不可编入史书，关键在如何选择。通过评价王劭，提出选择的理论性标准。没有评论就没有理论，此又为一证。

实<sup>[6]</sup>，理多可信，至于悠悠饰词<sup>[7]</sup>，皆不之取。此实得去邪从正之理<sup>[8]</sup>，捐华摭实之义也<sup>[9]</sup>。

[注释]

[1]求：选择。秽累，文字杂乱累赘。　[2]王沈（？—266）：字处道，晋阳（今山西太原市）人。魏晋时历官中书门下侍郎、侍中、尚书加散骑常侍等职。曾与荀颛、阮籍同撰《魏书》，已佚。　[3]简约：简洁扼要。　[4]浮讹：虚假错谬。　[5]罔尽机要：罔，无，没有。不全是精义要旨。　[6]诣实：符合实际。"诣"，浦起龙《史通通释》说"一作'谐'"，徐复《〈史通〉校记》以《辨职》中"谐识故事"为证，认为"'诣'当为'谐'字形近之误"，"作'诣'无义"。　[7]悠悠饰词：悠悠，荒谬。饰词，华美空洞的词藻；掩饰真相的话。　[8]去邪从正：舍弃邪僻，归从正道。　[9]捐华摭实：抛弃浮华，采取真实。

主张博观约取，在列传中收入"言成轨则，为世龟镜"的赋论文章。此足见作者并非绝然反对收录文章写入列传之中，可补《载言》立论之偏。

盖山有木，工则度之<sup>[1]</sup>。况举世文章，岂无其选？但苦作者书之不读耳<sup>[2]</sup>。至如诗有韦孟《讽谏》，赋有赵壹《嫉邪》<sup>[3]</sup>，篇则贾谊《过秦》，论则班彪《王命》<sup>[4]</sup>，……此皆言成轨则<sup>[5]</sup>，为世龟镜。求诸历代，往往而有。苟书之竹帛，持以不刊，则其文可与三代同风<sup>[6]</sup>，其事可与五经齐列。古犹今也，何远近之有哉？

[ 注释 ]

[1]度（duó）：测量。　[2]苦：为某事苦恼。　[3]赵壹：字元叔，东汉阳西县（今甘肃天水市）人。才华横溢，所作辞赋典雅流畅。然恃才倨傲，为乡党所摈，不应公府征召。代表作《刺世疾邪赋》讽刺不合理的社会制度，批判封建王朝的腐朽及统治者的昏庸，表达了不与邪恶势力同流合污的可贵精神。范晔《后汉书·赵壹传》收录之。　[4]《王命》：即《王命论》。西汉末年，史学家班彪为躲避战乱而至天水，依附于隗嚣。光武帝刘秀建东汉后，班彪作《王命论》，力倡"神器有命，不可以智力求"，劝隗嚣归依汉室。但未被采纳，班彪遂离之而去。班固《汉书·叙传》、范晔《后汉书·班彪传》皆收录。　[5]轨则：规则，准则。　[6]同风：格调、风格相同。

昔夫子修《春秋》，别是非，申黜陟，而贼臣逆子惧[1]。凡今之为史而载文也[2]，苟能拨浮华[3]，采贞实[4]，亦可使夫雕虫小技者[5]，闻义而知徙矣。此乃禁淫之堤防[6]，持雅之管辖，凡为载削者，可不务乎？

"拨浮华，采贞实"，可谓光明正大之言！不仅作史写史必须如此，读史习文亦应持为标准。

[ 注释 ]

[1]贼臣逆子：指心怀异志、为奸作恶的人。　[2]载文：收录文章。文，此指史书所记载的当时人所写的文章。　[3]拨：抛开，抛弃。浮华，华而不实。此指舍弃内容华而不实的文章。　[4]采贞实：选取内容真实可信的文章。　[5]雕虫小技：语出《隋书·李德林传》。虫指虫书，是秦书八体之一，也是西

汉学童必习的技能。雕虫，即雕琢虫书。比喻微不足道的技能，
多用于比喻诗、文的写作。　[6]以下四句是说：这是抑制文章写
作浮华艳丽之风的堤防，坚持雅正之道的关键，凡是撰写史书的
人，能不致力于此吗？管，钥匙。辖，键，即钥匙。管辖，二字
乃同义复指，引申为关键。


[点评]

　　先秦时期，文章质朴，不虚美、不隐恶，很好地反
映了国家的治乱兴亡，这种文学作品与史学的要求没有
什么区别，因而当时可谓文史不分、文史合流。但汉朝
以来，文体大变，论说道理者怪诞荒谬，修饰文辞者浮
华艳丽，都与如实记事的史学格格不入，文史已然分途
发展。魏晋以来，文章讹谬雷同的现象大为增多，更不
能反映历史的变动发展过程，但这些文章很多被编入史
书，以致出现"非复史书，更成文集"的现象。作为以
求真求实为第一要义的史学家，刘知幾当然极力反对这
种现象。但他并非一概反对以文辞文章编入史书，而是
从考见历史事实的角度出发，认为"文皆诣实，理多可
信"，"足以惩恶劝善，观风察俗"的各类文章都可作为
资料，载入史书列传等相关部分，至于华靡文辞，则一
概不取，以收"去邪从正之理，捐华摭实之义"，以免记
事有失真实。作为史学家，作者所论之理深切著明，但
也明显存在一些教条僵化、未能融通综核之处，例如他
把司马相如、扬雄、班固等人创作的赋类文学作品，也
以史学记实的标准来要求，认为这种繁华失实的文章不
该载入史书，实则这些文章被选入史书，也是以其能够

表现作者的文学成就而选入的，其本身仍被作为文学辞赋看待，并非是作为记事记实作品而编选的，本篇完全从史学的角度进行评论并不正确。

# 补注第十七

昔《诗》《书》既成，而毛、孔立《传》[1]。传之时义 [2]，以训诂为主 [3]，亦犹《春秋》之传，配经而行也。降及中古，始名传曰注。盖传者转也，转授于无穷；注者流也，流通而靡绝 [4]。惟此二名，其归一揆。如韩、戴、服、郑 [5]，钻仰六经 [6]，裴、李、应、晋 [7]，训解三史 [8]，开导后学 [9]，发明先义 [10]，古今传授，是曰儒宗 [11]。

本篇专门论说史书的注释问题。

此论他注，即为他人之书作注释。认为他注旨在疏通文字，发明先义，开导后学。

[注释]

[1] 毛、孔立《传》：毛《传》指毛亨《诗经诂训传》。汉代传习《诗经》的有齐（齐人辕固生）、鲁（鲁人申培）、韩（燕人韩婴）、毛（鲁人毛亨）四家，毛氏所传称《毛诗》。毛亨作《毛诗诂训传》后，河间献王得而献之，以赵人毛苌为博士。自东汉郑玄根据毛《传》作笺后，《毛诗》流传渐广，其他三家先后失传，今传《诗经》即毛诗。孔《传》，汉武帝时，孔安国整理在孔壁发现的《古文尚书》，并作传一篇，魏晋时失传。东晋时又出现题名孔安国的《古文尚书传》，但后人证明为伪作。　[2] 时义：当时

的意义。　[3] 训诂：训，解释疏通。诂，即故，古代的语言。解释疏通古代的语言即训诂。　[4] 流通而靡绝：没有阻隔地流行下去。　[5] 韩、戴、服、郑：指汉代经学家韩婴、戴德、戴圣、服虔、郑玄。韩婴为西汉燕（今属河北）人，文帝时为博士，景帝时任常山王刘舜太傅，武帝时与董仲舒辩论，不为所屈。治《诗》学，作内、外《传》数万言，自成一家，是西汉"韩诗学"的创始人。又兼治《易》学，推《易》意而为之传。戴德字延君，西汉梁国（今河南商丘市睢阳区）人，一说魏郡斥丘（今河北成安县）人，曾任信都王刘嚣太傅。选集古代各种礼仪论述而编成《大戴礼记》，是今文礼学"大戴学"的开创者。戴圣为戴德兄子，字次君，号称小戴，官至九江太守。他编选战国至汉初儒家学者各种仪礼论文而成《小戴礼记》，即今传《礼记》一书，东汉时郑玄为之作注，在唐代列为经书，而《大戴礼记》被冷落，清代以来才日益受到重视。服虔字子慎，东汉荥阳（今属河南）人，历官尚书侍郎、高平令、九江太守等职。有雅才，善文论，经学尤为当世推重，著《春秋左氏解谊》《春秋左氏音》，又注释《汉书》而有《汉书音训》等。郑玄（127—200）字康成，东汉北海高密（今属山东）人。曾入太学攻《京氏易》《公羊春秋》《三统历》《九章算术》，又从张恭祖学《古文尚书》《周礼》和《左传》等，最后从马融学古文经。归里后，聚徒授课，潜心著述。以古文经学为主，兼采今文经说，遍注群经，成书百万余言，世称"郑学"，为汉代经学的集大成者。　[6] 钻仰：深入研求。　[7] 裴、李、应、晋：指裴骃、李斐、李奇、应劭、晋灼。裴骃字龙驹，南朝宋人，祖籍河东闻喜（今属山西），著名史学家裴松之之子。历官至南中郎、参军等职。以徐广《史记音义》为基础，博采经、子、诸史和汉晋人《史记》注说成果而作《史记集解》，至今为研究者所重视。李斐、李奇，均曾注释《汉书》，但生平不详。应劭（？—196）

字仲远，东汉汝南郡南顿（今河南项城市）人。博学多识，撰《风俗通》，以辨物类名号，释时俗嫌疑；又注《汉书》，有《汉书集解》《汉书集解音义》，皆传于时。今传世有《风俗通》一书。晋灼，西晋河南（今河南洛阳市一带）人，曾任尚书郎，著有《汉书集解》《汉书音义》，均佚。　[8]训解：训释解说。三史，本指《史记》《汉书》《东观汉记》三书，然裴、李、应、晋诸人仅注释《史记》《汉书》，并未注释《东观汉记》，故此处"三史"一词乃是为与前面"六经"一词对举而言，是虚指，而非实指。程千帆《史通笺记》说："以取俪'六经'，漫云'三史'，亦文章之求妍反病也。"批评其遣词用语为求名而失实。《史通》中类此者还有几处，这也是其所用骈文文体之固有弊端。　[9]开导后学：启发引导后来的研习者。　[10]发明先义：发挥先人的义旨。　[11]儒宗：宗，派别。儒家一派。按，作者的意思是，儒家经书注释以训诂为主，这是注释的标准体例，也应是史书注释的正体。

既而史传小书[1]，人物杂记，若挚虞之《三辅决录》[2]，陈寿之《季汉辅臣》[3]，周处之《阳羡风土》[4]，常璩之《华阳士女》[5]，文言美辞列于章句[6]，委曲叙事存于细书[7]。此之注释，异夫儒士者矣[8]。

此论史家自注，即史书作者对自己著作正文的补充和说明。文中所举各例虽皆魏晋以来之书，然自注在《史记》《汉书》中已经出现。

[注释]

[1]史传小书：此指篇幅短小、记载范围有限的史书。　[2]挚虞之《三辅决录》：挚虞（250—300）字仲洽，魏晋时期长安（今陕西西安市）人。西晋时任尚书郎、秘书监、太常卿等职。著

有《族姓昭穆》《文章志》，并曾注解汉人赵岐所撰《三辅决录》。赵岐（？—201）字邠卿，东汉京兆长陵（今陕西咸阳市东北）人。曾任敦煌太守、太仆、太常等职。著有《孟子章句》《三辅决录》等书。其中《三辅决录》是中国最早的杂传作品，主要记载东汉时期三辅地区（当时的京兆、左冯翊、右扶风）已卒之人物，不分贤愚，一并收录，并记载有三辅地区名物。挚虞所作注释，有对地名的解释，但更多的是对人物事迹的补充。今有辑本传世。　[3] 陈寿之《季汉辅臣》：三国时期蜀汉杨戏（？—261）撰有《季汉辅臣赞》一文，内容是对蜀汉君臣的赞美及评价之辞。陈寿《三国志·蜀书》采录其文，并将其载入《杨戏传》，还对杨戏有赞而《三国志》没有设传的人物作了注释。　[4] 周处之《阳羡风土》：周处字子隐，魏晋时期义兴阳羡（今江苏宜兴市）人。晋时任新平太守、广汉太守、御史中丞等职。撰有《阳羡风土记》，是记述晋时阳羡地区岁时、祭祀、饮食、物产、地理等风土人情的杂记著作。从本篇来看，其书当有自注。今有辑本传世。　[5] 常璩之《华阳士女》：常璩（？—361）字道将，出生于晋蜀郡江原（今四川崇庆县），成汉李势政权时任散骑常侍，执掌著作。入东晋，为桓温参军。撰有《华阳国志》，是为中国现存最早、最完整的地方史志，记载了今四川、重庆和云南、陕西、湖北部分地区的地方历史，对研究西南地区山川、历史、人物、民俗有重要史料价值。成汉时，常璩撰有《益部士女总赞》一篇，后收入《华阳国志》，改写为《先贤士女总赞》《后贤志》两篇，其中前一篇有自注文字。　[6] 文言美辞列于章句：用文雅华美的言辞写成正文。章句，诗文的章节和句子，泛指文章、诗词。　[7] 委曲叙事存于细书：将详细叙述事情经过的内容写在注释中。细书，小字，此指注释。　[8] 异夫儒士者：与儒家经书注释的体例不同。这里是说上述四书的注释都是在本文外增补史实，与经书以训诂为主的注释不同，认为这是史书注释的变体。

次有好事之子，思广异闻[1]，而才短力微[2]，不能自达[3]，庶凭骥尾，千里绝群[4]。遂乃掇众史之异辞[5]，补前书之所阙。若裴松之《三国志》[6]，陆澄、刘昭《两汉书》[7]，刘彤《晋纪》[8]，刘孝标《世说》之类是也[9]。

此论偏颇。古代很多学者将为他人之书作注释看作治学的正途，甚至认为更能展示自己的学术造诣。因此选择史注的撰著方式，并非无力独自撰成一家之言的史学著作。

### [ 注释 ]

[1]异闻：新异之事；奇闻。　[2]才短力微：才，才识，见识。短，短浅。力微，写作能力低下。　[3]自达：凭自己的力量达到目的。　[4]庶凭骥尾，千里绝群：骥尾，语出《史记·伯夷列传》："颜渊虽笃学，附骥尾而行益显。"唐司马贞注释："苍蝇附骥尾而致千里，以喻颜回因孔子而名彰。"后用以比喻追随先辈、名人之后。绝，越过。全句意谓：希望借助于追随名人之后，使自己远远超出众人。　[5]掇：选取，拾取。异辞，不同的说法。　[6]裴松之《三国志》：指裴松之《三国志注》。南朝宋文帝认为陈寿《三国志》过于简略，令裴松之为之补注，遂有此书之作。不仅解说词语、地理、典故、人物，而且大量补充史事，引录二百多种史籍原文，明确标示出处。对于相互出入的记载，尽量予以考订、判断，其中还包含了历史评论、史学批评，论述了审定史料的原则和方法。　[7]陆澄、刘昭《两汉书》：陆澄（425—494）字彦渊，南朝吴县（今江苏苏州市）人。家富藏书，好学广览，手不释卷，博学多识。历官太学博士、秘书监、国子祭酒等职。欲撰《宋书》未成，又著地理书及杂传，为《汉书》作注而成《汉书注》，已佚。

刘昭字宣卿，南朝梁平原高唐（今山东济南市东北）人。历官尚
书仓部郎、无锡令、剡令等职。广收有关东汉历史的异同之说，
为范晔《后汉书》作注，同时将西晋司马彪《续汉书》的八志（律
历、礼仪、祭祀、天文、五行、郡国、百官、舆服）附于其后并
作注，至北宋时两者被合为一书，形成今传内容较为完整的纪传
体东汉史《后汉书》。 [8]刘彤《晋纪》：刘彤为刘昭伯父，集众
家《晋书》，并为干宝《晋纪》作注。 [9]刘孝标《世说》：刘峻
（462—521）字孝标，以字行，南朝平原（今属山东）人。梁时
曾校点秘阁，历官荆州户曹参军等职。他为南朝宋临川王刘义庆
所撰《世说新语》作注，内容丰赡，其中纠正原书谬误尤为精核，
而其所引录诸书大都亡佚，部分资料赖此得以传世。

萧、宋、王之
书已佚，据此知其
都有自注。

亦有躬为史臣[1]，手自刊补[2]，虽志存该
博[3]，而才阙伦叙[4]，除烦则意有所吝[5]，毕载
则言有所妨[6]，遂乃定彼榛楛[7]，列为子注[8]。
若萧大圜《淮海乱离志》[9]，羊衒之《洛阳伽蓝
记》[10]，宋孝王《关东风俗传》，王劭《齐志》
之类是也。

[注释]
[1]躬：自身，亲自。 [2]刊补：修正补充。 [3]该博：学
问或见识广博。该，同"赅"，完备。博，多，广，大。 [4]伦
叙：有条理，顺序。此指结构谨严地撰写。 [5]烦：通"繁"，烦
琐，繁多。 [6]言有所妨：妨，阻碍，伤害。说法上有些自相矛

盾。　[7]定：确定，选择。榛楛（zhēn kǔ），榛木与楛木，泛指丛生的杂木，此指琐碎杂乱的资料。　[8]子注：又称自注，即作者为己书所作注释，以补充说明正文为特点。　[9]萧大圜：字仁显，南兰陵（今江苏常州市）人，南朝梁简文帝子。西魏伐梁，元帝令其兄弟充使请和，元帝降，客长安。北周时加车骑大将军、仪同三司。隋初拜内史侍郎，出为西河郡守。性好学，务于著述。撰《梁旧事》《寓记》《士丧仪注》《要决》等书，其《淮海乱离志》叙侯景之乱，已佚。　[10]羊衒之：即东魏人杨衒之（或写作阳衒之），北平（今河北满城县）人。曾任奉朝请、抚军府司马、秘书监等职。547年，路经北魏旧都洛阳，有感于洛阳佛寺、佛教的昔日繁荣与时下丧乱之后的衰败，捃拾旧闻，追述故迹，著《洛阳伽蓝记》。伽蓝即梵文"僧伽蓝"略语，佛寺之意。书中不仅记录洛阳曾经有过的近百个大小寺院，述其建筑及佛教活动，而且旁及周围宅第、官署，更记述北魏时期的政局变动等许多史事，为其他书所缺载。

　　　　权其得失 [1]，求其利害，少期集注《国志》[2]，以广承祚所遗 [3]，而喜聚异同，不加刊定 [4]，恣其击难 [5]，坐长烦芜 [6]。观其书成表献，自比蜜蜂兼采 [7]，但甘苦不分，难以味同萍实者矣 [8]。

　裴松之作注的目的，主要在于增广事实，补充《三国志》记载史事的缺略，故兼采众书，喜聚异同，宁繁勿简。刘知幾没有考察裴注本身目的，就用自己的观点横加讥议，失之偏颇。

**［注释］**

　　[1]权：商讨，研究。　[2]少期：裴松之字世期，唐代避太宗李世民讳，改称少期。　[3]承祚：西晋史学家陈寿，字承祚。　[4]刊定：修改审定。　[5]恣：放纵，听任，任凭。击难，批评，指责，此指互相矛盾。　[6]坐长烦芜：坐，介词，因，由于，

此指因此。长，助长。烦芜，繁杂。　[7]自比蜜蜂兼采：裴松之撰成《三国志注》后，上呈朝廷，其《上〈三国志注〉表》中说："绩事以众色成文，蜜蜂以兼采为味，故能使绚素有章，甘逾本质。"　[8]萍实：一年生草本植物，浮生水面，叶为绿色、扁平，叶下生须根，开白花，称浮萍，亦称青萍、紫萍。《孔子家语·致思》曾记载孔子听到童谣说："楚王渡江得萍实，大如斗，赤如日，剖而食之，甜如蜜。"

陆书已佚，据此可了解其注释情况。

陆澄所注班史，多引司马迁之书，若此缺一言，彼增半句，皆采摘成注，标为异说，有昏耳目，难为披览[1]。

［注释］

[1]披览：翻阅，展读。

浦起龙《史通通释》："篇首云：'传者转也，注者流也，以训诂为主。'此三言者，即本篇立说之主。乃若聚异同以长烦芜，拾吐弃以侈登荐，皆非刘氏所喜。后世顾以摭遗录别，为多知博辩之资。韩子曰：'古今人不相及。'此之谓与？"

窃惟范晔之删《后汉》也，简而且周，疏而不漏，盖云备矣。而刘昭采其所捐，以为补注，言尽非要，事皆不急。譬夫人有吐果之核，弃药之滓，而愚者乃重加捃拾[1]，洁以登荐[2]，持此为工[3]，多见其无识也。

［注释］

[1]捃（jùn）拾：捃、拾，拾取，摘取。二字乃同义复

指。 [2]洁以登荐：洁，使清洁。登荐，进献。 [3]工：细致，精巧。

　　孝标善于攻缪[1]，博而且精，固以察及泉鱼[2]，辨穷河豕[3]。嗟乎！以峻之才识[4]，足堪远大[5]，而不能探赜彪、峤[6]，网罗班、马，方复留情于委巷小说[7]，锐思于流俗短书，可谓劳而无功，费而无当者矣。

[**注释**]

[1]攻缪：纠正错误。"缪"通"谬"，错误。"孝标善于攻缪"事，《史通·杂说中》在批评唐初官修《晋书》时曾说："宋临川王义庆，著《世说新语》，上叙两汉、三国及晋中朝、江左事。刘峻注释，摘其瑕疵，伪迹昭然，理难文饰。而皇家撰《晋史》，多取此书。遂采康王之妄言，违孝标之正说。以此书事，奚其厚颜。" [2]察及泉鱼：典出《列子·说符》："文子曰：周谚有言：察见渊鱼者不祥，智料隐匿者有殃。"意谓明察以致能看清深水中的鱼。比喻为人过于精明。此处"泉"，是为避唐高祖李渊讳而改原文。 [3]辨穷河豕：能够分辨清楚"河豕"之误。据《吕氏春秋·察传》载，卫人有读史书者说："晋师三豕涉河。"子夏以为"三豕"当是"己亥"之误，两者形似，因而致误。后因以"河豕"指书籍传写或刊印中因文字形近而造成的错误。 [4]峻：刘孝标名峻，以字行。 [5]足堪远大：完全能够做出高远弘大的事业。堪，胜任。 [6]探赜（zé）：探，探索。赜，深奥。探赜，探索奥秘，常用于成语"探赜索隐"。彪、峤

《四库全书总目》卷一四〇《世说新语》："孝标所注，特为典赡，高似孙《纬略》亟推之。其纠正义庆之纰缪，尤为精核。所引诸书，今已佚其十之九，惟赖是注以传。故与裴松之《三国志注》、郦道元《水经注》、李善《文选注》，同为考证家所引据焉。"

即史学家班彪、华峤。　[7]方复留情于委巷小说：方，表示范围或程度，相当于只、仅。复，又，再。以下四句是说：又仅仅热衷于民间百姓所交谈的琐屑浅薄的言论，一心专注于平庸粗俗的小说杂记，这不但是白白地浪费了力气而没什么益处，而且是做了不该做的事。

自兹已降，其失逾甚。若萧、羊之琐杂[1]，王、宋之鄙碎[2]，言殊拣金[3]，事比鸡肋[4]，异体同病[5]，焉可胜言？

此类批评，反观之，可以作为史注内容的参考意见。

[ 注释 ]

[1]萧、羊：即上文之萧大圜、羊衔之。琐杂，琐碎烦杂。　[2]王、宋：即上文之王劭、宋孝王。鄙碎，琐屑细碎。　[3]拣金：即排沙简金、披沙拣金。拨开沙子来挑选金子，比喻从大量的东西中选取精华。语出刘义庆《世说新语·文学》："陆文若排沙简金，往往见宝。""陆"指西晋著名文学家陆机。　[4]鸡肋：语出《三国志·魏书·武帝纪》裴松之注引《九州春秋》："夫鸡肋，弃之如可惜，食之无所得。"即食之无肉，弃之有味。比喻无多大意义，但又不忍舍弃之事物。　[5]以下两句是说：以上这些书，体例虽然不同，但错误是一样的，哪里能说得完呢？

大抵撰史加注者，或因人成事[1]，或自我作故[2]，记录无限[3]，规检不存，难以成一家之格言，千载之楷则。凡诸作者，可不详之？

提出对史注的总结性认识。

[注释]

[1]因人成事：依靠别人的力量办成事情。此指为他人之书作注释。 [2]自我作故：由我创造。此指为自己之书作注释。 [3]以下六句是说：这些史注的记载内容非常随意，体例规矩也不讲究，很难成为堪称标准的一家之言，值得千载效法的楷模法式。所有想要写史书的人，都应该清楚地知道这个道理啊。

[点评]

史书注释有作者自注和他人注释（或称注释他书）两种，本篇均有涉及。作者对之前出现的史书注释皆持批评态度，有些批评用语还相当尖刻，这是因为作者对史注并不重视，认为无论是自注还是他注，都是"记录无限，规检不存，难以成一家之格言，千载之楷则"，而且还特意提醒史家们一定要明白这个道理。实则是他自己没有意识到，他是把注释史书和写作成一家言的史学著作混为一谈了，因而篇中对前代史书注释的批评，多有错误之论，受到后世学者的批驳。然统观全篇，作者也绝非完全反对为史书作注释，他自己的《史通》中就有不少自注。仔细分析他的论述可知，他所反对的史注是指内容"言尽非要，事皆不急"，"言殊拣金，事比鸡肋"，"不加刊定，坐长烦芜"者，这在史料采择方面是正确的论述，也与《采撰》一篇的主旨相符，两者须合观。

# 因习第十八

盖闻三王各异礼，五帝不同乐[1]，故传称因俗[2]，《易》贵随时。况史书者，记事之言耳。夫事有贸迁[3]，而言无变革，此所谓胶柱而调瑟，刻船以求剑也。

[ 注释 ]

[1]"三王五帝"句：典出《礼记·乐记》："五帝殊时，不相沿乐；三王异世，不相袭礼。"三王，指夏、商、周三代之王。　[2]因俗：根据各自风俗习惯。　[3]贸迁：变更，改换。

盖著鲁史者，不谓其邦为"鲁国"；撰周书者，不呼其上曰"周王"。如《史记》者[1]，事总古今，势无主客，故言及汉祖，多为"汉王"，斯亦未为累也。班氏既分裂《史记》，定名《汉书》，至于述高祖为公、王之时，皆不除"沛"、"汉"之字。凡有异方降款者[2]，以"归汉"为文。肇自班《书》，首为此失；迄于仲豫[3]，仍踵厥非。积习相传，曾无先觉者矣[4]。

本篇专门论说写史过程中沿袭前人史书文字的问题。

时移事异，则必变法以备之，此千古不易之理。因循守旧，墨守成规，抱残守缺，必被历史前进的车轮所抛弃。

"事总古今，势无主客"八字，抓住了通史的一个显著特点，可谓精核！

班固虽为汉臣，然使用第三人称，以他者的身份写史，不能算失误。刘知幾未免胶执。

[ 注释 ]

[1] 以下六句是说：像《史记》这部通史，所载事情包括古代和当代，这就不能有自己和他人的分别，因此谈到当代的汉高祖时，很多地方都称为"汉王"，这绝不能算作它的毛病。亦，表示加强的语气。　[2] 异方：异域，异国。此指不同政治势力。降款，降服。　[3] 仲豫：即东汉末年史学家荀悦，字仲豫。　[4] 曾（zēng）：竟，还。

又《史记·陈涉世家》，称其子孙"至今血食"[1]。《汉书》复有《涉传》，乃具载迁文。案迁之言"今"，实孝武之世也[2]；固之言"今"，当孝明之世也[3]。事出百年，语同一理[4]。即如是[5]，岂陈氏苗裔，祚流东京者乎？斯必不然。《汉书》又云："严君平既卒，蜀人至今称之。"皇甫谧全录斯语，载于《高士传》。夫孟坚、士安[6]，年代悬隔，"至今"之说，岂可同云？夫班之习马，其非既如彼；谧之承固，其失又如此。迷而不悟，奚其甚乎！

古人著述往往有直接引录前人文字而不加修改者，遂致时代有别而文字不殊，如果直承前文而致文意有变，则应适时修改，否则就要闹出"迷而不悟"的笑话。

[ 注释 ]

[1] 至今血食：《史记·陈涉世家》说："陈胜虽已死，其所置遣侯王将相竟亡秦，由涉首事也。高祖时，为陈涉置守冢三十家砀，至今血食。"内无"子孙"二字，亦无"子孙"之意。加此

二字，并称"岂陈氏苗裔，祚流东京者乎"，均为刘知幾一时误忆而又未核对原文所致。血食，受享祭品。古代杀牲取血以祭，故称。　[2] 孝武之世：指西汉武帝在位时期（前 141—前 87）。汉代标榜以孝治天下，故在帝王庙号前均加一"孝"字。　[3] 孝明之世：指东汉明帝在位时期（57—75）。　[4] 事出百年，语同一理：事情发生已经过了百年之久，但是前后所说的话还是同一个意思。　[5] 以下三句是说：如果真是这样的话，陈胜的子孙，不就一直延续到东汉时期了吗？东京：指东汉都城洛阳。这里代指东汉。　[6] 士安：皇甫谧字士安。

夫王室将崩，霸图云构 [1]，必有忠臣义士，捐生殉节 [2]。若乃韦、耿谋诛曹武 [3]，钦、诞问罪马文 [4]，而魏、晋史臣书之曰贼，此乃迫于当世，难以直言。至如荀济、元瑾兰摧于孝靖之末 [5]，王谦、尉迥玉折于宇文之季 [6]，而李刊齐史 [7]，颜述隋篇 [8]，时无逼畏 [9]，事须矫枉 [10]，而皆仍旧不改，谓数君为叛逆。书事如此，褒贬何施？

时移世易，当改不改。为何？宜与下文《直书》《曲笔》合观。

[ 注释 ]

[1] 霸图云构：霸图，割据称霸的图谋。云构，大量涌现。　[2] 捐生殉节：舍弃生命，为保全志节而牺牲。　[3] 韦、耿谋诛曹武：韦、耿即韦晃、耿纪。耿纪字季行，东汉扶风茂陵（今陕西兴平市）人。初为曹操丞相府掾，历官侍中、少府等。

以曹操将篡汉，建安二十三年（218），与丞相府司直韦晃等起兵诛之，不克，夷三族，坐此罹灭者甚众。　　[4] 钦、诞问罪马文：钦、诞即文钦、诸葛诞。文钦（？—257）字仲若，谯郡（今安徽亳州市）人，曹操部将文稷之子，官至前将军、扬州刺史。与豫州刺史毌丘俭等，矫诏讨伐专权的司马师，兵败，毌丘俭被杀，文钦逃往吴国，被任为镇北大将军、幽州牧等，封谯侯。诸葛诞（？—258）字公休，琅邪阳都（今山东沂南县）人，汉司隶校尉诸葛丰之后，蜀汉丞相诸葛亮堂弟。仕魏，官至征东大将军，曾与司马师一同平定毌丘俭、文钦起兵。因与被诛的夏侯玄、邓飏交厚，又见毌丘俭等人均被夷灭，惧不自安，遂反，被司马昭击斩，夷三族。马文，即司马昭（211—265），河内温县（今属河南）人。早年随父司马懿抗击蜀汉，以功封新城乡侯。后继兄司马师为大将军，专揽国政。杀魏帝曹髦，立曹奂为帝，分兵攻灭蜀汉，受封晋公，进爵晋王，谥文王。其子司马炎代魏称帝，建立晋朝，追尊其为文帝。　　[5] 荀济、元瑾兰摧于孝靖之末：荀济字子通，其先颍川（今河南禹州市）人，世居江左。以上书讥佛法，梁武帝将诛之，遂奔东魏，任常侍、侍讲等职。后受孝静帝命，与祠部郎元瑾等谋诛权臣高澄，事败被杀，时人多传其气节。之后三年，高澄弟高洋废孝静帝，建北齐。《北史》的《齐本纪上·世宗文襄帝》《文苑传·荀济传》均载有其事。　　[6] 王谦、尉迥玉折于宇文之季：王谦（？—580）字敕万，太原（今属山西）人，性恭谨，历官骠骑大将军、柱国大将军，进上柱国、益州总管。尉迟迥（516—580）字薄居罗，代地（今山西大同东北）人，历任尚书右仆射、柱国大将军、相州总管等。北周静帝宇文阐（573—581）七岁即位，杨坚以外戚身份总揽朝政，都督内外诸军事，谋取帝位。王谦、尉迟迥等起兵讨伐杨坚，相继败死，次年杨坚代周建隋。《隋书·高祖纪》和《周书》王谦、尉迟迥传均载其事。　[7] 李刊齐史：指唐代李延寿所修《北史》，其中记述有北齐历史。　[8] 颜述隋篇：指唐代颜师古参与撰修的《隋书》。颜师古（581—645）名籀（zhòu），字师古，以字行。雍州万年（今陕西西安市）人，祖籍琅邪临沂（今山东临沂市）。初仕隋，入唐任中书舍人，专掌机密。唐太宗即位后，拜中书侍郎，封琅邪县子。累官秘书监、弘文馆学士。博览群书，学问通博，长于文字训诂、声韵、校勘之学，对《汉书》研究精深，著有《汉书注》及《匡谬正俗》《急就章注》等。　[9] 时无逼畏：逼畏，受到压力而畏惧。在时代上不用担心受到前代的压力而畏惧政治迫害。　[10] 事须矫枉：记载史事时必须纠正以前记载的错误。

昔汉代有修奏记于其府者[1]，遂盗葛龚所作而进之[2]，既具录他文[3]，不知改易名姓，时人谓之曰："作奏虽工，宜去葛龚。"及邯郸氏撰《笑林》[4]，载之以为口实[5]。嗟乎！历观自古，此类尤多，其有宜去而不去者，岂直葛龚而已[6]！何事于斯，独致解颐之诮也[7]。凡为史者，苟能识事详审[8]，措辞精密[9]，举一隅以三隅反[10]，告诸往而知诸来[11]，斯庶几可以无大过矣。

强调识见周密，触类旁通。

[ 注释 ]

[1] 奏记：汉制，下官言事于上级用奏记。这是汉魏时代的一种公文，后世亦有沿用。　[2] 葛龚：字元甫，东汉梁国宁陵（今属河南）人。性慷慨，以善文记知名。安帝时为太官丞，历

官荡阴令、临汾令，在县皆有政绩。　[3]具：同"俱"，都，完全。　[4]邯郸氏：即东汉邯郸淳（？—221），一名竺，字子叔，颍川阳翟（今河南禹州市）人。博学多才，善写文章，并擅书法，官至给事中。著有《笑林》，今有辑本传世。　[5]口实：话柄，谈笑的资料。　[6]岂直：难道只是，何止。　[7]解颐：颐，面颊。开颜而笑；使人笑不能止。诮，责备。　[8]识事详审：周详审慎地去了解事实。　[9]措辞精密：说话准确周密。　[10]举一隅以三隅反：即举一反三，从一件事情类推而知道其他许多事情。典出《论语·述而》："举一隅，不以三隅反，则不复也。"后以"举一反三"谓触类旁通。　[11]告诸往而知诸来：即告往知来。往，过去的事情。来，未来的事情。告诉以前的事，就能推知未来的事情。比喻能明了事物的因果同异的关系，据此知彼。典出《论语·学而》："赐也，始可与言《诗》已矣，告诸往而知来者。"

[ 点评 ]

任何人写作史书，不可能不对前人的相关著作有所引用和借鉴，但是对于前人著作的内容，不该盲目地、毫无分析地全盘接受，尤其是对其中的称谓性和时间性的用语、记事疏忽和评价错误的用语等内容，必须予以适合自己本书的改写，否则叙事时就会有违史实，甚至闹出笑话。浦起龙《史通通释》总结说："本篇'因'字该义不同，有在昔为是，而在后因之则非者；有前人既疏，而后人因之仍误者；有因往例而不尽因者；有自为例而不自因者；有当代书例则然，而异代不必因、不当因者。"比较准确地概括了本篇所论述的各个方面。针对这些方面，作者强调，因袭前人文字必须做到"识事详审，措辞精密"，绝不可食古不化，拘泥固执于古人文字原貌而刻舟求剑、胶柱调瑟，必须切实讲求"随时"之义，结合实际，应时变通，予以批判地利用，反映客观史实，"庶几可以无大过"。此文议论正大，识理通透，对后代史学发展也有重要启发。

# 邑里第十九

昔五经、诸子，广书人物，虽氏族可验，而邑里难详[1]。逮太史公始革兹体，凡有列传，先述本居[2]。至于国有弛张[3]，乡有并省[4]，随时而载[5]，用明审实[6]。案夏侯孝若撰《东方朔赞》云[7]："朔字曼倩，平原厌次人。魏建安中[8]，分厌次为乐陵郡，故又为郡人焉。"夫以身没之后[9]，地名改易，犹复追书其事，以示后来。则知身生之前，故宜详录者矣。

本篇一名《因习下》，是继上篇之后，专门续说史书编写过程中记载人物籍贯的"因习"问题。

纪昀《史通削繁》："子元此论甚伟！"张舜徽《史通平议》："'随时而载，用明审实'八字，乃一篇主旨，亦为人作传者，标书邑里之准则。"

**［注释］**

[1]邑里：乡贯，籍贯。　[2]本居：原来的籍贯。　[3]国有弛张：国家疆域时常有扩张和缩减的变化。　[4]乡有并省：地方行政区划时常有合并和撤销的变化。　[5]随时而载：按照各自时代的情况加以记载。　[6]审实：真实，详实。　[7]夏侯孝

若：夏侯湛字孝若，沛国谯县（今安徽亳州市）人。曹魏名将夏侯渊四世孙，历官中书侍郎、南阳相、散骑常侍等。文章宏富，善构新词。曾著《魏书》，见陈寿所撰《三国志》胜于己，遂毁书停作。《文选》卷四七收录其《东方朔画赞并序》，本篇引文即出自其序。　[8]魏建安中：建安为东汉献帝刘协年号，从建安元年（196）一月到建安二十五年（220）三月，但曹操挟天子以令诸侯，东汉政权由曹操掌控。曹操后为魏王，故云"魏建安"。　[9]以下六句是说：在人去世以后，地名改变了，还要再写出地名改变这件事来，以告诉后人。可见对人在世时的籍贯，当然应该详细记载了。

　　异哉！晋氏之有天下也。自洛阳荡覆[1]，衣冠南渡[2]，江左侨立州县，不存桑梓[3]。由是斗牛之野[4]，郡有青、徐；吴、越之乡，州编冀、豫。欲使南北不乱，淄、渑可分[5]，得乎？系虚名于本土者[6]，虽百代无易。既而天长地久，文轨大同。州郡则废置无恒，名目则古今各异。而作者为人立传，每云某所人也，其地皆取旧号，施之于今（原注：近代史为王氏传，云"琅琊临沂人"；为李氏传，曰"陇西成纪人"之类是也。非惟王、李二族久离本居，亦自当时无此郡县，皆是晋、魏已前旧名号）。欲求实录，不亦难乎！

吕思勉《史通评》："古代命氏，恒因封土。封土既易，氏族即随之而改。故氏族可验，邑里即无待具详。后世此例渐破，则举其氏不能知其所居之地，故必备详其邑里。……东晋以还，矜重门阀，徒知氏族关系之重，而不知居地关系之重，遂有详其郡望，忽其邑里者。刘氏以'人无定质，因地而化'一语，深著其非，可谓卓识。惟门阀既为当时所重，即亦史氏所宜详。两者并著，斯为无憾。亦不宜详此而略彼也。"

[ **注释** ]

[1]洛阳：西晋都城，此代指西晋。荡覆，毁坏，颠覆。　[2]衣冠南渡：指晋政权渡江南迁。西晋末天下大乱，中原士族相随南逃，皇族宗室、琅邪王司马睿偕王导等渡江至建邺（今江苏南京市），于西晋灭亡后称帝，重建晋政权，史称东晋。　[3]江左侨立州县，不存桑梓：在江南设立侨置州县，故乡不复存在。按，东晋政权南渡之后，南方地区为安置北来流民而在其聚居地设置州、郡、县，因仍沿用其旧壤州、郡、县之名，故在名前加"侨"字，称侨州、侨郡、侨县，以相区分，计有州郡至百，县至数百，主要集中在长江中下游地区。　[4]以下四句是说：因此，分野斗牛的江南吴越之地，又有了北方青、徐、冀、豫等州郡之名。斗、牛，二十八宿中的两宿。古人将地上的地域与天上的星区对应，称分野。斗宿、牛宿的分野为古吴越之地。　[5]淄渑（zī miǎn）：淄水和渑水的并称，皆在今山东省。相传二水味各不同，混合之则难以辨别。　[6]以下十二句是说：把虚假的地名作为人物的籍贯，尽管已经过了若干代，也不做改变。其后，又经过很长一段时间，全国实现统一。这期间，州郡时常裁撤和设置，其名称也古今不同。但作者为人写传记时，常常称之为"某地人"，所写地名都是使用过去的名称，却用来指称当今。如此一来，想要达到真实记载的效果，不是很困难吗！

　　且人无定质[1]，因地而化。故生于荆者，言皆成楚；居于晋者，齿便从黄。涉魏而东[2]，已经七叶；历江而北，非唯一世。而犹以本国为是，此乡为非。是则孔父里于昌平[3]，阴氏家于新野[4]，而系纂微子，源承管仲，乃为齐、宋之人，非关鲁、邓之士。求诸自古，其义无闻。（原注：时修国史，予被配纂《李义琰传》。琰家于魏州昌乐，已经三代，因云："义琰，魏州昌乐人也。"监修者大笑，以为深乖史体，遂依李氏旧望，改为"陇西成纪人"。既言不见从，故有此说。）

喜怒外露，有啥说啥，率真可爱。浦起龙《史通通释》："详篇内注语，为当日身预史局，书地招笑而作。邑里从今不从旧，定理也。……由宋迨明，国史班班，任举一人一传，其曰某处人者，有不书当代郡邑者乎？假令明冒宋州、宋蒙唐县，有不起而非笑之者乎！"

[**注释**]

[1] 以下六句是说：而且人没有一成不变的品性，都会根据地域而有所改变。所以生长在荆地的人，言语都是楚地的方言；居住在晋地的人，牙齿便是黄色。荆，春秋时楚国别称。齿黄，据《尔雅翼》说，晋人特别喜欢吃枣，经常食用，牙齿就都发黄，《本草纲目》卷二九《大枣》亦有"啖枣多，令人齿黄"的记载。　[2] 以下六句是说：东晋南迁，自北魏以来，已历经七世；江南人北渡，也已经不止一代。但人们在谈论籍贯时还以原来的居住地为准，而不是以现在的居住地为准。　[3] 孔父里于昌平：孔子生于鲁国昌平乡陬邑，其先宋人。　[4] 阴氏家于新野：东汉光武帝原配、第二任皇后阴丽华为南阳新野（今属河南）人。其先出自管仲，管仲七世孙管修从齐国来到楚国，为阴大夫，遂以"阴"为氏。下文"邓"亦指新野，据《汉书·地理志》，新野和邓都属南阳郡。此处用"邓"代指新野，是为了行文中与"鲁"相对书写的缘故。以下八句是说：孔子家住昌平，光武帝妃子阴丽华家住新野，从源头来说，孔子是宋微子之后，阴丽华是管仲之后；如果按照世俗的说法，这两人就应该是宋人和齐人，而不是鲁人和新野人。但查考自古以来的记载，没听说有这样称呼他

们两个人的籍贯的。

且自世重高门[1]，人轻寒族，竞以姓望所出，邑里相矜。若仲远之寻郑玄，先云汝南应劭；文举之对曹操，自谓鲁国孔融是也。爰及近古[2]，其言多伪。至于碑颂所勒，茅土定名，虚引他邦，冒为己邑。若乃称袁则饰之陈郡[3]，言杜则系之京邑[4]，姓卯金者咸曰彭城[5]，氏禾女者皆云巨鹿[6]。（原注：今有姓邴者、姓弘者，以犯国讳[7]，皆改为李氏，如书其邑里，必曰陇西、赵郡[8]。夫以假姓犹且如斯，则真姓者断可知矣。又今西域胡人，多有姓明及卑者，如加五等爵，或称平原公，或号东平子，为明氏出于平原，卑氏出于东平故也。夫边夷杂种，尚窃美名，则诸夏士流，固无惭德也[9]。）在诸史传，多与同风。（原注：如《隋史·牛弘传》云："安定鹑觚人也，本姓尞氏。"至它篇所引，皆谓之陇西牛弘。《唐史·谢偃传》云："本姓库汗氏"，续谓陈郡谢偃，并其类也。）此乃寻流俗之常谈[10]，忘著书之旧体矣。

邑里书旧不书今，已非合宜，"虚引他邦，冒为己邑"，岂不更非！

**[注释]**

[1] 以下八句是说：自从世俗看重氏族门阀，人们都轻视庶族寒门，互相都以自己种姓所出的地方相夸耀。如应劭攀附郑玄，自称时就先说地名，说自己是汝南应劭；孔融对答曹操，自称是鲁国孔融，就是如此。　[2] 以下六句是说：等到近代以来，很多说法都是假的。乃至碑志上所雕刻的地名、分封诸侯所用的国名，都虚假地冒用别的地名，作为自己的祖籍。　[3] 称袁则饰之陈郡：谈到姓袁的，就说他是陈郡人。按，陈郡袁氏为中国古代著名家族，陈郡相当于今河南省淮阳、太康、鹿邑等地，也就是袁氏始祖袁涛涂后裔的直系望地，以阳夏（太康）为世居，之后的袁氏支脉多出自这里。　[4] 言杜则系之京邑：谈到姓杜的，就说他是京兆人。按，京兆杜氏为中国古代以京兆郡为郡望的士族，汉朝时就有俗谚称京兆韦氏和京兆杜氏为"城南韦杜，去天尺五"，南北朝时期，京兆杜氏成为关中郡姓之一。京兆杜氏的世系可以追溯到西汉御史大夫杜周。杜周本居南阳（今属河南），以豪族迁于茂陵（今陕西兴平市），子杜延年又迁于杜陵（今陕西西安市）。京兆杜氏历朝多为官，亦名人辈出。东汉时有杜笃，西晋有军事家杜预，唐朝时更多，其中有写出中国第一部典志体通史著作《通典》的宰相杜佑，杜佑孙则有晚唐诗人杜牧。　[5] 姓卯金者咸曰彭城：姓刘的就都说是彭城人。卯金即"卯金刀"，谓刘姓。"刘"繁体字作"劉"，拆开即"卯、金、刀"，省作"卯金"。因汉高祖刘邦祖籍丰县，起家于沛县，二县后来都属彭城郡，所以天下刘氏就都以彭城为自己的祖籍而称为彭城刘氏，彭城被视为刘姓的正宗郡望，宋代以后更成为天下刘姓的统一郡望。西汉初，汉高祖封弟刘交为楚王，史称楚元王，后来汉宣帝封皇子刘嚣为楚王，史称楚孝王，彭城刘氏也就分为楚元王刘交和楚孝王刘嚣两个主要支派。广义的彭城刘氏就是汉朝刘氏甚至天下

刘氏的代称，狭义的彭城刘氏则仅指刘交和刘嚣的后裔。　[6] 氏禾女者皆云巨鹿：姓魏的就都说是巨鹿人。禾女，俗谓魏姓为"禾女魏"。魏姓最早发源于今河南北部及山西南部一带，春秋至秦，以此地为其繁衍中心，再繁衍到邻近的陕西、河北等部分地区，其中河北巨鹿县自汉以降便有魏氏定居，遂成最大郡望，且代有名人显宦，如魏德深、魏徵等。　[7] 犯国讳：冒犯了帝王的名讳。按，唐朝开国皇帝李渊的父亲名李昞；邴与昞同音犯讳，故姓邴者改姓李。弘则与唐高宗太子李弘讳同。李弘为唐高宗第五子，武则天长子，立为太子后未即位而卒，高宗追赠其为皇帝。　[8] 陇西、赵郡：指李氏出赵郡、陇西二郡望。古陇西即今甘肃临洮，为李氏重要发源地。赵郡李氏开基始祖为秦太傅李玑的次子李牧。李玑是陇西李氏始祖李崇的四弟。李牧是战国时名将，为赵国丞相，封武安君，始居赵郡柏人（今河北隆尧县），为赵郡李氏的始祖。历经汉魏两晋南北朝，赵郡李氏人物尤多，各盛家风，世言高华，与崔、卢、郑、王同被列为一等大姓，为第一等高门大族。至唐初，全国郡姓中位居首列的五姓七家中，李姓占了两家，即赵郡李氏与陇西李氏。　[9] 惭德：因言行有缺失而内愧于心。　[10] 以下两句是说：这都是顺从了世俗的错误做法，而忘记了著述本该坚持的原来的正确体例。

从史书文字简要的角度，批评在姓名前加地名的做法。

又近世有班秩不著者[1]，始以州壤自标[2]，若楚国龚遂、渔阳赵壹是也[3]。至于名位既隆，则不从此列，若萧何、邓禹、贾谊、董仲舒是也[4]。观周、隋二史[5]，每述王、庾诸事[6]，高、杨数公[7]，必云琅琊王褒，新野庾信，弘农杨素，渤海高颎，以此成言<sup>[8]</sup>，岂曰省文，从而可知也。

### [注释]

[1] 班秩：官员的品级。著，显扬。　[2] 州壤：州里，乡里。标，表明，显出。　[3] 龚遂：字少卿，西汉山阳郡南平阳县（今山东邹城市）人。汉宣帝时任渤海太守，很有政绩。后升任水衡都尉，卒于任上。龚遂非楚国人而称楚国，是以郡望相称。赵壹字元叔，东汉时汉阳郡西县（今甘肃天水市）人。以恃才傲物，屡屡得罪，几致于死，友人救之，遂作《穷鸟赋》答谢。并作《刺世疾邪赋》，抒发愤懑之气。赵壹非渔阳人而称渔阳，也是以郡望相称。　[4] 邓禹（2—58）：字仲华，南阳新野（今属河南）人。协助刘秀建立东汉，封为大司徒、酂侯，改封高密侯，进位太傅。　[5] 周、隋二史：即唐朝令狐德棻主修的《周书》和魏徵主修的《隋书》。　[6] 王、庾：指南北朝时文学家王褒、庾信。王褒（？—576）字子渊，琅琊临沂（今山东临沂市）人。历仕南朝梁、西魏、北周三朝，任吏部尚书、开府仪同三司、太子少保等职。识量渊通，志怀沉静。美风仪，善谈笑，博览史传，尤工属文，与庾信才名最高。　[7] 高、杨：指隋朝高颎、杨素。高颎（541—607）字昭玄，一名敏，渤海蓨（今河北景县）人，隋代名相，因对炀帝的奢侈和当时政事有所非议，被杀。杨素（544—606）字处道，弘农华阴（今属陕西）人。历仕北周、隋二朝，任车骑将军、内史令、司徒等职，封楚国公，其一生对隋朝兴亡有重要影响。　[8] 成言：此指写成文章。以下三句是说：如果都用这种加郡望的做法来写史书，怎么能称得上是文字简省呢？这是不可能的啊，从这一点都可以知道。

浦起龙《史通通释》："悯通识之难遇。"

浦起龙《史通通释·举要》："刘氏于诸作者，轻口挥斥，曰'愚'、曰'妄'，甚至曰'邪说'、曰'小人'，乃真罪过。是渠无素养之证见，亦是渠积素愤之由来。"

凡此诸失，皆由积习相传，寖以成俗[1]，迷而不返[2]。盖语曰："难与虑始，可与乐成[3]。"夫以千载遵行[4]，持为故事，而一朝纠正，必惊愚俗。此庄生所谓"安得忘言之人而与之言"，斯言已得之矣。庶知音君子[5]，详其得失者焉。

[注释]

[1]寖以成俗：逐渐形成习俗。　[2]迷而不返：迷误而不知归返。　[3]难与虑始，可与乐成：难以共担开创的艰辛，可以同享成功的欢乐。　[4]以下六句是说：作为千年遵行，已经成为成规的东西，一旦要纠正，必定会惊吓到世俗之人。这就是庄子所说的，"哪里有深明此理的人，我可以和他交谈呢？"这话说得很好啊。但愿明悉此理的同道君子，可以清楚其中的得失啊。　[5]知音：相传伯牙善弹琴，钟子期善听琴。伯牙弹到志在高山的曲调时，钟子期就说"峨峨兮若泰山"；弹到志在流水的曲调时，钟子期又说"洋洋兮若江河"。钟子期死后，伯牙认为再没有人能像他那样懂得自己的音乐，遂不再弹琴。后以"知音"比喻能赏识自己的人，知己朋友。

[点评]

魏晋南北朝以来，世家大族政治地位显赫，阀阅门第受到极高追捧，也即本篇所说的"竞以姓望所出，邑里相矜"。这种情况，直到唐代前期仍是如此，以致史馆所修国史在记载人物籍贯时，都是直接记其祖先原来族望门第，而不论其人现在居住在哪里。作者在史馆修史时曾将籍贯写为其人现在所居，结果受到监修者嗤笑，所写内容也被删改。这是作者继上篇《因习》之后，又专门写作本篇论述人物籍贯之因习问题，而没有将其内容直接合并入上篇的最主要原因或唯一原因，作者自身的甘苦经历或者说切身之痛直接促发了本篇的写作。作者并不完全反对注明族望门第，但强调必须写明现在所居，特别是在迁徙离开原籍多年后，就应直接写成现在所居；至于"虚引他邦，冒为己邑"的弄虚作假行为，则更属在所必摒之列。作者最后不无担忧地说，自己的见解打破了"千载遵行"的规矩，一旦提出，"必惊愚俗"，"庶知音君子，详其得失者焉"。作者在重视族望门第的社会中提出他的观点，当然是大胆的、超前的，也是不可能取悦于主流社会的，但是随着士族门阀逐渐退出历史舞台中心，学界也就逐渐全部采纳了他的观点。这当然是后来史家对其史学思想和史学贡献的极大肯定。

# 内篇　卷六

## 言语第二十

本篇专门论说史书写作过程中应该如何使用语言文字的问题。

强调言语的重要性，为本篇张目。

盖枢机之发[1]，荣辱之主[2]。言之不文，行之不远[3]。则知饰词专对[4]，古之所重也。

[ 注释 ]

[1] 枢机：指言语。发，说出。语出《易·系辞上》："言行，君子之枢机。枢机之发，荣辱之主矣。言行，君子之所以动天地也，可不慎乎！" [2] 荣辱：光荣与耻辱，指地位的高低、名誉的好坏。主，关键。 [3] 言之不文，行之不远：文章没有文采，就不能流传很远。《左传》襄公二十五年载孔子曰："《志》有之：'言以足志，文以足言。'不言，谁知其志？言之无文，行而不远。" [4] 饰词：藻饰言辞，修辞。专对，独自随机应答。

寻夫战国已前，其言皆可讽咏[1]，非但笔削所致[2]，良由体质素美[3]。何以核诸？至如"鹑贲"[4]、"鸲鹆"[5]，童竖之谣也；"山木"[6]、"辅车"[7]，时俗之谚也；"皤腹弃甲"[8]，城者之讴也；"原田是谋"[9]，舆人之诵也。斯皆刍词鄙句[10]，犹能温润若此[11]，况乎束带立朝之士[12]，加以多闻博古之识者哉[13]！则知时人出言[14]，史官入记，虽有讨论润色，终不失其梗概者也。

历史学的第一品格就是真实，历史著作不管如何追求文笔优美，但终不能失去真实这一质朴之美，这是史学的底线。

**［注释］**

[1] 讽咏：讽诵吟咏。　[2] 笔削：笔指记载。削指删改，古时在竹简、木简上写字，要删改得用刀刮去。笔削，即著述，后用作请人修改文章的敬辞。　[3] 良：诚然，的确。体质，本质。素美，质朴无饰之美。　[4] 鹑贲（chún bēn）：鹑，鹑火，十二星次之一。贲，奔走，快跑。《左传》僖公五年载，晋献公包围虢国都城，问卜偃能否取胜，卜偃乃引童谣卜吉凶说：鹑火星照耀，天策星无光，在鹑火中进军，虢公必然逃奔。　[5] 鸲鹆（qú yù）：俗称巴哥，被古人认为是一种不祥之鸟。《左传》昭公二十五年载，有鸲鹆来巢，师己以童谣"鸲鹆鸲鹆，往歌来哭"卜吉凶。　[6] 山木：《左传》隐公十一年载："周谚有之曰：山有木，工则度之。宾有礼，主则择之。"[7] 辅车：《左传》僖公五年载，晋侯假道于虞以伐虢，虞国大夫宫之奇谏阻虞君说："谚所谓'辅车相依，唇亡齿寒'者，其虞虢之谓也。"[8] 皤（pó）腹弃甲：《左传》宣公五年载，楚伐宋，虏其主将华元，宋以兵

车百乘、文马百驷赎之。不久宋筑城，华元前去巡视。筑城者讴曰："睅（hàn）其目，皤其腹，弃甲而复。于思于思，弃甲复来。"活灵活现地表达了劳动者对丢盔弃甲的败军之将的讽刺。　[9]原田是谋：《左传》僖公二十八年载，晋楚城濮之战时，晋侯听舆人诵曰："原田每每，舍其旧而新是谋。"此前晋文公出亡过楚时，曾得到楚国帮助，允诺如双方发生战争则先退避三舍。如今三舍已退，楚仍不止，故舆人诵此，促文公决策与战。　[10]刍词：浅陋的言论，卑贱者的言论。鄙句，粗俗的语句。　[11]温润：温和柔润。　[12]束带：整肃衣冠，表示端庄。立朝，在朝为官。　[13]多闻：学识广博。博古，对古代的事知道得很多。　[14]以下四句是说：由此可知，当时人说出的话语，史官们在将其记录到史书之中时，即使对其原话有些研究探讨和修饰文采，但最终也不会背离原话的基本面貌。

夫三传之说，既不习于《尚书》[1]；两汉之词，又多违于《战策》[2]。足以验氓俗之递改[3]，知岁时之不同[4]。而后来作者，通无远识[5]，记其当世口语，罕能从实而书，方复追效昔人，示其稽古[6]。是以好丘明者，则偏摸《左传》[7]；爱子长者，则全学史公。用使周、秦言辞见于魏、晋之代，楚、汉应对行乎宋、齐之日[8]。而伪修混沌[9]，失彼天然，今古以之不纯[10]，真伪由其相乱。故裴少期讥孙盛录曹公平素之语[11]，

力倡史书记载"当世口语"、俚词俗语。《叙事》《杂说中》《杂说下》三篇亦曾论及，堪称通识。《史记》中记载有一些口语，但没能像刘知幾这样从理论上评述其价值。

而全作夫差亡灭之词[12]。虽言似《春秋》，而事殊乖越者矣[13]。

[注释]

[1]习：因袭。　[2]《战策》：即《战国策》。　[3]氓（méng）俗：民俗。递改，顺次改变。　[4]岁时：岁月，时间。　[5]远识：即远见，高远的见识。　[6]示其稽古：显示其具有渊博的古代知识。　[7]偏：特别地，一味地。摸，模拟。　[8]应对：酬对，对答。　[9]伪：虚假。修，装饰，使完美。混沌，指世界开辟前元气未分、模糊一团的状态，此代指原貌。　[10]纯：纯正，纯净。　[11]裴少期：即南朝宋史学家裴松之，字世期，"少期"为避唐太宗讳而改称。曹公，即曹操。《三国志·魏书·武帝纪》裴松之注释说："孙盛《魏氏春秋》云：'（曹操）答诸将曰：刘备，人杰也，将生忧寡人。'臣松之以为，史之记言，既多润色，故前载所述有非实者矣，后之作者又生意改之，于失实也，不亦弥远乎！凡孙盛制书，多用《左氏》以易旧文，如此者非一。嗟乎！后之学者，将何取信哉？且魏武方以天下励志，而用夫差分死之言，尤非其类。"　[12]夫差（？—前473）：春秋时期吴国末代国君，在位二十三年（前495—前473年）。期间，吴国先是大败越国，使其屈服，继又打败齐国。然连年动众，造成国力空虚。越王句践休养生息，恢复国力，灭亡吴国，夫差自刎。《左传》哀公二十年记载夫差之语说："句践将生忧寡人，寡人死之不得矣。"　[13]乖越：不相称。

唯王、宋著书[1]，叙元、高时事[2]，抗词正笔[3]，务存直道[4]，方言世语[5]，由此毕彰。而今之学者，皆尤二子以言多滓秽[6]，语伤浅俗[7]。夫本质如此[8]，而推过史臣[9]，犹鉴者见嫫姆多媸[10]，而归罪于明镜也。

持论正大，自出手眼，别具慧识！

**[注释]**

[1] 王、宋著书：指王劭《北齐志》、宋孝王《关东风俗传》。　[2] 元、高：东魏君主元氏、北齐君主高氏，此代指二朝。　[3] 抗词：刚正不阿的言辞。正笔，忠实公正的文笔。　[4] 务存直道：直道，即正道，确当的道理、准则。力求反映正直的事理。　[5] 方言：地方话。世语，俗语。　[6] 言多滓秽：言辞中有很多污言秽语。　[7] 语伤浅俗：议论有很多粗疏浅薄之处。　[8] 本质如此：东魏、北齐二朝本来就是那样。　[9] 推过：把过错推给别人。　[10] 鉴者：照镜子的人。嫫（mó）姆，相传黄帝之妻为嫫母，貌甚丑而贤，后以喻丑女。媸，相貌丑陋。

又世之议者，咸以北朝众作，《周史》为工[1]。盖赏其记言之体，多同于古故也。夫以枉饰虚言[2]，都捐实事[3]，便号以良直[4]，师其模楷[5]，（原注：如周太祖实名黑獭[6]，魏本索头[7]，故当时有童谣曰："狐非狐，貉非貉，燋梨狗子咄断索。"又曰："獾獾头团栾[8]，河中狗子破尔菀[9]。"又西帝下诏骂齐神武[10]，数其罪二十。

《史通·杂说中》论《周书》："其书文而不实，雅而无检。真迹甚寡，客气尤烦。……遂使周氏一代之史，多非实录者焉。"

诸如此事，难可弃遗。而《周史》以为其事非雅，略而不载。赖君懋编录[11]，故得权闻于后[12]。其事不传于《北齐》[13]，因而埋没者，盖亦多矣。）是则董狐、南史，举目可求[14]；班固、华峤，比肩皆是者矣[15]。

[注释]

[1]《周史》：指唐代令狐德棻主修的《周书》，记载南北朝时期北周的历史。工，精致，精巧。 [2]枉：徒然。饰，修饰，粉饰。虚言，空话，假话。 [3]捐：背离。 [4]良直：美好正直。 [5]师：学习，效法。 [6]周太祖：即宇文泰（507—556），字黑獭，北魏代郡武川（今属内蒙古）人，鲜卑族。534年末，杀魏孝武帝，立魏文帝。次年正月，文帝改元大统，是为西魏。宇文泰为丞相、都督中外诸军事、大行台，掌握朝政大权。卒后一年，其子宇文觉称帝，建立北周政权，宇文泰被追尊为文王，庙号太祖，两年后又追尊为文皇帝。 [7]索头：亦作"头虏"，即索虏，南北朝时南朝对北方民族的蔑称。《宋书·索虏传》："索头虏，姓托跋氏。……有数百千种，各立名号，索头亦其一也。" [8]貆（huān）：野猪。栾，圆形。 [9]菀：通"苑"，苑囿，古代畜养禽兽供帝王玩乐的园林。按，以上两个童谣暗示宇文家族将夺取西魏元氏政权。 [10]西帝下诏骂齐神武：西帝指宇文泰控制的西魏皇帝。齐神武指高欢（496—547），小字贺六浑，祖籍渤海蓨（今河北景县），世居怀朔镇（今内蒙古固阳县西南）。为东魏大丞相、都督中外诸军事，领渤海王，掌军政大权。后其子高洋建立北齐，追尊为太祖献武帝。 [11]君懋：即撰写《北齐志》的史学家王

劭，字君懋。　[12]权：姑且，暂且。　[13]《北齐》：指唐代李百药编修的《北齐书》。　[14]举目可求：即举目可见。抬头睁眼就能看到，比喻很常见，到处都是。　[15]比肩皆是：到处都是。形容同类的事物或情况很多。

而作者皆怯书今语，勇效昔言，不其惑乎！苟记言则约附五经[1]，载语则依凭三史，是春秋之俗，战国之风，亘两仪而并存[2]，经千载其如一，奚以今来古往[3]，质文之屡变者哉？

《史通·题目》亦说："好奇厌俗，习旧捐新，虽得稽古之宜，未达从时之义。"

［注释］

[1]约：恪守。附，依从。　[2]亘（gèn）两仪：亘，横贯。两仪，天地。　[3]以下两句是说：但为什么从古到今，社会风尚有时崇尚质朴，有时崇尚文采，经常变换呢？

盖善为政者，不择人而理[1]，故俗无精粗[2]，咸被其化[3]；工为史者[4]，不选事而书，故言无美恶，尽传于后。若事皆不谬，言必近真，庶几可与古人同居[5]，何止得其糟粕而已[6]。

黄叔琳《史通训故补》："信史务在纪实，则文词、口语俱从其实，是史法也。"

［注释］

[1]理：治理，管理。　[2]俗：一般人，百姓。精粗，精密和粗疏，此指聪明和愚笨。　[3]化：教化。　[4]工：善

于，擅长。　　[5]庶几可与古人同居：就好像和古人生活在一起了。　　[6]何止得其糟粕而已：又怎么仅仅得到古人留下来的糟粕呢！糟粕，造酒剩下的渣滓，比喻废弃无用的事物。语出《庄子·天道》："桓公读书于堂上。轮扁斲轮于堂下，释椎凿而上，问桓公曰：'敢问公之所读者，何言邪？'公曰：'圣人之言也。'曰：'圣人在乎？'公曰：'已死矣。'曰：'然则君之所读者，古人之糟魄已夫！'"糟魄即糟粕。


[ **点评** ]

作者指出写史必须讲究文辞，但不能以辞害义，而必须"务存直道"，记事不误。认为史书的语言文字能够反映出不同时代、不同地域、不同民族之间的历史发展实况，反对语言使用中"怯书今语，勇效昔言"的重古轻今观念，批评了前代史书中效仿古语而失却天然、为仿效古语而删割史事等各种错误做法。主张"言无美恶"，只要"事皆不谬，言必近真"，随时因俗的方言俗语都可采用，以便更好地叙述史事和描写人物，体现各时代的不同色彩。考察中国古代史学发展进程可知，早在西汉司马迁创作《史记》时，就已经载录有方言口语，司马迁也曾在《史记》中提出一些采择史料的方法，但对方言口语的史料价值未有论述。本篇对这一问题进行理论性探索，自然是对前人实践工作的重要发展与理性总结。作者的这些观点都是为了更真实地反映历史的真情实况，是建立在历史进步论基础上的，在中国古代史学思想发展史上有其重要价值。

本篇是继上篇从宏观上论说史书编写过程中如何使用语言文字问题之后，具体论说其中的"浮词"问题。

吕思勉《史通评》："此篇戒叙事时掺入主观之语，以致失真也。叙事不可掺入议论，人尚易知；乃至词气未竟之时，加一二语以足之，而亦有关出入，则知者甚鲜，刘氏此论，可谓入微矣。"

# 浮词第二十一

夫人枢机之发，亹亹不穷[1]，必有余音足句[2]，为其始末。是以伊、惟、夫、盖，发语之端也[3]；焉、哉、矣、兮，断句之助也[4]。去之则言语不足，加之则章句获全。而史之叙事，亦有时类此。故将述晋灵公厚敛雕墙，则且以"不君"为称[5]；欲云司马安四至九卿，而先以"巧宦"标目[6]。所谓说事之端也[7]。又书重耳伐原示信，而续以"一战而霸，文之教也"[8]；载匈奴为偶人象郅都，令驰射莫能中，则云"其见惮如此"[9]。所谓论事之助也[10]。

[ 注释 ]

[1] 亹（wěi）亹：指谈论动人，有吸引力，使人不知疲倦。　[2] 余：多出的。浦起龙《史通通释》改作"徐"，不确。音，言语，文辞。足，完备，足够，此为使动用法，使……完备。　[3] 发语之端：作为文句的发语词。此即上文所说的"余音"。　[4] 断句之助：表示断句的文末助词。此即上文所说的"足句"。　[5] 不君：不行君道。《左传》宣公二年载："晋灵公不君，厚敛以雕墙。"意谓：晋灵公不遵守做国君的原则，加重征收赋税来满足其奢侈生活。　[6] 巧宦：善于钻营谄媚的官吏。《史记·汲黯传》载：汲黯姑姊子司马安，"少与黯为太子洗马。安文深巧，善宦，官四至

九卿。"潘岳《闲居赋序》引作"司马安四至九卿，而良史书之以巧宦之目"。　[7]所谓说事之端也：这都是论说史事之前的开端之语。　[8]一战而霸，文之教也：《左传》僖公二十五年载，晋文公"围原，命三日之粮。原不降，命去之。谍出曰：'原将降矣。'军吏曰：'请待之。'公曰：'信，国之宝也，民之所庇也。得原失信，何以庇之？所亡滋多。'退一舍，而原降。"僖公二十七年载：晋文公"伐原以示之信，……一战而霸，文之教也。"　[9]其见惮如此：他使人害怕到这种程度。《史记·酷吏列传·郅都传》载："匈奴素闻郅（zhì）都节，居边，为引兵去，竟郅都死，不近雁门。匈奴至为偶人象郅都，令骑驰射，莫能中，见惮如此。"　[10]所谓论事之助也：这都是论说史事的概括性结语。

　　昔尼父裁经[1]，义在褒贬，明如日月，持用不刊[2]。而史传所书，贵乎博录而已。至于本事之外，时寄抑扬[3]，此乃得失禀于片言[4]，是非由于一句，谈何容易，可不慎欤！

用于褒贬评论的浮词须谨慎使用。

**[注释]**

　　[1]尼父裁经：孔子删修《春秋》。　[2]持用不刊：被沿用为不可改移的权威。　[3]寄：寄托。抑扬，褒贬。　[4]禀：承受。

　　但近代作者，溺于烦富[1]，则有发言失中[2]，加字不惬[3]，遂令后之览者，难以取信。盖《史记》世家有云："赵鞅诸子[4]，无恤最贤[5]。"夫贤者当以仁恕为先[6]，礼让居本[7]。至如伪会邻国，进计行戕[8]，俾同气女兄，摩笄引决[9]，此则诈而安忍[10]，贪而无亲，鲸鲵是俦[11]，犬豕不若，焉得谓之贤哉！

[ 注释 ]

[1] 溺：沉迷不悟。烦富，繁多，庞杂。　[2] 发言失中：发端之语使用不当。　[3] 加字不惬：结语使用不妥当。　[4] 赵鞅（？—前475）：原名鞅，后名志父，谥号简。时人尊称之为赵孟，史书多称赵简子。春秋后期晋国六卿之一，赵国基业的开创者。　[5] 无恤（？—前425）：春秋末晋国大夫，赵国的实际创始人。谥号襄子，故史称赵襄子。　[6] 仁恕：仁爱宽容。　[7] 居：处于。　[8] 行戕（qiāng）：行凶杀害。　[9] 摩笄（jī）引决：《史记·赵世家》载："襄子姊前为代王夫人。简子既葬，未除服，北登夏屋，请代王。使厨人操铜枓以食代王及从者，行斟，阴令宰人各以枓击杀代王及从官，遂兴兵平代地。其姊闻之，泣而呼天，摩笄自杀。代人怜之，所死地名之为摩笄之山。"　[10] 安忍：安于做残忍的事；残忍。　[11] 鲸鲵（ní）是俦（chóu）：鲸鲵即鲸，雄曰鲸，雌曰鲵，比喻凶恶。俦，同类。与鲸鲵同样凶恶。

盖古之记事也，或先经张本[1]，或后传终言[2]，分布虽疏[3]，错综逾密。今之记事也则不然，或隔卷异篇[4]，遽相矛盾；或连行接

吕思勉《史通评》："'贤'，愈也。'赵鞅诸子，无恤最贤'，但谓其胜于余子。……且'贤'字非专指德行，才优于人，亦贤也。刘氏不知训诂，而妄加抨击，误矣。……要之：刘氏论事，长在精核；而其短处，则失之拘泥武断，与王充《论衡》殊相类也。能谨守条例是其长；实未通天然之条例，而妄执不合之条例以绳墨人，是其短。"

"犬豕"之语过激。浦起龙《史通通释》："《史通》每多碍眼丑句。"

史书记事评论须前后照应，观点一致，不能自相矛盾。

句，顿成乖角。是以《齐史》之论魏收，良直邪曲[5]，三说各异；（原注：李百药《齐书序》论魏收云："若使子孙有灵，窃恐未挹高论[6]。"至《收传》论又云："足以入相如之室，游尼父之门。但志存实录[7]，好抵阴私[8]。"于《尔朱畅传》又云："收受畅财贿[9]，故为《荣传》，多减其恶。"是谓三说各异。）《周书》之评太祖[10]，宽仁好杀，二理不同。非惟言无准的[11]，固亦事成首鼠者矣[12]。夫人有一言[13]，而史辞再三，良以好发芜音，不求说理，而言之反覆，观者惑焉。

[ 注释 ]

[1] 张本：预先为后事所写的伏笔。是杜预解说经传记事的方法之一。　[2] 终言：事后写下的概括性结语。也是杜预解说经传记事的方法之一。　[3] 以下两句是说：表面上记事很分散，但实际上前后史事连贯得很紧密。　[4] 以下四句是说：有的分散在不同篇卷之中，结果很快就形成了矛盾；有的语句连在一起，结果一下子就出现了抵牾。　[5] 良直：贤良正直。邪曲，品性不正。　[6] 挹（yì）：抑制住。高论，纵谈，纵论。　[7] 实录：按照真实情况记载。《史通·惑经》说："苟爱而知其丑，憎而知其善，善恶必书，斯为实录。"　[8] 好抵阴私：喜欢诋毁别人隐秘不可告人的事。　[9] 畅：即尔朱文畅（528—545），东魏北秀容

（今山西朔县）人，尔朱荣第四子。初封昌乐郡开国公，进爵为王，任散骑常侍、抚军将军、加开府仪同三司等职，后以谋反被诛。《北齐书·尔朱文畅传》记其事，又说其弟文略"尝大遗魏收金，请为其父作佳传，收论尔朱荣比韦、彭、伊、霍，盖由是也"。　[10]太祖：即西魏权臣宇文泰（507—556）。其子宇文觉代魏称帝、建立北周后，追尊其为文王，庙号太祖，后又追尊为文皇帝。　[11]准的：标准。按，此下原文有一自注（"原注"），删。　[12]首鼠：即首鼠两端，形容做事犹豫不决。　[13]以下六句是说：历史人物只说了一句话，而史书记载时却反复称说，这正是因为作者喜好使用繁杂的言辞，不务正理，但其多次变动更改言论，使阅读的人分辨不清事实。

　　昔夫子断唐、虞以下迄于周，剪截浮词[1]，撮其机要[2]。故帝王之道，坦然明白。嗟乎！自去圣日远，史籍逾多，得失是非，孰能刊定？假有才堪厘革，而以人废言，此绕朝所谓"勿谓秦无人，吾谋适不用"者也[3]。

自信不疑。

## ［注释］

　　[1]剪截浮词：删除累赘不切实际的言辞。　[2]撮其机要：采录其精义要旨。　[3]绕朝：春秋时秦国大夫。《左传》文公十三年载：晋国患秦国任用士会，派人用计迎之归晋，秦中计遣之。士会临行，绕朝"赠之以策，曰：子无谓秦无人，吾谋适不用也"。

**[点评]**

史书为了叙事的始末完整，一般会在说事的前后加上一些简要的评断性用语，使其全文首尾照应、结构井然。作者将这些评断性用语概称为"浮词"，指出"浮词"一类在史事之外时寄抑扬的简要评论性文字，必须谨慎使用，否则发言失中、加字不当，就会以辞害意，不能取信于读者，至如"轻弄笔端，肆情高下"，则更是错误的做法。强调"剪截浮词，撮其机要"，以使史书记事"坦然明白"，是非得失清晰可见。篇中对前代史书中存在的浮词问题给予了严正批评。虽然后代学者对其所举例证颇多争议，但其对浮词问题的精神实质的把握还是非常到位的，就是今天也仍然值得史学工作者关注。对此，吕思勉曾明确指出："凡叙事欲求其简，往往舍有形之事实，而作一总括之语；又有既叙事实，复作一总括之语以示人者，往往易犯此篇所指之弊，不可不察。"（《史通评》）不过也正如作者在开篇所指出的，浮辞是为了史书叙事达到更好的效果而使用的，需要谨慎使用，但不能完全否定，径予剪截删除。史书叙事既要准确、严肃，也要讲求文笔文理，具有一定的文学效果。这是一种全面、辩证的客观态度，对当今的历史书写也有重要的启示意义。

# 叙事第二十二

夫史之称美者，以叙事为先。至若书功过，记善恶，文而不丽，质而非野[1]，使人味其滋

本篇专门论说史书编写过程中如何更好地叙述历史事实的问题。

开篇即无可置疑地正面提出观点。

旨<sup>[2]</sup>，怀其德音<sup>[3]</sup>，三复忘疲<sup>[4]</sup>，百遍无斁<sup>[5]</sup>，自非作者曰圣，其孰能与于此乎？

[注释]

[1]文而不丽，质而非野：有文采但不流于艳丽，朴素但不缺乏文采。　[2]味：品评，欣赏。滋旨，美好的滋味或意味。　[3]怀：想念，思慕。德音，犹德言，指合乎仁德的言语、教令。　[4]三复：多次反复。　[5]斁（yì）：厌恶，厌倦。

　　昔圣人之述作也<sup>[1]</sup>，上自《尧典》，下终获麟<sup>[2]</sup>，是为属词比事之言<sup>[3]</sup>，疏通知远之旨<sup>[4]</sup>。子夏曰<sup>[5]</sup>："《书》之论事也<sup>[6]</sup>，昭昭然若日月之代明。"扬雄有云："说事者莫辨乎《书》<sup>[7]</sup>，说理者莫辨乎《春秋》。"然则意指深奥<sup>[8]</sup>，诰训成义，微显阐幽<sup>[9]</sup>，婉而成章，虽殊途异辙，亦各有美焉<sup>[10]</sup>。谅以师范亿载<sup>[11]</sup>，规模万古，为述者之冠冕，实后来之龟镜。既而马迁《史记》，班固《汉书》，继圣而作，抑其次也。故世之学者，皆先曰《五经》，次云《三史》。经史之目，于此分焉。

肯定和申明经尊史卑。然经史之名称，并非二者优劣高下的标准，此仍囿于传统偏见。

[注释]

[1]述作：指撰写著作，也指著作、作品。　[2]获麟：指春

秋时期鲁哀公猎获麒麟事。相传孔子作《春秋》至此而辍笔。《春秋》哀公十四年：“春，西狩获麟。”杜预注：“麟者仁兽，圣王之嘉瑞也。时无明王，出而遇获，仲尼伤周道之不兴，感嘉瑞之无应，故因《鲁春秋》而修中兴之教。绝笔于‘获麟’之一句，所感而作，固所以为终也。”　[3]属词比事之言：指《春秋》。《礼记·经解》：“属辞比事，《春秋》教也。”属辞比事，指连缀文辞，排比史事，后泛指撰文记事。　[4]疏通知远之旨：指《尚书》。《礼记·经解》：“疏通知远，《书》教也。”疏通知远，通贯地考察历史可以为认识未来提供借鉴。　[5]子夏（前507—前420）：即卜商，字子夏，春秋时晋国人，孔子弟子，孔门十哲之一。少时家贫，苦学入仕，曾任鲁国太宰。孔子卒后，到魏国西河（今山西河津市）设教讲学，于儒家六经皆有研究，对弘扬孔子学说发挥了重要作用。　[6]以下两句是说：《尚书》论说史事，光明正大，就像日月代表了明亮一般。昭昭，明亮，光明。　[7]辨：分析，明察。　[8]以下两句是说：《尚书》含义深远，不易理解，但叙事深刻，伸张正义。按，“指”字，浦起龙《史通通释》改，说是“旧作‘复’，误”。程千帆《史通笺记》认为，《史通》这两句是本于《孔丛子·居卫》“《书》之意兼复深奥，训诂成义，古人所以为典雅也”，故改“复”为“指”非是，“诰训”二字亦当乙转。　[9]以下两句是说：《春秋》用词隐晦，但意义显著，是用委婉的语言写成篇章。　[10]美：浦起龙《史通通释》改为“差”，并云“旧讹作‘美’”。但诚如杨明照《史通通释补》所言：“‘美’字不误。此为总上文论《尚书》《春秋》之词，……若改作‘差’，则不谐矣。”徐复《〈史通〉校记》、程千帆《史通笺记》也认为“美”字不误。　[11]以下四句是说：我认为应该把它们作为千秋万代效法的典范和楷模，它们真可称得上是著述中的最好作品，绝对是后来人学习的榜样。谅，确实。

夫国史之美者，以叙事为工，而叙事之工者，以简要为主。简之时义大矣哉[1]！历观自古，作者权舆[2]，《尚书》发踪[3]，所载务于寡事[4]；《春秋》变体[5]，其言贵于省文。斯盖浇淳殊致[6]，前后异迹。然则文约而事丰[7]，此述作之尤美者也。

*论简要、文约事丰为史书叙事之美，表明中国史学有"审美"的传统。*

*《尚书》《春秋》等古史文辞简略，也与当时书写工具简陋有关。*

[ **注释** ]

[1]简：即前句中的"简要"之意，是指简而能要，并非仅指"简"。　[2]权舆：开始，创始。　[3]发踪：最初，发端。　[4]寡：减少。　[5]变体：改变了体例。　[6]以下两句是说：这大概是因为各个时代浮薄与淳厚的社会风气不同，导致了不同的叙事风格，前后出现了不一样的情况。浇淳：浮薄与淳厚。致，风格，情趣。　[7]文约而事丰：文字精炼，叙事丰富。

始自两汉，迄乎三国，国史之文，日伤烦富。逮晋已降，流宕逾远。寻其冗句，摘其烦词，一行之间，必谬增数字；尺纸之内，恒虚费数行[1]。夫聚蚊成雷[2]，群轻折轴[3]，况于章句不节[4]，言词莫限[5]，载之兼两[6]，曷足道哉[7]？

*两汉以来，史书叙事多有谬增虚费之烦词冗句。*

**［注释］**

[1]恒：常常。虚，白白地。　[2]聚蚊成雷：许多蚊子聚到一起，发出的声音会像雷声那样大。比喻积少可以成多。　[3]群轻折轴：轻的东西积多了，也能压断车轴。比喻听任小的坏事发展下去，也能造成严重后果。　[4]不节：不遵法度；无节制。　[5]莫限：不加限制。　[6]载之兼两：装载了很多车。兼，倍。两，通"辆"。　[7]"尺纸之内"以下六句是说：许多蚊子聚到一起，发出的声音会像雷声那样大，轻的东西积多了，也能压断车轴，更何况史书的文字不加节制，语句不加限制，即使能装载很多车辆，却达不到简要的效果，又有什么值得称道的呢？

　　盖叙事之体，其别有四：有直纪其才行者，有唯书其事迹者，有因言语而可知者，有假赞论而自见者。至如《古文尚书》称帝尧之德，标以"允恭克让"[1]；《春秋左传》言子太叔之状，目以"美秀而文"[2]。所称如此，更无他说，所谓直纪其才行者。又如《左氏》载申生为骊姬所谮[3]，自缢而亡；班史称纪信为项籍所围，代君而死。此则不言其节操，而忠孝自彰，所谓唯书其事迹者。又如《尚书》称武王之罪纣也[4]，其誓曰："焚炙忠良[5]，刳剔孕妇[6]。"《左传》纪随会之论楚也[7]，其词曰："荜辂蓝缕，以启山

李维桢："叙事之体，其别有四，掊击之严，一字不苟，所谓史中之商鞅。然阅史至此，方能细心读古人书，庶不心粗气浮。"（李维桢评、郭孔延评释《史通》）

林<sup>[8]</sup>。"此则才行事迹莫不阙如，而言有关涉，事便显露，所谓因言语而可知者。又如《史记·卫青传》后，太史公曰："苏建尝责大将军不荐贤待士<sup>[9]</sup>。"《汉书·孝文纪》末，其赞曰："吴王诈病不朝<sup>[10]</sup>，赐以几杖。"此则传之与纪<sup>[11]</sup>，并所不书，而史臣发言<sup>[12]</sup>，别出其事，所谓假赞论而自见者。

[注释]

[1] 允恭克让：允，诚信。恭，恭谨。克，能够。让，谦让。诚实、恭敬又能够谦让。　[2] 美秀而文：貌美、有才能又有修养。　[3] 谮（zèn）：说别人的坏话，诬陷，中伤。　[4] 罪：归罪于。　[5] 焚炙：烧烤，烧灼。商纣王制作的炮烙酷刑。　[6] 刳剔（kū tī）：剖杀，割剥。古代专门用来对付怀孕妇女的刑罚，让行刑者活生生剖开受刑者肚皮取出婴孩，场面极其残忍。　[7] 随会：即士会，字季。因封于随，称随会；封于范，又称范会；以大宗本家氏号，又为士会。春秋时期晋国大夫，谥武，史称范武子、随武子，为古代贤良的典范。　[8] 荜辂（bì lù）蓝缕，以启山林：荜辂即筚路，柴车。蓝缕，破衣服。驾着简陋的车，穿着破烂的衣服，去开辟山林。形容创业的艰苦。典出《左传》宣公十二年，但为栾书（谥武）所言，非随会。　[9] 苏建：西汉杜陵（今陕西西安市）人，苏武父。初以征匈奴功，封平陵侯。后因败当斩，赎为庶人。晚年起用为代郡太守，卒于任上。大将军，指西汉名将卫青（？—前106），字仲卿，河东平阳（今山西临汾市）人。

汉武帝皇后卫子夫的弟弟，官至大司马、大将军，封长平侯。曾多次出征匈奴，为西汉北部疆域的开拓做出重大贡献。　[10] 吴王：指西汉刘濞（前216—前154），沛郡丰邑（今江苏丰县）人，汉高祖刘邦侄。以军功封吴王。景帝采纳晁错建议，削夺王国封地。刘濞以诛晁错为名，联合楚、赵等封国叛乱，史称七国之乱，但很快失败被杀，封国被废。　[11] 传之与纪：原作"纪之与传"，各本皆同。浦起龙《史通通释》改，认为"传纪二字旧倒"；他应是据此处前云《卫青传》、后云《孝文纪》而改，实则不必改。　[12] 发言：评论。

然则才行、事迹、言语、赞论，凡此四者，皆不相须[1]。若兼而毕书，则其费尤广。但自古经史，通多此额[2]。能获免者，盖十无一二。

**[ 注释 ]**

[1] 相须：互相依存，互相配合，即齐备之意。　[2] 额（lèi）：缺点，毛病。按，此下及前面"尤广"、后面"一二"下，原文都有自注，删。

又叙事之省，其流有二焉：一曰省句，二曰省字。如《左传》宋华耦来盟[1]，称其先人得罪于宋，鲁人以为敏。夫以钝者称敏（原注：鲁人，谓钝人也。《礼记》中已有注解），则明贤达所嗤[2]，此为省句也。《春秋经》曰："陨石于宋五。"

程千帆《史通笺记·浮词》："纪述尚简，终期辞达。才行等四者，有相重而当避者，亦有相须而始成者，固难以一概论也，唯其是焉尔。"

程千帆《史通笺记》："文章无论叙事、记言、说理、抒情，皆有须繁复乃尽者，亦有以繁复成妍者。子玄尚简之论，乃以六代史籍行文浮冗，有激而言，矫枉过正，固不得视为恒规也。"

夫闻之陨，视之石，数之五。加以一字太详，减其一字太略，求诸折中，简要合理，此为省字也。其有反于是者，若《公羊》称郄克眇[3]，季孙行父秃[4]，孙良夫跛[5]，齐使跛者逆跛者[6]，秃者逆秃者，眇者逆眇者。盖宜除"跛者"已下句，但云"各以其类逆"。必事加再述，则于文殊费，此为烦句也。《汉书·张苍传》云："年老，口中无齿。"[7] 盖于此一句之内去"年"及"口中"可矣。夫此六文成句，而三字妄加，此为烦字也。然则省句为易，省字为难，洞识此心[8]，始可言史矣。苟句尽余剩[9]，字皆重复，史之烦芜，职由于此。

**[ 注释 ]**

[1] 华耦来盟：《左传》文公十五年载，宋国司马华耦来鲁国参加会盟，鲁文公欲与其共宴，华耦辞曰：我的先祖华督是宋国的旧臣，得罪过宋殇公，已经记载在诸侯史书中，我是他的后代，怎敢和您共餐呢。西晋杜预注释说："无故扬其先祖之罪，是不敏。鲁人以为敏，明君子所不与也。"鲁，鲁钝，愚蠢。敏，聪明，伶俐。与，赞许。 [2] 贤达：贤明通达。此指贤明通达之人，也泛指有才德有声望的人。 [3]《公羊》：误，应为《榖梁传》。郄克（？—前587），即郄伯、驹伯，传作"郤"，春秋中期晋国卿大夫。任中军帅，执晋政，巩固了晋国的霸业。谥献，史称郄献子。眇（miǎo），瞎了一只眼，后亦指两眼俱瞎。 [4] 季孙行父

《史通·点烦》专门举例讲述如何除去繁琐字句。可惜原本不存，但仔细玩索其所增删，仍有裨益于为文之道。

（？—前 568）：春秋时期鲁庄公弟季友之孙，曾任鲁国执政多年。谥文，史称季文子。　　[5] 孙良夫：春秋时期卫武公之后，居卫国上卿，任执政。谥桓，史称孙桓子。　　[6] 逆：迎接。　　[7] 年老，口中无齿：《汉书·张苍传》无“年老”二字，《史记·张丞相列传》也无“年”字，此为误忆而未核对原文造成的疏忽。　　[8] 洞识：通晓，透彻了解。　　[9] 以下四句是说：倘若语句有很多是多余无用的，文字有很多是重复无义的，那么史书叙事的繁琐杂乱，就是由于这个缘故啊。

　　夫饰言者为文 [1]，编文者为句，句积而章立，章积而篇成。篇目既分，而一家之言备矣。……然章句之言，有显有晦。显也者，繁词缛说，理尽于篇中 [3]；晦也者，省字约文，事溢于句外 [4]。然则晦之将显，优劣不同，较可知矣。夫能略小存大 [5]，举重明轻，一言而巨细咸该，片语而洪纤靡漏，此皆用晦之道也。

黄叔琳《史通训故补》：“子元优晦而劣显，然亦不可相无。”

浦起龙《史通通释》：“用晦之道，尤难言之。简者词约事丰，晦者神余象表。词约者犹有词在，神余者唯以神行，几几无言可说矣。”

### [注释]

　　[1] 以下六句是说：修饰语言就形成文辞，将文辞编排连贯起来就形成文句，文句累积起来就形成了章节，章节累积起来就形成了篇目。等到各个篇目全都划分清楚了，自成体系的论著也就形成了。按，前四句本于对刘知幾有重要影响之王充与刘勰，《论衡·正说篇》：“文字有意以立句，句有数以连章，章有体以成篇。”《文心雕龙·章句》：“夫人之立言，因字而生句，积句而成章，积

章而成篇。"　[2]章句：章节和句子。　[3]繁词缛（rù）说，理尽于篇中：词藻华赡丰富，把道理在一篇之中全都阐释清楚，毫不遗漏。缛，繁多。　[4]省字约文，事溢于句外：减少字词，简化语句，把事情委婉含蓄地寄寓在语言之外。　[5]以下五句是说：能够省略小事而保留大事，通过列举重要者而明白什么是不重要的，使用一字一词就能把大小事情全都概括进来，一两句话就能把重要的和不重要的全都包括无遗，这些做法都是遵守了隐晦含蓄的原则。

　　言近而旨远，辞浅而义深[1]，虽发语已殚，而含意未尽。使夫读者望表而知里，扪毛而辨骨[2]，睹一事于句中[3]，反三隅于字外。晦之时义，不亦大哉！

史文不能过于直白露骨，要讲究委婉含蓄之美。

**［注释］**

[1]言近而旨远，辞浅而义深：语言浅近而主旨远大，文辞浅近而意义深长。语出杜预《春秋经传集解·序》："若夫制作之文，所以章往考来，情见乎辞。言高则旨远，辞约则义微。此理之常，非隐之也。"　[2]扪（mén）：按，摸。　[3]以下四句是说：在文句中看到一件事，就能够在文字之外举一反三，那么隐晦的意义，不是很大的吗！

以《史记》《汉书》为例，具体讲论用晦、简要之道。

　　洎班、马二史，虽多谢五经[1]，必求其所长，亦时值斯语。至若高祖亡萧何，如失左右手<sup>[2]</sup>；汉兵败绩，睢水为之不流<sup>[3]</sup>；董生乘马，三年不知牝牡<sup>[4]</sup>；翟公之门，可张雀罗<sup>[5]</sup>，则其例也。……盖作者言虽简略，理皆要害<sup>[6]</sup>，故能疏而不遗<sup>[7]</sup>，俭而无阙<sup>[8]</sup>。

[ **注释** ]

[1] 谢：逊色，不如。　[2] 如失左右手：好像失去了左手和右手一样，比喻失去了得力的助手。据《史记·淮阴侯列传》载：韩信起初因不得刘邦重用而出走，萧何听说后，来不及禀报刘邦就去追赶。有人报告说萧何逃跑了，刘邦大惊，"如失左右手"，用五个字即道出了刘邦对萧何的依赖程度。　[3] 睢水为之不流：《史记·项羽本纪》载，楚汉战争中，刘邦汉军为项羽楚军追击，"至灵壁东睢水上，汉军却，为楚所挤，多杀，汉卒十余万人皆入睢水，睢水为之不流"，用六个字即道出了汉军溃败伤亡之惨重。　[4] 三年不知牝牡：《太平御览》卷六一一《学部五·勤学》："《汉书》曰：董仲舒，广川人，景帝时为博士。少修学业，下帷读书，弟子传以相受，莫见其面。十年不窥园圃，乘马三年不知牝牡。"用六个字揭示了董仲舒勤于问学的专心致志程度。今传世文献中也有说诸葛亮称先秦孙叔敖乘马三年、不知牝牡者。　[5] 可张雀罗：《史记·汲郑列传》："太史公曰：夫以汲（黯）、郑（当时）之贤，有势则宾客十倍，无势则否，况众人乎？下邽翟公有言，始翟公为廷尉，宾客阗门；及废，门外可设雀罗。"用四个字揭示了当时社会世态炎凉的人情世故。　[6] 要害：指关键之处，致命之处。此指深刻的道理。　[7] 疏：粗略，不细密。　[8] 俭：节省。

昔文章既作[1]，比兴由生，鸟兽以媲贤愚，草木以方男女，诗人骚客，言之备矣。泊乎中代，其体稍殊，或拟人必以其伦，或述事多比于古。……而史臣撰录[2]，亦同彼文章，假托古词，翻易今语[3]。润色之滥，萌于此矣。……欲令学者何以考时俗之不同，察古今之有异？

史书效法文学，致使叙事记人引古语而生妄饰之弊。如果都用古语来写作历史，不但会抹杀历史的发展进步，在思想上也容易滑入历史退化论，并最终陷入历史虚无主义的境地。

[注释]

[1] 以下十句是说：自从古代有了文章著述之后，比喻和起兴的手法也开始产生，有的用鸟兽来比喻贤人和愚者，有的用草木来比喻男人和女人，对此，那些诗人墨客已经说得很周到完备了。到了中古时期，写文章的体例发生了一些变化，有的在评论人物时就用过去的同类人物来比拟，有的在叙述事情时就与古代的同类事情来比较。 [2] 撰录：编写著录。 [3] 假托古词，翻易今语：假托，假借，凭借。翻，改变。使用古代言词来改写当今话语。

昔夫子有云："文胜质则史[1]。"故知史之为务，必藉于文[2]。自五经已降，三史而往，以文叙事，可得言焉。而今之所作，有异于是。其立言也，或虚加练饰[3]，轻事雕彩[4]；或体兼赋颂，词类俳优[5]。文非文，史非史，譬夫乌孙造室，杂以汉仪[6]，而刻鹄不成，反类于鹜者也[7]。

篇末总论史书叙事失真之弊，强调史亦尚文，但不可虚饰，"其言深切而著名，可以贬俗"（纪昀《史通削繁》）。

[ 注释 ]

[1] 文胜质则史：语出《论语·雍也》："子曰：质胜文则野，文胜质则史。文质彬彬，然后君子。"本意谓：质朴胜过文采，就显得粗野，文采胜过质朴，就显得言辞华丽。文采和质朴配合恰当，然后才能成为君子。此处"文胜质则史"是强调史书写作也要讲究文采，意指文采胜过质朴才是史书。　[2] 藉：依靠。　[3] 虚：凭空，不真实的。练饰，琢磨修饰，多用于文辞。　[4] 轻：轻率，随便。事，做，从事。雕彩，亦作"雕采"，犹文采。　[5] 俳（pái）优：古代对艺人的称呼。许慎《说文解字》：俳，戏也；优，饶也，一曰倡也。清段玉裁注："以其言戏之，谓之俳；以其音乐言之，谓之倡，亦谓之优，其实一物也。"《汉书·枚皋传》：枚皋善于作赋，但"不通经术，诙笑类俳倡，为赋颂好嫚戏"，自言"为赋乃俳，见视如倡"。　[6] 乌孙造室，杂以汉仪："乌孙"应为"龟兹"之误。《汉书·西域传》载：龟兹王"治宫室，作檄道周卫，出入传呼，撞钟鼓，如汉家仪。外国胡人皆曰：'驴非驴，马非马，若龟兹王，所谓骡也。'"　[7] 刻鹄（hú）不成，反类于鹜者也：指雕刻天鹅不成功，反倒像野鸭子。比喻仿效失真，适得其反；也比喻模仿得虽然不逼真，但还相似。典出《后汉书·马援传》所载马援诫侄书："龙伯高敦厚周慎，口无择言，谦约节俭，廉公有威，吾爱之重之，愿汝曹效之。杜季良豪侠好义，忧人之忧，乐人之乐，清浊无所失，父丧致客，数郡毕至，吾爱之重之，不愿汝曹效也。效伯高不得，犹为谨敕之士，所谓刻鹄不成尚类鹜者也。效季良不得，陷为天下轻薄子，所谓画虎不成反类狗者也。"但此传显然是用后一比喻意。

[ 点评 ]

作者认为优秀史书以善于叙事为首要条件，而善叙事者又以简要为主，言近旨远、文约事丰、含意不尽是其最高境界，遂在本篇中详细阐述叙事简要的原则与方法。作者首先总结了历代史书的四种叙事方法，认为各种方法都可以独立使用，但为了达到简要的效果，只需使用其中之一即可，不必同时使用。接着从减省文字篇幅的角度，正面提出必须"省句""省字"，在字句行文上讲求"用晦之道"，以收"略小存大，举重明轻，一言而巨细咸该，片语而洪纤靡漏"的效果，这就要求叙事者必须具有全局把握能力。然后又从反面提出，还必须反对"妄饰"，避免虚饰浮华，以致出现"文非文，史非史"的现象。这些论述，鲜明体现了作者崇尚简要的一贯思想，对指导史书写作也有很强的实用价值。浦起龙总结说："自其以叙事烦饰为深诫也，而琐嚎半落刊章。"（《史通通释·举要》）吕思勉评论本篇说："'简要''隐晦'两节极精，'妄饰'所讥亦是。"（《史通评》）而从更为广阔的学术视野考察，不仅史学需要叙事，编纂各体史书都要讲求叙述技巧，文学更需要叙事，这是《史通》的叙事理论对后世文学理论和文学批评也都产生了重要影响的原因。中国自先秦时期史书产生以来就开始了叙事的历程，但第一次明确把"叙事"作为文章标题和学术论题，从理论上正面而直接地阐述叙事的原则与方法的，则非本篇莫属，此足见本篇在中国史学上之重要性与作者史识之高卓，可谓眼光深邃，识空千古，不但对当今的中国历史叙事学研究和文学理论研究具有理论遗产和本土资源的借鉴价值，而且对研究西方历史叙事学也具有比较参照意义，并对不忘本来、吸收外来、面向未来地开展中西历史叙事学比较研究，也有其意义。

需要特别指出的是，《史通》外篇有《点烦》一文，抄录史书文字有繁琐者，以笔点其上，凡加点者，都是作者认为应该删除的繁琐文词。显然，这是对本篇讲述省句省字、除去烦句烦文之法的具体示例。可惜在流传过程中，作者所加之点全都失去，所作小字注释有的也混入正文，不可辨识，因而其真实原意已不可复知。近代以来，吕思勉在《史通评》中曾以己意点定其文，"聊以示作文之法"。洪业见到后，发现与自己想法多有不合，于是将十余年前写成初稿、时时取出修改更易的《史通点烦篇臆补》公开发表。之后，徐复又写出《〈史通·点繁篇〉索隐》，继续对这一删繁求简的修辞问题进行探索。三家之文互有出入，是否与《史通》原意相符合、符合程度怎样，很难论定，但他们如此重视《点烦》一文，则说明该文在语言、修辞、文法等方面确有独到之处。虽其原文已不可复见，但就其现有注释，仔细研索，对于理解本篇所讲史文尚简之理、省句省字之法，多有便利，而对于个人练习文字功夫、提高文字运用能力和作文水准，也切实可法，更有实际意义。

# 内篇　卷七

本篇专门论说史书编写中品评人物的问题。

品藻允当，则时地不同之人也可连类并举。

## 品藻第二十三

盖闻方以类聚，物以群分[1]，薰莸不同器[2]，枭鸾不比翼[3]。若乃商臣、冒顿[4]，南蛮、北狄[5]，万里之殊也；伊尹、霍光，殷年汉日，千载之隔也。而世之称悖逆则云商、冒，论忠顺则曰伊、霍者，何哉？盖厥迹相符，则虽隔越为偶[6]，奚必差肩接武[7]，方称连类者乎[8]？

[ 注释 ]

[1] 方以类聚，物以群分：方，方术，治道的方法。物，事物。原指各种方术因种类相同聚在一起，各种事物因种类不同而区分开。后指人或事物按其性质分门别类。　[2] 薰莸不同器：香草和臭草不能放在同一个器物中。比喻好的和坏的不能共存。薰，香

草。莸，臭草。　　[3] 枭（xiāo）鸾不比翼：枭鸟与鸾凤不会同宿同飞。比喻品德不同的人不能共处。枭，一种凶猛的鸟。鸾，传说中凤凰一类的祥鸟。比翼，并翅齐飞。　　[4] 商臣、冒顿（mò dú）：商臣（？—前614）为春秋时期楚成王太子。公元前626年，楚成王欲改废太子，商臣以甲兵攻之，迫使其自缢，商臣即王位。冒顿（前234—前174）是匈奴头曼单于太子，因其父欲改立太子，于公元前209年杀父自立。　　[5] 南蛮、北狄：旧时对南方和北方少数民族的蔑称。这里是指与上文商臣、冒顿相对应的楚国和匈奴。意谓：商臣、冒顿一个属南蛮，一个属北狄，中间相隔万里之遥。　　[6] 虽隔越为偶：虽然在地域和时间上相差悬殊，但仍可并列为同伴。　　[7] 差肩接武：肩挨着肩，脚跟着脚。差，挨着。武，脚印。　　[8] 连类：同类。

史氏自迁、固作传，始以品汇相从[1]。然其中或以年世迫促[2]，或以人物寡鲜[3]，求其具体必同[4]，不可多得。是以韩非、老子，共在一篇[5]；董卓、袁绍，无闻二录[6]。岂非韩、老俱称述者，书有子名；袁、董并曰英雄，生当汉末。用此为断，粗得其伦。亦有厥类众夥[7]，宜为流别，而不能定其同科，申其异品[8]，用使兰艾相杂[9]，朱紫不分[10]，是谁之过欤？盖史官之责也。

合传、类传应分类得当，以"品汇相从"。此理甚确。然各史立传需视其全书义例而定，取舍分合，并无一成不变之法。

[ 注释 ]

[1] 品汇：事物的品种类别。相从，跟随，在一起。　　[2] 迫促：

逼近，接近；短促，短暂。　[3]寡鲜：少。　[4]具体：各种品汇具备。　[5]韩非、老子，共在一篇：司马迁《史记》将老子、庄子、申不害、韩非合为一传，题为《老子韩非列传》，并在传末"太史公曰"中解释合传的原因说，四人思想虽有不同，然"皆原于道德之意"。本篇说"岂非韩、老俱称述者，书有子名？用此为断，粗得其伦"，实乃未能探得司马迁辨彰学术源流之深意。　[6]董卓、袁绍，无闻二录：陈寿《三国志》将董卓、袁绍、袁术、刘表合为一传，题为《董二袁刘传》，并在传末"评曰"解释合传的原因说："董卓狼戾贼忍，暴虐不仁，自书契已来，殆未之有也。袁术奢淫放肆，荣不终己，自取之也。袁绍、刘表……皆外宽内忌，好谋无决，有才而不能用，闻善而不能纳，废嫡立庶，舍礼崇爱，至于后嗣颠蹶，社稷倾覆，非不幸也。"　[7]众夥（huǒ）：众多。夥，多。　[8]申：陈述，说明。　[9]兰艾相杂：兰草与艾草混杂在一起。比喻君子小人或贵贱美恶混在一起。兰艾，兰草与艾草，兰香艾臭。　[10]朱紫：红色与紫色。《论语·阳货》："恶紫之夺朱也。"何晏《集解》引孔安国曰："朱，正色；紫，间色之好者。恶其邪好而夺正色。"后因以"朱紫"比喻正与邪、是与非、善与恶。

対《古今人表》所分人物等次，魏晋以来已有异议，可知仁智互见乃为常事。另外今传本与刘知幾所见亦有不同，说明流传中有后人窜乱，已非《汉书》原文，则更不可仅责《汉书》或班固一人。

案班书《古今人表》，仰包亿载[1]，旁贯百家，分之以三科，定之以九等[3]。其言甚高，其义甚惬。及至篇中所列，奚不类于其叙哉！……是非眢乱[4]，善恶纷挐[5]，或珍瓵甀而贱璠玙[6]，或策驽骀而舍骐骥[7]。以兹为监[8]，欲谁欺乎？

［注释］

［1］仰包亿载：在时间上向前记载了很长历史时期。 ［2］旁贯百家：在内容上涵盖了各种记载。旁贯，横贯。 ［3］三科、九等：班固《汉书·古今人表》序中将人分为三类，"可与为善，不可与为恶，是谓上智"，"可与为恶，不可与为善，是谓下愚"，"可与为善，可与为恶，是谓中人"，此即三科。上、中、下又各分上、中、下三等，即上上、上中、上下、中上、中中、中下、下上、下中、下下，共九等。 ［4］瞀（mào）乱：紊乱，纷乱。 ［5］纷拏（ná）：混乱，错杂。 ［6］珍瓴甋（líng dì）而贱璠玙（fán yú）：瓴甋，砖。璠玙，美玉。以砖瓦为珍宝，以美玉为贱货。按，《左传》有"玙璠"之言，程千帆《史通笺记》认为："子玄精通左氏，当不致倒文为'璠玙'，疑后人传抄之误，当乙转。" ［7］策驽骀（nú tái）而舍骐骥（qí jì）：驽骀，劣马。骐骥，骏马。以劣马为骑乘，把骏马舍弃不用。 ［8］监：借鉴。

　　子曰："以貌取人，失之子羽[1]；以言取人，失之宰我[2]。"……夫能申藻镜[3]，别流品，使小人君子臭味得朋[4]，上智中庸等差有叙[5]，则惩恶劝善，永肃将来[6]，激浊扬清[7]，郁为不朽者矣[8]。

人物评论必须审慎准确，鉴空衡平，恰如其分。

［注释］

［1］子羽：春秋末鲁国人澹台灭明，字子羽，孔子弟子。因相貌很丑，孔子起初认为他资质低下，不会成才。但他从师学习后，致力修身实践，名动诸侯。 ［2］宰我：即宰予（前522—

前 458），字子我，亦称宰我，春秋末鲁国人，孔子弟子。能言善辩，但言行不一，以致孔子因他而改变了自己以往对人的态度："始吾于人也，听其言而信其行；今吾于人也，听其言而观其行。"（《论语·公冶长》）本篇"子曰"引文出《韩非子·显学》："以容取人乎，失之子羽；以言取人乎，失之宰予。"　[3] 藻镜：品评鉴别。　[4] 臭味得朋：臭味，比喻同类。各自按同类聚在一起。　[5] 等差有叙：按照等级差别排列有序。　[6] 永肃将来：肃，整饬，使端正。作为将来永远的借鉴。　[7] 激浊扬清：激，冲去。浊，脏水。清，清水。冲去污水，让清水上来。比喻清除坏的，发扬好的。　[8] 郁为不朽者矣：就会成为永世长存的名著了。郁，文采显著。

### ［点评］

　　作者强调，准确评论历史人物是史学家的重要职责，必须"申藻镜，别流品，使小人君子臭味得朋，上智中庸等差有叙"，如此则可"惩恶劝善，永肃将来，激浊扬清，郁为不朽"，否则即是失职失责。以此为标准，篇中批评了前代史书在品藻人物方面归类不当、等差有误、评价失实等种种错误。虽然作者对历史人物的评价原则、评价标准与我们今天有异，所举各例也不一定完全正确，但他所提出的"申藻镜，别流品"的史学研究任务，仍是我们今天所有史学工作者都要进行的基本工作，也是显示作者史识的一个重要方面。而作者提出的"激浊扬清"的史学研究价值，同样也是我们今天所有史学工作者都要秉持的基本原则，有其永久意义。

# 直书第二十四

夫人禀五常[1]，士兼百行[2]，邪正有别，曲直不同。若邪曲者，人之所贱，而小人之道也；正直者，人之所贵，而君子之德也。

[ **注释** ]

[1]禀：承受。五常，即仁、义、礼、智、信。　[2]百行：各种品行、德行。

然世多趋邪而弃正，不践君子之迹，而行由小人者，何哉？语曰："直如弦，死道边；曲如钩，反封侯[1]。"故宁顺从以保吉，不违忤以受害也。况史之为务[2]，申以劝诫，树之风声。其有贼臣逆子，淫君乱主，苟直书其事，不掩其瑕，则秽迹彰于一朝，恶名被于千载[3]。言之若是，吁可畏乎！

[ **注释** ]

[1]"直如弦"句：这是东汉顺帝末年京都洛阳的一首童谣。意谓：性格如弓弦般正直的人，最后不免沦落天涯，曝尸路旁；而不正直的谄佞奸徒，趋炎附势，阿世盗名，反倒封侯拜相，极

本篇从正面论说史家在写史时应坚持秉笔直书、不虚美隐恶的严肃态度和不畏权势、不怕杀身之祸的高尚品质。

"君子"是古代儒家思想中理想化的人格。以"君子"、"小人"之别，肯定正直，批判邪曲，可谓站位极高。只是邪正曲直的品德并非先天禀赋，而是在后天的社会实践中逐渐形成的。

坦然宣示历史学的功用价值和存在意义，也是要求史学工作者必须讲求正直的品格，具有高度的历史使命感、强烈的社会责任感和无尚的职业光荣感。

尽荣华。　　[2] 以下三句是说：况且史书的最高追求，是申明劝勉
和告诫，树立良好的社会风范。　　[3] 被：加，施加。

现实政治形势
很大程度地制约着
史家的实录直书行
为。

夫为于可为之时则从[1]，为于不可为之时
则凶。如董狐之书法不隐，赵盾之为法受屈[2]，
彼我无忤，行之不疑，然后能成其良直，擅名
今古。至若齐史之书崔弑[3]，马迁之述汉非[4]，
韦昭仗正于吴朝[5]，崔浩犯讳于魏国[6]，或身
膏斧钺[7]，取笑当时；或书填坑窖，无闻后代。
夫世事如此，而责史臣不能申其强项之风[8]，
励其匪躬之节[9]，盖亦难矣。是以张俨发愤[10]，
私存《默记》之文；孙盛不平，窃撰辽东之
本[11]。以兹避祸，幸获而全。足以验世途之多
隘[12]，知实录之难遇耳。

"幸获而全"，
浦起龙《史通通
释》改为"幸获两
全"，文虽通，但
于意不当，清人何
焯校改为"幸而获
全"，于意为长。

[ 注释 ]

[1] 从：随行，跟随。此指顺利。　　[2] 赵盾之为法受屈：春
秋时期，晋灵公无道，赵盾屡谏，不听，反欲杀之，赵盾出奔，
其族人、大夫赵穿杀灵公，赵盾未出境而返。史官董狐在国史中
记载说："赵盾弑其君。"赵盾不服，董狐说："子为正卿，亡不越
境，返不讨贼，非子而谁？"赵盾遂承担了弑君之名。孔子闻知
后赞扬说："董狐，古之良史也，书法不隐。赵宣子，古之良大夫
也，为法受恶。"　　[3] 齐史之书崔弑：春秋时期，齐大夫崔杼杀其

国君庄公，被太史在国史中记载"崔杼弑其君"，崔杼杀之。世袭史职的太史弟弟继续如此书写而被杀者二人，其弟又书，崔杼不敢再杀，该事遂记载在史册之上。　　[4]马迁之述汉非：指司马迁在《史记》中记载了汉朝帝王的种种丑恶之事。　　[5]韦昭仗正于吴朝：韦昭（204—273）为三国时吴国史官，末帝孙皓以宗室旁支入承帝位，想在史书中为其父立帝纪，韦昭不从，由此忤逆孙皓。后被捕入狱，不久即被孙皓处死。　　[6]崔浩犯讳于魏国：崔浩（？—450）字伯渊，北魏清河郡东武城（今山东武城县），一说清河郡武城（今河北清河县）人。官至司徒，是太武帝最重要的谋臣之一。太武帝令其组织纂修国史，务从实录。崔浩直书无隐，太武帝恶之，又兼以他事，遂以修史为名，夷其三族，牵连处死者达一百多人，北魏也因此在一段时间内废止修史和取消了史官。　　[7]身膏斧钺：身体的油脂涂抹了斧钺，指被诛杀。　　[8]强项：刚强不屈。　　[9]匪躬：匪，通"非"，不，不是。躬，自身。指忠心耿耿，不顾自身。　　[10]张俨（？—266）：字子节，三国吴国吴县（今江苏苏州市）人。以博学多识，拜大鸿胪。著有史书《默记》，已佚。　　[11]辽东之本：东晋史学家孙盛撰《晋阳秋》一书，记史下限直至当代，其中记载了权臣桓温北伐时的失败战事。桓温见而大怒，对其子说："若此史遂行，自是关君门户事！"其子哭求孙盛改写，以免全家惨遭杀身之祸，孙盛怒而不肯，其子窃改之。孙盛无奈，遂另行抄写定本寄至辽东慕容隽处保存。后晋武帝广求异闻，才于辽东得之。与传本相较，多有不同，两书遂皆传于世，后佚。　　[12]隘：隘窘，困窘危险。

　　然则历考前史，征诸直词[1]，虽古人糟粕[2]，真伪相乱，而披沙拣金[3]，有时获宝。

案金行在历[4]，史氏尤多。当宣、景开基之始[5]，曹、马拘纷之际[6]，或列营渭曲，见屈武侯[7]，或发仗云台，取伤成济[8]。陈寿、王隐咸杜口而无言，陆机、虞预各栖毫而靡述[9]。至习凿齿，乃申以死葛走达之说[10]，抽戈犯跸之言[11]。历代厚诬，一朝如雪[12]。考斯人之书事，盖近古之遗直欤[13]？次有宋孝王《风俗传》、王劭《齐志》，其叙述当时，亦务在审实[14]。案于时河朔王公，箕裘未陨[15]；邺城将相，薪构仍存[16]。而二子书其所讳，曾无惮色。刚亦不吐[17]，其斯人欤？

論及史家心术問題。表面上有褒无贬，而实则褒贬均见。一正一反，正见作者对史家正直高尚情操之阐扬。

《史通》对王劭多有褒扬之语，"务在审实"是一重要因素。

［注释］

[1]征：验证，考证。直词，实录的言词。　[2]糟粕：造酒剩下的渣滓，比喻废弃无用的事物，此指历史。典出《庄子·天道》。　[3]披沙拣金：拨开沙子来挑选金子，比喻从大量的东西中选取精华。　[4]金行在历：指晋朝。　[5]宣、景：指被追尊为晋宣帝的司马懿、晋景帝的司马师。开基，开创帝王基业。　[6]曹、马：指曹魏政权与司马氏。拘，谋害，陷害。　[7]列营渭曲，见屈武侯：《三国志·蜀书·诸葛亮传》裴松之注引习凿齿《汉晋春秋》说：诸葛亮北伐曹魏，驻兵渭水南岸五丈原，因病去世。蜀汉军退，司马懿在追击途中，恐中计遇袭，退兵回返。百姓为之谚曰："死诸葛走生仲达。"司马懿听到后说："吾能料生，

不便料死。"　[8] 发仗云台，取伤成济：《三国志·魏书·三少帝纪》注引习凿齿《汉晋春秋》、孙盛《魏氏春秋》载：曹髦即帝位后，见朝政为司马氏把持，不胜其忿，召侍中王沈、尚书王经、散骑常侍王业说："司马昭之心，路人所知也。吾不能坐受废辱，今日当与卿自出讨之。"遂自将僮仆数百，下陵云台，出讨司马昭。不料王沈、王业先已奔告于司马昭，贾充领兵迎战，命太子舍人成济进前刺帝，刃出于背而死。　[9] 干宝、虞预各栖毫而靡述：对成济杀曹髦事，虞预《晋书》已佚，是否记载不可考，但干宝《晋纪》有记载，《三国志·魏书·三少帝纪》裴松之注即曾引之，此处误忆为没有记载。浦起龙《史通通释》改"干宝"为"陆机"，然其余各本皆作"干宝"。浦起龙此举或是因为发现干宝《晋纪》有记载，《史通》此处有误，于是改作陆机，但并无确据，且陆机《晋书》早已亡佚，无从考核。而《史通》误忆之疏并不少见，故浦改轻率，实不可从。　[10] 葛：即诸葛亮。达，即司马懿，字仲达。　[11] 抽戈犯跸：此为干宝《晋纪》语，非习凿齿《汉晋春秋》语，见前注 [9]。跸，泛指帝王出行的车驾。　[12] 如：浦起龙《史通通释》说"一作'始'"。雪，昭雪。　[13] 遗直：直道而行。此指直道而行、有古人遗风的人。　[14] 审实：真实，详实。　[15] 河朔王公，箕裘未陨：河朔，代指北魏政权。箕裘，比喻祖先的事业。意谓宋孝王撰《关东风俗传》时，北魏王公后裔的威权势力还对社会有一定的影响。　[16] 邺城将相，薪构仍存：邺城，北齐都城，此代指北齐。薪构，先人德业。意谓王劭撰写《北齐志》时，北齐将相的后裔还有一定的政治势力。　[17] 刚亦不吐：坚硬的也不吐出，比喻不畏强暴。语出《诗·大雅·烝民》："人亦有言，柔则茹之，刚则吐之。维仲山甫，柔亦不茹，刚亦不吐，不侮矜寡，不畏强御。"

一唱三叹，自寄素怀。浩然之气，至大至刚！

盖烈士徇名[1]，壮夫重气[2]，宁为兰摧玉折，不作瓦砾长存。若南、董之仗气直书[3]，不避强御；韦、崔之肆情奋笔[4]，无所阿容[5]。虽周身之防有所不足[6]，而遗芳余烈[7]，人到于今称之。与夫王沈《魏书》假回邪以窃位[8]，董统《燕史》持谄媚以偷荣[9]，贯三光而洞九泉[10]，曾未足喻其高下也。

[ 注释 ]

[1]徇名：舍身以求名。徇，通"殉"。　[2]重气：重视义气，崇尚气节。　[3]南、董：指春秋时期齐国史官南史、晋国史官董狐。仗气，凭仗正气。　[4]韦、崔：指上文提到的韦昭、崔浩。肆情，尽情，不加限制、约束。奋笔，秉笔直书，直言不讳。　[5]阿容：偏袒宽容。　[6]周身之防：周到地保全自己。　[7]遗芳余烈：比喻前人留下的盛德美名和功烈业绩。　[8]王沈《魏书》：已佚，据《史通·古今正史》说，该书"多为时讳，殊非实录"。假，凭借。回邪，邪曲不正。　[9]董统《燕史》：已佚，据《史通·古今正史》载，十六国时期，后燕董统受诏撰写纪传体国史，叙事富赡，足成一家，但褒扬过美，有惭实录。偷荣，窃取荣禄。　[10]以下两句是说：他们之间有着天壤之别，就是用一个天上、一个地下来形容，也还不足以比喻他们之间的差别啊。三光，指日、月、星，此代指天上。九泉，指地下极深处。

[ **点评** ]

《史通》史学理论的根本，在于力主直书实录，反对曲笔诬书。在作者眼里，是其所是，非其所非，褒贬并行，善恶必书，斯为实录。作者在本篇指出，因世途多隘，史家往往有直书其事而受迫害者，世态如此，而要求他们全都具有正直气节，是比较难的。但史书的最高追求，是申明劝勉和告诫，树立良好的社会风范。这就要求史家必须坚守自己的职业道德，"仗气直书，不避强御"，"肆情奋笔，无所阿容"。作者力倡舍生取义的大丈夫精神，义正辞严地指出："烈士徇名，壮夫重气，宁为兰摧玉折，不作瓦砾长存。虽周身之防有所不足，而遗芳余烈，人到于今称之！"这种为史学求真而献身的高尚品格和崇高精神，虽自先秦时期即已有事例，但如此壮怀激烈的宣示和慷慨激昂的推崇，还是有史以来第一次，就是今天的以史为职者，也仍须坚守这一品格，写出客观而公正的历史，维系社会良知和正义。而尤为意味深长的是，作者还特地指出史书即使有不直书之处，后人也能根据相关传世史料，考证出历史的本来面目，这无疑是在告诫妄图篡改历史的权奸和未能据事直书的史臣，历史真实是掩盖不住的，任何心存侥幸都是徒劳无益的。对于历史学家来说，历史是具体的、客观的，不能以个人主观爱憎涂改历史，就是想涂改也是根本涂改不了的，直书实录是他们必须坚持的第一品格。而对于历史人物来说，一切只在于自身的行事，历史只是公正的记录。

# 曲笔第二十五

　　肇有人伦，是称家国。父父子子，君君臣臣，亲疏既辨，等差有别。盖"子为父隐，直在其中"，《论语》之顺也[1]；略外别内，掩恶扬善，《春秋》之义也[2]。自兹已降，率由旧章。史氏有事涉君亲，必言多隐讳，虽直道不足[3]，而名教存焉[4]。

[ 注释 ]

　　[1]顺：通"训"，教诲。《论语·子路》载孔子之言说："父为子隐，子为父隐，直在其中矣。"儿子帮父亲隐瞒恶迹，是儒家纲常礼教所提倡的。直，正直。　[2]义：原则。《春秋》记事以鲁国为主，为鲁国国君讳，对其他诸侯国则有所区别。　[3]直道：正直的准则。　[4]名教：指以正名定分为中心的封建礼教，是为维护和加强封建制度而对人们思想行为设置的一整套规范。

　　其有舞词弄札[1]，饰非文过[2]，若王隐、虞预毁辱相凌[3]，子野、休文释纷相谢[4]。用舍由乎臆说，威福行乎笔端[5]，斯乃作者之丑行，人伦所同疾也[6]。亦有事每凭虚[7]，词多乌有：或假人之美，藉为私惠；或诬人之恶，持报己仇。若王沈《魏录》滥述贬甄之诏[8]，陆机《晋史》

　　本篇是上篇的续篇，是从反面强调史家在写史时应坚持秉笔直书、不虚美隐恶的态度和品格。

　　史家记事必须遵守"直道"，但"直道"首先要顺从"名教"，为了"名教"，可以直道不足，可以使用曲笔。篇首即表明了思想主旨。

虚张拒葛之锋[9]，班固受金而始书[10]，陈寿借米而方传[11]。此又记言之奸贼，载笔之凶人，虽肆诸市朝[12]，投畀豺虎可也[13]。

浦起龙在"记言之奸贼，载笔之凶人"处评论说"下字忒狠"，良是！然于此也可见作者褒扬直书、反对曲笔的决绝态度，需要以同情之理解，明白其苦心孤诣所在。

[ 注释 ]

[1]舞词弄札：即舞文弄墨，故意玩弄文笔。原指曲引法律条文作弊，后常指玩弄文字技巧。　[2]饰非文过：粉饰掩盖过失、错误。　[3]王隐、虞预毁辱相凌：王隐在东晋元帝时为著作郎，受命撰晋史。时著作郎虞预正私撰晋书，而生长东南，不知朝中事故，多次造访王隐，并借其所著窃写之，后竟嫉妒其才胜于己，将其讪谤免归。　[4]子野、休文释纷相谢：子野即裴子野；休文即沈约，字休文。沈约撰《宋书》，称裴松之后人无闻于世。裴松之曾孙裴子野撰《宋略》，在述及沈约父沈璞时，说他是不从义师而被杀。沈约闻知后，赤脚登门向裴子野谢过，请求双方共同删削相关文字。今传沈约《宋书》确实已无相关记载，《宋略》失传，删否不详，以情理推之，当亦删削。　[5]威福：惩罚和赏赐。　[6]疾：憎恨。　[7]以下六句是说：也有的记事常常出于凭空捏造，文辞原本也不存在，这或者是虚假地记载别人的善行，借以报答自己所受的私人恩惠；或者是诬蔑地记载别人的恶行，用以报复自己的个人仇恨。　[8]王沈《魏录》滥述贬甄之诏：王沈《魏书》已佚，其事已不可确考。　[9]陆机《晋史》虚张拒葛之锋：陆机《晋纪》已佚，其事已不可确考，应是虚夸司马懿抵御诸葛亮北伐战绩事。　[10]班固受金而始书：魏晋南北朝时，曾产生班固写《汉书》收受贿络的说法，但实无任何根据，属无中生有的污蔑之词。　[11]陈寿借米而方传：魏晋南北朝乃至唐朝时，曾产生陈寿向人索米才为其先人立传的流言，其实亦是缺

乏实据的污蔑之词。按，刘知幾是否真的相信班固受金、陈寿索
米之事，不好说。细细体味他在这里不加考察真伪地称述这两件
事情，无非是出于对直书实录的振臂疾呼。　[12]肆诸市朝：肆，
罪犯处死后陈尸于众。诸，之于。市朝，集市和朝廷。古人把被
处死的罪人的尸体示众，大夫于朝廷，士人于市集，表示明刑正
法。　[13]畀（bì）：投给。

　　然则史之不直，代有其书，苟其事已彰，则
今无所取。其有往贤之所未察，来者之所不知，
今略广异闻，用标先觉。……陈氏《国志·刘
后主传》云："蜀无史职，故灾祥靡闻。"[1]案黄
气见于秭归[2]，群乌堕于江水[3]，成都言有景星
出[4]，益州言无宰相气[5]，若史官不置，此事从
何而书？盖由父辱受髡，故加兹谤议者也[6]。

陈寿并未因父
受髡刑而在书中对
诸葛亮加以谤议，
对此，明清学者胡
应麟、王鸣盛、钱
大昕、赵翼等都
已进行了很好的辨
析。

[ 注释 ]

[1]"蜀无史职"句：陈寿在《三国志·蜀书·后主传》之
"评曰"中说："国不置史，注记无官，是以行事多遗，灾异靡
书。诸葛亮虽达于为政，凡此之类，犹有未周焉。"　[2]黄气见
于秭归：《三国志·蜀书·先主传》载，章武二年"夏六月，黄
气见自秭归十余里中，广数十丈。后十余日，陆议（陆逊本名）
大破先主军于猇亭。"　[3]群乌堕于江水：《三国志·蜀书·后主
传》建兴九年引《汉晋春秋》说："冬十月，江阳至江州，有鸟
从江南飞渡江北，不能达，堕水死者以千数。"　[4]成都言有景

星出：《三国志·蜀书·后主传》："景耀元年，姜维还成都。史官言景星见，于是大赦。"　[5]益州言无宰相气：《三国志·蜀书·费祎传》载，诸葛亮卒后，费祎封成乡侯，领益州刺史。延熙十四年夏，费祎还成都，成都望气者云："都邑无宰相位。"费祎遂在冬季北上屯兵汉寿。　[6]"父辱受髡"句：《晋书·陈寿传》载："寿父为马谡参军，谡为诸葛亮所诛，寿父亦坐被髡，（亮子）诸葛瞻又轻寿。寿为亮立传，谓亮将略非长，无应敌之才，言瞻惟工书，名过其实。"髡（kūn），古代剃去男子头发的一种刑罚。

夫史之曲笔诬书[1]，不过一二，语其罪负，为失已多。而魏收杂以寓言，殆将过半，固以仓颉已降，罕见其流，而李氏《齐书》称为实录者，何也？盖以重规亡考未达[2]，伯起以公辅相加[3]，字出大名[4]，事同元叹[5]。既无德不报[6]，故虚美相酬。然必谓昭公知礼[7]，吾不信也。

对篇首所谓"假人之美，藉为私惠"者，举李百药《北齐书》为其实例，予以痛斥。

［注释］

[1]以下十句是说：史书中歪曲事实的记载，不过是十分之一二，但要谈起它们的过失，上文所说就已经是够多的了。而魏收编写《魏书》又把自己编造的故事掺杂进去，几乎超过了一半的内容，这绝对是从中国最早的史官仓颉以来极少见到的，但是李百药的《齐书》竟称赞它是"实录"，这是为什么呢？罪负，罪责，过失。仓颉，相传为黄帝史官，曾仿照鸟兽之迹创制文

字。　[2]重规：李百药字重规。亡考，去世的父亲，此指李百药父亲李德林。达，得到显要的地位。　[3]伯起以公辅相加：伯起即魏收，字伯起。据《北史·李德林传》，李德林少孤，未有表字，魏收谓之曰："识度天才，必至公辅，吾辄以此字卿。"遂字之"公辅"。　[4]字出大名：大名，魏姓之代称，典出《左传》闵公元年："魏，大名也。"本句意为：李德林的表字"公辅"是魏收给取的。　[5]元叹：即顾雍。据《三国志·吴书·顾雍传》载：顾雍字元叹，吴郡吴（今江苏苏州市）人。蔡邕暂居吴时，顾雍随其学琴书，专一清静，敏而易教。蔡邕异之，谓曰："卿必成致，今以吾名与卿。"为其取名顾雍。另有记载说："雍字元叹，言为蔡雍（邕）之所叹，因以为字焉。"　[6]以下两句是说：既然古人说所有的恩德都应该有所回报，所以李百药就用这种虚假的赞美来报答魏收。"无德不报"，典出《诗经·大雅·荡之什·抑》。　[7]以下两句是说：然而一定要像孔子称鲁昭公懂礼那样来说李百药也懂礼，那么我也和陈司败不相信鲁昭公懂礼一样，是不相信李百药懂礼的。按，"昭公知礼"典故见《论语·述而》，据其文，孔子在听到陈司败反对自己的言论后，以"丘也幸，苟有过，人必知之"的自我解嘲，承认了自己明知鲁昭公"不知礼"而却说"知礼"的过错。他既要"为尊者讳"，也只能如此偏袒昭公，但并不符合事实。

対篇首所谓"诬人之恶，持报己仇"者，举魏徵《隋书》为其实例，予以痛斥。

语曰："明其为贼，敌乃可服。"[1]如王劭之抗词不挠[2]，可以方驾古人[3]。而魏收持论激扬[4]，称其有惭正直。夫不彰其罪，而轻肆其诛[5]，此所谓兵起无名，难为制胜者[6]。寻此论之作，盖由君懋书法不隐[7]，取咎当时[8]。或有假手史臣[9]，以复私门之耻，不然，何恶直丑正[10]，盗憎主人之甚乎[11]！

**[注释]**

[1] 明其为贼，敌乃可服：语出《汉书·高帝纪上》，意谓：只有把对方称为是奸贼，才可以有讨伐他们的正当理由。　[2] 抗词：直言。不挠，指不弯曲，形容刚正不屈。　[3] 方驾：比肩，媲美。　[4] 魏收持论激扬："魏收"，误，应作"魏徵"。魏徵主修《隋书》，其卷六九为王劭（字君懋）、袁充合传，传末"史臣曰"评论王劭"好诡怪之说，尚委巷之谈，文词鄙秽，体统繁杂，直愧南、董，才无迁、固，徒烦翰墨，不足观采"。　[5] 不彰其罪，而轻肆其诛：魏徵主修《隋书·王劭传》称其所著《隋书》"多录口敕，又采迂怪不经之语及委巷之言，以类相从，为其题目，辞义繁杂，无足称者，遂使隋代文武名臣列将善恶之迹，埋没无闻"，称其《齐志》《齐书》《平贼记》，"或文词鄙野，或不轨不物，骇人视听，大为有识所嗤鄙"，但并无传末"史臣曰"中所说的"直愧南、董"即"有惭正直"之意。　[6] 兵起无名，难为制胜：语出《汉书·高帝纪上》："兵出无名，事故不成。"意谓：出兵而没有正当名分，难以取胜。　[7] 书法不隐：此指记载史事毫不隐晦。　[8] 取咎当时：得罪了当时人。　[9] 假手：假，利用。借助别人来为自己办事。　[10] 恶直丑正：嫉害正直的人。　[11] 盗憎主人：盗贼憎恶主人的防范，使他不得恣意偷窃。比喻邪恶小人总是忌恨正道直行的君子，使他不得恣意作恶。

耿介孤高，凛
然独立。

名教，是其根
本思想和出发点。

　　盖霜雪交下，始见贞松之操；国家丧乱，方
验忠臣之节。若汉末之董承[1]、耿纪，晋初之诸
葛、毌丘[2]，齐兴而有刘秉、袁粲[3]，周灭而有
王谦、尉迥[4]，斯皆破家殉国，视死犹生。而历
代诸史，皆书之曰逆[5]，将何以激扬名教[6]，以
劝事君者乎[7]！古之书事也，令贼臣逆子惧；今
之书事也，使忠臣义士羞。若使南、董有灵，必
切齿于九泉之下矣。

　　**[注释]**

　　[1]董承（？—200）：汉献帝妃嫔董贵人之父。以功封列侯，
任车骑将军。献帝密诏其与刘备等谋诛掌握朝廷实权的曹操，以
谋泄被杀。　[2]诸葛、毌丘：即曹魏末年兴兵讨伐实际执掌国政
的司马师、司马昭而被杀的诸葛诞、毌丘俭。　[3]刘秉、袁粲：
刘秉（433—477）字彦节，彭城绥里（今江苏徐州市）人。南
朝宋宗室，历官著作郎、吏部尚书、中领军等职，封当阳县侯。
因朝廷政权为萧道成把持，他与袁粲密谋杀之，事泄，俱被杀。
袁粲字景倩，陈郡阳夏（今河南太康县）人，历官侍中、吏部尚
书、尚书令等，授中书监开府仪同三司，领司徒。因与刘秉谋诛
专擅朝政的萧道成而被杀。　[4]尉迥：即北周尉迟迥。　[5]皆
书之曰逆：以上所列八人都忠心于旧政权，对旧政权来说都属于
忠臣义士，但对即将产生的新政权则属叛乱，属于乱臣贼子，故
在新政权时期写出的史书《三国志》《晋书》《宋书》《隋书》中，
都被称为叛逆。　[6]激扬名教：激励和发扬名分礼教。　[7]劝：

褒奖，勉励。

自梁、陈已降，隋、周而往，诸史皆贞观年中群公所撰[1]，近古易悉，情伪可求。至如朝廷贵臣，必父祖有传，考其行事，皆子孙所为，而访彼流俗[2]，询诸故老[3]，事有不同，言多爽实[4]。昔秦人不死，验苻生之厚诬[5]；蜀老犹存，知葛亮之多枉[6]。斯则自古所叹，岂独于今哉！

再次强调研究和写作近现代史，一定要注重应用调查访问方法，注意采访和搜集口述史料，以寻求持平之论。

[注释]

[1] 贞观年中群公所撰：唐高祖武德五年（622），因起居舍人令狐德棻奏请，下诏纂修梁、陈、北魏、北齐、北周、隋六代纪传体史书，未能成功。太宗贞观三年（629），官方重新修史，放弃了北魏史的纂修，专门编纂梁、陈、北齐、北周、隋五代史书，由房玄龄、魏徵任总监；而魏徵总加撰定，是实际主持者；令狐德棻总知类会，即拟定体例，协调内容。几年后，姚思廉在父亲底稿基础上修成《梁书》《陈书》，李百药在父亲底稿基础上修成《北齐书》，令狐德棻等修成《周书》，魏徵等修成《隋书》。　[2] 流俗：指世俗之人。　[3] 故老：此指年高而见识多的人。　[4] 爽实：失实。爽，差失，违背。　[5] 秦人不死，验苻生之厚诬：苻生（335—357）字长生，略阳临渭（今甘肃秦安县）人，氐族，十六国时期前秦第二代君主，在位三年，为苻坚所杀。当时史书称其荒耽淫虐，杀戮无道，左右忤旨而死者不可胜纪，至于切胫刳胎、拉胁锯颈者，动有千数。后来唐修《晋书》中《苻生传》

也采用了这些说法。但据前秦隐士赵逸说，其中多有诬蔑不实之词。《洛阳伽蓝记》卷二记载赵逸之言说："自永嘉已来二百余年，建国称王者十有六君，（余）皆游其都邑，目见其事。国灭之后，观其史书，皆非实录，莫不推过于人，引善自向。苻生虽好勇嗜酒，亦仁而不杀，观其治典，未为凶暴。及详其史，天下之恶皆归焉。苻坚自是贤主，贼君取位，妄书生恶，凡诸史官，皆此类也。人皆贵远贱近，以为信然。当今之人，亦生愚死智，惑已甚矣。" [6] 蜀老犹存，知葛亮之多枉：蜀汉老人还在世，采访他们，才知道诸葛亮受了很多冤枉。按，本篇上文及外篇《史官建置》中都曾批评陈寿《三国志》谤议、厚诬诸葛亮。

篇末直探本源，揭示出政治对史学的干扰，是直书与曲笔对立的深刻的社会根源。但一个基本事实是：直书总是为人们所称颂和赞扬，曲笔总是为人们所批判和蔑视。因此作者最后又寄希望于统治者能够主动惩治和革除曲笔。

盖史之为用也，记功司过，彰善瘅恶[1]，得失一朝[2]，荣辱千载。苟违斯法，岂曰能官[3]。但古来唯闻以直笔见诛，不闻以曲词获罪。是以隐侯《宋书》多妄[4]，萧武知而勿尤[5]；伯起《魏史》不平[6]，齐宣览而无谴。故令史臣得爱憎由己，高下在心，进不惮于公宪[7]，退无愧于私室，欲求实录，不亦难乎？呜呼！此亦有国家者所宜惩革也[8]。

[注释]

[1]彰善瘅恶：彰，表扬。瘅，憎恨。表扬好的，斥责恶的。语出《尚书·毕命》。　[2]一朝（zhāo）：一旦，一时。形容很短的时间。　[3]能官：善于为官。此指胜任史官之职。　[4]隐

侯：南朝史学家沈约谥隐，后人遂称之为隐侯。　　[5]萧武知而
勿尤：萧武指南朝梁武帝萧衍。沈约在南齐时修《宋书》，齐武帝
命其对刘宋帝王思讳恶之义，删削对宋孝武帝、宋明帝等负面史
事的记述，沈约从之，至梁武帝时全书撰成，进献朝廷。尤，责
备，怪罪。　　[6]"伯起"两句：魏收承袭北魏多年纂修国史的
成果，并在其他史官帮助下，修成《魏书》，不料很快毁誉纷起，
众口沸腾。北齐文宣帝令魏收与诸官僚世家子弟当面辩论，其后
投诉者百有余人，文宣帝以强力惩治了一些诋毁者，也对魏收有
所指责，令其修改《魏书》，但并未加罪惩罚。　　[7]公宪：即国
法。　　[8]惩革：鉴于前失而有所改变。


[ **点评** ]

　　本篇指出，曲笔就是没有据事直书的记载历史和评
价历史，饰非文过、弄虚作假、诬人之恶、谀言媚主、
颠倒黑白等皆属曲笔行为。作者尖锐地批评曲笔行为乃
"作者之丑行，人伦所同疾"，辛辣地批判其人乃"记言
之奸贼，载笔之凶人，虽肆诸市朝，投畀豺虎可也"。然
自古以来，"唯闻以直笔见诛，不闻以曲词获罪"，因而
作者非常悲愤地控诉："欲求实录，不亦难乎！"强调史
家必须牢记史学"记功司过，彰善瘅恶"的功用，以"得
失一朝，荣辱千载"的高标准来严格要求自己，做到奋
笔直书，反对曲笔，同时也希望统治者能够积极主动地
对曲笔行为进行惩戒和革除。篇中充满着强烈的批判精
神，旗帜鲜明而又淋漓尽致地阐发了记史求真的准则。
但作者认为对君亲避讳其短的做法符合礼教名分的要求，
虽直书精神有所不足，却不能算是曲笔行为，这是他直

书思想缺乏彻底性的表现，可谓其明显不足，而且也会毫无疑问地直接影响到史学实践中对直书的追求。不过我们也必须清楚，这是时代局限性造成的，不能完全苛求于他。

# 鉴识第二十六

本篇通过品评史书优劣，专门论说史家必须具备鉴别史事是非优劣的见识。

物有"恒准"，对它的鉴识也必有一定的"恒准"，笼统地说"鉴无定识"，未免绝对。

史家须有敏锐深刻之通识。

夫人识有通塞[1]，神有晦明[2]，毁誉以之不同，爱憎由其各异。盖三王之受谤也，值鲁连而获申[3]；五霸之擅名也[4]，逢孔宣而见诋[5]。斯则物有恒准[6]，而鉴无定识[7]，欲求铨核得中[8]，其唯千载一遇乎[9]！况史传为文，渊浩广博[10]，学者苟不能探赜索隐[11]，致远钩深[12]，乌足以辩其利害，明其善恶。

[ 注释 ]

[1] 识：见识，辨别是非的能力。通塞，畅通与滞塞。　[2] 神：神智，意识。晦明，昏聩与清醒。　[3] 鲁连：即鲁仲连，战国末期齐国辩士。据《文选》卷四二曹植《与杨德祖书》："昔田巴毁五帝、罪三王、訾五霸于稷下，一旦而服千人。鲁连一说，使终身杜口。"[4] 擅名：享有名声。　[5] 孔宣：即孔子。西汉元始元年（公元 1 年），汉平帝追封孔子为"褒成宣尼公"，其中"宣尼"为谥号。五霸见诋，《汉书·董仲

舒传》说:"仲尼之门,五尺之童,羞称五伯,为其先诈力而后仁谊也。" [6]恒准:固定的标准。 [7]鉴:观察,审查。定识,明确的见识,主见。 [8]铨核:评量考核。 [9]千载一遇:一千年才可遇到一次。形容机会难得。 [10]渊浩:深远广大。 [11]探赜索隐:探,寻求,探测。赜,幽深玄妙。索,搜求。隐,隐秘。探究深奥的道理,搜索隐秘的事情。 [12]致远钩深:致,招致。探取深处的,使远处的到来。比喻探讨深奥的道理。《周易·系辞上》:"探赜索隐,钩深致远,以定天下之吉凶,成天下之亹亹者,莫大乎蓍龟。"

刘祥撰《宋书·序录》[1],历说诸家晋史,其略云:"法盛《中兴》[2],荒庄少气[3],王隐、徐广[4],沦溺罕华[5]。"夫史之叙事也,当辩而不华[6],质而不俚[7],其文直[8],其事核[9],若斯而已可也。必令同文举之含异[10],等公幹之有逸[11],如子云之含章[12],类长卿之飞藻[13],此乃绮扬绣合[14],雕章缛彩[15],欲称实录,其可得乎?以此诋诃[16],知其妄施弹射矣[17]。

对史书要以"史"的标准去要求、去评价。以文学标准来衡量,正见评者毫无识见而不知伦类。

**[注释]**

[1]刘祥:字显徵,南朝东莞莒县(今属山东)人,历仕宋、齐两朝。齐武帝时撰《宋书》,讥斥禅代,被人举报,武帝衔而不问。后又对朝士多所贬忽,并做《连珠》诗十五首讥刺朝政,被徙广州,至则不得意,终日纵酒,不久病卒。其《宋

书》不传。　[2]法盛《中兴》：指何法盛《晋中兴书》。　[3]荒芜：荒，长满野草。芜，草盛的样子。荒芜，此指叙事繁芜杂乱。气，文气。　[4]王隐、徐广：此指王隐的《晋书》、徐广的《晋纪》。　[5]沦溺罕华：太过质朴，缺少文采。　[6]辩而不华：辩，说明。不使用华丽的词藻也能说得很清楚。　[7]质而不俚：质朴但不粗俗。　[8]其文直：其文章风格直白坦率。　[9]其事核：其所记之事经过核实。　[10]文举之含异：孔融（153—208）字文举，东汉末鲁国（今山东曲阜市）人，"建安七子"之一。任北海相、少府、太中大夫等职。性好宾客，喜抨议时政，言辞激烈，后因触怒曹操被杀。曹丕《典论·论文》说："鲁国孔文举，体气高妙，理不胜辞。"《文心雕龙·风骨》说："公干（刘桢）亦云：孔氏卓卓，信含异气，笔墨之性，殆不可胜。"　[11]公干之有逸：刘桢（186—217）字公干，东汉末东平宁阳（今属山东）人，"建安七子"之一。曾被曹操召为丞相掾属，与魏文帝曹丕兄弟颇相友善。后人以其文学成就与曹植并举，称为曹刘。曹丕在《与吴质书》中称其作品"有逸气，但未遒耳"。　[12]子云之含章：汉代文学家扬雄字子云。含章，包含美质。此指扬雄文章中蕴含着美质。　[13]长卿之飞藻：西汉文学家司马相如字长卿。飞藻，文采飞扬。　[14]绮扬绣合：绮，华美。扬，飘动，翻腾。绣，华丽，精美。合，汇聚。此指卖弄、拼凑华美的词藻。　[15]雕章缛彩：指像雕刻一样对文章的字句仔细斟酌的修饰。比喻文彩绚烂。　[16]诋诃：亦作"诋呵"，呵责，指责。　[17]妄施弹射：弹射，批评。胡乱地加以批评。

夫人废兴[1]，时也，穷达[2]，命也。而书之为用，亦复如是。……适使时无识宝，世缺知音，

若《论衡》之未遇伯喈[3],《太玄》之不逢平子[4],
逝将烟烬火灭[5],泥沉雨绝[6],安有殁而不朽[7],
扬名于后世者乎[8]!

篇终以鉴识难遇寄慨。同时也是自慨,须与《自叙》参看。

[注释]

[1]废兴:指官职的黜退和晋升。　[2]穷达:困顿与显达。　[3]《论衡》之未遇伯喈:伯喈即东汉蔡邕。《后汉书·王充传》李贤注释说:"袁山松《书》曰:'充所作《论衡》,中土未有传者,蔡邕入吴始得之,恒秘玩以为谈助。其后王朗为会稽太守,又得其书,及还许下,时人称其才进。或曰,不见异人,当得异书。问之,果以《论衡》之益。由是遂见传焉。'《抱朴子》曰:'时人嫌蔡邕得异书,或搜求其帐中隐处,果得《论衡》,抱数卷持去。邕丁宁之曰:唯我与尔共之,勿广也。'"可知蔡邕极其赏识《论衡》一书。　[4]《太玄》之不逢平子:平子即东汉张衡。据《后汉书·张衡传》载:张衡耽好扬雄《太玄》,谓崔媛曰:"吾观《太玄》,方知子云(扬雄)妙极道数,乃与五经相拟,非徒传记之属。"　[5]烟烬火灭:烟云消散,火苗熄灭。比喻事物消失净尽,不留一点痕迹。烬,本指物体燃烧后剩下的东西,此为"尽"意。　[6]泥沉雨绝:比喻消失净尽。　[7]殁(mò)而不朽:殁,死。人虽然死了,名声或事业长存。　[8]扬名于后世:语出《孝经·开宗明义章》:"立身行道,扬名于后世,以显父母,孝之终也。"

[点评]

作者在撰写《史通》之前,曾专门讨论史家的标准问题，从整体上阐述了史家须才、学、识三长兼备的论断（见《旧唐书·刘子玄传》），《史通》全书也贯穿了这一卓越的理论认识，可惜未能有集中阐释。本篇只是对三长中的"识"进行论说，而且还只是对"识"中属于历史见识性质的内容进行解说，并无"识"中所包括的对正直品格的要求（即俗称之"胆量"）。通识是《史通》全书的主题，对历史、对历史学的通透见识和把握，既是刘知幾对史学家的要求，也是其《史通》全书努力追寻的目标。本篇强调，史家必须具有"探赜索隐，致远钩深"的高明见识和深邃的洞察力，否则就会分辨不清各种史书的是非优劣，但这是很不容易做到的，因而篇中一再强调"识"难，明言："欲求铨核得中，其唯千载一遇乎！"最后又指出："适使时无识宝，世缺知音，若《论衡》之未遇伯喈，《太玄》之不逢平子，逝将烟烬火灭，泥沉雨绝，安有殁而不朽，扬名于后世者乎！"既是对"识"难的感慨，也是对自己甚为自负的《史通》一书命运的担忧，若与内篇最后之《自叙》参看，则此意更为明显。至于如何培养和提高鉴识能力，作者通过批评前代史家进行史学评论时的错误做法，强调必须全面地把握史书的内容，准确地判断其性质，才能避免研判失误，这都是非常正确的观点，而下篇《探赜》又给予了更为专门的论述。

探赜即探索奥秘之意。本篇是专门从探赜的角度，论说作者如何准确地评价历史，提高见识能力，是对上篇内容的补充和深入探求。浦起龙《史通通释》说："此篇亦非论史，是论论史者。"甚是！

# 探赜第二十七

古之述者[1]，岂徒然哉[2]！或以取舍难明，或以是非相乱。由是《书》编典诰，宣父辨其流[3]；《诗》列风雅，卜商通其义[4]。夫前哲所作，后来是观，苟失其指归[5]，则难以传授。而或有妄生穿凿[6]，轻究本源，是乖作者之深旨[7]，误生人之后学[8]，其为谬也，不亦甚乎！

读书要好学深思，心知其意。

[ 注释 ]

[1]述：传述，传承，阐述前人成说。与"作"相对，"作"指创新，自立新义，"述"则传承"作"义。《礼记·乐记》云："作者之谓圣，述者之谓明。明圣者，述作之谓也。"　[2]徒然：白白地，此指没有写作宗旨。　[3]宣父辨其流：宣父即孔子。据《新唐书·礼乐志》，唐太宗贞观十一年（637），追尊孔子为"宣父"。辨其流，即区分《尚书》各篇的时代和性质。相传《尚书》为孔子所编订，司马迁《史记》、班固《汉书》等多持这种观点。　[4]卜商通其义：相传《诗经》亦为孔子编定。孔子卒后，其弟子卜商作《大序》诠释诗义。　[5]指归：宗旨，意图。　[6]穿凿：把讲不通的硬要讲通。　[7]深旨：深刻的意旨。　[8]后学：徐复《〈史通〉校记》认为应为"耳目"之误，并引《古今正史》中"生人之耳目"为证，认为"后学"二字当为《史通》流传中后人以二字模糊而臆补。

盖明月之珠不能无瑕，夜光之璧不能无颣，故作者著书，或有病累。而后生不能诋诃其过，又更文饰其非[1]，遂推而广之，强为其说者，盖亦多矣。如葛洪有云："司马迁发愤作《史记》

平正通达，甚是！

浦起龙《史通通释》："愚尝论《伯夷》篇之为传首也，当作七十列传总序观。传非本纪、世家之比，人兼显晦，有待表章。龙门（司马迁）寄意于首篇，所传在伯夷，所附托乃在孔子也。稚川（葛洪）之见偏，居巢（刘知幾）之说臆，似皆未得其肯。"

张舜徽《史通平议》："论古宁失之宽，无失之刻。多取其长，少摘其短。庶可谓为善读书者！且古人著述，皆各有其义例。苟非通贯全书，不容轻易置喙。如此篇所举孙盛、葛洪之失，亦正坐未窥古人著述大体，乃欲有所揣测，终亦莫由推见作者用心也。"

百三十篇，伯夷居列传之首[2]，以为善而无报也；项羽列于本纪，以为居高位者非关有德也。"案史之于书也，有其事则记，无其事则阙。寻迁之驰骛今古[3]，上下数千载，春秋已往，得其遗事者，盖唯首阳之二子而已。然适使夷、齐生于秦代[4]，死于汉日，而乃升之传首，庸谓有情[5]。今者考其先后，随而编次，斯则理之恒也，乌可怪乎？必谓子长以善而无报，推为传首，若伍子胥[6]、大夫种[7]、孟轲[8]、墨翟、贾谊、屈原之徒，或行仁而不遇，或尽忠而受戮，何不求其品类[9]，简在一科[10]，而乃异其篇目，各分为卷。又迁之纰缪，其流甚多。夫陈胜之为世家，既云无据；项羽之称本纪，何必有凭。必谓遭彼腐刑[11]，怨刺孝武[12]，故书违凡例，志存激切[13]。若先黄、老而后六经，进奸雄而退处士[14]，此之乖刺[15]，复何为乎？

[注释]

[1]文饰：掩饰。文、饰二字乃同义复指。 [2]伯夷居列传之首：司马迁认为"末世争利，维彼奔义，让国饿死，天下称之"，遂作《伯夷列传》，将其兄弟二人列为《史记》七十列传之

首。　[3] 驰骛：指在某一领域纵横自如，并有所建树。　[4] 适：刚巧。使，假若。　[5] 庸：或许，大概。　[6] 伍子胥（前559—前484）：名员，字子胥，春秋时期楚国椒邑（今安徽阜南县）人。以父、兄遭谗受害，逃到吴国，协同孙武带吴兵攻入楚都，以报父兄之仇。辅助吴国成为诸侯一霸。多次谏吴王夫差杀越王句践，又劝夫差暂不北向攻齐而先南向灭越，均遭拒。不久夫差听信谗言，迫令其自杀。九年后，果如其所料，吴为越所灭。　[7] 大夫种（？—前472）：也作文仲、字会、少禽（一作子禽），春秋末期楚国郢（今湖北荆州市）人，后定居越国，成为越王句践的重要谋臣，和范蠡一起辅佐句践灭吴。不久范蠡隐退，并致信劝其功成身退，不听，后果为句践所不容，被赐死。　[8] 孟轲（？—前289）：字子舆，战国时邹（今山东邹城市）人，孔子之孙孔伋的再传弟子。战国时儒家学派的代表人物，与孔子并称孔孟。后世追封为"亚圣公"，尊为亚圣。其言论被弟子及再传弟子编成《孟子》一书。　[9] 品类：品种，类别。　[10] 简：选择；编写。科，类别。　[11] 腐刑：又叫宫刑、蚕室，即阉割。此指司马迁受过腐刑。　[12] 怨刺：讽刺。怨，仇恨。孝武即汉武帝。　[13] 激切：激烈直率。此有偏激之意。　[14] 先黄老而后六经，进奸雄而退处士：重视黄老道家学说而轻视儒家六经，提升游侠而贬抑处士。按，这是班固批评司马迁的两句话，语出《汉书·司马迁传》赞曰："其是非颇缪于圣人，论大道则先黄老而后六经，序游侠则退处士而进奸雄。"实则重视黄老道家学说的是司马迁的父亲司马谈，司马迁本人是尊崇儒家学说的。清人黄叔琳《史通训故补》已指出这一点。　[15] 乖剌：违逆，不和谐。


隋内史李德林著论[1]，称陈寿蜀人，其撰史学评论必须据实而发，不能无根妄谈、凭空捏造。

《国志》，党蜀而抑魏[2]。刊之国史[3]，以为格言[4]。案曹公之创王业也[5]，贼杀母后，幽逼主上[6]，罪百田常[7]，祸千王莽。文帝临戎不武[8]，为国好奢，忍害贤良，疏忌骨肉[9]。而寿评皆依违其事，无所措言[10]。刘主地居汉宗[11]，仗顺而起，夷险不挠[12]，终始无瑕。方诸帝王，可比少康、光武[13]；譬以侯伯，宜辈秦缪、楚庄[14]。而寿评抑其所长，攻其所短[15]。是则以魏为正朔之国，典午攸承[16]；蜀乃僭伪之君，中朝所嫉[17]。故曲称曹美[18]，而虚说刘非[19]，安有背曹而向刘，疏魏而亲蜀也？（原注：陈寿《上书〈诸葛亮集〉》云[20]："陛下迈踪古圣[21]，荡然无忌[22]。故虽诽谤之言[23]，咸肆其辞，而无所革也。"）夫无其文而有其说[24]，不亦凭虚亡是者耶？

[注释]

[1] 李德林（530—590）：字公辅，博陵安平（今属河北）人。历仕北齐、北周、隋三朝，任内史上士、内史令、怀州刺史等职。博学多通，善属文，辞核而理畅。北齐时纂修国史《齐书》，入隋又奉诏续修，卒后由其子李百药续成之。　[2] 党蜀而抑魏：偏

祖蜀汉而贬抑曹魏。据《隋书·李德林传》载：李德林在答魏收信中说："汉献帝死，刘备自尊崇。陈寿蜀人，以魏为汉贼，宁肯蜀主未立，已云魏武受命乎？"[3]刊：记载。国史，此指《隋书》。 [4]格言：正确的言论。 [5]曹公：即曹操。 [6]贼杀母后，幽逼主上：指曹操挟持汉献帝以后，逼迫献帝废伏皇后，继又派人杀之，所生二皇子亦被杀。伏后在位二十年，弟及宗族死者百余人。 [7]田常：即田恒。汉朝为避文帝刘恒讳，称其为田常。又因其谥成，史称田成子。公元前485年承袭父亲田乞之位，唆使齐国大夫鲍息杀悼公，立简公，他与监止任齐国左右相。前481年，又杀监止和简公，立简公弟平公为国君，自己为相，掌齐国之政，尽诛齐国公族之强者，成为后来田氏最终取代姜齐的关键人物。 [8]文帝：即三国时魏国开国皇帝曹丕（187—226），字子桓，沛国谯（今安徽亳州市）人。220年，其父曹操卒，他继任丞相、魏王，同年称帝，以魏代汉。在位期间（220—226），平定边患，击退鲜卑，和匈奴、氐、羌等修好，恢复汉朝在西域的建置。好文学，于诗赋皆有成就，尤擅五言诗，与父、弟曹植并称三曹。著有《典论》，已佚，其中《论文》是中国文学史上第一篇有系统的文学批评作品。临戎，亲临战阵。不武，不算勇武，言无将帅之才。 [9]疏忌骨肉：指曹丕猜忌、迫害其弟曹植，致其忧郁而死事。 [10]寿评：即陈寿在《三国志》中对曹操、曹丕的评论。在《三国志·魏书·武帝纪》"评曰"和《文帝纪》"评曰"中，陈寿对二人全都做了肯定性的高度评价。依违其事，依违，犹豫不决。此指对曹氏父子所作恶事不做批评。无所措言，不发表言论。 [11]刘主地居汉宗：指刘备为汉朝宗室。据《三国志·蜀书·先主传》，刘备乃西汉景帝子中山靖王刘胜之后。地，门第。 [12]夷险不挠：不论处于顺境或是逆境，都刚正不屈。 [13]少康、光武：少康，夏朝中兴之主。其父相为王时，后羿篡位。寒浞杀后羿，自为王，浞子又杀相。相妻逃走，生少康，后少康恢复夏王朝。光武即东汉建立者刘秀。王莽夺取西汉政权，建立新朝。刘秀率反莽农民军灭新朝，重建汉朝，史称东汉。　[14]秦缪、楚庄：即春秋时期五霸中的秦穆公、楚庄王。秦穆公赢任好在位三十九年（前659—前621），重视人才，信用百里奚、蹇叔、丕豹、公孙支等贤臣，开地千里，被周襄王任命为西方诸侯之伯，遂称霸西戎。楚庄王芈侣在位二十三年（前613—前591），使楚国强大，称霸中原。　[15]寿评抑其所长，攻其所短：《三国志·蜀书·先主传》："评曰：先主之弘毅宽厚，知人待士，盖有高祖之风，英雄之器焉。及其举国托孤于诸葛亮，而心神无贰，诚君臣之至公，古今之盛轨也。机权干略不逮魏武，是以基宇亦狭。然折而不挠，终不为下者，抑揆彼之量，必不容己，非唯竞利，且以避害云尔。"　[16]典午：指晋朝。　[17]中朝：中原王朝，相对于周边政权而言。多用来指具有正统地位的政权。此指魏国。　[18]曲称曹美：曲，不如实地。想尽办法来称扬曹魏的长处。　[19]虚说刘非：虚，不真实地。无中生有地斥责蜀汉的短处。　[20]陈寿《上书〈诸葛亮集〉》：陈寿曾奉命编辑《诸葛亮集》，书成奏上，写有《上〈诸葛亮集〉表》一篇。　[21]迈踪：继承、效法前人。　[22]荡然：坦荡，宽大。无忌，没有忌讳。　[23]以下三句是说：因此虽然《诸葛亮集》中有些诽谤的言论，我也都放任它们存在那里，而不加以删除了。　[24]以下两句是说：陈寿没有写出那样的文字，但李德林有那样的评论说法，这不就成了凭空虚构的吗？

于是考众家之异说，参作者之本意，或出自胸怀，枉申探赜；或妄加向背[1]，辄有异同。而流俗腐儒[2]，后来末学[3]，习其狂狷[4]，成其诖误[5]，自谓见所未见，闻所未闻，铭诸舌端[6]，以为口实[7]。唯智者不惑，无所疑焉。

评史论人，须先求作者之本意，明其所以然之由，辨其不尽然之实，出以了解之同情，无惑于后人之异说。

## [ 注释 ]

[1]向背：趋向和背弃，支持和反对。　[2]腐儒：指迂腐的儒生，只知读书，不通世事。　[3]后来末学：学识肤浅的晚辈。　[4]狂狷：狂妄褊急。　[5]诖（guà）误：欺误，贻误。指因受蒙蔽而犯了过失。　[6]铭诸舌端：挂在嘴上。　[7]口实：谈话的资料。

## [ 点评 ]

史家写史，无论是史料采择还是人事评论，都有自己的标准和原则。要对其所写历史予以准确评价，一方面必须探其本意旨归，通晓其原则目的；另一方面，必须把握客观历史的发展脉络，否则枉申探赜、妄生穿凿或妄加向背，都将"乖作者之深旨，误生人之耳目，其为谬也，不亦甚乎！"篇中通过批评前人错误的探赜之例，从多个角度，论述了培养和提高史识必须全面客观、综合考察的道理，这当然是正确地评价历史事件和历史人物的前提基础。

# 内篇　卷八

本篇专门论说史书写作过程中继承前人优良传统的问题，阐述正确借鉴、继承和发扬前人优良传统以形成一家之言的创作的原则与方法。

模拟是学习的第一步，初学而不事模拟、不法前修，则无以正其途辙。

## 摸拟第二十八

夫述者相效，自古而然。故列御寇之言理也[1]，则凭李耼[2]；扬子云之草《玄》也，全师孔公[3]。符朗则比迹于庄周[4]，范晔则参踪于贾谊[5]。况史臣注记[6]，其言浩博[7]，若不仰范前哲[8]，何以贻厥后来[9]？

### [注释]

[1] 列御寇：战国时期郑国圃田（今河南郑州市）人。其学本于黄帝、老子，旧传《列子》一书为其所作，但今人更多认为是魏晋时人托名伪作。　[2] 李耼：即道家学派创始人老子。姓李，名耳，字聃；一说姓李，名耳，字伯阳，谥聃。春秋时期楚国苦县（今河南鹿邑县）人。曾为东周王室守藏室之史，孔子曾向其请教关于礼的问题。著有《道德经》一书，是道家学派的经

典著作。　[3]"扬子云全师孔公"句：扬子云即西汉扬雄，字子云。孔公即孔子，曾作《易经》十翼，或称易传。《汉书·扬雄传》在"赞曰"中称扬雄"好古而乐道，其意欲求文章成名于后世，以为经莫大于《易》，故作《太玄》"。　[4]符朗则比迹于庄周：符朗即苻朗，字元达，略阳临渭（今甘肃秦安县）人，十六国时期前秦君主苻坚从兄子。性宏达，神气爽迈，不屑时荣。耽玩经籍，手不释卷，每谈虚语玄，不觉日之将夕。著《苻子》一书行于世，阐发老庄思想，已佚。　[5]范晔则参踪于贾谊：据《宋书·范晔传》，范晔曾评论自撰《后汉书》的史论说："吾杂传论，皆有精意深旨，既有裁味，故约其词句。至于《循吏》以下及六夷诸序论，笔势纵放，实天下奇作，其中合者，往往不减（贾谊）《过秦篇》。"　[6]注记：记载，记录。　[7]浩博：广大众多。　[8]仰范：依赖与效法。　[9]贻厥后来：留给后世的人。

　　盖摸拟之体，厥途有二：一曰貌同而心异<sup>[1]</sup>，二曰貌异而心同。

**[注释]**

[1]貌同而心异：表面形式相同，但实际含义不同。

　　何以言之？盖古者列国命官，卿与大夫为别。必于国史所记，则卿亦呼为大夫，此《春秋》之例也。当秦有天下<sup>[1]</sup>，地广殷、周，变诸侯为帝王<sup>[2]</sup>，目宰辅为丞相<sup>[3]</sup>。而谯周撰《古史考》<sup>[4]</sup>，

　　两语概括极佳，前者模拟古人形貌表象而遗其本质神理，后者得其神理而弃其表象，与后世所说"形似而神不似，神似而形不似"意同。

思欲摈抑马《记》[5]，师仿孔《经》[6]，其书李斯之弃市也[7]，乃云"秦杀其大夫李斯"。夫以诸侯之大夫名天子之丞相，以此而拟《春秋》，所谓貌同而心异也。

吕思勉《史通评》："大抵放古不袭形迹，实至韩、柳而后能然；六朝人之拟古，则专袭其形迹者，故刘氏深讥之也。"

[ **注释** ]

[1]当秦有天下：在秦国统一天下，建立秦朝之后。 [2]变诸侯为帝王：秦国国君由原来的诸侯王变成了全国统一的皇朝帝王。 [3]目：称呼。 [4]谯周（201—270）：字允南，三国时期巴西西充国（今四川西充县）人。精研六经，颇晓天文。曾在蜀汉任职，以反对北伐而闻名。魏伐蜀，劝后主刘禅投降，被封为阳城亭侯，迁骑都尉、散骑常侍。以《史记》中先秦历史或采俗语百家之言，不专据正经，遂作《古史考》以纠正之，已佚。 [5]摈抑：排斥贬抑。马《记》，即司马迁《史记》。 [6]师仿：学习效法。孔《经》，即孔子《春秋》。 [7]弃市：古代指在闹市执行死刑并陈尸街头。

不知随时应变，只知泥古不化，绝非善模拟者。

盖语曰：世异则事异，事异则备异[1]。必以先王之道持今世之人[2]，此韩子所以著《五蠹》之篇[3]，称宋人有守株之说也[4]。世之述者，锐志于奇[5]，喜编次古文，撰叙今事，而巍然自谓五经再生[6]，三史重出，多见其无识者矣。

［注释］

[1]世异则事异，事异则备异：语出《韩非子·五蠹》："世异则事异，……事异则备变。"意谓：时代、社会改变了，事情也就随之改变，事情改变了，所采取的措施就应相应地有所变化。　[2]持：对待，处理。　[3]韩子：即韩非（？—前233），战国末期韩国公子，荀子弟子，被尊称韩非子或韩子，著有《韩非子》。其中《五蠹》批判了孟子"法先王"的思想，用"守株待兔"的寓言作比喻，阐发"欲以先王之政，治当世之民，皆守株之类"，强调历史是不断发展变化的，随着时代的进步，社会生活和政治制度皆需相应地有所改变。　[4]宋人有守株之说：《韩非子·五蠹》："宋人有耕者。田中有株，兔走触株，折颈而死。因释其耒而守株，冀复得兔。兔不可复得，而身为宋国笑。今欲以先王之政，治当世之民，皆守株之类也。"　[5]锐志于奇：刻意追求奇特。　[6]巍然：高大的样子。此为大言不惭、自高自大之意。

惟夫明识之士则不然[1]。何则？其所拟者非如图画之写真，镕铸之象物[2]，以此而似也。其所以为似者，取其道术相会[3]，义理玄同[4]，若斯而已。亦犹孔父贱为匹夫[5]，栖皇放逐[6]，而能祖述尧、舜，宪章文、武[7]，亦何必居九五之位[8]，处南面之尊[9]，然后谓之连类者哉！

纪昀《史通削繁》："入微之论！"

［注释］

[1]明识：透彻了解。　[2]镕铸：金属铸造。象，塑造。　[3]道

术：政治学术思想。会，符合。　[4] 义理：思想，哲理。玄同，大同。　[5] 孔父：即孔子。匹夫，古代指平民中的男子，后泛指平民百姓。程千帆《史通笺记》认为："检校孔子事迹，似不得谓为匹夫。"　[6] 栖皇：即"栖遑"，形容忙碌不安、奔忙不定的样子。放逐，驱赶，此为被动用法，被驱赶。孔子在周游列国过程中，几次被人驱赶困厄。　[7] 文、武：指周文王、周武王。　[8] 九五之位：指帝王的尊位。九五，《易》卦爻位名。九，谓阳爻，五，第五爻，指卦象自下而上第五位。《易·乾》："九五，飞龙在天，利见大人。"唐孔颖达注释说："言九五，阳气盛至于天，故云'飞龙在天'。此自然之象，犹若圣人有龙德，飞腾而居天位。"后因以"九五"指帝位或帝王。　[9] 南面：此代指帝位。古代以坐北朝南为尊位，天子、诸侯见群臣，或卿大夫见僚属，皆面南而坐。帝位面朝南，故代称帝位。语出《易·说卦》："圣人南面而听天下，向明而治。"

　　盖《左氏》为书，叙事之最。自晋已降，景慕者多[1]，有类效颦[2]，弥益其丑[3]。然求诸偶中[4]，亦可言焉。盖君父见害，臣子所耻，义当略说，不忍斥言[5]。故《左传》叙桓公在齐遇害，而云"彭生乘公[6]，公薨于车[7]"。如干宝《晋纪》叙愍帝殁于平阳[8]，而云："晋人见者多哭，贼惧，帝崩。"以此而拟《左氏》，所谓貌异而心同也。

郭孔延《史通评释》："《模拟》一篇，考究精详，议论确当！"

[注释]

[1] 景慕：景仰，仰慕。　[2] 效颦（pín）：效，仿效。颦，皱

眉头。比喻胡乱模仿，效果极坏。语出《庄子·天运》："西施病心而矉（同"颦"）其里。其里之丑人见而美之，归亦捧心而矉其里。其里之富人见之，坚闭门而不出；贫人见之，挈妻子而去之走。彼知颦美，而不知颦之所以美。"　[3]弥：更加。益，增添。　[4]偶中：偶然符合。　[5]斥言：明言，指明而言。　[6]乘：驾车。　[7]薨（hōng）：古代称诸侯或有爵位的大官死去。　[8]愍帝：即西晋愍帝司马邺（300—318），字彦仁，河内温县（今属河南）人，晋武帝孙。313年即位，316年西晋被匈奴刘曜攻灭，愍帝出降，不久被杀。平阳，今山西临汾市。

大抵作者，自魏已前，多效三史；从晋已降，喜学五经。夫史才文浅而易摸[1]，经文意深而难拟[2]，既难易有别，故得失亦殊。盖貌异而心同者，摸拟之上也；貌同而心异者，摸拟之下也。然人皆好貌同而心异，不尚貌异而心同者[3]，何哉？盖鉴识不明[4]，嗜爱多僻[5]，悦夫似史而憎夫真史。此子张所以致讥于鲁侯，有叶公好龙之喻也[6]。

张舜徽《史通平议》："此篇道尽摸拟著书之弊，曲当事理，可云通识！"

[注释]

[1]文浅：文字浅显。　[2]意深：意义深远。　[3]尚：尊崇，注重。　[4]鉴识：审察辨识的能力。明，睿智。　[5]嗜爱：嗜欲，爱好。多僻，大多邪僻。　[6]"子张"两句：子张即颛孙师（前503—？），字子张，春秋末陈国阳城（今河南登封县）人，孔门

弟子之一。虽学干禄，未尝从政，以教授终，是当时儒家八派之首"子张之儒"的创始人。《艺文类聚》卷九六《鳞介部上》引《庄子》：子张见鲁哀公，哀公无礼，子张遂去之，认为哀公所谓"好士"，有似叶公好龙，"叶公非好龙也，好夫似龙非龙也。今君非好士也，好夫似士者"。

袁山松云[1]："书之为难也有五：烦而不整[2]，一难也；俗而不典[3]，二难也；书不实录，三难也；赏罚不中[4]，四难也；文不胜质[5]，五难也。"夫拟古而不类，此乃难之极者，何为独阙其目乎？呜呼！自子长以还，似皆未睹斯义。后来明达[6]，其鉴之哉！

"拟古而不类"，还是神似的问题。要真正学懂弄通，领会并抓住精神实质，才能达到神似。

[注释]

[1]袁山松（？—401）：又名袁崧，东晋陈郡阳夏（今河南太康县）人。博学能文，历官吴郡太守、秘书监等。著有《后汉书》，今有辑本传世。 [2]烦而不整：繁琐芜杂，没有次序。 [3]俗而不典：粗俗不雅。 [4]不中：不适合，不适当。 [5]文不胜质：质朴胜过文采，显得比较粗野。 [6]明达：明白通达的人。

[点评]

本篇指出，无论是说理草文还是写作史书，模拟、学习、效法和继承古人的长处都是应该的。但模拟有两种形式，一是貌同而心异，一是貌异而心同；前者形似，仅学到前人的表面形式，而未能汲取其精神实质，乃模拟之下者，后者神似，表面上与前人的形式相差甚远，但实际上得其思想精髓，乃模拟之上者。作者各举例证，详细阐述其意，大力倡导灵活变通的神似，强调要分清本质和现象，真正善于批判性地继承和发扬前人的优良传统，以创新为旨趣，在继承中实现推陈出新，极力反对盲目接受、亦步亦趋、泥古不化、抱残守缺的形似，指出一切机械模仿、生搬硬套、照猫画虎、依样葫芦的做法都于事无济。这些都是相当正确的认识。作者在一千三百多年前，即已能准确地分别形神，提出并深入阐述模拟与继承、模拟与创造的关系，剖判异同，诚为卓识明理。浦起龙《史通通释》盛赞本篇说："六朝著述，率趋摸拟。子玄就彼风尚，析出形神两途，顿使仙凡立判。貌同心异，貌异心同，学古合离，秘方尽此！"可谓极其形象而又极其精到！

# 书事第二十九

本篇专门论说史书写作过程中记载史事的内容问题，主要论述史书应该记载哪些史事和如何记载史事两个问题。

昔荀悦有云："立典有五志焉[1]：一曰达道义[2]，二曰彰法式[3]，三曰通古今[4]，四曰著功勋[5]，五曰表贤能[6]。"干宝之释五志也，"体国经野之言则书之[7]，用兵征伐之权则书之[8]，忠臣烈士孝子贞妇之节则书之[9]，文诰专对之辞则书之<sup>[10]</sup>，才力技艺殊异则书之<sup>[11]</sup>。"于是采二家之所议，征五志之所取<sup>[12]</sup>，盖记言之所网罗，书事之所总括，粗得于兹矣。然必谓故无遗恨<sup>[13]</sup>，犹恐未尽者乎？

著述自有体要，记事标准必随各书而定，并无一定恒规。

[ **注释** ]

[1]典：史书。志，宗旨。 [2]达道义：通达儒学思想体系倡导的根本原则。 [3]彰法式：宣扬国家纲纪与符合纲纪的制度。 [4]通古今：讲明社会历史演进的源流。 [5]著功勋：记载和表扬对国家有功勋的人物。 [6]表贤能：表彰品德高、能力强的人物。 [7]体国经野：体，划分。国，都城。经，丈量。野，田野。把都城划分为若干区域，由官宦贵族和平民分别居住；把田野划分为方块土地，由乡下奴隶平民耕作。泛指创建与治理国家。 [8]权：权谋，机智。 [9]节：气节，操守。 [10]文诰：即诰令，古代帝王对臣子下达命令的文书。专对，独自随机应答。 [11]才力：聪慧才能。技艺，技术技巧。殊异，特殊，特异。 [12]征：收集。 [13]以下两句是说：但如果因此就说没有什么遗漏了，恐怕还是有些没有说到的地方吧！

对自己观点很是自信。

今更广以三科<sup>[1]</sup>，用增前目<sup>[2]</sup>：一曰叙沿革，二曰明罪恶<sup>[3]</sup>，三曰旌怪异<sup>[4]</sup>。何者？礼仪用舍、节文升降则书之<sup>[5]</sup>，君臣邪僻、国家丧乱则书之<sup>[6]</sup>，幽明感应、祸福萌兆则书之<sup>[7]</sup>。于是以此三科，参诸五志，则史氏所载，庶几无阙。求诸笔削[8]，何莫由斯？

[注释]

[1]更：再。　[2]前目：前边的名目，指五志。　[3]明：辨明。　[4]旌：表识，表明。怪异，奇特，奇异。　[5]节文：礼节，仪式。本句意谓：礼节的取舍变化、仪式的繁简更改，都要记载。　[6]邪僻：乖谬不正。全句意谓：君臣昏乱、国家衰亡的事情，都要记载。　[7]幽明：指有形和无形的事物；阴间与人间。感应，因受外界影响而引起相应的反应。萌兆，预兆。本句意谓：自然界和人世间的相互感应、祸福发生之前的征兆，都要记载。　[8]以下两句是说：考察各种历史记载，有哪一个不是这样呢？

大抵近代史笔，叙事为烦。榷而论之，其尤甚者有四。……凡祥瑞之出[1]，非关理乱[2]，盖主上所惑，臣下相欺，故德弥少而瑞弥多[3]，政逾劣而祥逾盛[4]。是以桓、灵受祉[5]，比文、景而为丰[6]；刘、石应符[7]，比曹、马而益倍[8]。而史官征其谬说，录彼邪言，真伪莫分，是非无别。其烦一也。

祥瑞谬说不必书。

[注释]

[1]祥瑞：吉祥的征兆。又称福瑞，被儒学认为是表达天意的、对人有益的自然现象，如出现彩云、禾生双穗、地出甘

泉、奇禽异兽出现等。　[2]理乱：即治与乱，国家政治的清明与混乱。　[3]德：品德；德政。弥，愈。　[4]政：治政。盛，多。　[5]桓、灵：指东汉桓帝、灵帝。桓帝刘志（132—167）字意，东汉第十一位皇帝。即位时年十五，外戚梁冀掌握朝政。后与宦官合谋诛灭梁氏，但朝政又落入宦官之手。朝中官员、太学生员与外戚联合反对宦官当权，桓帝下诏逮捕李膺等二百余人，禁锢终身，史称"党锢之祸"。桓帝卒后，外戚窦氏立灵帝刘宏（156或157—189）即位，仍施行党锢及宦官政治，又设置西园，巧立名目搜刮钱财，甚至卖官鬻爵以用于享乐。在位晚期，爆发黄巾起义，西北边疆地区也陷入持续动乱之中。祉（zhǐ），福，此指前面所说的祥瑞现象。　[6]文、景：即西汉文帝、景帝。文帝刘恒（前202—前157）为高祖刘邦第四子，西汉第五位皇帝。即位后，励精图治，发展生产，轻徭薄赋，约法省禁，废除肉刑，使汉朝进入强盛安定时期。文帝卒后，其子刘启即位，是为景帝，继续实行文帝治国政策，使国家强盛，经济富裕，史称"文景之治"。　[7]刘、石：指十六国时期匈奴族刘渊建立的前汉政权、羯族石勒建立的后赵政权。应符，应验符瑞。　[8]曹、马：指曹操开创基业的曹魏政权、司马懿开创基业的两晋政权。

当春秋之时，诸侯力争，各擅雄伯[1]，自相君臣。《经》书某使来聘，某君来朝者，盖明和好所通，盛德所及。此皆国之大事，不可阙如。而自《史》《汉》已还，相承继作。至于呼韩入侍[2]，肃慎来庭[3]，如此之流，书之可也。若乃藩王岳牧，朝会京师[4]，必也书之本纪，则异乎《春秋》之义。（原注：若《汉书》载楚王嚻等来朝，《宋书》载檀道济等来朝之类是也。）夫臣谒其君[5]，子觐其父[6]，抑惟恒理[7]，非复异闻。载之简策，一何辞费？其烦二也。

普通常事不必书。

[ **注释** ]

[1]擅：据为。伯，霸主。　[2]呼韩入侍：西汉昭帝时，匈奴分裂为南北两部。宣帝时，南匈奴降汉，其首领呼韩邪单于稽侯姗来朝，自称藩臣而不名。　[3]肃慎来庭：肃慎为古族名，是后来女真族的先民。来庭，来中原王朝朝贡。司马迁《史记·孔子世家》、陈寿《三国志·魏书·陈留王纪》和唐代官修《晋书》的《文帝纪》《武帝纪》都有肃慎朝贡的记载。　[4]藩王：介于地方长官与独立君主之间的统治者。岳牧，相传尧舜时有四岳、十二州牧来分管政务和方国诸侯，合称岳牧，后泛指封疆大吏。朝会，古代称臣见君为朝，君见臣为会，合称朝会。　[5]谒：拜见。　[6]觐（jìn）：朝见君主或朝拜圣地；进见。　[7]抑：发语词，无义。

若乃百职迁除[1]，千官黜免[2]，其可以书名本纪者，盖惟槐鼎而已[3]。故西京撰史[4]，唯编丞相、大夫；东观著书[5]，止列司徒、太尉。而近世自三公以下，一命已上[6]，苟沾厚张舜徽《史通平议》："百职迁除，千官黜免，亦当时变革之一端，足资考核之处甚多。载之本纪，则病繁芜；概屏不录，则伤阙略。执两用中，固莫如取旁行斜上之法，作表以综述之耳。……知幾论史，惟不明于表之为用甚大，且欲删去（详《表历》篇），故于此类繁杂之事，竟无法以处之也。"

禄，莫不备书。且一人之身，兼预数职，或加其号而阙其位，或无其实而有其名。赞唱为之口劳[7]，题署由其力倦[8]。具之史牍[9]，夫何足观？其烦三也。

**[ 注释 ]**

[1]迁除：官职之升迁除授。　[2]黜免：罢免、免除，革除官职。　[3]槐鼎：槐，指三槐。鼎，国之重器，三足。槐鼎比喻三公，亦泛指执政大臣。古代朝廷阶下种植槐树三株，三公朝会时面对三槐，后世遂以三槐作为三公代称。以上两句意谓：本纪中只应该记载三公品级的执政大臣的任免，其他人物都应略而不载。　[4]西京撰史：西汉史官撰写当代史书。西京指长安，此代指西汉政权。　[5]东观著书：指东汉史官撰写当代史书。自汉章帝之后，东汉政府典藏图书、文献之处移于东观，修史亦在其中。　[6]一命：周代最低一级的官。语出《周礼·地官·党正》："一命，齿于乡里。"命，官阶。周代官阶自一命至九命，一命品阶最低。　[7]赞唱：即赞礼唱名。古代任命官吏，司仪要在朝堂上宣唱礼仪和被任命者的姓名、职官。口劳，嘴都宣唱累了。　[8]题署：签署，签发。　[9]史牍：即史书。牍，古代写字用的木片。

夫人之有传也[1]，盖唯书其邑里而已。其有开国承家[2]，世禄不坠[3]，积仁累德，良弓无改[4]，项籍之先世为楚将[5]，石建之后廉谨相承[6]，此则其事尤异，略书于传可也。其失之者，则有父官令长[7]，子秩丞郎[8]，声不著于一乡[9]，行无闻于十室[10]，而乃叙其名位[11]，一二无遗[12]。此实家谍[13]，非关国史。其烦四也。

传记人物不可妄书。

[注释]

[1]传（chuán）：传代，传承。以下两句是说：对人物的世系传承，只要写清他们的籍贯就可以了。　[2]开国承家：建立邦国，继承封邑。　[3]世禄：古代有世禄之制，贵族世代享有爵禄。不坠，不失。　[4]良弓无改：指继承父祖的优良传统和事业。语出《礼记·学记》："良弓之子，必学为箕。"　[5]项籍之先，世为楚将：《史记·项羽本纪》载，项羽名籍，字羽，下相（今江苏宿迁市）人。其家世代为楚将，封于项，故姓项氏。项羽叔父为项梁，项梁父即楚将项燕。　[6]石建之后，廉谨相承：《史记·万石张叔列传》载，万石君石奋恭谨无比，诸子孙皆孝谨，虽齐鲁诸儒亦不及。其长子石建甚至比石奋还要恭谨，上书奏事后，发现"马"字少写一笔，"甚惶恐"，哀叹"上遣死矣！"少子石庆随皇帝外出，帝问有几匹马，"庆以策数马毕，举手曰：'六马。'庆于诸子中最为简易矣，然犹如此。为齐相，举齐国皆慕其家行，不言而齐国大治，为立石相祠"。　[7]令长：秦汉时，有人口万户以上的县的长官称为令，不足万户的称为长。后因以"令长"泛指县令。　[8]秩：古代官职的级别。丞，佐官名，秦始置。汉以后，中央和地方官吏的副职有大理丞、府丞、县丞等。郎，侍从官名，战国始置，为帝王侍从官侍郎、中郎、郎中等通称，以守卫门户、出充车骑为主要职责，亦随时备帝王顾问差遣。一直

沿用到清朝。　[9]声：名声，名誉。著，显扬。　[10]行：行为，作为。十室：指十室之邑，即十户人家的地方。语出《论语·公冶长》："子曰：十室之邑，必有忠信如丘者焉，不如丘之好学也。"邢昺注释说："十室之邑，邑之小者也。"　[11]名位：姓名和官位。　[12]一二无遗：一个也没有漏掉。　[13]家谍：即家牒，指旧时家族世系的谱牒。

于是考兹四事，以观今古[1]，足验积习忘返[2]，流宕不归，乖作者之规模，违哲人之准的也。孔子曰[3]："吾党之小子狂简，斐然成章，不知所以裁之。"其斯之谓矣。

纪昀《史通削繁》："四条皆切中史病。"

**［注释］**

[1]今：浦起龙《史通通释》说"疑当作'近'"。　[2]以下四句是说：足以说明长期形成的旧习惯已经很难扭转，放任恣肆而不知所归，既违背了作史之人应该遵守的准则，也违背了明哲之人立下的规范。　[3]以下五句是说：孔子说："我们那里的学生，志向远大，但行为粗率简单，缺乏规范，并妄作穿凿，以成文章，我都不知道该怎么教导他们。"说的就是这种情况啊。

《史通·烦省》："论史之烦省者，但当要其事有妄载，苦于榛芜，言有阙书，伤于简略，斯则可矣。"

夫记事之体[1]，欲简而且详，疏而不漏。若烦则尽取，省则多捐，此乃忘折中之宜，失均平之理。惟夫博雅君子，知其利害者焉。

[注释]

[1]本段意谓：史书记事的体例，应该是简要而且完备，疏朗但不遗漏。如果记事求多就不分主次轻重全都记录在册，求简就不分主次轻重尽可能多地予以删除，这是忘记了适当的要求，也丧失了公允的原则。这个道理，只有那些学识渊博、品行端正的君子们，才能准确理解其中的利害得失啊。

[点评]

作者开篇指出，前人所言史书记载的五条内容尚有未尽，还需加上叙沿革、明罪恶、旌怪异三个方面，形成"五志三科"的八条要求，史书记事才不会有什么缺漏。本篇以此为标准，批评了前代史书记事的种种失误，对魏晋南北朝以来史书记事的烦琐弊病进行了详细的分类指陈和严正批评，强调记事的原则应该是"简而且详，疏而不漏"，要以"折中之宜"、"均平之理"来衡量史书记事的繁简。史书记事必然要有自己的选择取舍标准，但标准也需随时、随事、随人、随书而有具体规定，不可能有一成不变之规，因此本篇提出的"五志三科"的八条要求，只能是作者个人的一家之言，而不能代表所有史家、适合各体史书。但他所提出的问题，却是不论古今中外，所有史家在动手写书之前都必须谨慎而细致思量，并做出抉择的，而在史事取舍标准既定的前提下，他所提出的"简而且详，疏而不漏"，也就成了必须讲求和遵守的一般记事原则，至今仍有指导和启发意义。

# 人物第三十

本篇专门论说写史过程中如何记载人物的问题。吕思勉《史通评》说："所论多中肯綮。论史例者，所宜熟复也。"

从彰善瘅恶这一重要功能方面，强调史学的经世作用。然史书记载人物一生行事，并非仅仅为了惩恶扬善。

梁启超："一个人或一群人的伟大活动可以使历史起很大变化，若把几千年来中外历史上活动力最强的人抽去，历史到底还是这样与否，恐怕生问题了。"(《中国历史研究法》)

夫人之生也，有贤不肖焉[1]。若乃其恶可以诫世，其善可以示后，而死之日，名无得而闻焉[2]，是谁之过欤？盖史官之责也。

[ 注释 ]

[1]不肖：不才，不正派。　[2]名：姓名。

当三国异朝，两晋殊宅，若元则[1]、仲景[2]，时才重于许、洛[3]；何桢[4]、许询[5]，文雅高于扬、豫[6]。而陈寿《国志》、王隐《晋史》，广列诸传，而遗此不编。此亦网漏吞舟[7]，过为迂阔者[8]。

[ 注释 ]

[1]元则：桓范（？—249）字元则，三国魏沛国龙亢（今安徽怀远县西）人。建安末入丞相府，与王象等共撰《皇览》。魏时历官中领军、兖州刺史、大司农等职，为曹爽谋划，号称智囊，后与曹爽等被司马懿所杀。著有《世要论》（或称《桓范新书》）。　[2]仲景：张机字仲景，东汉末南阳（今属河南）人，官至长沙太守。著名医学家，被后人尊为医圣，撰有《伤寒杂病论》。西晋医学家王叔和将其整理成《伤寒论》和《金匮要略》二书传世。　[3]许、洛：指许昌、洛阳。曹操挟持汉献帝后，先

后以二地为都城，曹丕代汉建魏后，仍以洛阳为都城。此代指汉末及曹魏政权。　[4]何桢：字元幹，庐江（今属安徽）人。曹魏时任弘农太守、幽州刺史、廷尉等职，入晋为尚书光禄大夫，封雩娄侯。　[5]许询：字玄度，晋高阳（今河北蠡县）人。有才藻，善属文，并善析玄理，为东晋玄言诗代表人物。　[6]扬、豫：扬指扬州。何桢为庐江人，晋时庐江郡属扬州。豫指东晋在江南侨置的豫州，此代指东晋政权。　[7]网漏吞舟：网，渔网，比喻法网。漏，疏宽。吞舟，指大鱼，比喻大奸。原意指网眼太宽，把能吞舟的大鱼漏掉了。后比喻法律太宽，使重大的罪犯也能漏网。　[8]迂阔：思想行为不切实际。

　　观东汉一代，贤明妇人，如秦嘉妻徐氏[1]，动合礼仪，言成规矩，毁形不嫁，哀恸伤生，此则才德兼美者也。董祀妻蔡氏[2]，载诞胡子[3]，受辱虏廷，文词有余，节概不足，此则言行相乖者也。至蔚宗《后汉》[4]，传标《列女》，徐淑不齿[5]，而蔡琰见书。欲使彤管所载[6]，将安准的？

范晔《后汉书·列女传》是"搜次才行尤高秀者，不必专在一操"，故将蔡琰写入传中，刘知幾仅以"节概不足"批评其列入蔡琰，未免强人就己。《史通》此弊多有，实不足为训。

**［注释］**

[1]秦嘉妻徐氏：即徐淑，东汉桓帝时陇西人。秦嘉为郡掾，以上计奉使洛阳，留京任职，徐淑因病不能同往，时时互赠诗书。后秦嘉卒于外，徐淑以兄弟逼其改嫁，自毁容颜以誓不嫁，不久以哀痛过度卒，有诗传世。　[2]董祀妻蔡氏：即蔡琰，字文姬，东汉陈留圉县（今河南杞县）人，文学家蔡邕之女。初嫁卫仲道，

不久丈夫病卒，回母家居住。值匈奴入侵，被乱兵掳走，嫁匈奴左贤王。十余年后，曹操统一北方，念及昔日好友蔡邕之交情，用重金将其赎回，并安排嫁与屯田都尉董祀。博学多才，善文辞，精音律，传世有《悲愤诗》和长篇叙事诗《胡笳十八拍》。　[3]载：发语词，嵌在动词前，无义。　[4]蔚宗《后汉》：即范晔《后汉书》。　[5]齿：收录，录用。全句意谓：徐淑没有被列入传中记载。　[6]彤管：杆身漆朱的笔。为古代后宫女史记事所用。后用作史书《列女传》的代称。

裴幾原删略宋史[1]，时称简要。至如张祎阴受君命[2]，戕贼零陵[3]，乃守道不移[4]，饮鸩而绝。虽古之鉏麑义烈[5]，何以加诸[6]？鲍昭文宗学府[7]，驰名海内，方于汉代，褒、朔之流[8]。事皆阙如，何以申其褒奖？

史书要著功勋、表贤能，忠臣烈士、孝子贞妇、才力技艺殊异者，均应书之。

[ **注释** ]

[1]裴幾原删略宋史：指裴子野（字幾原）据沈约纪传体《宋书》撰编年体《宋略》。　[2]张祎：东晋吴郡（今江苏苏州市）人。少有操行。晋恭帝为琅邪王时，以其为郎中令。刘裕逼迫恭帝让位后，封恭帝为零陵王，欲杀之，以张祎为恭帝素所亲信，遂封药酒付祎，密令鸩之。祎叹曰："鸩君而求生，何面目视息世间哉！不如死也。"遂自饮而死。　[3]戕贼：残害，残杀，杀害。戕、贼二字为同义复指。　[4]守道：坚持原则。　[5]鉏麑（chú ní）：春秋时期晋国著名力士。晋灵公贪图享乐，残虐不君，大夫赵盾多次谏争，灵公恼怒，派鉏麑去刺杀赵盾。鉏麑受赵盾忠诚

感动，退而叹曰："不忘恭敬，民之主也。贼民之主，不忠。弃君之命，不信。有一于此，不如死也。"遂触槐而死。    [6]加：超过。    [7]鲍昭：即鲍照（415—466），唐人避武则天讳（曌）而改。字明远，南朝宋东海（今属江苏）人。初为临川国侍郎，官至中书舍人。文辞赡逸，长于乐府诗，尤擅七言歌行。文宗学府，文章的宗伯，学问的渊府，比喻学问渊博的人。    [8]褒：即王褒（前90—前51），字子渊，西汉资中（今属四川）人。少孤，家贫，事母至孝，以耕读为本。宣帝时，擢谏大夫。是当时著名辞赋家，与扬雄并称渊云。朔，即西汉著名辞赋家东方朔。

夫天下善人少而恶人多，其书名竹帛者，盖唯记善而已。故太史公有云[1]："自获麟以来，四百余年，明主贤君、忠臣死义之士，废而不载，余甚惧焉。"即其义也。至如四凶列于《尚书》[2]，三叛见于《春秋》[3]，西汉之纪江充[4]、石显[5]，东京之载梁冀[6]、董卓，此皆干纪乱常[7]，存灭兴亡所系。既有关时政，故不可阙书。

"天下善人少而恶人多"是古代的一种常见说法，《庄子·胠箧》、王充《论衡·福虚篇》、魏收《魏书·崔挺传》都有此类表述，但皆为顺口一说，并无事实与理论依据。

[注释]

[1]太史公：从后面引文可知，此指司马迁父亲司马谈（？—前110）。西汉左冯翊夏阳（今陕西韩城县南）人。学问广博，撰文论儒、道等六家要旨，对各派思想有深入分析和评价。曾任太史令等职。收集资料，撰写史书，未成而卒，遗命司马迁继其事，后遂有《史记》一书。    [2]四凶：不服从舜帝统治而被流放

到四方的四个部族首领。据《尚书·舜典》，指共工、欢兜、三苗、鲧。　[3] 三叛：指春秋时期邾大夫庶其、黑肱和莒大夫牟夷。庶其以漆、闾丘二邑降鲁，黑肱以滥邑降鲁，牟夷以牟娄、防兹二邑降鲁，《春秋》都直书其名，以惩罚其背叛本国的行为。　[4] 江充（？—前91）：字次倩，西汉赵国邯郸（今属河北）人。因与赵太子丹有隙，向武帝举报其罪，使其被废。又受武帝命，治巫蛊之狱，用酷刑，牵连而死者达数万人。因与太子刘据有隙，诬陷太子行巫蛊事。太子恐，发兵诛之，不久兵败自尽，其母（皇后卫子夫）亦受牵连而自杀。史称巫蛊之祸。后武帝醒悟，灭江充三族。　[5] 石显：字君房，西汉济南（今属山东）人。年轻时因犯罪受腐刑，入宫为宦官。元帝时为中书令，代理政务，事无大小，皆由其决断。成帝即位后，失权免官，忧惧而死。　[6] 梁冀（？—159）：字伯卓，东汉安定乌氏（今甘肃泾川县）人。因其妹为顺帝皇后，得拜大将军，袭侯位。相继立冲帝、质帝、桓帝。后桓帝借宦官之力将其诛杀，并灭其族。　[7] 干纪乱常：违犯法纪，破坏纲常。

说理甚确。然何为"斗筲之才"，何为"片善微功"，并无超时空的、永恒的、固定的标准，只能根据所处具体时代、具体形势来判断，脱离实际地笼统谈论，很容易出现贴标签式的错误。

但近史所刊，有异于是。至如不才之子 [1]，群小之徒 [2]，或阴情丑行 [3]，或素餐尸禄 [4]，其恶不足以曝扬 [5]，其罪不足以惩戒，莫不搜其鄙事，聚而为录，不其秽乎？抑又闻之，十室之邑，必有忠信。而斗筲之才 [6]，何足算也？若《汉传》之有傅宽 [7]、靳歙 [8]，《蜀志》之有许慈 [9]，《宋书》之虞丘进 [10]，《魏史》之王宪 [11]，若斯数

子者，或才非拔萃[12]，或行不逸群[13]，徒以片
善取知，微功见识，阙之不足为少，书之唯益其
累。而史臣皆责其谱状[14]，征其爵里，课虚成
有[15]，裁为列传，不亦烦乎？

**[注释]**

[1] 不才：没有才能。　[2] 群小：众小人。　[3] 阴情：私
事，隐情。丑行，恶劣行为。　[4] 素餐尸禄：素餐，不做事，白
吃饭。尸禄，空食俸禄。指空拿俸禄而不尽职守。　[5] 曝（pù）
扬：暴露传扬。　[6] 斗筲（shāo）：斗，容纳十升的量器。筲，
容纳一斗二升的竹器。皆为量小的容器，比喻气量狭小和才识短
浅。　[7]《汉传》：即班固《汉书》，这是作者为了与下文各书名
避免重复而改称。傅宽（？—前190），北地（今甘省庆阳市）
人。秦末农民战争中，投归刘邦，任右骑将，曾随韩信攻占齐地。
汉朝建立后任齐相，参加平定陈豨叛乱，徙为代相。　[8] 靳歙
（？—前183）：冤句（今山东菏泽市）人。秦末随刘邦起义，以
军功赐爵建武侯，迁骑都尉。后随刘邦定三秦，破项羽，封信武
侯，以功升车骑将军。　[9]《蜀志》：即陈寿《三国志·蜀书》。
许慈，字仁笃，东汉末南阳（今属河南）人。精通郑玄经学，钻
研《周易》《尚书》《论语》等。后入蜀，为蜀汉学士，官至大长
秋。　[10] 虞丘进（363—422）：字豫之，东晋郯县（今浙江嵊县）
人。屡立战功，封关内侯，历任龙骧将军、辅国将军、太子右卫
率等。　[11]《魏史》：即魏收《魏书》。王宪，也作王憬，字显则，
北魏时任中正、并州刺史加安南将军等职，赐爵高唐子、剧县侯、
北海公等。　[12] 拔萃：拔，超出。萃，草丛生的样子，引申为

聚集。指超出同类之上，多指人的品德才能。　[13]逸群：指超出世人和同辈。比喻一个人拥有超过众人的才能。　[14]责：征求。谱状，指记载族系及行状的书籍。　[15]课虚成有：勉强拼凑一些空洞记载，使之成为实在的资料。典出陆机《文赋》："课虚无以责有。"

李维桢："后世史臣止为贵显者立传，而奇材杰士，名湮没者何限？子玄此论，有益世道！"（李维桢评、郭孔延评释《史通》）

语曰："君子于其所不知，盖阙如也[1]。"故贤良可记，而简牍无闻[2]，斯乃察所不该[3]，理无足咎。至若愚智毕载，妍媸靡择[4]，此则燕石妄珍[5]，齐竽混吹者矣[6]。夫名刊史册，自古攸难[7]；事列《春秋》，哲人所重。笔削之士，其慎之哉！

**[注释]**

[1]阙如：存疑不言，空缺不书。全句语出《论语·子路》。　[2]简牍无闻：史书上没有记载。　[3]察所不该：考察不周密。　[4]妍媸（chī）：美和丑。　[5]燕石妄珍：燕石，燕山所产的一种类似玉的石头。指视无用之物为珍宝。《太平御览》卷五一引《阙子》说：有愚人得燕石，以为大宝。客笑曰："此燕石也，与瓦甓不异。"愚人大怒，藏之愈固。后以"燕石"比喻不足珍贵之物。　[6]齐竽混吹：即滥竽充数之意，比喻没有真才实学，虚在其位、聊以充数。典出《韩非子·内储说上》："齐宣王使人吹竽，必三百人。南郭处士请为王吹竽，宣王说之，廪食以数百人。宣王死，湣王立，好一一听之。处士逃。"　[7]攸：放在

动词之前，构成名词性词组，相当于"所"。

### [ 点评 ]

历史是由人的活动构成的，因而史书中记载人物也就势所必然。但人类社会历史上出现过的人物实在太多，全部记载既不可能，也没有必要，这就涉及选择哪些人物写入史书的标准问题。作者指出，史书记载人物应该选择那些有关国家兴亡和社会发展，"其恶可以诫世，其善可以示后"者，认为善恶皆不足以取鉴和只有"片善微功"，对历史不起什么作用的人，并不值得记载。篇中通过批评前代编年、纪传各体史书记载人物的多个事例，详细阐发择取宜慎、宁缺毋滥的原则。其中个别论断显示了他的偏见和局限性，但其所论大体得当，至如篇末所云"名刊史册，自古攸难，笔削之士，其慎之哉！"更是对今人写史著书有重要的警示与启示意义。著名马克思主义史学家翦伯赞说："写历史必须写人，必须承认人的主观能动作用。这种作用，有些是进步的，有些是反动的，只要对历史起了作用的都应该写。起进步作用的人要写，因为他推动了历史的发展；起反动作用的人也要写，因为他阻碍了历史的发展。只有不起作用的人可以不写。"（《在广西历史学会上的学术报告》，《历史问题论丛》合编本）这一论述，当然不是唐代的刘知幾所能达到的高度，但两相对比，也可发现刘知幾已经初步具备了这一思想观念。

# 内篇　卷九

本篇专门论
说"史才"问题。
刘知幾曾提出才、
学、识"史才三长"
论,本篇所说的
"核才",是指包含
"三长"于一身的
"史才",也就是具
有历史学综合素养
的优秀人才,而并
非仅指"三长"中
与"学"、"识"并
列的才能这一个方
面。

史才不易胜
任,拣核宜慎。

## 核才第三十一

夫史才之难,其难甚矣。《晋令》云[1]:"国
史之任,委之著作[2],每著作郎初至,必撰名臣
传一人。"斯盖察其所由[3],苟非其才,则不可
叨居史任[4]。

[ 注释 ]

[1]《晋令》:晋贾充等撰,唐宋时官修藏书目录列之于史部
刑法类。已佚。　[2]著作:三国时期,魏明帝太和年间设立了中
国最早的专职史官,即著作郎,隶中书省。晋朝仿照曹魏设置著
作郎为史官,晋惠帝时著作郎改隶秘书省,增设佐著作郎,人数
可达八名。著作郎一人,称大著作,常由秘书监等高官兼领。史
官始到职,须撰名臣传一篇,史官制度开始初步走向规范化。后
又别置著作省,仍隶于秘书省。西晋著作省的职能记载不详,但

此机构的名称，后来南朝、北朝皆有因袭，应为最早的专门修史机构。　[3]察其所由：考察他的行为结果。由，经历，经过。语出《论语·为政》："视其所以，观其所由，察其所安，人焉廋（藏匿）哉？人焉廋哉？"　[4]叨（tāo）：贪婪，贪恋。

历观古之作者，若蔡邕、刘峻、徐陵、刘炫之徒[1]，各自谓长于著书，达于史体。然观侏儒一节[2]，而他事可知。案伯喈于朔方上书[3]，谓宜广班氏《天文志》。夫《天文》之于《汉史》，实附赘之尤甚者也。必欲申以掎摭[4]，但当锄而去之，安可仍其过失[5]，而益其芜累？亦奚异观河倾之患[6]，而不遏以堤防，方欲疏而导之[7]，用速怀襄之害[8]？述史如此，将非练达者欤[9]？孝标持论谈理[10]，诚为绝伦[11]，而《自叙》一篇，过为烦碎[12]，《山栖》一志，直论文章。谅难以偶迹迁、固[13]，比肩陈、范者也[14]。孝穆在齐[15]，有志梁史，及还江左，书竟不成。嗟乎！以徐公文体[16]，而施诸史传，亦犹灞上儿戏，异乎真将军[17]。幸而量力不为，可谓自卜者审矣[18]。光伯以洪儒硕学[19]，而迍邅不遇[20]。观其锐情自叙[21]，欲以垂示将来[22]，而言皆浅

从反面论说史家须识、才、学三长兼擅。

"直论文章"之"论"，一本作"是"。程千帆《史通笺记》："当依宋本作'是'。'直是文章'，即《载文》篇'非复史书，更成文集'之意，亦即本篇下文所称'文之与史，较然异辙'之意也。"

俗[23]，理无要害[24]，岂所谓"诵诗三百，虽多，亦奚以为"者乎[25]！

[ 注释 ]

[1] 刘炫：字光伯，河间景城（今河北献县）人。北周时，与修国史。入隋，拜为殿内将军。因伪造《连山易》《鲁史记》等书，免死除名。炀帝即位，除太学博士。有经学著作多种，均佚。　[2] 侏儒一节：比喻能体现事物全貌的局部。语出桓谭《新论·道赋》。侏儒，身材异常矮小的人。　[3] 伯喈于朔方上书：东汉蔡邕字伯喈，曾与卢植、韩说等撰补《后汉记》，尚未成，为宦官程璜等陷害，流放朔方。蔡邕惜其未成，因上书自陈，并奏所著《十意》。灵帝嘉其才高，会次年大赦，乃宥还本郡。　[4] 掎摭（jǐ zhí）：指摘，批评。　[5] 仍：因袭，沿袭。　[6] 河倾：河水泛滥。　[7] 方：只，仅。疏而导之，疏通引导，使之畅通。　[8] 怀襄：谓洪水汹涌奔腾，溢上山陵。典出《尚书·尧典》："汤汤洪水方割，荡荡怀山襄陵，浩浩滔天。"意谓：洪水浩浩荡荡，包围山岗，冲上山岭。怀，四面包围。襄，上。陵，土山。　[9] 练达：熟练通达。　[10] 孝标：即南朝宋刘峻，字孝标，《世说新语注》作者。　[11] 绝伦：绝群，同类中无可比拟者。　[12] 烦碎：繁杂琐碎。　[13] 谅：料想，认为。偶，匹对。迹，追踪。迁、固，即司马迁、班固。　[14] 比肩：并列，居同等地位。陈、范，即陈寿、范晔。　[15] 孝穆：即南朝文学家徐陵，字孝穆。梁武帝时出使东魏，不久北齐取代东魏，徐陵被扣留。后遣还，仕陈为大著作等。但《陈书》《南史》的徐陵传中都没有他曾有志撰史的记载。　[16] 徐公文体：徐陵为当时宫体诗人，与庾信齐名，并称徐庾，诗文皆以轻靡绮艳见称。　[17] 灞上儿

戏，异乎真将军：西汉周亚夫为将军，驻军细柳，文帝前来视察，卫兵因未得周亚夫令，不许文帝进入。文帝召见周亚夫，亚夫以军礼见。文帝不由感叹："此真将军矣！向者霸上、棘门军，若儿戏耳。" [18]自卜：自己估量自己。审，审慎，周密。语出《文选》卷四三嵇康《与山巨源绝交书》："自卜已审。" [19]洪儒硕学：洪儒，大儒，学问渊博的读书人。硕学，博学的人。二词乃同义复指，指学问渊博的人。 [20]迍邅（zhūn zhān）：处境不利，困顿。不遇，不得志，不被赏识。 [21]锐情：用心专一。自叙，据《隋书·儒林传》载：刘炫在北周时自为状、在隋时自为赞，详细叙述其学问性行。 [22]垂示：留传以示后人。 [23]浅俗：粗浅，粗俗，通俗。 [24]要害：深刻的道理。 [25]岂：岂非。"诵诗三百，虽多，亦奚以为"，语出《论语·子路》："子曰：诵诗三百，授之以政，不达；使于四方，不能专对；虽多，亦奚以为？"意谓：熟读了三百篇《诗》，交给他政事却办不好，派他出使外国又不能独立应对，即使读得再多，又有什么用处呢？

　　昔尼父有言："文胜质则史。"盖史者[1]当时之文也，然朴散淳销，时移世异，文之与史，较然异辙。故以张衡之文，而不闲于史[2]；以陈寿之史，而不习于文[3]。其有赋述《两都》[4]，诗裁《八咏》[5]，而能编次汉册，勒成宋典。若斯人者，其流几何[6]？

## ［注释］

[1]以下六句是说：大概史书就是当时文学的一种表现形式。

张衡在世时，有人推荐他参修《东观汉记》，未被采纳，后又自请参修，亦未如愿，但时人以其未能参修为恨，可见张衡非不娴熟于史，只是没有机会参修。没有做成事与没有能力做事，并非完全等同。

但是随着古代淳朴风尚的逐渐消散尽净，时代在变化，社会在变迁，文学和史学已经明显地走上了两条截然不同的道路。　[2]闲：通"娴"，熟练，精通。　[3]习：通晓，熟悉。　[4]赋述《两都》：指写作《两都赋》的东汉史学家班固，其史学代表作为《汉书》。　[5]诗裁《八咏》：指撰写《八咏诗》的南朝史学家沈约，其史学代表作为《宋书》。　[6]其流几何：与他们同类的，又有几个呢？

是以略观近代，有齿迹文章而兼修史传[1]。其为式也[2]，罗含、谢客宛为歌颂之文[3]，萧绎、江淹直成铭赞之序[4]，温子昇尤工复语[5]，卢思道雅好丽词[6]，江总猖獗以沉迷[7]，庾信轻薄而流宕[8]。此其大较也。然向之数子所撰者[9]，盖不过偏记杂说、小卷短书而已，犹且乖滥踳驳[10]，一至于斯。而况责之以刊勒一家[11]，弥纶一代[12]，使其始末圆备[13]，表里无咎[14]，盖亦难矣。

> 以小见大，一叶知秋。但这也只是概论性的推理，并无必然的因果关系。

[注释]

[1]齿迹：列迹，参与创作行列。　[2]式：榜样，楷模。　[3]罗含（293—372）：字君章，号富和，东晋耒阳县（今湖南耒阳市）人。历官散骑常侍、廷尉、长沙相等，年老致仕，加中散大夫。名重一时，被称为"湘中之琳琅""江左之秀"，所著文章流

行当世。其《湘中山水记》是一部关于湖南地理的著作，全书虽
佚，但内容广为古籍称引。谢客，即谢灵运。宛，同"婉"，美
好，擅长。　[4]萧绎：即南朝梁元帝萧绎（508—555），字世
诚，自号金楼子，南兰陵（今江苏常州市）人，在位三年（552—
554）。博综群书，好文学，工书画，通佛典。下笔成章，出言为
论，才辩敏速，冠绝一时。然为人虚伪残暴。著有《汉书注》《周
易讲疏》《老子讲疏》《金楼子》《孝德传》《忠臣传》《显忠录》《丹
阳尹传》《湘东鸿烈》《荆南志》《江州记》等，但不少著作出于
门下文人之手。江淹（444—505），字文通，济阳考城（今河南
民权县）人。历仕南朝宋、齐、梁三代，官至金紫光禄大夫，封
醴陵侯。是南朝辞赋大家，也是南朝骈文中最有成就的作家之一。
在史学方面，著有《齐史》十志，已佚。　[5]温子昇（495—
547）：字鹏举，济阴冤句（今山东曹县）人。官至中军大将军。
擅长碑版之文，亦善于写诗，与当时文学家邢邵齐名，时称温、
邢、魏（魏收）为北朝三才。曾参与修撰《起居注》《魏书》，并
著有《魏永安记》。复语，指对偶的辞句。　[6]卢思道（531—
582）：字子行，范阳（今河北涿州市）人。历仕北齐、北周、隋
三朝，任给事黄门侍郎、开府仪同三司、散骑侍郎等职。诗长
于七言，对仗工整，气势充沛，语言流畅。著《知己传》，史论
有《北齐兴亡论》《后周兴亡论》，颇具识见。丽词，亦作"丽
辞"，华丽的辞藻。　[7]江总（519—594）：字总持，济阳考城
（今河南民权县）人。历仕南朝梁、陈和隋三朝，曾任尚书殿中
郎、明威将军、始兴内史等职。陈后主时，官至尚书令，整天陪
后主饮酒作乐，制作艳诗，嬉戏无度，当时谓之狎客。由是国政
日颓，君臣昏乱，以至于灭。猖獗，失败，倾覆。沉迷，痴迷，
执迷不悟。　[8]轻薄：轻佻浮薄。流宕，不受约束；诗文流畅恣
肆。　[9]向：前面，前边。　[10]乖滥：错杂不当。踳（chuǎn）驳，

错乱，驳杂。 [11]刊勒：雕刻。此指撰写。 [12]弥纶：统摄，综括，贯通。 [13]圆备：完备。 [14]无咎：没有过失。

此亦有感同身世、自发愤慨之意，当与《自叙》中"任当其职而吾道不行，见用于时而美志不遂"同观。

但自世重文藻[1]，词宗丽淫[2]，于是沮诵失路[3]，灵均当轴[4]。每西省虚职[5]，东观伫才[6]，凡所拜授，必推文士。遂使握管怀铅[7]，多无铨综之识[8]；连章累牍，罕逢微婉之言[9]。而举俗共以为能[10]，当时莫之敢侮[11]。假令其间有术同彪、峤[12]，才若班、荀[13]，怀独见之明[14]，负不刊之业[15]，而皆取窘于流俗[16]，见嗤于朋党。遂乃哺糟歠醨[17]，俯同妄作[18]，披褐怀玉[19]，无由自陈[20]。此管仲所谓"用君子而以小人参之，害霸之道"者也[21]。

[ 注释 ]

[1]文藻：词采，文采。 [2]丽淫：艳丽而浮靡。 [3]沮诵：相传为黄帝史官，与仓颉一起创制文字。此代指史官。失路，比喻不得志。 [4]灵均：屈原名平，字原，又曾自言名正则，字灵均。此代指辞赋之士。当轴，比喻在政府中居主要地位，执掌主要权力。此指主持修史。 [5]西省：中书省的别称。唐高宗时曾将中书省改名西台，故称。史馆隶属于中书省，故此处代指史馆。虚职，空缺职位。 [6]东观：东汉时皇家典藏图书文献之处，修史亦在其中。后泛指宫中藏书和修史之处。伫（zhù），通

"贮"，储藏。　[7] 握管怀铅：怀，怀藏。铅，铅粉。常带书写工具，以备写作的需要。此指撰写史书的人。　[8] 铨综：权衡，综合。　[9] 微婉：含蓄委婉。　[10] 举俗：举世之人。　[11] 侮：轻视，怠慢。　[12] 彪、峤：指东汉史学家班彪、魏晋时期史学家华峤。　[13] 班、荀：指东汉史学家班固、荀悦。　[14] 独见之明：独到的眼光，高明的见解。　[15] 负：担任。不刊之业，指不可磨灭的功业。　[16] 以下两句是说：都受到世俗浅见的压抑，遭到偏私之人的耻笑。　[17] 哺糟歠醨（chuò lí）：吃酒糟，饮薄酒。比喻效法时俗，随波逐流。语出《楚辞·渔父》："众人皆醉，何不哺其糟而歠其醨。"歠，通"啜"，喝。醨，薄酒。　[18] 俯同妄作：俯，降低，放弃原则。意谓：违心地跟随着去胡乱写史。　[19] 披褐怀玉：褐，泛指粗布衣服。身穿粗布衣服而怀抱美玉。比喻虽处贫贱但有真才实学。典出老子《道德经》。　[20] 无由自陈：没有办法自己陈述。　[21] 用君子而以小人参之，害霸之道：任用君子，却又让小人掺杂在里边，这是损害王霸大业的做法。

　　昔傅玄有云[1]："观孟坚《汉书》，实命代奇作。及与陈宗、尹敏、杜抚、马严撰中兴纪传[2]，其文曾不足观。岂拘于时乎[3]？不然，何不类之甚者也？是后刘珍、朱穆、卢植、杨彪之徒[4]，又继而成之。岂亦各拘于时，而不得自尽乎[5]？何其益陋也？"嗟乎！拘时之患，其来尚矣。斯则自古所叹，岂独当今者哉！

人们都是在既定的历史条件下开展活动的，不能不受到时代条件的制约，因而也就不能不予以历史主义的评价。

[ 注释 ]

[1] 傅玄（217—278）：字休奕，北地郡泥阳县（今陕西铜川市耀州区）人。性格刚劲亮直，不能容人之短。历官侍中、御史中丞、司隶校尉等职，多次上书陈说治国之策。曾参与《魏书》的撰写，并著有《傅子》等书。　[2] 陈宗：字平仲，东汉时与班固、尹敏等共撰《世祖本纪》。尹敏字幼季，南阳（今属河南）人，曾任郎中、长陵令、谏议大夫等职。深研儒学，但因反对谶纬思想，不受重用。与班固、陈宗等共撰《世祖本纪》。杜抚字叔和，犍为武阳（今四川眉山市彭山区）人。少有高才，后为公车令。擅长《诗经》，定《韩诗章句》。汉明帝时，与马严、班固等共同编辑《建武注记》。马严（18—99）字威卿，扶风茂陵（今陕西兴平市）人。官至御史中丞。通《春秋左氏》，览百家群言。曾与杜抚、班固等编辑《建武注记》。中兴纪传，指东汉官修本朝史书。　[3] 拘于时：受时代局限。　[4] 刘珍：字秋孙，一名宝，东汉南阳蔡阳（今河南上蔡县）人。历任侍中、宗正、卫尉等职。曾与刘騊駼、马融及五经博士在东观校书，又与刘騊駼作《建武以来名臣传》，并参与编修《东观汉记》。朱穆（100—163）字公叔，一字文元，东汉南阳郡宛县（今河南南阳市）人。曾任侍御史、冀州刺史、尚书等职。感时俗浇薄，作《崇厚论》《绝交论》。善文辞，为蔡邕所重。曾与修《东观汉记》。卢植（139—192）字子幹，涿郡涿（今河北涿州市）人。历官九江太守、北中郎将、尚书等职。著有《尚书章句》《三礼解诂》等，皆佚。又曾与马日磾、蔡邕等在东观校勘儒学经典，并参与编修《东观汉记》。杨彪（142—225）字文先，东汉弘农华阴（今属陕西）人。历官司空、司徒、光禄大夫等职。博学多闻，曾与卢植等校书东观。　[5] 自尽：充分发挥自己的才力。

**［点评］**

本篇中心在强调文士不可修史。纪昀曾评云："论甚严正。自唐以后以俪体为史者遂绝，固由宋人之力排，而子元廓清之力，亦自不少。"（《史通削繁》）充分肯定了本篇的历史作用。作者认为，一个合格的史学家（"史才"），必须才、学、识兼备，即兼具编撰史书的才能（才）、掌握丰富的历史知识（学）、拥有善恶必书的正直品格和洞达幽隐的历史见识（识）。然自古以来，三长兼备者极其罕见，故"史才"少而文士多。本篇开篇即慨叹"史才之难，其难甚矣"，继而提出要对史家进行审核，倘非其才，就不该让其承担史任。他总结以往修史经验，认为文士既不达史体，又多无铨综之识，很难写出让大家满意的史书。世上不是没有文史兼长之人，但毕竟极少。可是社会往往重视文士，让他们来修撰史书，致使一些"怀独见之明、负不刊之业"的真正"史才"受人嗤笑，不能尽其所长。其言不免激切，但所言在在有理，宜与《辨职》《自叙》《忤时》等参看。而篇中对"史才"的论述与讲求，则也很值得今天文史学者深思。

# 序传第三十二

盖作者自叙，其流出于中古乎？案屈原《离骚经》[1]，其首章上陈氏族，下列祖考[2]；先述厥生，次显名字。自叙发迹[3]，实基于此。降及

本篇专门论说写史过程中的作者自传问题。

论史书序传的渊源。

司马相如，始以《自叙》为传。然其所叙者，但记自少及长，立身行事而已。逮于祖先所出，则蔑尔无闻[4]。至马迁，又征三闾之故事[5]，放文园之近作[6]，模楷二家，勒成一卷[7]。于是扬雄遵其旧辙[8]，班固酌其余波[9]，自叙之篇，实烦于代。虽属辞有异，而兹体无易。

吕思勉《史通评》："书之有序，其义有二：一曰：序者，绪也，所以助读者，使易得其端绪也。一曰：序者，次也，所以明篇次先后之义也。《史记》之《自叙》，《汉书》之《叙传》，既述作书之由，复逐篇为之叙列，可谓兼此二义。"

**[ 注释 ]**

[1]《离骚经》：即《离骚》。经，古代纲领性的文字皆可称为经。汉代以后也专指儒家经典。《离骚》为楚辞代表作，加"经"字表示敬意。　[2]祖考：祖先。考，父亲。　[3]发迹：成长和经历；兴起的过程或情况。　[4]蔑尔：默然。　[5]三闾：代指曾任职三闾大夫的屈原。故事，旧日的行事制度。　[6]放：同"仿"，模拟，仿照。文园，指司马相如。司马相如曾任孝文园令，管理汉文帝陵园，后世遂以文园为其代称。　[7]模楷二家，勒成一卷：指司马迁效法屈原《离骚》和司马相如《自叙》的自述生平家世的方式，编成《太史公自序》，列为《史记》的最后一卷，然其内容除其生平家世外，还有对全书各篇作意的逐篇解说。　[8]扬雄遵其旧辙：旧辙，已走过的路。此指司马迁《史记·太史公自序》的写法。据《汉书·扬雄传》，扬雄曾撰有《自序》，其写法明显模仿了《史记·太史公自序》。　[9]班固酌其余波：酌，斟酌，择善而行。余波，比喻前人的流风遗泽。班固《汉书》最后一卷为《叙传》，先叙述家世及个人生平，然后逐篇解说各篇作意，也是模仿《史记·太史公自序》的做法。

寻马迁《史记》，上自轩辕，下穷汉武，疆宇修阔[1]，道路绵长[2]。故其自叙，始于氏出重、黎[3]，终于身为太史。虽上下驰骋，终不越《史记》之年[4]。班固《汉书》，止叙西京二百年事耳。其自叙也，则远征令尹[5]，起楚文王之世；近录《宾戏》[6]，当汉明帝之朝。苞括所及[7]，逾于本书远矣。而后来叙传，非止一家，竞学孟坚，从风而靡。施于家谍，犹或可通[8]，列于国史，多见其失者矣。

作者自序并非书中记事，不必与书中记事时代相应。此论拘泥不通。

[注释]

[1]修阔：广阔。 [2]道路：此指时间跨度。 [3]重、黎：传说中上古人名。因重、黎二氏职掌天文、地理，与秦汉太史职掌相同，所以司马迁《太史公自序》从重、黎叙起。司马氏为黎之后代，失其世守之职而为司马氏。 [4]终不越《史记》之年：司马迁自述先世，上溯传说中的重、黎二氏，与《史记》载事的时间上限一致。 [5]远征令尹：班固《汉书·叙传》称其先世"与楚同姓，令尹子文之后也"，子文在楚文王时（前689—前677）任令尹。令尹为春秋战国时楚国执政官名，相当于后世的宰相。 [6]近录《宾戏》：班固《汉书·序传》以所作《答宾戏》作结，该文作于汉明帝永平十八年（75）。 [7]苞括：包举，包括。苞，通"包"。 [8]通：通行，没有障碍。

然自叙之为义也，苟能隐己之短，称其所长，斯言不谬，即为实录。而相如《自序》，乃记其客游临邛，窃妻卓氏[1]，以《春秋》所讳，持为美谈。虽事或非虚，而理无可取。载之于传[2]，不其愧乎！又王充《论衡》之《自纪》也[3]，述其父祖不肖，为州闾所鄙[4]，而己答以瞽顽舜神[5]，鲧恶禹圣[6]。夫自叙而言家世，固当以扬名显亲为主[7]，苟无其人，阙之可也。至若盛矜于己[8]，而厚辱其先[9]，此何异证父攘羊[10]，学子名母[11]？必责以名教，实三千之罪人也[12]。

[注释]

[1]卓氏：即卓文君（前175—前121），西汉临邛（今四川邛崃市）人，原籍邯郸（今属河北），为巨商卓王孙之女。精通音律，善弹琴，有文名。丈夫卒后，回娘家居住。司马相如到临邛后两人相遇，一见钟情。相如乃使人重赐文君侍者通音信，文君乘夜奔相如，相如携归家。　[2]传：即前面说的司马相如《自序》。　[3]王充（27—? ）：字仲任，东汉会稽上虞（今属浙江）人，祖籍魏郡元城（今河北大名县）。师事班彪，好博览而不守章句。仕郡为功曹，以多次谏争不合而去。好论说，以为俗儒守文，多失其真，乃著《论衡》，释物类同异，正时俗嫌疑。　[4]州闾：古代地方基层行政单位州和闾的连称。泛指乡里。　[5]瞽（gǔ）顽舜神：瞽叟为舜之父，本性顽劣，经

钱钟书："相如于己之'窃妻'，纵未津津描画，而肯夫子自道，不讳不怍，则不特创域中自传之例，抑足为天下《忏悔录》之开山。"（《管锥编·史记会注考证·司马相如传》）

吕思勉《史通评》："自叙贵于真实，既不宜妄益所长，亦不宜自讳其短。炫鬻诚为丑行，文过尤为小人矣。相如《自序》不讳窃妻，正古人质直之处。王充叙其先世，语皆真实，但谓'任气不挩于人'，并无'为州闾所鄙'语，……刘氏所论，亦似有误会。"

常与后妻、后妻所生子象合谋杀舜，但舜仍然孝顺，且比以前更好，三人感动，从此不再害舜。　[6] 鲧（gǔn）恶禹圣：鲧为禹父，与欢兜、三苗、共工并称四罪。《左传》说他"不可教训，不知话言，告之则顽，舍之则嚚，傲很明德，以乱天常"。以治水失败，被处死。后禹以疏导方法治水成功。　[7] 扬名显亲：扬，传扬。显，显赫。亲，父母。指使双亲显耀，名声传扬。　[8] 盛矜于己：极力夸耀自己。　[9] 厚辱其先：对于父祖生平行事大加暴露。　[10] 证父攘羊：儿子告发父亲偷羊。典出《论语·子路》："叶公语孔子曰：'吾党有直躬者，其父攘羊，而子证之。'孔子曰：'吾党之直异于是。父为子隐，子为父隐，直在其中矣。'"　[11] 学子名母：《战国策·魏策三》载："宋人有学者，三年反（返）而名其母（直呼母亲名字）。其母曰：'子学三年反，而名我者，何也？'其子曰：'吾所贤者，无过尧舜，尧舜名（直呼尧、舜之名）；吾所大者，无大天地，天地名。今母贤不过尧舜，母大不过天地，是以名母也。'"后用为谬妄的典故。　[12] 三千：《尚书·吕刑》载："墨罚之属千，劓罚之属千，剕罚之属五百，宫罚之属三百，大辟之罚二百。五刑之属三千。"后因以"三千"指古代所有的刑罚。

历观扬雄已降，其自叙也，始以夸尚为宗[1]。至魏文帝[2]、傅玄、陶梅[3]、葛洪之徒，则又逾于此者矣。何则？身兼片善[4]，行有微能[5]，皆剖析具言[6]，一二必载。岂所谓宪章前圣[7]，谦以自牧者欤[8]？

虚张夸大，即使本意不坏，也已绝非事实，除了引出无聊的赞美外，实际毫无价值，有时更甚而害事，无益反损，实不足取。

[ 注释 ]

[1]夸尚：夸耀推崇。宗，宗旨。 [2]魏文帝：即曹丕。 [3]陶梅：浦起龙《史通通释》说"恐误，或当作'梅陶'"。梅陶字叔真，东晋汝南西平（今属河南）人。初居乡里，立月旦评。后为王敦大将军咨议参军。时王敦深忌陶侃，欲杀之，梅陶谏乃止。官至尚书。 [4]片善：微小的优点。 [5]微能：微小的才能。 [6]剖析：辨析，分析。具言，备言，详细告诉。[7]宪章：效法。[8]谦以自牧：语出《易·谦》："谦谦君子，卑以自牧也。"牧，守。指以谦卑自守。

冒认宗祖，自
欺欺人。

又近古人伦[1]，喜称阀阅[2]。其荜门寒族[3]，百代无闻，而骍角挺生[4]，一朝暴贵[5]，无不追述本系[6]，妄承先哲[7]。……盖诐祭非鬼[8]，神所不歆[9]；致敬他亲，人斯悖德[10]。凡为叙传，宜详此理[11]。不知则阙，亦何伤乎[12]？

[ 注释 ]

[1]人伦：人类。伦，辈，类。 [2]阀阅：阀也作"伐"，指功劳；阅指经历。阀阅，有功勋的世家、巨室。泛指门第、家世。 [3]荜（bì）门：用竹荆编织的门。常指房屋简陋破旧。此代指贫寒之家。寒族，无勋爵的庶族。 [4]骍（xīng）角：语本《论语·雍也》："子谓仲弓曰：犁牛之子骍且角，虽欲勿用，山川其舍诸？"何晏《集解》说："犁，杂文。骍，赤色也。角者，角周正。中牺牲，虽欲以其所生犁而不用，山川宁肯舍之乎？言父虽不善，不害于子之美。"后因以"骍角"表示后裔俊拔，远胜前辈。挺

生，指挺拔生长，亦谓杰出。　[5]一朝：一时，一旦。暴贵，突然显贵。　[6]本系：指原来的谱系，或指宗族的世系。　[7]妄承先哲：妄自托附前代圣贤世族的族系。　[8]谄祭非鬼：语出《论语·为政》："子曰：非其鬼而祭之，谄也。"意谓：不是你该祭祀的鬼而祭他，这是你存心谄媚。　[9]神所不歆（xīn）：《左传》僖公十年："神不歆非类，民不祀非族。"僖公三十一年："鬼神非其族类，不歆其祀。"歆，飨，嗅闻。古指祭祀时鬼神享受祭品的香气。　[10]致敬他亲，人斯悖德：语出《孝经·圣治章》："故不爱其亲而爱他人者，谓之悖德。不敬其亲而敬他人者，谓之悖礼。"意谓：不敬爱自己的亲人，却喜爱外人的人，就是违背德礼之人。此处是用来指责史家追述人物先世时，胡乱攀附他姓以欺世盗名的做法。　[11]详：清楚地知道。　[12]伤：妨碍。

[点评]

　　司马迁在屈原、司马相如的基础上，创立纪传体史书的作者自序，列为《史记》七十列传的最后一篇，同时也是全书最后一篇。班固效法《史记》，不但在《汉书》之末设立《叙传》一篇，而且篇中也如《史记》一样，先述作者家世渊源，后谈全书写作意旨、各篇作意等。此后，华峤《汉后书》、司马彪《续汉书》都有《序传》；沈约《宋书》以《自序》结尾，魏收《魏书》以《自序》殿传末，李延寿以《序传》结束其《南史》《北史》，都详细叙述家世渊源，然后简略交代著书宗旨与著书经过。鉴于史书各篇作意的内容已分别在《序例》中先有论说，本篇只谈史家在自序中应如何写作自传的问题。作者认为，自传贵于真实，必须实事求是地记载。在他看来，既能隐己之短、称其所长，又能做到其言不谬，即为实录。如此，则即使自叙家世，也可以扬名显亲，但不能夸尚，不能伪造。这些观点都切实允当，但他提出史家在其书中所写自传的时间范围应与史书所记内容的时间断限一致，则并不可取。

# 烦省第三十三

昔荀卿有云[1]，远略近详[2]。则知史之详略不均，其为辨者久矣[3]。及干令升《史议》[4]，历诋诸家，而独归美《左传》[5]，云："丘明能以三十卷之约，括囊二百四十年之事，靡有孑遗。斯盖立言之高标[6]，著作之良模也[7]。"又张世伟著《班马优劣论》[8]，云："迁叙三千年事，五十万言，固叙二百四十年事，八十万言，是班不如马也。"然则自古论史之烦省者[9]，咸以左氏为得，史公为次，孟坚为甚[10]。自魏、晋已还，年祚转促[11]，而为其国史，亦不减班《书》。此则后来逾烦，其失弥甚者矣。

[注释]

[1] 荀卿：即荀况（？—前 238），字卿。后世为避西汉宣帝

本篇专门论说史书编写过程中记述内容的繁简详略问题。

李维桢："史之为体，有一句而包数义，简之妙也；有累言而后尽，详之妙也。何得以烦简为轩轾乎？"（李维桢评、郭孔延评释《史通》）

吕思勉《史通评》："古史卷帙少，后史卷帙繁，自由材料有多少，不关书之优劣、才之工拙也。"

刘询讳，"荀"与"孙"二字古音相通，又称之为孙卿。战国末期赵国猗氏（今山西安泽县）人。曾三次出任齐国稷下学宫祭酒，后为楚兰陵（今山东兰陵县）令。儒家代表人物之一，提倡性恶论，常被提出与孟子的性善论比较。传世有《荀子》一书。　[2]远略近详：语出《荀子·非相篇》："传者，久则论略，近则论详，略则举大，详则举小。愚者闻其略而不知其详，闻其详而不知其大也。"略，撮举大概。详，论述全面具体。意谓：史书记事，年代久远的就简略记载，年代相近的就详细记载。　[3]辨：分析，明察。　[4]干令升：东晋史学家干宝，字令升。据《史通》的《载言》《序例》等记述，干宝在撰写编年体史书《晋纪》之初，先预定义例，其中拟定正文应当简要，而用自注来补充一些事件的细节，当时议者皆遵之。此义例应即《史议》，可惜未能传世。　[5]归美：称许，赞美。　[6]高标：泛指高耸特立之物，比喻出类拔萃的人。　[7]良模：良好的榜样。　[8]张世伟：即张辅，字世伟，西晋南阳西鄂（今河南南召县）人，东汉科学家、文学家张衡之后。历仕蓝田令、御史中丞、冯翊太守等职，为人雅正。曾撰文论管仲不若鲍叔、曹操不及刘备、乐毅减于诸葛亮，并从五个方面论述班固史才不及司马迁，其中第一个方面是："迁之著述，辞约而事举，叙三千年事唯五十万言；班固叙二百年事乃八十万言，烦省不同，不如迁一也。"　[9]烦省：即繁省，详略，繁简。　[10]甚：浦起龙《史通通释》说："旧作'非'，恐误。"　[11]年祚转促：各朝代立国时间变得短促。

余以为近史芜累<sup>[1]</sup>，诚则有诸<sup>[2]</sup>，亦犹古今不同<sup>[3]</sup>，势使之然也<sup>[4]</sup>。辄求其本意<sup>[5]</sup>，略而论之。

纪昀《史通削繁》："通人之论！"

**[注释]**

[1]芜累：文辞繁冗累赘。　[2]诚则有诸：确实有这种情况。　[3]犹：通"由"。　[4]势使之然：是客观形势使它们成为这样的。　[5]以下两句是说：下面我就来考察这种情况的发展过程，并简要地作些论述。

何者？当春秋之时，诸侯力争，各闭境相拒[1]，关梁不通[2]。其有吉凶大事，见知于他国者，或因假道而方闻[3]，或以通盟而始赴[4]。苟异于是，则无得而称[5]。鲁史所书，实用此道[6]。至如秦、燕之据有西北[7]，楚、越之大启东南[8]，地僻界于诸戎[9]，人罕通于上国[10]。故载其行事，多有阙如[11]。且其书自宣、成以前[12]，三纪而成一卷[13]，至昭、襄已下[14]，数年而占一篇。是知国阻隔者[15]，记载不详，年浅近者[16]，撰录多备[17]。（原注：杜预《释例》云[18]："文公已上六公[19]，书日者二百四十九。宣公已下亦六公[20]，书日者四百三十二。计年数略同[21]，而日数加倍，此亦久远遗落，不与近同也。"是则传者注书[22]，已先觉之矣。）此丘明随闻见而成传[23]，何有故为简约者哉[24]！

分裂割据与时代远近之"势"。

**[ 注释 ]**

[1] 拒：不接受。　[2] 关梁：关口和桥梁。泛指水陆交通必经之处。这些地方往往设防戍守或设卡征税。通，通行。　[3] 假道：借路，经由别国道路。闻，互通消息。　[4] 通盟：会盟，缔结盟约。赴，交往。　[5] 称：提到，说到。　[6] 鲁史所书，实用此道：鲁国史书上所记载的其他诸侯国的史事，实际上都是用这种原则来记载的。　[7] 秦、燕之据有西北：指秦国处于西方，燕国处于北方。　[8] 启：开发。　[9] 僻：偏僻。界于诸戎，与各少数民族临界。　[10] 通：交往。上国，周王朝，此泛指中原大国。　[11] 阙如：空缺不书。如，助词。　[12] 宣、成：即鲁宣公、成公。宣公是鲁国第二十位国君，在位十八年（前608—前591）。成公为宣公子，是鲁国第二十一位国君，在位十八年（前590—前573）。　[13] 三纪而成一卷：一纪为十二年，三纪为三十六年。成一卷，指三十六年的史事编写成一卷的篇幅。　[14] 昭、襄：即鲁昭公、襄公。昭公是鲁国第二十四位国君，在位三十三年（前542—前510）。襄公为成公子，鲁国第二十二位国君，在位三十一年（前572—前542）。　[15] 阻隔：阻挡隔绝。　[16] 浅近：时间距离较近。浅，不久，时间短。　[17] 撰录：编写著录。备，完全，应有尽有。　[18] 杜预（222—285）：字元凯，京兆杜陵（今陕西西安市东南）人。历任曹魏尚书郎、西晋河南尹、镇南大将军、司隶校尉等。领军灭孙吴之后，耽思经籍，博学多通，被誉为"杜武库"。著有《春秋左氏经传集解》及《春秋释例》等。　[19] 文公已上六公：指鲁隐公、桓公、庄公、湣公、釐公、文公，共一百六十四年（前772—前609）。　[20] 宣公已下亦六公：指宣公、成公、襄公、昭公、定公、哀公，共一百三十三年（前608—前476）。　[21] 以下四句是说：计算年数，前面与后面大致相同，可是记载日期的数量，后面却

是前面的两倍。这是因为时间太长久了，有所遗失散落，不能与时间距离较近的一样了。　[22]以下两句是说：由此可知，为该书作传的人，在注释时就已经先认识到这一点了。　[23]随闻见而成传：依据所闻所见而写成传文。　[24]故为简约：故意写得简略。

及汉氏之有天下也，普天率土[1]，无思不服[2]。会计之吏[3]，岁奏于阙廷[4]；辎轩之使[5]，月驰于郡国。作者居府于京兆[6]，征事于四方，用使夷夏必闻[7]，远近无隔。故汉氏之史，所以倍增于《春秋》也。

西汉国家一统之"势"。

[注释]

[1]普天率土：普天，整个天下。率土，四海之内，指全国。语出《诗经·小雅·北山》："溥天之下，莫非王土。率土之滨，莫非王臣。"　[2]无思不服：没有人不服从。语出《诗经·大雅·文王有声》。　[3]会计：古代州郡长官于年终派掾史向朝廷汇报政务。　[4]阙廷：朝廷。　[5]辎（yóu）轩之使：辎轩，轻车，多由使臣乘坐。指出使的大臣。　[6]居府于京兆：居住在京城。京兆，指京师及其附近地区。　[7]用：因此。

降及东京，作者弥众。至如名邦大都[1]，地富才良[2]，高门甲族[3]，代多髦俊[4]。邑老乡贤[5]，竞为别录[6]；家牒宗谱，各成私传。于是

笔削所采，闻见益多。此中兴之史<sup>[7]</sup>，所以又广
于《前汉》也。

东汉作者众多
之"势"。

[注释]

[1]名邦：著名的地区。大都，大的都会。　[2]才良：才士
贤人。　[3]高门：高大的门。借指富贵之家，显贵之家，高贵门
等。甲族，指世家大族。　[4]代：世世代代。髦（máo）俊，才
智杰出之士。　[5]邑老：邑里的老人。乡贤，品德、才学为乡人
推崇敬重的人。　[6]竞为别录：竞，比赛，争逐。竞相编写不同
的史书。　[7]中兴之史：指记载东汉历史的《后汉书》。

　　夫英贤所出，何国而无<sup>[1]</sup>？书之则与日月
长悬，不书则与烟尘永灭。是以谢承尤悉江左<sup>[2]</sup>，
京洛事缺于三吴<sup>[3]</sup>；陈寿偏委蜀中<sup>[4]</sup>，巴梁语详
于二国<sup>[5]</sup>。如宋、齐受命<sup>[6]</sup>，梁、陈握纪<sup>[7]</sup>，或
地比《禹贡》一州，或年方秦氏二世<sup>[8]</sup>。夫地之
偏小，年之窘迫<sup>[9]</sup>，适使作者采访易洽<sup>[10]</sup>，巨
细无遗，耆旧可询<sup>[11]</sup>，隐讳咸露。此小国之史，
所以不减于大邦也。

区域史众多之
"势"。

[注释]

[1]国：地方，地区。　[2]尤悉江左：尤其详尽地叙述江左
地区的史事。江左，即江东。长江在安徽境内向东北方向斜流，

以此段江为标准，确定东西和左右。江左大致范围包括今皖南、苏南、上海、浙江、赣东北。　[3]京洛：即京师洛阳。三吴，本指吴郡、吴兴郡和会稽郡，泛指长江下游的江南地域。谢承为三国时吴人，故"尤悉江左"，而略于"京洛事"。　[4]偏委蜀中：记述唯独详尽蜀地。　[5]巴梁：巴即巴州，亦称巴、巴郡、巴中，古属《禹贡》梁州之域，故此处称巴梁，为三国时蜀汉统治区域。二国，指三国时魏、吴二国。陈寿为巴西安汉（今四川南充市）人，故能"偏委蜀中"，撰写《益部耆旧传》和《季汉辅臣传》。　[6]宋、齐受命：指南朝宋、齐先后建朝立国。受命即受天之命，古代帝王自称受命于天，以巩固其统治。　[7]梁、陈握纪：指南朝梁、陈先后建朝立国。纪，治理，统治。握纪，掌握统治国家的大权。　[8]方：比。秦氏二世，指秦朝始皇、二世两代。经历二世，秦朝迅速灭亡。　[9]窘迫：短促。　[10]采访：搜集寻访。洽，周遍，广博。　[11]耆（qí）旧：年高望重者。

夫论史之烦省者，但当要其事有妄载[1]，苦于榛芜[2]，言有阙书，伤于简略[3]，斯则可矣。必量世事之厚薄[4]，限篇第以多少，理则不然。

浦起龙《史通通释》："数语一篇筋骨！论当否，不论多少，洵笃论也！"

[ 注释 ]

[1]要：责备，责求。浦起龙《史通通释》说"一作'求'"。　[2]榛芜：草木丛杂，比喻烦琐累赘。　[3]伤：损伤，伤害。　[4]以下三句是说：如果酌量世事的大小，来限定篇章的多少，这在原则上是不对的。

　　往之所载，其简如彼；后之所书，其审如此。若使同后来于往世[1]，限一概以成书，将恐学者必诟其疏遗，尤其率略者矣。而议者苟嗤沈、萧之所记[2]，事倍于孙、习[3]；华、谢之所编[4]，语烦于班、马，不亦谬乎！故曰："论史之烦省者，但当求其事有妄载，言有阙书，斯则可矣。必量世事之厚薄，限篇第以多少，理则不然，其斯之谓也。"

**[ 注释 ]**

　　[1]以下四句是说：如果使后来的史书记事与以往的相同，限定一样的篇幅来写书，恐怕学者们一定会批评它疏忽遗漏，责备它草率粗疏。　[2]沈、萧之所记：指南朝齐梁间史学家沈约所撰《宋书》、梁史学家萧子显所撰《南齐书》。　[3]孙、习：指东晋史学家孙盛所撰《晋阳秋》、习凿齿所撰《汉晋春秋》。　[4]华、谢之所编：指魏晋史学家华峤所撰《汉后书》、三国吴史学家谢承所撰《后汉书》。

**[ 点评 ]**

　　作者在此前的《载文》《叙事》《书事》等篇中一再强调，史书内容以简要为上，并批评了魏晋以来史书记事繁杂的种种表现，本篇则不再大而化之地坚持史书记事以简要为美的观点。作者总结前代史书记述内容的繁

　　《史通·书事》："记事之体，欲简而且详，疏而不漏。若烦则尽取，省则多捐，此乃忘折中之宜，失均平之理。"

　　李维桢："作史固不论烦简，而精严典核，乃称上品。"（李维桢评、郭孔延评释《史通》）

简详略不同，以历史进步演化的观点，指出其根本原因在于时代和社会的发展，并非写史之人主观上故意简约或繁杂，史书所记年代远近与内容繁简详略没有必然联系。提出考察史书内容的繁简详略，只需审核其"事有妄载，苦于榛芜，言有阙书，伤于简略"与否，如果没有这两个方面的表现，即是详略得当，明确反对以所记年代远近来限定史书内容繁简详略的错误做法。显然，这是从反面提出了判定史书内容繁简详略的标准，即是否"妄载"和"阙书"，这是其对前此有关论述的有益补充，而作者的讨论也是客观允当的，具有朴素的社会存在决定社会意识的唯物主义思想色彩。浦起龙《史通通释》评论说："但论妄载阙书，不论厚薄多少，说理尤为圆足。《史通》著论，不难其综核，难其宽和，如此篇，醇乎醇者也！"纪昀《史通削繁》也称此篇"推寻尽致，持论平允"，为"圆通之论"。

# 内篇　卷十

## 杂述第三十四

本篇专门论述在作者看来与正史殊途并进的非正史之书。

　　在昔三坟、五典、《春秋》《梼杌》，即上代帝王之书[1]，中古诸侯之记。行诸历代，以为格言[2]。其余外传，则神农尝药，厥有《本草》[3]；夏禹敷土，实著《山经》[4]；《世本》辨姓，著自周室[5]；《家语》载言[6]，传诸孔氏。是知偏记[7]、小说，自成一家。而能与正史参行[8]，其所由来尚矣。

　　浦起龙《史通通释》："从上三十三篇，论正史者备矣。至是乃旁罗杂乘，洪纤靡遗，庄谐殚录，可谓具体鼓吹者乎！于正史则严核之，不嫌于孤；于杂乘则广收之，必赢其类。可知子玄是书，尽意洗伐，特欲令著作之庭，净无尘点耳，非教天下谩弃群言也。"

[注释]

　　[1]上代：上古时代，远古时代。这是针对三坟、五典说的。　[2]格言：可以作为借鉴的熟语。此指规范，标准。　[3]神农尝药，厥有《本草》：相传神农遍尝百草而发明了医药，后世

张舜徽《史通平议》："唐人以纪传、编年为正史。知幾于论述正史之余，复厘杂史为十科。有郡书、地理，则方志入史矣。有家史、别传，则谱牒入史矣。有琐言、杂记，则小说入史矣。于是治史取材，其途益广。学者致力之端，知不局限于纪传、编年之书。则知幾是篇，启牖之益为多。惟方志之作，务欲矜其州里；谱牒之书，无不夸其氏族。至于小说笔记，又多出于街谈巷语、道听途说者之所造。叙述之真实与否，读之者不可不练其得失、明其真伪。本书《采撰》篇，既已详道之矣。则固有待于取材之际，审辨而善用之。"

遂有托名神农的药学著作《神农本草》一书，因书中地名有汉代郡县名称，故唐代人怀疑是后汉时医圣张仲景和华佗等人窜记其语。　[4]夏禹敷土，实著《山经》：敷土，区分规划疆土。《山经》即《山海经》。西汉末刘歆《上〈山海经〉表》说："禹别九州，任土作贡，而益（伯益）等类物善恶，著《山海经》。"东汉王充《论衡·别通篇》说："禹主治水，益主记物，海外山表，无远不至，以所闻见，作《山海经》。"《史通》沿袭了这些说法，但该书中有战国以来地名，因而古人亦多疑之，今人一般认为大约成书于战国时期，又经秦汉时人增删。　[5]《世本》辨姓，著自周室：《汉书·艺文志》称《世本》为"古史官记黄帝以来迄春秋时诸侯大夫"，北齐颜之推《颜氏家训·书证》说是春秋时期左丘明所作，《史通》沿袭了这些说法。实则《世本》是西汉末刘向整理官府藏书时，汇集所见先秦"世"类零散文献，编辑成书并确定书名，内容是记载宗族世系。其中包含的是先秦时期的零散文献资料，但其书本身并不是先秦时期成书的史籍。姓，姓氏。《世本》有《姓氏篇》。　[6]《家语》：即《孔子家语》。　[7]偏记：亦作"偏纪"，记述与作者相近时代史事的史书。　[8]参行：并行。

爰及近古，斯道渐烦。史氏流别，殊途并骛[1]。榷而为论，其流有十焉：一曰偏纪，二曰小录，三曰逸事，四曰琐言，五曰郡书，六曰家史，七曰别传，八曰杂记，九曰地理书，十曰都邑簿。

**［注释］**

[1]殊途并骛：并骛，并驰。在不同的道路上同时向前发展。

夫皇王受命[1]，有始有卒[2]，作者著述，详略难均。有权记当时[3]，不终一代，若陆贾《楚汉春秋》、乐资《山阳载记》[4]、王韶《晋安陆纪》[5]、姚最《梁昭后略》[6]，此之谓偏纪者也。

此谓短述之书，但记近事，而非全史。（浦起龙《史通通释》）

**［注释］**

[1] 皇王：即帝王。　[2] 有始有卒：卒，终。本指做事能贯彻始终，坚持到底。此指朝代有头有尾。语出《论语·子张》。　[3] 权：暂且，姑且。当时，作者生活的时代。　[4]《山阳载记》：即《山阳公载记》。山阳公即汉献帝。曹丕代汉称帝后，贬献帝为山阳公。该书已佚，南朝宋裴松之在为《三国志》作注时曾有所引用，并称其"秽杂虚谬"。姚振宗认为载记与霸史、伪史相同，乐资用于山阳公属于不伦不类（《隋书经籍志考证》卷十三《山阳公载记》）。　[5] 王韶《晋安陆纪》：王韶即王韶之（380—435），《史通》因骈体文而省略"之"字。字休泰，琅邪临沂（今山东临沂市）人。好史籍，博涉多闻。东晋时曾领著作郎等职，诏奏皆出其手。刘裕代晋建宋后，历官祠部尚书、给事中等职，并曾掌修刘宋国史。他继承父志，编成《晋安帝阳秋》，善叙事，辞论可观，被评为"嘉史"。"晋安陆纪"，浦起龙《史通通释》认为应是"晋安帝纪"之误；章宗源认为，就内容而言，题"晋安帝纪"不误，但应该是"安陆"二字为"隆安"之讹（《隋经籍志考证》卷二《晋纪》），则书名应是"晋隆安纪"。　[6] 姚最《梁后略》："最"字旧脱，浦起龙补，这是正确的。"梁"后，浦起龙称"旧脱'昭'字"，遂补，此则为误补，《史通·杂说下》的自注中就有"姚最《梁后略》"的说法。《旧唐书·经籍志》《新

唐书·艺文志》均著录为"《梁昭后略》"，浦起龙或据此而补。

普天率土，人物弘多[1]，求其行事，罕能周悉[2]，则有独举所知，编为短部，……此之谓小录者也。

此谓私志之书，各录知交，而非正史。（浦起龙《史通通释》）

[ 注释 ]

[1] 弘：广，广大。　[2] 周悉：周到详尽。

国史之任，记事记言，视听不该[1]，必有遗逸。于是好奇之士，补其所亡，……此之谓逸事者也。

此谓掇拾之书，可补史遗，用资参考。（浦起龙《史通通释》）

[ 注释 ]

[1] 该：同"赅"，完备。

街谈巷议[1]，时有可观，小说卮言[2]，犹贤于已[3]。故好事君子，无所弃诸，……此之谓琐言者也。

此谓谐噱之书，略供史料，止助谈资。（浦起龙《史通通释》）

[ 注释 ]

[1] 街谈巷议：大街小巷里人们的议论。指民间的舆论。　[2] 卮（zhī）言：支离破碎之言。　[3] 犹贤于已：贤，胜过。

已，停止，什么也不做。语出《论语·阳货》："饱食终日，无所
用心，难矣哉！不有博弈者乎？为之，犹贤乎已。"

　　汝、颍奇士[1]，江、汉英灵[2]，人物所生，
载光郡国[3]。故乡人学者，编而记之，……此之
谓郡书者也。

　　　　　此谓乡邦旧
　　　　德之书，视史家为
　　　　繁。（浦起龙《史
　　　　通通释》）

　　[注释]
　　[1]汝、颍：汝水、颍川，都在河南省境内，此代指中原地区。
奇士，奇异之士，非常之士，指德行或才智出众的人。　[2]江、
汉：长江、汉江，此代指南方地区。汉江又称汉水，流经陕西、
湖北两省，为长江最大的支流，在历史上占居重要地位，常与
长江、淮河、黄河并列，合称"江淮河汉"。英灵，才华超群的
人。　[3]载光郡国：载，产生。为故乡增添光辉。

　　高门华胄[1]，奕世载德[2]，才子承家，思显
父母。由是纪其先烈，贻厥后来，……此之谓家
史者也。

　　　　　此谓门胄先
　　　　烈之书，比史体为
　　　　炫。（浦起龙《史
　　　　通通释》）

　　[注释]
　　[1]华胄：世族地主、贵族的后裔。　[2]奕世载德：奕世，
累世，世世代代。载德，具备高尚的道德。语出《国语·周语上》：
"奕世载德，不忝前人。"

贤士贞女，类聚区分，虽百行殊途，而同归于善。则有取其所好，各为之录，……此之谓别传者也。

此谓甄录贞范之书，能补前史缺遗乃贵。（浦起龙《史通通释》）

阴阳为炭，造化为工[1]，流形赋象[2]，于何不育[3]。求其怪物，有广异闻，……此之谓杂记者也。

此谓搜采怪异之书，足当外史劝诫乃佳。（浦起龙《史通通释》）

[注释]

[1]阴阳为炭，造化为工：语出贾谊《鵩鸟赋》："天地为炉兮，造化为工，阴阳为炭兮，万物为铜。"作者将天地比作大熔炉，阴阳二气是炭火，造化为炉工，世间万物都在里面被煅烧和熔炼，用以说明天地自然能力无限，使万事万物变化无穷。　[2]流形：形状变化不定。赋，禀承。象，现象。　[3]于何不育：语出《文选》卷四左思《蜀都赋》："异类众夥，于何不育。"意谓必生万物。

九州土宇，万国山川，物产殊宜，风化异俗。如各志其本国，足以明此一方，……此之谓地理书者也。

此兼风土人物言，其书亦史志地俗一类。（浦起龙《史通通释》）

帝王桑梓，列圣遗尘[1]，经始之制[2]，不恒厥所[3]。苟能书其轨则[4]，可以龟镜将来，……此之谓都邑簿者也。

此指帝京规制言，其书亦史志都城一流。（浦起龙《史通通释》）

[ **注释** ]

[1]帝王桑梓，列圣遗尘：语出《文选》卷四左思《蜀都赋》：
"先王桑梓，列圣遗尘。"桑梓，古人常在住宅旁栽种桑树和梓树，
后遂作为故乡的代称。此代指都城。列圣，指历代帝王。尘，土地。
意谓：帝王都城是历代帝王的遗迹所在。　[2]经始：经营，创业。
制，规划，制度。　[3]不恒厥所：没有固定的场所。　[4]轨则：
规则，准则。

大抵偏纪小录之书，皆记即日当时之事，求
诸国史[1]，最为实录。然皆言多鄙朴[2]，事罕圆
备[3]，终不能成其不刊，永播来叶[4]，徒为后生
作者削稿之资焉[5]。

[ **注释** ]

[1]求诸国史：按照国史的要求来考察。　[2]鄙朴：粗俗质
朴。　[3]事罕圆备：记事很少周详。　[4]播：流传。叶，世代。
来叶，后代。　[5]削稿：犹削草，谓删改定稿。

逸事者，皆前史所遗，后人所记，求诸异说，
为益实多。及妄者为之，则苟载传闻[1]，而无铨
择[2]。由是真伪不别，是非相乱。如郭子横之《洞
冥》[3]，王子年之《拾遗》[4]，全构虚辞[5]，用
惊愚俗[6]。此其为弊之甚者也。

杜维运："以史料产生的时间，衡量史料价值的高低，十九世纪以后的西方史学家，尊此为玉律，中国八世纪的史学家，则早悟及此，中外史学的暗合及其先后发展的情况，自此清晰可见。"（《中国史学史》）

逸事之书为益实多，但须明辨其真伪虚实。

[ 注释 ]

[1]苟：随便，随意。 [2]铨择：评量选择。 [3]郭子横之《洞冥》：郭宪字子横，东汉汝南宋（今安徽太和县）人。历官光禄勋，刚正忠直，正气敢言。相传著有《汉武洞冥记》，所载皆怪诞不根之谈，然词句迥异东汉，或六朝人依托为之。 [4]王子年之《拾遗》：王嘉字子年，陇西安阳（今甘肃渭源县）人。东晋术士，著有《拾遗记》，记事多诡怪荒诞。 [5]构：编造。虚辞，浮夸不实之言。 [6]惊：使……感到惊奇。愚俗，世俗，亦指愚昧庸俗的人。

琐言大都出于不经意的记载，虽有伤于风化之弊，但常常在不知不觉中将当时社会背景和盘托出，为人们提供了一些不带主观色彩地反映时代背景的极佳材料。

琐言者，多载当时辨对[1]，流俗嘲谑[2]，俾夫枢机者藉为舌端[3]，谈话者将为口实[4]。及蔽者为之，则有诋讦相戏[5]，施诸祖宗，亵狎鄙言[6]，出自床笫[7]，莫不升之纪录，用为雅言[8]，固以无益风规[9]，有伤名教者矣。

[ 注释 ]

[1]辨对：辩论答对。辨，通"辩"。 [2]嘲谑（xuè）：调笑戏谑。 [3]枢机：言语，言谈。舌端，谈论的资料。 [4]口实：话柄，谈笑的资料。 [5]诋讦（jié）：诋毁攻击。戏，嘲弄。 [6]亵狎（xiè xiá）：轻慢，不庄重。鄙言，俚俗的言词。 [7]床笫（zǐ）：指闺房之内，枕席之间。 [8]雅言：正确合理的言论。 [9]风规：风范家教，风纪法度。

郡书者，矜其乡贤，美其邦族[1]。施于本国，颇得流行；置于他方，罕闻爱异[2]。其有如常璩之详审[3]，刘昞之该博[4]，而能传诸不朽，见美来裔者[5]，盖无几焉[6]。

详审赅博者为上乘，其弊在夸美乡邦。

［注释］

[1]邦族：邦国宗族；籍贯姓氏。　[2]爱异：爱护器重。　[3]详审：周详审慎。　[4]该博：该，同"赅"，完备。博，多，广，大。指学问或见识广博。　[5]美：称道，称美。来裔，后世子孙，后人。　[6]无几：很少，没有多少。

家史者，事惟三族[1]，言止一门[2]，正可行于室家[3]，难以播于邦国[4]。且箕裘不堕[5]，则其录犹存；苟薪构已亡[6]，则斯文亦丧者矣[7]。

吕思勉《史通评》："家史材料，有出于方志及国史之外者，亦为可宝，但亦病其不真实耳，是亦宜善用之也。"

［注释］

[1]三族：指父亲、自己、儿子三辈。　[2]一门：一家。　[3]室家：家庭。　[4]邦国：即国家，二字为同义复指。　[5]箕裘：比喻祖先的事业。堕（huī），古同"隳"，毁坏。　[6]薪构：先人德业。　[7]斯文：此指家史。斯文亦丧，典出《论语·子罕》："子畏于匡，曰：'文王既没，文不在兹乎？天之将丧斯文也，后死者不得与于斯文也；天之未丧斯文也，匡人其如予（我）何？'"一般用于慨叹文人命运多舛。

別传者，不出胸臆[1]，非由机杼[2]，徒以博采前史，聚而成书。其有足以新言、加之别说者[3]，盖不过十一而已。如寡闻末学之流[4]，则深所嘉尚[5]，至于探幽索隐之士[6]，则无所取材。

此评对于其所见所论之书而言，或许属实。但要统称别传无新观点、新史料，则过于绝对。

**[注释]**

[1] 胸臆：内心深处的想法，即自己的创见。　[2] 机杼：指织布机，其转轴称机，带动纬线的梭子称杼。用以比喻诗文的构思和布局新颖精巧，自出心裁。　[3] 足：增加，增益。　[4] 寡闻：见闻不广。末学，肤浅无本之学。　[5] 嘉：赞美。尚，推崇。　[6] 探幽索隐：探究深奥的道理，搜索隐秘的事情。

杂记者，若论神仙之道，则服食炼气[1]，可以益寿延年；语魑魅之途[2]，则福善祸淫[3]，可以惩恶劝善，斯则可矣。及谬者为之，则苟谈怪异，务述妖邪[4]，求诸弘益[5]，其义无取[6]。

杂记之书种类繁多，需区别对待。

**[注释]**

[1] 服食炼气：服食又名服饵，指服食药物以养生，是道教的一种修炼方式。炼气，也是古代道教徒的一种修炼方式，通过调息、行气等方法锻炼自身内在的精气。　[2] 魑魅（chī mèi）：古代传说中山林里能害人的怪物。　[3] 福善祸淫：指行善的得福，作恶的受祸。语出《古文尚书·汤诰》。　[4] 妖邪：妖异怪诞。　[5] 弘益：补益，增益。　[6] 无取：不足取，一无足取。

地理书者，若朱赣所采[1]，浃于九州[2]；阚骃所书[3]，殚于四国[4]。斯则言皆雅正[5]，事无偏党者矣[6]。其有异于此者，则人自以为乐土[7]，家自以为名都，竞美所居，谈过其实。又城池旧迹，山水得名，皆传诸委巷[8]，用为故实[9]，鄙哉！

[ 注释 ]

[1]朱赣所采：据《汉书·地理志》，汉代朱赣所采乃各地风俗。　[2]浃（jiā）：齐备。浃于九州，指全国各地区的风俗都记述齐全。　[3]阚骃所书：阚骃字玄阴，敦煌（今属甘肃）人。初仕北凉，官至尚书。北魏灭北凉后，入仕北魏。博通经传，聪明敏捷，读书过目成诵，时人称为宿读。著有《十三州志》，写作精审，是中国古代一部地理学要籍，有辑本传世。　[4]殚：竭尽，此指详尽。四国，即四方，指全国范围。　[5]雅正：典雅方正。　[6]偏党：偏向，偏袒。事无偏党，即叙事公正。　[7]乐土：安乐的地方。　[8]委巷：偏僻曲折的小巷，借指民间。　[9]故实：以往的有历史意义的事实。

都邑簿者，如宫阙[1]、陵庙[2]、街廛[3]、郭邑[4]，辨其规模，明其制度，斯则可矣。及愚者为之，则烦而且滥，博而无限，论榱栋则尺寸皆书[5]，记草木则根株必数，务求详审，持此为能。

吕思勉《史通评》："郡国书、地理书，即后世方志之原也。此类书之长处，在其记载之详；其短处，则在偏美其本地，又或传诸委巷，用为故实，方志之不可尽为信史，即由于此。然史材富足，究为美事，亦视用之者何如耳。"

吕思勉《史通评》："都邑簿不徒可见一地方之社会情形，并可见其物产及建筑物等情状，最为可贵；刘氏以繁芜为病，以今日之眼光观之，则正取其多多益善耳。"

遂使学者观之，瞀乱而难纪也[6]。

[注释]

[1] 宫阙：古时帝王所居住的宫殿。因宫门外有双阙，故称宫阙。阙，皇宫门前两边供瞭望的楼。　[2] 陵庙：古代天子的陵墓与宗庙。陵，帝王坟墓的专称。　[3] 廛（chán）：古代城市中的住宅地。　[4] 郭邑：城邑。　[5] 榱（cuī）栋：房屋的椽子及栋梁。　[6] 瞀（mào）乱：紊乱，纷乱。瞀，目眩，眼花。

于是考兹十品，征彼百家，则史之杂名，其流尽于此矣。至于其间得失纷糅[1]，善恶相兼，既难为稹缕[2]，故粗陈梗概。且同自《邶》，无足讥焉[3]。

[注释]

[1] 纷糅（róu）：众多而杂乱。　[2] 稹（zhěn）缕：详细而有条理地叙述。稹，同"诊"，察看。　[3] 且同自《邶》（kuài），无足讥焉：邶，春秋时期小国名。《诗经·国风》有《邶风》，《邶风》之下为《曹风》。《左传》襄公二十九年："自《邶》以下无讥焉。"杜预注释说："《邶》第十三，《曹》第十四。言季子闻此二国歌，不复讥论之，以其微也。"认为自《邶风》以下，不值一读。后以"自邶无讥"表示自此以下不值得评论之意。全句意谓：而且十品史著杂流的优劣得失，就如同《诗经·邶风》以下的国风一样，不值得详细评论。

翦伯赞："此等杂史，虽其写作体裁不及正史之有系统，行文用字不及正史之典雅；但因杂史所记，多系耳闻目见之事，而且其所记之事又多系民间琐事，故其所记，较之正史，皆为真切，而且皆足以补正史之遗逸缺略乃至订正正史之讹误。特别是因为杂史不向政府送审，没有政治的限制，能够尽量地暴露史实的真象。所以有时在一本半通不通的杂史或笔记中，我们可以找到比正史更可靠的史料。"（《略论中国文献学上的史料》，《史料与史学》）

又案子之将史[1]，本为二说[2]。然如《吕氏》《淮南》《玄晏》《抱朴》[3]，凡此诸子，多以叙事为宗[4]。举而论之，抑亦史之杂也。但以名目有异，不复编于此科。

认识到子部书籍中有近于杂史之书。子部杂家、小说家与史部杂史、杂记等书多有相近者，清章学诚编修《史籍考》，也单独提出"子部宜择"的一条凡例。

[ 注释 ]

[1] 子：子书，子部书籍。将，与。　[2] 二说：此指两种不同性质的书。　[3]《吕氏》：即《吕氏春秋》，又名《吕览》，为战国时期秦相吕不韦召集门客所纂辑，其中很多篇都不同程度地引证历史事例、讲述历史人物言行来论述政治主张。《淮南》即《淮南子》，又名《淮南鸿烈》，西汉皇族淮南王刘安及其门客集体编写的一部杂家著作，分内篇、中篇、外篇，今内篇存世，其中《说林》《说山》《人闲》诸篇多记古事。《玄晏》即《玄晏春秋》，晋皇甫谧所撰，《隋书·经籍志》将其列入史部杂传类，已佚。《抱朴》即葛洪《抱朴子》。"抱朴"是道教术语，源于老子《道德经》"见素抱朴，少私寡欲"。该书分内、外篇，内篇论神仙吐纳、符箓克治之术，纯为道家之言；外篇则论时政得失、人事臧否，词旨辨博，饶有名理。今仅存内篇。此四书，下文称为"史之杂也"。　[4] 宗：主。

盖语曰："众星之明，不如一月之光。"历观自古，作者著述多矣。虽复门千户万，波委云集[1]，而言皆琐碎，事必丛残[2]。固难以接光尘于《五传》[3]，并辉烈于《三史》[4]。古人以比玉

屑满箧 [5]，良有旨哉 [6]！然则刍荛之言，明王必择 [7]；葑菲之体 [8]，诗人不弃。故学者有博闻旧事 [9]，多识其物，若不窥别录 [10]，不讨异书 [11]，专治周、孔之章句 [12]，直守迁、固之纪传 [13]，亦何能自致于此乎 [14]？且夫子有云："多闻，择其善者而从之。""知之次也。" [15] 苟如是，则书有非圣 [16]，言多不经 [17]，学者博闻，盖在择之而已。

稗官野史、杂述小书固多价值不高，然他书不经见而可宝之史料，往往错出其间，在治史者能以批判之眼光、敏锐之卓识，掘发而利用之。刘氏此论精要圆通。

### ［注释］

[1] 波委云集：委，堆积。如波浪相积，云层聚集。比喻众物聚集在一处，此处指著作的品类非常丰富。　[2] 丛残：繁杂琐碎。　[3] 接：接续，继承。光尘，典出《道德经》："和其光，同其尘。"意谓：和合它们的光彩，也共同吸纳它们带来的尘埃。引申为与世浮沉、随波逐流而不立异。光尘在这里指光辉的陈迹，即《五传》的传统。《五传》，指《春秋》的《左传》《公羊传》《穀梁传》《邹氏传》《夹氏传》。　[4] 并：比拟，并列。辉烈，光辉。　[5] 玉屑满箧：语出桓宽《盐铁论·相刺》："故玉屑满箧，不为有宝；诵诗书负笈，不为有道。"箧，箱子。笈，竹制的书箱。意谓：碎玉满箱，算不得拥有财宝；读了几箱子的书，也不等于就掌握了其中的道理。又，王充《论衡·书解篇》："或曰：古今作书者非一，各穿凿失经之实传，违圣人质，故谓之蕝残，比之玉屑。故曰：'蕝残满车，不成为道；玉屑满箧，不成为宝。'" [6] 良：的确。旨，意义。　[7]"然则"两句：然则，然而。刍荛（ráo），割草打柴的人，引申为乡野间见闻不多、无知浅陋

的人。刍荛必择，典出《诗经·大雅·板》："先民有言，询于刍荛。"　[8]葑菲（fēng fēi）之体：语出《诗经·邶风·谷风》："采葑采菲，无以下体（根茎）。"葑、菲都是菜名。葑即芜菁，又名蔓菁。菲即萝卜，亦叫芦菔、芦萉、雹葖、莱菔等。葑与菲的根、茎、叶均可供食用。诗意谓：采葑菲者，不能因其茎叶粗老而不可食用，就连同它们的根也不要了。后用"葑菲"表示尚有一德可取之意。　[9]有：浦起龙《史通通释》认为当作"欲"，从语义分析，很有道理。　[10]别录：不同的记载。　[11]讨：搜求。异书，珍贵或罕见的书籍。异，不同的。　[12]治：从事研究。周、孔即周公、孔子。周、孔之章句，指儒家经典。　[13]迁、固：指司马迁、班固。迁、固之纪传，代指纪传体史书。　[14]致：达到。　[15]"多闻"句：语出《论语·述而》："多闻，择其善者而从之，多见而识之，知之次也。"意谓：多多地听，选择其中好的加以接受；多多地看，全记在心里。这样的知，是仅次于"生而知之"的。亦即广泛听取各方面的不同意见，采纳其中的合理部分。　[16]非圣：不符合圣人之道。　[17]不经：不符合儒家思想标准。


[ **点评** ]

从本篇开始，《史通》内篇在谋篇布局上不再专门讲述修史体例的内容。《史通》开篇的《六家》《二体》以及外篇的《古今正史》，代表了作者对正史体裁及其主要著作的认识，本篇《杂述》论非正史之书。如此四篇，既表现了作者对中国古代史学比较全面的认识，显示出作者对正史与非正史的不偏不倚的态度，同时也真实而客观地展现了作者所处时代之前中国古代史学多方探索、多途发展的基本格局。

本篇内容"详核而精审"（纪昀《史通削繁》）。先是分类梳理正史之外但又可与正史并行的各种杂史著作，将其分为十类，一一举例说明。然后是对这十种著作进行宏观性总体评价，在指出其不足之前，首先肯定了它们对研究历史所具有的重要史料价值，显示出作者具有通达全面的史学识见，扩大了编修史书过程中采择史料的范围。最后则从通盘考虑的全局出发，强调对包括杂史在内的各种史料的博采慎取，这使全篇写作上升到一个更高的层次，是作者写作本篇的主旨，反映出作者慎思明辨的宏通之才。刘知幾之所以能写出第一部中国史学理论著作，也正是他善于继承过往一切史学发展成就的结果。而这又涉及史书编撰过程中如何选择史料的原则性问题，故也与修史体例直接相关，可谓是前面《采撰》的姊妹篇。两篇的不同是，《采撰》综论史料的采择原则，对史书采择史料的不当行为进行指摘，本篇则专论正史之外的杂史的史料价值，在全面辨析的基础上，提出应重视对杂史史料的利用。可见本篇是对《采撰》内容的具体而深入的补充。如果再与《六家》《二体》及外篇的《古今正史》参读合观，则作者所处时代之前史书编修的主要情况，就将非常清晰地展现在读者面前。

# 辨职第三十五

本篇是专门论说史官的职守问题，中心是批评史馆的弊端。

夫设官分职[1]，伫绩课能[2]，欲使上无虚授[3]，下无虚受[4]，其难矣哉！昔汉文帝幸诸将营，而目周亚夫为真将军[5]。嗟乎！必于史职求真，斯乃特为难遇者矣[6]。

以周亚夫"真将军"为喻，强调史职必由真堪其任者居之。

**[ 注释 ]**

[1]设官分职：设立官名，分别职事。　[2]伫（zhù）绩课能：积累功劳，考核才干。伫，通"贮"，积累。　[3]虚授：授职给德才不相称的人。　[4]虚受：无德才而接受官位。　[5]目：看待，称呼。　[6]难遇：很少能遇见的人和事。

史之为务，厥途有三焉[1]。何则？彰善贬恶，不避强御[2]，若晋之董狐，齐之南史，此其上也。编次勒成[3]，郁为不朽[4]，若鲁之丘明，汉之子长，此其次也。高才博学，名重一时，若周之史佚[5]，楚之倚相[6]，此其下也。苟三者并阙，复何为者哉？

《史通》中没有集中阐释"史家三长"的理论，也没有用这一理论全面评价前代史学家，但此处所言上、中、下三个层次，正对应于他在与人谈"史家三长"时对识、才、学三个范畴的论述，由此可以看出他对三者之间重要性之关系的认识，即最重识，其次是才，再次是学。

**[ 注释 ]**

[1]途：途径，路子。　[2]强御：豪强，有权势的人。　[3]编次：编辑整理。勒成，编撰成书。勒，雕刻。　[4]郁：文采显著。　[5]史佚：西周初年太史。博学多闻，德高望重，深得周武王赏识。　[6]倚相：春秋时楚国史官。博学多才，以熟读古籍著称，被楚王称为"良史"。后其名被用来比喻饱学之臣，也用作

赞咏史臣的典故。

　　昔鲁叟之修《春秋》也 [1]，不藉三桓之势 [2]；
汉臣之著《史记》也 [3]，无假七贵之权 [4]。而近
古每有撰述，必以大臣居首 [5]。案《晋起居注》
载康帝诏，盛称著述任重，理藉亲贤，遂以武陵
王领秘书监 [6]。寻武陵才非河献 [7]，识异淮南 [8]，
而辄以彼藩翰 [9]，董斯邦籍 [10]，求诸称职，无
闻焉尔 [11]。

紀昀《史通削
繁》："自唐以后，
此例不能改矣。在
领局者调剂得宜、
任用有道，犹可救
弊之大半也。"

**［注释］**

[1] 鲁叟：即孔子。　[2] 三桓：指春秋时期鲁国卿大夫孟孙、
叔孙和季孙。三桓起于鲁庄公时代（前 693—前 662）。庄公父
亲桓公有四子，嫡长子庄公继承鲁国国君；庶长子庆父（谥共，
又称共仲，其后代称仲孙氏。庶子之长又称"孟"，故又称孟氏、
孟孙氏）、庶次子叔牙（谥僖，其后代称叔孙氏）、嫡次子季友（谥
成，其后代称季氏），被庄公封为卿，其后代形成势力强大的家
族。由于三家皆出自桓公之后，故史称三桓。鲁国公室自宣公起，
日益衰弱，国政被操纵在以季氏为首的三桓手中。孔子曾经试
图改变卿大于公的局面，但是在三桓强大的势力面前，无法成
功，最终被赶出鲁国。到鲁国末年，三桓强盛，公室微弱如同
小侯。　[3] 汉臣：指司马迁。　[4] 七贵：语出《文选》卷十潘
岳《西征赋》："窥七贵于汉廷，畴一姓之或在。"李善注："七贵
谓吕、霍、上官、赵、丁、傅、王也。"然其中除吕氏外，其余

六家显贵擅权时，并不与司马迁撰写《史记》的时间相同。故《史通》引此，只是虚指那些掌权的显贵。　[5] 以大臣居首：指朝廷命宰相以监修名义兼领史局或修史事。　[6] 武陵王：即司马晞（316—381），字道叔，东晋元帝司马睿子。出继武陵王司马喆为嗣子，三岁袭封武陵王。康帝时，领秘书监，进位开府仪同三司、太宰等职。无学术而有武干，喜好习武练兵，因遭大司马桓温忌恨，被废黜流放。　[7] 河献：即西汉河间献王刘德（前171—前130），武帝之弟。修学好古，潜研儒术，曾奏请设立《毛诗》《左传》博士。又好搜求书籍，所藏几乎与政府藏书数量相等。　[8] 淮南：即西汉淮南王刘安（前179—前122），高祖刘邦孙，袭父封为淮南王。好读书鼓琴，注意抚慰百姓，流誉天下。招致宾客数千人，编成《淮南鸿烈》一书。又作《离骚传》，是中国最早对屈原及其《离骚》作出高度评价的著作。　[9] 藩翰：捍卫王室的重臣。喻指藩国。　[10] 董：主持，主管。　[11] 无闻：没有名声。

大抵监史为难，斯乃尤之尤者[1]。若使直若南史，才若马迁，精勤不懈若扬子云[2]，谙识故事若应仲远[3]，兼斯具美，督彼群才[4]，使夫载言记事，藉为模楷，搦管操觚[5]，归其仪的[6]，斯则可矣。但今之从政则不然，凡居斯职者，必恩幸贵臣[7]，凡庸贱品[8]，饱食安步[9]，坐啸画诺[10]，若斯而已矣。夫人既不知善之为善，则亦不知恶之为恶[11]。故凡所引进[12]，皆非其才，

李维桢："舟大者任重，马骏者远驰。一代鸿裁，必得大手笔为之监修，而后可以作纪事之（周）亚夫，当极东之悬象。若后世惟以爵秩之崇者为监修国史，溺其旨矣。子玄之言，洵万世修史之龟鉴！"（李维桢评、郭孔延评释《史通》）

张舜徽："知幾此议甚正！即使设馆修书，亦必择任兼擅才、学、识三长者以总其事，而后能乐观厥成。……综观自唐以下诸史之利弊，信知幾斯言之有识。"(《史通平议》)

或以势利见升[13]，或以干祈取擢[14]。遂使当官效用[15]，江左以"不乐"为谣[16]；拜职辨名，洛中以"不闲"为说[17]。言之可为大噱[18]，可为长叹也[19]。

[ **注释** ]

[1]尤：更加，格外。 [2]扬子云：即西汉扬雄，字子云。精勤，专心勤勉。不懈，不怠惰，不松懈。 [3]谙识：练达。应仲远，即东汉应劭，字仲远。 [4]督：统率，指挥。 [5]搦（nuò）管操觚（gū）：搦，持，拿。管，指毛笔。觚，简策，古人用以书写。指提笔写作。 [6]归：归向，趋向。仪的，准则，标准。 [7]恩幸：帝王的宠幸。贵臣，本指公卿大夫位高的家臣，后泛指显贵的大臣。 [8]凡庸：平庸，平凡。贱品，低贱之流。按，刘知幾出身于士族名门，而当时朝廷的"恩幸贵臣"大都是庶族寒门出身。从《史通》看来，刘知幾的世族门第观念是很重的。 [9]饱食安步：饱食，典出《论语·阳货》："饱食终日，无所用心，难矣哉！"意谓整天吃饱饭，不肯动脑筋去做点事，这种人是很难造就的。安步，缓缓步行。安，安详，不慌忙。典出《战国策·齐策四》："安步以当车。" [10]坐啸画诺：坐啸，闲坐吟啸。画诺，旧时主管官员在文书上签字，表示同意照办。坐啸画诺，指为官清闲或不理政事。典出范晔《后汉书·党锢列传序》：东汉汝南太守、南阳人宗资任用功曹范滂（字孟博），政务都让他处理；南阳太守、弘农人成瑨任用岑晊（字公孝）为功曹，公事悉委之，民间为谣曰："汝南太守范孟博，南阳宗资主画诺；南阳太守岑公孝，弘农成瑨但坐啸。"功曹，汉代州郡佐吏，掌管考查记录官吏功

劳。　[11]人既不知善之为善，则亦不知恶之为恶：刘知幾在史馆任职时，多次受到监修贵臣的牵制与阻碍，与他们凿枘相违，龃龉难入，因而《史通》中有不少批评和影射现实的内容。而据《旧唐书·武三思传》载，武三思监修国史时曾说："（我）不知何等名作好人，唯有向我者是好人耳。"则《史通》此语，或即据此事有为而发。　[12]引进：推荐，引用。　[13]势利：权势和钱财。　[14]干祈：求请，营求。擢，提拔，提升。　[15]效用：效劳，发挥作用。　[16]江左以"不乐"为谣：江左，代指南朝。"不乐"，误，据陈汉章《史通补释》，应作"不落"。北齐颜之推《颜氏家训·勉学》："梁朝全盛之时，贵游子弟，多无学术，至于谚云'上车不落则著作，体中何如则秘书'。"是说当时贵族子弟世袭特权，虽不学无术，但只要能登车而不跌落下来，即可受职著作郎，只要能写寻常问候之语，即可受职于秘书监。　[17]洛中以"不闲"为说：洛，西晋都城洛阳，代指西晋。"不闲"，误，据陈汉章《史通补释》，应作"职闲"，即职务清闲。唐初虞世南《北堂书钞》卷五七引《阎纂集·四言诗启》云："臣少学，博士登祭、郑湛谓可著作，语秘书监华峤，峤报书云：'著作郎职闲禀重，势贵多争，不暇表其才用。'"《晋书·阎瓒传》："国子祭酒以瓒才堪佐著作，荐于秘书监华峤。峤曰：'此职闲禀重，贵势多争之，不暇求其才。'遂不能用。"　[18]噱（jué）：大笑。　[19]长叹：深长地叹息。

　　曾试论之，世之从仕者，若使之为将也，而才无韬略[1]；使之为吏也，而术靡循良[2]；使之属文也，而匪闲于辞赋[3]；使之讲学也，而不习如此史馆史职，全失设置之意，真可不要！

于经典。斯则负乘致寇[4]，悔吝旋及[5]。虽五尺童儿，犹知调笑者矣[6]。唯夫修史者则不然。或当官卒岁[7]，竟无刊述[8]，而人莫之省也[9]；或辄不自揆[10]，轻弄笔端，而人莫之见也。由斯而言，彼史曹者[11]，崇扃峻宇[12]，深附九重[13]，虽地处禁中[14]，而人同方外[15]。可以养拙[16]，可以藏愚[17]，绣衣直指所不能绳[18]，强项申威所不能及[19]。斯固素餐之窟宅[20]，尸禄之渊薮也[21]。凡有国有家者[22]，何事于斯职哉[23]！

[注释]

[1] 韬略：本指《六韬》《三略》，均为古代兵书。引申为战斗用兵的计谋。　[2] 循良：指官吏奉公守法。　[3] 匪：即"非"。闲，通"娴"，熟悉，熟练。　[4] 负乘致寇：典出《易·解》："负且乘，致寇至。"唐代孔颖达注释说："乘者，君子之器也。负者，小人之事也。施之于人，即在车骑之上而负于物也，故寇盗知其非己所有，于是竞欲夺之。"意思是卑贱者背着人家的财物，又坐上大马车炫耀，就会招致强盗来抢。后以"负乘致寇"谓居非其位、才不称职，就会招致祸患。　[5] 悔吝旋及：悔吝，灾祸。指灾祸很快就到来。典出《易·系辞上》："悔吝者，忧虞之象也。"[6] 调笑：开玩笑。　[7] 卒岁：终年，整年。　[8] 刊述：著述。　[9] 省（xǐng）：查觉，发现。　[10] 不自揆：不自量力。揆，揣度。　[11] 史曹：修史的部门。曹，古代分科办事的官署。　[12] 崇扃（jiōng）峻宇：崇扃，高大的门户。峻宇，高耸

巍峨的房屋。崇肩峻宇，形容壮观的房屋殿堂。　[13]九重：亦作"九天""九霄"，古人认为天有九重，后世遂将帝王所居皇宫称为"九重"。深附九重，即深处于皇宫之中。　[14]禁中：也作"禁内"，封建帝王所居的宫苑。因不许人随便进出，故称。唐太宗贞观三年（629），移史馆于禁中，主要纂修纪传体国史与编年体各朝皇帝实录，由宰相监修国史。　[15]方外：方，地区，地域。谓人世间以外的地方。　[16]养拙：才力不称职而不为人所知或不使人知。　[17]藏愚：掩藏自己的愚钝之处。　[18]绣衣直指：亦称"直指使者""绣衣御史"。汉武帝天汉二年（前99），派光禄大夫范昆及曾任九卿的张德等，穿着绣衣，持节及虎符，依照战时制度，发兵镇压农民起义，故有此号。但非正式官名。此用以代指有特殊权力的监察人员。绣衣，表示受君主的尊宠。直指，指事而行，无所阿私。绳，纠正。　[19]强项：东汉洛阳令董宣依法将湖阳公主的恶奴治罪，公主向光武帝告状，帝命董宣向公主叩头谢罪，董宣不从，帝使人强迫他叩头，他两手据地，坚决不肯低头。帝称之为"强项令"，赦免了他。后用"强项"形容刚强不屈。此指刚强不屈的官吏。申威，施展刑罚。　[20]固：确实。素餐，白吃饭，比喻空领俸禄而不做事。窟宅，巢穴，多指盗匪盘踞的地方。　[21]尸禄：空食俸禄而不尽其职。渊薮，渊，深水，鱼住的地方；薮，水边的草地，兽住的地方。比喻人或事物聚集的地方。　[22]有国有家者：古代诸侯的封地叫做"国"，卿大夫的封地叫做"家"。有国有家者，指诸侯和卿大夫。此代指国家、朝廷。　[23]何事：为何，何故。本句意谓：国家设置这种职位有什么用处呢！

　　昔丘明之修《传》也，以避时难[1]；子长之立《记》也，藏于名山[2]；班固之成《书》也，出自家庭[3]；陈寿之草《志》也，创于私室[4]。然则古来贤俊[5]，立言垂后[6]，何必身居廨宇[7]，迹参僚属[8]，而后成其事乎？是以深识之士[9]，知其若斯，退居清静[10]，杜门不出[11]，成其一家[12]，独断而已[13]。岂与夫冠猴献状[14]，评议其得失者哉！

中国史学有重视一家独断、别识心裁、自我创造的传统。但这与史馆集众修史并不矛盾。

[注释]

[1] 丘明之修《传》也，以避时难：《汉书·艺文志》在“《春秋》类”的序中说：孔子与左丘明观鲁史而著《春秋》，“有所褒讳贬损，不可书见，口授弟子。弟子退而异言。丘明恐弟子各安其意，以失其真，故论本事而作传，明夫子不以空言说经也。《春秋》所贬损大人当世君臣，有威权势力，其事实皆形于传，是以隐其书而不宣，所以免时难也。” [2] 子长之立《记》也，藏于名山：司马迁在《史记·太史公自序》中说自己写《史记》，是“成一家之言，厥协六经异传，整齐百家杂语，藏之名山，副在京师，俟后世圣人君子。”其《报任安书》又说：“仆诚已著此书，藏之名山，传之其人，通邑大都，则仆偿前辱（指受宫刑）之责，虽万被戮，岂有悔哉！” [3] 班固之成《书》也，出自家庭：班固父亲班彪曾博采资料，自撰接续《史记》的本纪和列传六十五篇以上，并对上古至汉代的史书作了扼要评论，才识突出。去世之后，班固在其底稿基础上，撰成《汉书》。 [4] 陈寿之草《志》也，创于私室：陈寿在西晋时，先后任佐著作郎、著作郎等专职

史官，但其《三国志》乃私人著作，并非受敕命编写。陈寿去世后，朝廷派人到他家录存。　[5]贤俊：才德出众的人。　[6]立言：著书立说。垂后，流传后世。　[7]廨（xiè）宇：官舍。廨，官署，旧时官吏办公处所的通称。宇，房屋。身居廨宇，即在朝为官。　[8]僚属：属官，属吏，指贵族或大官的随员或职员。迹参僚属，此指列名史官。　[9]深识：见识深远。　[10]退居清静：隐退到清静之地居住。　[11]杜门不出：关闭门户，不外出与人交往接触。　[12]一家：一家学说，一家流派。　[13]独断：独自决定。　[14]冠猴献状：典出《汉书·盖宽饶传》：盖宽饶刚直高节，志在奉公，宣帝擢为司隶校尉，刺举无所避。平恩侯许伯乔迁新居，丞相、御史、将军、中二千石皆贺，宽饶不往。许伯请之，乃往，"坐者皆属目卑下之。酒酣乐作，长信少府檀长卿起舞，为沐猴与狗斗，坐皆大笑。宽饶不说（悦），仰视屋而叹。……因起趋出，劾奏长信少府以列卿而沐猴舞，失礼不敬。"献状，指献出丑态形状。此借以指不忠于职守而只知逢迎谀附权贵的史官。以下两句是说：怎么能与那些不忠于职守而只知装扮成猴子献丑来逢迎谀附权贵的史官，一起评论史事的得失呢！

[ 点评 ]

　　中国自先秦时期即有史官的设置，后来逐渐设置了专门的修史机构，作者本人也曾多次担任史官，进入史馆修史。作者认为，朝廷设官分职，应本着"上无虚授，下无虚受"的原则，但真正官称其职很难做到，而"史职求真"则更是难遇。他将称职史官分为三类，以此考察自古以来史官，认为才堪著述的称职者既已不多，关涉更广的史馆监修官也不懂业务、不知善恶、引进非人，遂使史馆成为素餐窟宅、尸禄渊薮的无用之地。有鉴于此，史家欲有所著述、立言垂后，就不必谋求史馆官员的身份，史官也应退居清静，以成其一家独断之书。作者即是以言不见用，主动远离史馆束缚而私撰《史通》，因而篇中所述史馆修史的种种弊端是有其实际根据的，而且也都切中要害。作者在史馆中曾受到不公正待遇，因而书中有些批评未免过激过偏，史馆监修、史官及史馆修史并非像他所说的完全一无是处，而从《史通》全书看来，作者也没有完全否定史馆修史，他所批评的、反对的只是史馆官员才识低劣和不能恪尽职守的行为，其所谓"退居清静"、"独断而已"云云，也只是对史馆官员不能尽职尽责的补救行为，并非是对史馆的断然否定。阅读本篇，与前面的《核才》、下篇的《自叙》、外篇的《史官建置》《忤时》等合观参阅，则可以更全面地认识作者对史馆的态度。

# 自叙第三十六

本篇是《史通》内篇的最后一篇，大旨有三：先叙作者由少至长的学史、读史、治史的学术经历；次叙撰写《史通》的缘由、目的、宗旨及自我评价和对史学社会功用的认识；最后以扬雄作比，抒发作者对自己所著《史通》的感遇。

予幼奉庭训[1]，早游文学[2]。年在纨绮[3]，便受《古文尚书》。每苦其辞艰琐[4]，难为讽读[5]。虽屡逢捶挞[6]，而其业不成[7]。尝闻家君为诸兄讲《春秋左氏传》[8]，每废《书》而听[9]。逮讲毕[10]，即为诸兄说之。因窃叹曰："若使书皆如此，吾不复怠矣[11]。"先君奇其意[12]，于是始授以《左氏》，期年而讲诵都毕[13]。于时年甫十有二矣[14]。所讲虽未能深解[15]，而大义略举[16]。父兄欲令博观义疏[17]，精此一经。辞以获麟已后，未见其事，乞且观余部[18]，以广异闻。次又读《史》《汉》《三国志》。既欲知古今沿革，历数相承[19]，于是触类而观[20]，不假师训[21]。自汉中兴已降[22]，迄乎皇家实录，年十有七，而窥览略周[23]。其所读书，多因假赁[24]，虽部帙残缺[25]，篇第有遗[26]，至于叙事之纪纲[27]，立言之梗概[28]，亦粗知之矣[29]。

程千帆《史通笺记》："此子玄自明其为学之道不与章句之儒同符。其所措意者，非名物、训诂之类，而为古今沿革，作述义例，故不假师训而自能通晓也。"

开篇揭出"平生与史为缘，殆由宿植"，"由其宿植之优，遂得年未弱冠，创通全史，胸贮皂白"。（浦起龙《史通通释》）

**［注释］**

[1]庭训：典出《论语·季世》："（孔子）尝独立，（其子）鲤趋而过庭，（孔子）曰：'学《诗》乎？'对曰：'未也。''不学《诗》，无以言。'鲤退而学《诗》。他日又独立，鲤趋而过庭，曰：'学《礼》乎？'对曰：'未也。''不学《礼》，无以立。'鲤退而学《礼》。"后世遂称父亲的教诲为"庭训"。　[2]游：学习。文学，此指儒家经学。　[3]纨绮（wán qǐ）：纨，细绢，细的丝织品。绮，有文彩的丝织品。纨绮，本指贵族子弟的服饰，后作为少年儿童的代称。　[4]艰琐：深僻古奥。　[5]讽读：诵读。讽，背诵。　[6]捶挞（tà）：杖击，鞭打。捶，棒打。挞，用鞭子或棍子打。　[7]业：课业，功课。成，完成。　[8]家君：父亲。刘知幾父藏器，高宗时为侍御史，后迁比部员外郎。监察御史称其贤，帝欲擢任为

吏部侍郎，以刚直，出为宋州司马。诸兄，刘知幾兄弟六人，兄含章、贲、居简、知柔，弟知章。　[9]废：放下。　[10]逮：等到。　[11]怠：松懈。　[12]先君：亡父。刘知幾写此文时，其父已经去世，故前文称"家君"，此处又为避免重复而称"先君"。　[13]期(jī)年：一周年。　[14]甫：刚刚，才。　[15]深解：深刻理解。　[16]大义：要义，要旨。举，提出，列举。　[17]义疏：此指对《左传》的各种注释、解说性著作。　[18]乞：请求，要求。且，暂且。余部，其他史学著作。　[19]历数：指帝王继承的次序。古代迷信说法，认为帝位相承与天象运行次序相应。　[20]触类而观：按照书籍的性质类别，分类阅读。　[21]不假师训：不借助于师长的讲解即能理解。　[22]汉中兴：指东汉。　[23]窥览：阅览，观察。周，普遍，全面。　[24]因：通过。假，借。赁，租借。　[25]部帙：书籍的部次卷帙。　[26]篇第：篇章的顺序。此指篇目。遗，丢失。　[27]纪纲：概要，大概。　[28]立言：论述。梗概，大概、大略。　[29]粗：粗略。

但于时将求仕进，兼习揣摩[1]，至于专心诸史，我则未暇。洎年登弱冠[2]，射策登朝[3]，于是思有余闲，获遂本愿[4]。旅游京洛[5]，颇积岁年，公私借书，恣情披阅[6]。至如一代之史，分为数家，其间杂记小书，又竞为异说，莫不钻研穿凿[7]，尽其利害[8]。加以自小观书，喜谈名理[9]，其所悟者，皆得之襟腑[10]，非由染习[11]。故始在总角[12]，读班、谢两《汉》[13]，便怪《前

自述治学成学之路，其中亦流露出自信自负的性格特点。读其书，想见其为人，于此绝不可忽之。

书》不应有《古今人表》,《后书》宜为更始立纪[14]。当时闻者,共责以为童子何知,而敢轻议前哲。于是赧然自失[15],无辞以对。其后见张衡、范晔《集》[16],果以二史为非。其有暗合于古人者[17],盖不可胜纪。始知流俗之士,难与之言。凡有异同,蓄诸方寸[18]。

[ **注释** ]

[1]揣摩:揣度对方,以相比合。此指研究、学习科举应试的文章。　[2]洎(jì):等到。弱冠,古代男子二十岁行冠礼,即戴上表示已经成人的帽子,以示成年,但还没达到壮年,故称"弱冠",后世泛指男子二十岁左右的年纪。　[3]射策:古代考选官吏的一种方法。主试者提出问题,书之于策,覆置案头,受试人拈取其一,叫作"射",按所射的策上的题目作答。射,投射。后用"射策"泛指应试。登朝,进用于朝廷,即授官。刘知幾初授获嘉县主簿。　[4]遂:顺利地完成,实现。本愿,本来的愿望,固有的心愿。　[5]京洛:指唐代西京长安和东都洛阳。　[6]恣情:纵情,任意。披阅,阅读并加以批改或批示。　[7]钻研:深入细致地研究。穿凿,开凿,挖掘,此指深入研究。　[8]尽其利害:全都弄明白其中的优劣得失。　[9]名理:辨别分析事物的道理。　[10]襟腑:襟怀,胸怀,内心。　[11]染习:谓受某种习气所感染。　[12]总角:古时儿童束发为两结,向上分开,形状如角,故称总角。后以指童年。　[13]班、谢两《汉》:指班固《汉书》和谢承《后汉书》。　[14]更始:指东汉建立之前的更始帝刘玄。　[15]赧:因羞惭而脸红。自失,因感空虚、不足而内

心若有所失。　[16]张衡、范晔《集》:《隋书·经籍志》著录有《张衡集》十一卷,后佚,明代张溥编有《张衡集》二卷,收入《汉魏六朝百三家集》(卷十三、十四)。《隋书·经籍志》又著录有《范晔集》十五卷,已佚。　[17]暗合:未经商讨而意思契合。　[18]方寸:心。典出《三国志·蜀书·诸葛亮传》:"(徐)庶辞先主而指心曰:'本欲与将军共图王霸之业者,以此方寸之地也。今已失老母,方寸乱矣,无益于事,请从此别。'"

及年以过立[1],言悟日多,常恨时无同好[2],可与言者。维东海徐坚[3],晚与之遇,相得甚欢,虽古者伯牙之识钟期[4],管仲之知鲍叔[5],不是过也。复有永城朱敬则[6]、沛国刘允济[7]、义兴薛谦光[8]、河南元行冲[9]、陈留吴兢[10]、寿春裴怀古[11],亦以言议见许,道术相知[12]。所有榷扬[13],得尽怀抱[14]。每云:"德不孤,必有邻[15]。四海之内,知我者不过数子而已矣。"

吕思勉《史通评》:"徐坚等七人,其怀抱皆与刘氏相似者也。可见当时具刘氏一类之思想者,实不乏人;此亦无论何种思想,皆系如此,特其说有传、有不传,其人有著、有不著耳。此以见一思想之兴,必其时势所造成也。此篇所举七人,新、旧《唐书》皆有传,宜与刘氏本传合看。"

[注释]

[1]年以过立:年龄已经过了三十岁。以,通"已"。立,三十岁,典出《论语·为政》:"子曰:吾十有五而志于学,三十而立,四十而不惑,五十而知天命,六十而耳顺,七十而从心所欲不逾矩。"　[2]同好:志趣相同。　[3]维:句首发语词,无义。徐坚(660—729)字元固,湖州长城(今浙江长兴县)人。历左散骑常侍、秘书监、集贤院学士等职,累封东海郡公,特加光

禄大夫，性宽厚温和。遍览经史，多识典故，善《三礼》之学。曾与刘知幾等同修《三教珠英》，又修撰格式、氏族及国史等。《史通》写成后，许多人不能理解其意，徐坚却深重其书，简明而精当地指出："居史职者，宜置此书于座右！"[4] 伯牙之识钟期：据《列子·汤问》载："伯牙善鼓琴，钟子期善听。……曲每奏，钟子期辄穷其趣。伯牙乃舍琴而叹曰：'善哉！善哉！子之听夫志，想像犹吾心也。吾于何逃声哉？'"《吕氏春秋》、司马迁《报任安书》都有钟子期死，伯牙终身不复鼓琴之说，后世遂将伯牙、子期作为知音的代表。　[5] 管仲之知鲍叔：春秋时期，齐国管仲和鲍叔牙少时交好，后管仲事公子纠，鲍叔牙事公子小白（即齐桓公）。鲍叔牙助小白夺得政权后，管仲被囚，鲍叔牙举荐管仲为相，自己则以身下之。据《列子·力命》载，管仲曾列举平生所受鲍叔牙之帮助，感叹说："生我者父母，知我者鲍叔！"　[6] 朱敬则（635—709）：字少连，亳州永城（今属河南）人。高宗时为官，武则天时迁正谏大夫，兼修国史，历官成均祭酒、冬官侍郎、郑州刺史等。曾上表请求朝廷选择良史之才。侍中韦安石尝阅其史稿，叹曰："董狐何以加！世人不知史官权重宰相，宰相但能制生人，史官兼制生死，古之圣君贤臣所以畏惧者也。"其忠正义烈，为天下所推。著有《十代兴亡论》《五等论》等书，已佚。　[7] 刘允济：字伯华，河南巩（今河南巩县）人。博学善属文，弱冠举进士，历官著作郎、凤阁舍人、修文馆学士等职。尝采摭鲁哀公后十二代至于战国遗事，撰《鲁后春秋》。武则天时与修国史，常曰："史官善恶必书，使骄主贼臣惧，此权顾轻哉？而班生受金、陈寿求米，仆乃视如浮云耳。"　[8] 薛谦光（647—719）：常州义兴（今江苏宜兴市）人。与徐坚、刘知幾友善。博涉文史，每与人谈论前代故事，必广引证验，有如目击。历官给事中、刑部尚书、太子宾客等职。以与太子同名，表请以字行，特赐名"登"。撰《四时记》，已佚。　[9]元行冲（653—729）：名澹，以字行，洛阳（今属河南）人，北魏皇族后裔。历官国子祭酒、太子宾客、弘文馆学士等职，累封常山郡公。博学多通，尤善音律及诂训之书。以本族出于北魏，而未有编年之史，乃撰《魏典》，事详文简，为学者所称。表请通撰古今书目《群书四部录》，岁余书成奏上。撰御注《孝经》疏义，列于学官。又集学者撰魏徵所注《类礼》义疏，因不得立于学官，退而著论以自释，名曰《释疑》。　[10]吴兢（670—749）：汴州浚仪（今河南开封市）人。以朱敬则举荐，被令直史馆，与修国史，历官谏议大夫、右庶子、蕲州刺史等职，时常言政治得失。与刘知幾等撰《则天实录》。以唐初官修梁、陈、齐、周、隋五代史繁杂，乃别撰五史，但伤于疏略。居史职殆三十年，叙事简要，很得时人称颂，末年则伤于太简。卒后，其子进所撰《唐史》，事多纰缪，不逮于壮年。家聚书颇多，编有《吴氏西斋书目》。　[11]裴怀古：寿州寿春（今安徽寿县）人。武则天时，历官监察御史、相州刺史、并州大都督长史等，所至吏民怀爱。中宗时，转幽州都督，清介审慎，被称为"驭士信，临财廉，国名将"。　[12]道术：政治学术思想。　[13]榷扬：研讨。　[14]得尽怀抱：怀抱，指胸襟，抱负。完全展现自己的抱负。　[15]德不孤，必有邻：语出《论语·里仁》。意谓：有道德的人是不会孤单的，一定会有志同道合的人与他做伙伴。

　　昔仲尼以睿圣明哲[1]，天纵多能[2]，睹史籍之繁文，惧览者之不一，删《诗》为三百篇，约史记以修《春秋》[3]，赞《易》道以黜八索[4]，述《职方》以除九丘[5]，讨论坟、典，断自唐、虞，以迄于周。其文不刊，为后王法。自兹厥后，史籍逾多，苟非命世大才[6]，孰能刊正其失？嗟予小子[7]，敢当此任！其于史传也，尝欲自班、马已降，迄于姚、李、令狐、颜、孔诸书[8]，莫不因其旧义，普加厘革[9]。但以无夫子之名，而辄行夫子之事，将恐致惊末俗[10]，取咎时人，徒有其劳，而莫之见赏。所以每握管叹息[11]，迟回者久之[12]。非欲之而不能，实能之而不敢也。

**［注释］**

[1]睿圣：明智通达，德才超凡。明哲，明智，洞察事理。　[2]天纵：天所放任，即上天所赋予。旧指上天使之成为杰出的人物。多能，具有多方面的才能。　[3]约：删减。史记，指春秋时期各国史书。　[4]赞：辅佐，佐助。孔子曾"序《周易》"，即写作《易经》十翼，或称易传。黜，废除，取消。八索，八卦之说。　[5]述：传述，传承，阐述前人成说。职方，即职方氏，周代官名，掌天下地图与四方职贡。《汉书·地理志上》："《周官》有职方氏，掌天下之地，辩九州之国。"九丘，九州之志。　[6]命世：指著名于当世。多用以称誉有治国之才者。原指顺应天命而降世，后多指名望才能为世人所重。　[7]小子：古代自称的谦辞。　[8]姚、李、令狐、颜、孔诸书：指唐初姚思廉所修《梁书》《陈书》，李百药所修《北齐书》，令狐德棻主修《周书》，颜师古和孔颖达参与撰修的《隋书》。　[9]普：普遍。厘革，调整改

吕思勉："中国论作史之法，有特见者，当推刘知幾、郑渔仲（郑樵）、章实斋（章学诚）三人；世皆怪此等人才之少，不知此等人，必值史学趋向大变之时而后生，其势不能多也。若夫宗旨无甚特异，但循前人成例，随事襞积补苴，此等人才，则固不少矣。此篇欲自班、马以降诸史之书，普加厘革，即可见其见解有迥然特异于人者在也。"（《史通评》）

革。　[10]末俗：世俗之人。指一般平庸的人。　[11]握管：执笔。谓书写或作文。　[12]迟回：迟疑，犹豫。

纪昀《史通削繁序》："刘子元激于时论，发愤著书，于是乎《史通》作焉。……撰史不可无例，刘氏之书，诚载笔之圭臬也。顾其自信太勇，而其立言又好尽，故其抉摘精当之处，足使龙门（司马迁）失步、兰台（班固）变色，而偏驳太甚，支蔓弗翦者亦往往有之。使后人病其芜杂，罕能卒业，并其微言精义亦不甚传，则不善用长之过也。"

既朝廷有知意者[1]，遂以载笔见推[2]。由是三为史臣，再入东观[3]。（原注：则天朝为著作佐郎，转左史。今上初即位[4]，又除著作。长安中，以本官兼修国史，会迁中书舍人，暂罢其任。神龙元年，又以本官兼修国史，迄今不之改。今之史馆，即古之东观也。）每惟皇家受命[5]，多历年所[6]，史官所编，粗惟纪录，至于纪传及志，则皆未有其书。长安中，会奉诏预修《唐史》[7]。及今上即位，又敕撰《则天大圣皇后实录》[8]。凡所著述，尝欲行其旧议[9]。而当时同作诸士及监修贵臣[10]，每与其凿枘相违，龃龉难入[11]。故其所载削[12]，皆与俗浮沉[13]。虽自谓依违苟从[14]，然犹大为史官所嫉[15]。嗟乎！虽任当其职，而吾道不行[16]；见用于时，而美志不遂[17]。郁怏孤愤[18]，无以寄怀[19]。必寝而不言，嘿而无述[20]，又恐没世之后[21]，谁知予者。故退而私撰《史通》，以见其志[22]。

**［注释］**

[1] 知意：知其心意。　[2] 载笔：古指史官携带文具以记录王事，泛指撰写史书。　[3] 三为史臣，再入东观："三"为实指，见本段"原注"。"再"为虚指，多次。全句意谓：三次担任史官职务，多次进入史馆修书。　[4] 今上：指唐中宗李显。　[5] 惟：思考，想。　[6] 多历年所：历，经历。年所，年数。经历的年数很多。　[7] 奉诏预修《唐史》：武则天长安三年（703）正月初一日，诏武三思、朱敬则、徐坚、吴兢、刘知幾等修唐史，采四方之志，成一家之言。　[8] 敕撰《则天大圣皇后实录》：唐中宗神龙元年（705），诏武三思、刘知幾等修《则天实录》，次年五月书成奏上。　[9] 行其旧议：实践以前的修史主张。　[10] 监修贵臣：指武三思（649—707），并州文水（今属山西）人，武则天侄。官右卫将军，累进至兵部、礼部尚书，监修国史。天授元年（690），武则天称帝，大封武氏宗族为王，武三思被封为梁王，赐实封一千户。性倾谀，善逢迎主意。神龙三年（707），谋废太子李重俊，被杀。　[11] 凿枘（ruì）相违，龃龉（jǔ yǔ）难入：典出《楚辞·九辩》："圆凿而方枘兮，吾固知其鉏铻而难入。"凿，木匠所凿之圆孔；枘，插入卯眼的木栓。凿枘本相入之物，但圆凿而方枘，则很难插入。后人因以凿枘比喻两不相合或两不相容。龃龉，上下牙齿不相配合，比喻意见不合，不融洽。　[12] 载削：记载和删削，引申为编纂。　[13] 与俗浮沉：典出司马迁《报任安书》："故且从俗浮沉，与时俯仰，以通其狂惑。"此指随世俗迂腐浅陋的见解而写作，不能实践自己的真知灼见。　[14] 依违：依顺。苟从，盲从，无原则地依从。　[15] 嫉：憎恨。　[16] 吾道不行：我的主张不能得到贯彻。　[17] 美志不遂：理想的志向不能得到实现。　[18] 郁怏：抑郁不得志。孤愤，因孤高嫉俗而产生的愤

慨之情。 [19]寄怀：寄托自己的心意。 [20]嘿：同"默"，不说话，不出声。 [21]没世：死亡。语出《论语·卫灵公》："君子疾没世而名不称焉。" [22]退而私撰《史通》，以见其志：神龙元年（705），唐中宗复位，刘知幾除著作郎、太子中允、率更令，依旧兼修国史，三度成为史臣。次年十月，中宗由东都洛阳还西京长安。刘知幾因痛感受到诸多排抑，修史志向不遂，于是主动请求留在洛阳史馆供职，此即书首自序（即《〈史通〉原序》）所说"属大驾还京，以留后在东都"之事。其目的就是避开朝廷繁重工作和人事干扰，静心写作《史通》，以见其志。但他并没有退出史馆，辞去史官职务。中宗景龙二年（708）春，朝廷将他召到京师，令他专门纂修国史。四月，萧至忠等五人被任命监修国史，刘知幾认为监修官太多，甚为国史之弊，而萧至忠又曾指责他著述无功，于是他致信萧至忠，对史馆集体修史的弊端提出批评，对自己在史馆中的劳作不被承认提出抗议，请求辞去史官职任。之后调离史馆，但次年又修史如故，重新参与国史纂修。景龙四年（710）二月，《史通》成书。七月，刘知幾迁太子左庶子兼崇文馆学士，依旧修国史。可见，刘知幾在《史通》写作过程中确曾退出史馆，但并不发生于写作之前，而是发生在写作后第三年的四月以来，然亦仅一年左右的时间，之后又修史如故，直到一年后《史通》成书，仍担任史官，此即书首自序所说"予既在史馆而成此书"。所以他在本篇中笼统地自称中宗即位后，因其道不行、美志不遂，"故退而私撰《史通》，以见其志"云云，并不准确。

　　昔汉世刘安著书，号曰《淮南子》。其书牢笼天地[1]，博极古今。上自太公[2]，下至商鞅[3]。

其错综经纬<sup>[4]</sup>，自谓兼于数家<sup>[5]</sup>，无遗力矣<sup>[6]</sup>。

《淮南子》内容宏富，博通古今，为《史通》写作规模之仿效。之后历举诸书，自述其思想渊源所自。

**［注释］**

[1] 牢笼：包罗，容纳。　[2] 太公：即姜太公吕尚。姓姜，名尚，字子牙。其先祖曾封于吕，故以吕为氏，又称吕尚。先秦文献中还称他为太公望、吕望、吕牙、太公、师尚父等，后世俗称姜子牙。周文王拜其为师，助文王修德治政。文王卒后，辅佐武王灭商，修明政治，被封于齐，是为齐太公。至齐地后，简化礼仪，循应民俗，提倡工商，发展渔盐，使齐国民富国强。　[3] 商鞅（？—前338）：卫国（今河南内黄县）人，卫国国君后裔，姬姓，公孙氏，故又称卫鞅、公孙鞅。因功获封商于十五邑，号为商君，故又称商鞅。好刑名法术之学。秦孝公任用他革新政治，史称"商鞅变法"，实行废除井田、土地私有、奖励耕战、建立县制、废除旧贵族世袭特权、制定法律等一系列变法求新的发展策略，为秦统一全国奠定了基础。　[4] 错综：交错综合。经纬，规范，准则。　[5] 兼于数家：汉高诱《淮南子·叙目》总结概括《淮南子》内容丰富细密，兼综诸子百家的情况说："其旨近老子淡泊无为，蹈虚守静，出入经道。言其大也，则焘天载地；说其细也，则沦于无垠，及古今治乱、存亡、祸福、世间诡异瑰奇之事。其义著，其文富。物事之类，无所不载。然其大较，归之于道。号曰鸿烈，鸿，大也，烈，明也。以为大明道之言也。故夫学者不论《淮南》，则不知大道之深也。"　[6] 无遗力：把全部力量都使出来，一点不保留。遗力，余力。

　　然自《淮南》已后，作者无绝<sup>[1]</sup>。必商榷而言，则其流又众。盖仲尼既殁，微言不行<sup>[2]</sup>；史公著书，是非多谬<sup>[3]</sup>。由是百家诸子，诡说异辞<sup>[4]</sup>，务为小辨<sup>[5]</sup>，破彼大道，故扬雄《法言》生焉<sup>[6]</sup>。

浦起龙《史通通释》："《法言》主谈理。"

[ **注释** ]

[1] 无绝：接续不断。　[2] 微言：精深微妙的旨意。语出汉刘歆《移让太常博士书》："及夫子殁而微言绝，七十子卒而大义乖。"《汉书·艺文志》："昔仲尼没而微言绝，七十子丧而大义乖。"　[3] 史公著书，是非多谬：《汉书·司马迁传》在"赞"语中称《史记》"是非颇缪于圣人，论大道则先黄老而后六经，序游侠则退处士而进奸雄，述货殖则崇势利而羞贱贫，此其所蔽也"。　[4] 诡说：辩说之辞，虚妄之辞。异辞，原指措词有所不同，后指说法不一致。　[5] 小辨：辩说琐碎小事。　[6]《法言》：西汉扬雄模仿《论语》而作之书。取名《法言》，本于《论语·子罕》"法语之言，能无从乎"和《孝经·卿大夫章》"非先王之法言不敢道"。此处"法"有准则和使物平直的意思，所以"法言"就是作为准则而对事情的是非给以评判之言。《汉书·扬雄传》说："雄见诸子各以其知舛驰，大氐诋訾圣人，即为怪迂；析辩诡辞，以挠世事。虽小辩，终破大道而惑众，使溺于所闻，而不自知其非也。及太史公记六国，历楚、汉，讫麟止，不与圣人同，是非颇谬于经。故人时有问雄者，常用法应之，撰以为十三卷，象《论语》，号曰《法言》。"

儒者之书，博而寡要<sup>[1]</sup>，得其糟粕，失其菁华。而流俗鄙夫，贵远贱近<sup>[2]</sup>，传兹牴牾，自相欺惑<sup>[3]</sup>，故王充《论衡》生焉<sup>[4]</sup>。

浦起龙《史通通释》："《论衡》主征据。"

[注释]

[1]博而寡要：学识丰富，但不得要领。语出《史记·太史公自序》所载司马谈《论六家要旨》。　[2]贵远贱近：认为与当代相隔久远的就珍贵，相隔较近的就低贱。　[3]欺惑：欺骗迷惑。　[4]《论衡》生焉：《论衡·自纪篇》说："伤伪书俗文多不实诚，故为《论衡》之书。夫贤圣殁而大义分，蹉跎殊趋，各自开门。通人观览，不能钉铨。遥闻传授，笔写耳取，在百岁之前。历日弥久，以为昔古之事，所言近是，信之入骨，不可自解，故作实论。其文盛，其辩争，浮华虚伪之语，莫不澄定。没华虚之文，存敦厐之朴，拨流失之风，反宓戏之俗。"

民者，冥也<sup>[1]</sup>，冥然罔知<sup>[2]</sup>，率彼愚蒙<sup>[3]</sup>，墙面而视<sup>[4]</sup>。或讹音鄙句<sup>[5]</sup>，莫究本源，或守株胶柱<sup>[6]</sup>，动多拘忌<sup>[7]</sup>，故应劭《风俗通》生焉<sup>[8]</sup>。

浦起龙《史通通释》："《风俗通》主博洽。"

[注释]

[1]冥：愚昧。　[2]罔知：无知。　[3]率：大概。愚蒙，指愚昧不明。　[4]墙面而视：典出《尚书·周官》："不学墙面，莅事惟烦。"唐孔颖达注释说："人而不学，如面向墙，无所睹见。"　[5]讹音：不合标准的异音。鄙句，乡野的方言。　[6]守株胶柱：守株待兔与胶柱鼓瑟的省称。指不能灵活变通。　[7]拘忌：拘束顾忌。　[8]《风俗通》：即《风俗通义》。《后汉书·应劭传》称此书"辩物类名号，释时俗嫌疑"，应劭自序对其"辩风正俗"

之意做了更为详尽的阐发。

五常异禀[1]，百行殊执[2]，能有兼偏[3]，知有长短[4]。苟随才而任使[5]，则片善不遗[6]，必求备而后用，则举世莫可，故刘劭《人物志》生焉[7]。

浦起龙《史通通释》："《人物志》主辨材。"

[ 注释 ]

[1]五常：仁、义、礼、智、信。禀，天生的性情、气质。　[2]执：操守。　[3]能有兼偏：能力有全面和片面之分。　[4]知："智"的古字，智慧，才智。长短，优劣高下。　[5]随才而任使：根据其才能而加以任用。　[6]片善不遗：片善，微小的优点。遗，遗漏。一点微小的优点都不遗漏。指对好人好事的褒奖不遗余力。　[7]刘劭：字孔才，三国魏广平邯郸（今属河北）人。官至尚书郎、散骑侍郎，赐爵关内侯。受诏纂集中国第一部类书《皇览》。又与人共同制订律令，作《新律》，著《律略论》。后专事执经讲学。所著《人物志》，讨论人才选拔的标准问题，把人物分作"三材""十二流品"等，对人性、才能和形质等分析甚详。其书首刘劭自序说："夫圣贤之所美，莫美乎聪明；聪明之所贵，莫贵乎知人。知人诚智，则众材得其序，而庶绩之业兴矣。……圣人兴德，孰不劳聪明于求人，获安逸于任使者哉！是故仲尼不试，无所援升，犹序门人以为四科，泛论众材以辨三等。……训六蔽，以戒偏材之失；思狂狷，以通拘抗之材。……是以敢依圣训，志序人物。"

夫开国承家[1]，立身立事[2]，一文一武，或出或处[3]，虽贤愚壤隔[4]，善恶区分，苟时无品藻[5]，则理难铨综[6]，故陆景《典语》生焉[7]。

浦起龙《史通通释》："《典语》主评品。"

[ **注释** ]

[1]开国承家：指建立邦国，继承封邑。　[2]立身立事：立身，指为人。立事，指行为。指处世待人的行为。　[3]出：出仕，做官。处，退隐。　[4]壤隔：相隔很远，差别很大。　[5]品藻：品评鉴定。　[6]铨综：综合衡量选择。　[7]陆景（250—280）：字士仁，吴郡吴县（今江苏苏州市）人。三国吴将领，以尚公主拜骑都尉，封毗陵侯。父陆抗卒后，与兄晏及弟玄、机、云分领其兵，拜偏将军，中夏督。洁身好学，博通文史，著书数十篇。所著《典语》有辑本传世，内容主要是品评人物善恶贤愚，为国家选拔人才提供理论根据，讽喻吴主远小人、亲贤人，否则亡国不远。《群书治要》卷四八《典语》辑其言，其中说："夫世之治乱，国之安危，非由他也。俊乂在官，则治道清：奸佞干政，则祸乱作。故王者任人不可不慎也。得人之道，盖在于敬贤而诛恶也。敬一贤，则众贤悦；诛一恶，则众恶惧。……须当留思隐括，听言观行，验之以实，效之以事。能推事效实，则贤愚明而治道清矣。"

词人属文[1]，其体非一，譬甘辛殊味[2]，丹素异彩[3]。后来祖述[4]，识昧圆通[5]，家有诋诃[6]，人相掎摭[7]，故刘勰《文心》生焉[8]。

浦起龙《史通通释》："《文心雕龙》主文章体裁。""每书各有标旨，看其举义简当。"

张舜徽《史通平议》："《史通》之作，乃继诸家而起。综观《史通》全书，大抵勇于纠谬，能言人之所不敢言，与《论衡》为近。而论列史法，扬榷体例，则胎袭于《文心雕龙》者尤多。……其撰述是书，实在在模拟《文心》。宜两书所言，多相符合。……然上下千载，综括靡遗。虽与夺褒贬之际，或伤偏激；而发凡起例之处，弥见圆通。凡唐以上史家流别中失，悉于此有所稽考。沾溉后学，至无穷尽。故得与《文心雕龙》分途并驾，同为悬诸日月不刊之书。"

[ 注释 ]

[1] 词人：文学家。属文，撰写文章。　[2] 甘辛：甜和辣。　[3] 丹素：绘画所用的红色和白色颜料。　[4] 祖述：遵循，效法。　[5] 昧：糊涂，不明白。圆通，灵活变通。　[6] 诋诃（dǐ hē）：亦作"诋呵"，呵责，指责。　[7] 掎摭（jǐ zhí）：指摘，批评。　[8] 刘勰（？—520）：字彦和，东莞莒（今山东莒县）人。生活于南朝宋、齐、梁时期，曾官县令、步兵校尉、东宫通事舍人等职，颇有清名。早孤，笃志好学，依沙门僧祐，遂博通经论，因区别部类，录而序之。为文长于佛理，京师寺塔及名僧碑志，必请其制文。撰《文心雕龙》五十篇，论古今文体，是中国第一部文学批评著作。其中第十六篇《史传》，是截至南朝史学发展的总结之文，提出了不少理论性认识，对刘知幾撰写《史通》有重要影响。

若《史通》之为书也，盖伤当时载笔之士，其义不纯[1]。思欲辨其指归[2]，殚其体统[3]。夫其书虽以史为主，而余波所及，上穷王道[4]，下掞人伦[5]，总括万殊[6]，包吞千有。自《法言》已降，迄于《文心》而往，固以纳诸胸中[7]，曾不蒂芥者矣[8]。

[ 注释 ]

[1] 其义不纯：纯，纯正，纯粹。他们对史学的认识不够纯正。　[2] 辨：辨析，分析。指归，宗旨，意图。　[3] 殚：竭尽，

完全。体统，体制，格局。　　[4] 穷：推究到极点，此处指包含、涉及。王道，本指儒家提出的一种以仁义治天下的政治主张，与霸道相对，此泛指国家治道。　　[5] 摛（shàn）：舒展，铺张，发抒。此处指包含、涉及。人伦，指封建社会中礼教所规定的君臣、父子、夫妇、兄弟、朋友及各种尊卑长幼关系。　　[6] 万殊：各种不同的社会现象。下文"千有"意同。　　[7] 固：当然。纳，收入，放进。　　[8] 曾（zēng）不蒂芥：竟然没有一点隔阂。语出司马相如《子虚赋》："吞若云梦者八九，于其胸中曾不蒂芥。"曾，竟，简直。蒂芥，细小的梗塞物，引申为梗塞。

夫其为义也，有与夺焉 [1]，有褒贬焉，有鉴诚焉 [2]，有讽刺焉 [3]。其为贯穿者深矣 [4]，其为网罗者密矣 [5]，其所商略者远矣 [6]，其所发明者多矣 [7]。盖谈经者恶闻服、杜之嗤 [8]，论史者憎言班、马之失。而此书多讥往哲，喜述前非，获罪于时 [9]，固其宜矣。犹冀知音君子 [10]，时有观焉 [11]。尼父有云："罪我者《春秋》，知我者《春秋》 [12]。"抑斯之谓也 [13]。

《史通》寄寓了作者的心灵与精神在内，实为一部富有灵魂的著作。

[ **注释** ]

　[1] 与夺：取舍，肯定与否定。　　[2] 鉴诚：即鉴戒，指可以对照引为教训。　　[3] 讽刺：指责，批评，嘲笑。　　[4] 贯穿：融会贯通。深，深入，深刻。　　[5] 网罗：搜罗，包容。密，周密。　　[6] 商略：商讨。远，广泛。　　[7] 发明：创造性地阐

发。　[8] 恶（wù）：讨厌，憎恨。服指东汉经学家服虔，杜指西晋经学家杜预。嗤，讥笑，此指被讥笑。　[9] 获罪于时：得罪于当时社会。　[10] 冀：希望。知音，知己，能赏识自己的人。君子，指人格高尚、道德品行兼好之人。　[11] 时有观焉：能够时常从中看出有值得观览借鉴之处。　[12] 罪我者《春秋》，知我者《春秋》：语出《孟子·滕文公下》："《春秋》，天子之事也。是故孔子曰：'知我者，其惟《春秋》乎！罪我者，其惟《春秋》乎！'"意谓：懂我的人会对《春秋》给予肯定，不懂而怪罪我的人会对《春秋》给予否定。　[13] 抑：或许，也许。

浦起龙《史通通释》解析本段文字说：专以子云为比者，盖自摹作此书之身分，以俟后世相知定文，寄意绵远也。第一层，在未作《史通》前，见志气。第二层，在方作《史通》时，见功力。第三层，在既作《史通》后，见主张。第四层，通前后时情而言，见知希自贵。

昔梁征士刘孝标作《叙传》[1]，其自比于冯敬通者有三[2]。而予辄不自揆[3]，亦窃比于扬子云者有四焉。何者？扬雄尝好雕虫小技[4]，老而悔其少作。余幼喜诗赋，而壮都不为，耻以文士得名，期以述者自命[5]。其似一也。扬雄草《玄》，累年不就，当时闻者，莫不哂其徒劳[6]。余撰《史通》，亦屡移寒暑。悠悠尘俗[7]，共以为愚。其似二也。扬雄撰《法言》，时人竞尤其妄，故作《解嘲》以酬之[8]。余著《史通》，见者亦互言其短，故作《释蒙》以拒之[9]。其似三也。扬雄少为范逡、刘歆所重[10]，及闻其撰《太玄经》，则嘲以恐盖酱瓿[11]。然刘、范之重雄者，盖贵其文彩若《长扬》《羽猎》之流耳[12]。如《太玄》深奥，理难探赜[13]，既绝窥逾[14]，故加讥诮。余初好文笔，颇获誉于当时，晚谈史传，遂减价于知己[15]。其似四也。夫才唯下劣[16]，而迹类先贤，是用铭之于心，持以自慰。

**［注释］**

[1] 征士：不就朝廷征辟的士人。刘孝标，即南朝梁刘峻，字孝标。　[2] 冯敬通：即东汉冯衍，字敬通，京兆杜陵（今陕西西安市东南）人。幼有奇才，二十岁而博通群书。东汉建立后，官曲阳令、司隶从事。因与外戚交往，免官归里，潦倒而终。曾续写《史记》。其代表作《显志赋》多用典故，骈偶对仗，用前代名人遭际以讽谕时政，借追慕古人而抒发其郁抑不平，对魏晋六朝骈俪文风影响较大。刘孝标自比于冯衍事，《梁书·刘峻传》收录其《自序》，内中详细述说了自己与冯衍"有同之者三，异之者四"的情况。　[3] 揆：推测，揣测。　[4] 扬雄尝好雕虫小技：扬雄《法言·吾子》："或问：'吾子少而好赋？'曰：'然。童子雕虫篆刻。'俄而曰；'壮夫不为也。'"将辞赋比为雕虫小技。扬雄早年以辞赋闻名，晚年对辞赋的看法发生转变，认为作赋乃是雕虫小技，并认为自己早年的赋和司马相如的赋一样，都是似讽而实劝。　[5] 述者：此指史学家。司马迁在《太史公自序》中曾自谦地向人解释说："余所谓述故事，整齐其世传，非所谓作也。""作"，创新、自立新义；"述"，传述、传承，阐述前人成说，与"作"相对。　[6] 哂（shěn）：讥笑。　[7] 悠悠：众多。尘俗，庸俗，此指庸俗之人。　[8] 作《解嘲》以酬之：据《汉书·扬雄

传》载，哀帝时，丁傅、董贤用事，攀附者或起家至二千石，"雄方草《太玄》，有以自守，泊如也。或嘲雄以玄尚白，而雄解之，号曰《解嘲》"。可知《解嘲》乃是为《太玄》而作，非为《法言》而作，《史通》误。酬，应对，对答。　[9]《释蒙》：早佚，具体内容不详。　[10]范逡（qūn）、刘歆所重：班固在《汉书·扬雄传》"赞曰"中，称扬雄好古乐道，所作《太玄》《法言》等书皆斟酌其本，用心于内，不求于外，当时"唯刘歆及范逡敬焉，而桓谭以为绝伦"。"逡"与"逡"通。范逡生平不详。刘歆（前50—23），字子骏，后改名秀，字颖叔，为汉高祖刘邦弟刘交后裔。通习今文《诗》《书》《易》和《穀梁春秋》。历官中垒校尉、骑都尉、奉车光禄大夫等。曾受诏与其父刘向领校官府藏书，刘向卒后，总校群书，修成中国第一部图书分类目录《七略》，原书虽佚，但主要内容保存于《汉书·艺文志》。　[11]嘲以恐盖酱瓿（jiàng bù）：《汉书·扬雄传》载："家素贫，耆酒，人希至其门。时有好事者载酒肴从游学，而巨鹿侯芭常从雄居，受其《太玄》《法言》焉。刘歆亦尝观之，谓雄曰：'空自苦！今学者有禄利，然尚不能明《易》，又如《玄》何？吾恐后人用覆酱瓿也。'雄笑而不应。""酱瓿"原指盛酱的器物，后用为"覆酱瓿"之省，比喻著作的价值不为人所认识，只能用来盖酱瓿而已。按，这个典故是感伤知音难遇之意，刘知幾用以为讥讽，不确。　[12]《长扬》《羽猎》：《汉书·扬雄传》"赞曰"称，扬雄认为"辞莫丽于相如"，于是效法而作四赋，即《甘泉赋》《河东赋》《羽猎赋》《长杨赋》，歌颂汉廷声威及皇帝功德，文辞华丽，气势雄伟。　[13]探赜：探，探索。赜，深奥。探赜，探索奥秘。　[14]绝：割断，切断。窥逾，即窥窬（yú），亦作"窥觎"。窥，从小孔、缝隙或隐蔽处偷看。窬，从墙上爬过去。窥窬，此指模仿学习。　[15]减价于知己：在知己中被降低了评价。　[16]以下四句是说：我只有低劣的才能，但所经历的事迹和先贤相似，因此我把先贤的事迹都铭记在心里，用它们来时常自我安慰。

抑犹有遗恨[1]，惧不似扬雄者有一焉。何者？雄之《玄经》始成，虽为当时所贱，而桓谭以为数百年外，其书必传[2]。其后张衡、陆绩果以为绝伦参圣[3]。夫以《史通》方诸《太玄》，今之君山[4]，即徐、朱等数君是也[5]。后来张、陆，则未之知耳。嗟乎！倘使平子不出[6]，公纪不生[7]，将恐此书与粪土同捐[8]，烟烬俱灭[9]。后之识者，无得而观。此予所以抚卷涟洏[10]，泪尽而继之以血也[11]。

《史通》考究精核，目洞千秋，一团光彩，不可磨灭。然舌长而笔辣，因而甫一问世，贬责者多，致使对自己史学造诣充满自信与自负的刘知幾，竟然对自己的史学著作能否传世也产生了不自信之感。读者展阅至此，酸楚凄凉之情，能不涌上心头？

**[注释]**

[1] 遗恨：未尽的心愿。　[2] 桓谭以为数百年外，其书必传：据《汉书·扬雄传》"赞曰"，扬雄卒后，大司空王邑、纳言严尤谓桓谭："子常称扬雄书，岂能传于后世乎？"谭曰："必传！顾君与谭不及见也。"严可均《全后汉文》卷十五辑桓谭《新论·闵友》："王公子问：'扬子云何人邪？'答曰：'扬子云才智开通，能入圣道，卓绝于众。汉兴以来，未有此人也。……《玄经》数百年，其书必传。……若遇上好事，必以《太玄》次五经也。"　[3] 张衡、陆绩果以为绝伦参圣：陆绩（187—219）字公纪，东汉末吴郡吴县（今江苏苏州市）人。博学多识，通晓天文历算。孙权征为奏

曹掾，后出为郁林太守，加偏将军。曾作《浑天图》，注《易经》，并撰写《太玄经注》。其《述玄》评论扬雄《太玄》说："雄受气纯和，韬真含道，通敏叡达，钩深致远，建立《玄经》，与圣人同趣，虽周公由大《易》，孔子修《春秋》，不能是过。论其所述，终年不能尽其美也。考之古今，宜曰圣人。"并引张衡与崔瑗信说："披读《太玄经》，知子云特极阴阳之数也。……竭己精思，以揆其义，更使人难论阴阳之事。足下累世穷道极微，子孙必命世不绝，且幅写一通藏之，以待能者。"绝伦，同类中没有可以相比的，独一无二的。参圣，位跻圣人之列。  [4]君山：即东汉桓谭，字君山。  [5]徐、朱：即唐代史学家徐坚、朱敬则。  [6]平子：即东汉张衡，字平子。  [7]公纪：即东汉陆绩。  [8]捐：舍弃，抛弃。  [9]烟烬：烟和灰烬。  [10]涟洏（lián ér）：形容涕泪交流。  [11]泪尽而继之以血：典出《韩非子·和氏》：楚人和氏得玉璞于楚山中，先后献之楚厉王、武王，都被认为是骗子，被刖左、右足。文王即位，"和乃抱其璞而哭于楚山之下，三日三夜，泪尽而继之以血。王闻之，使人问其故曰：'天下之刖者多矣，子奚哭之悲也？'和曰：'吾非悲刖也，悲夫宝玉而题之以石，贞士而名之以诳，此吾所以悲也。'王乃使玉人理其璞，而得宝焉，遂命曰'和氏之璧'。"按，刘知幾使用这一典故，是将《史通》自比宝玉，既是自负，也是自信的表现。而由此也可以看出，作者不仅是以思想在写作，而且也是以整个生命在写作。《史通》千古不朽，宜哉！

［点评］

作者出身官宦之家，从小接受良好家庭教育，这不是每个人都能具有的客观优越条件。但作者自幼对史学有着浓厚兴趣，读书时喜欢辨析事物道理，敢于怀疑，善于思考，于是逐渐培养起过人的领悟能力，而"恣情披阅"的勤奋努力又使其积累了丰富的知识基础，这是其日后成为著名史学评论家，对中国古代史学发展和史学建设作出极大贡献的最重要原因，也是我们从他身上应该学习、可以效法并能够学到的宝贵经验。而他最终能够写出《史通》这部彪炳千秋、树立丰碑的中国古代唯一一部史学理论著作，也证明了逆境出人才的训诲并非虚论，这也是我们应该汲取的。本篇题为《自叙》，但与书首的作者自序（即《〈史通〉原序》）不同，是全书正文中的一篇，在体例上属于前面所说的"序传"，在内容上是作者自己对《序传》写作原则的实践，作者反对在序传中自述生平时追溯家世的做法，本篇即是如此。但深厚的家学渊源也是作者学问凤成，日后卓尔不群、作出杰出成就的不可或缺因素。本篇宜与书首《〈史通〉原序》和内篇《邑里》、外篇《忤时》等参看，以便更全面地了解其生平与思想。

# 外篇　卷十一

本篇主要梳理
先秦至唐代前期史
官的设置及其演变
情况，对历代不重
视史官选任的种种
现象进行了严正批
评。

从人人都想名
留青史，导入对史
官建置的重要性的
探讨。

## 史官建置第一

夫人寓形天地<sup>[1]</sup>，其生也若蜉蝣之在世<sup>[2]</sup>，如白驹之过隙<sup>[3]</sup>，犹且耻当年而功不立，疾没世而名不闻<sup>[4]</sup>。上起帝王，下穷匹庶，近则朝廷之士，远则山林之客，谅其于功也名也<sup>[5]</sup>，莫不汲汲焉孜孜焉<sup>[6]</sup>。夫如是者何哉？皆以图不朽之事也。何者而称不朽乎？盖书名竹帛而已<sup>[7]</sup>。

[ 注释 ]

[1]寓形：寄托形体。 [2]蜉蝣（fú yóu）：一种生命极为短暂的昆虫。 [3]白驹之过隙：本义指像白马在细小的缝隙前跑过一样。形容时间过得极快。典出《庄子·知北游》。白驹，白色骏马，比喻太阳。隙，也作郤（xì），指缝隙。 [4]疾没世而名

不闻：疾，恨。没世，死亡。闻，出名，有名望。典出《论语·卫灵公》："子曰：君子疾没世而名不称焉。"称，称颂。　[5]谅：料想，推想。　[6]汲（jí）汲：汲，从井里打水。汲汲，形容心情急切、努力追求。孜孜，急切，恳切；专心一意。　[7]竹帛：竹简和白绢。古代初无纸，用竹帛书写文字。引申为书籍、史乘。

　　向使世无竹帛，时阙史官，虽尧、舜之与桀、纣[1]，伊、周之与莽、卓[2]，夷、惠之与跖、蹻[3]，商、冒之与曾、闵[4]，但一从物化[5]，坟土未干，则善恶不分，妍媸永灭者矣。苟史官不绝，竹帛长存，则其人已亡，杳成空寂[6]，而其事如在，皎同星汉[7]。用使后之学者，坐披囊箧[8]，而神交万古[9]，不出户庭[10]，而穷览千载[11]，见贤而思齐，见不贤而内自省[12]。若乃《春秋》成而逆子惧[13]，南史至而贼臣书[14]，其记事载言也则如彼，其劝善惩恶也又如此。由斯而言，则史之为用，其利甚博，乃生人之急务[15]，为国家之要道[16]。有国有家者，其可缺之哉！故备陈其事，编之于后。

史学为修己治人之学，意在述往事，思来者。

袁枚："作史者只须据事直书，而其人之善恶自见。以己意为奸臣、逆臣，原可不必。"（《随园随笔》卷四《作史不必自标名目》）

[ 注释 ]

[1]尧、舜：古史传说中的两位圣明君主，远古部落联盟的

首领。此泛指圣明君主。桀、纣，分别为夏朝、商朝的末代亡国之君，是中国历史上有名的暴虐荒淫的国君之一。此泛指暴君。 [2] 伊、周：即商朝伊尹和西周姬旦，两人都曾执掌朝政，是后世忠诚贤明的辅政大臣的典范。莽、卓，即西汉末王莽、东汉末董卓，二人都曾祸乱朝政，王莽还代汉自立、建立新朝，后世往往将二人并称，视为祸乱国家的奸臣代表。 [3] 夷、惠：伯夷、柳下惠的并称，皆古代廉正之士。跖、蹻，古代大盗庄蹻与盗跖的并称，后亦泛指盗贼。 [4] 商、冒：商即商臣，春秋楚成王太子，以兵围成王，逼王自缢。冒即冒顿（mò dú），匈奴头曼单于太子，射杀头曼自立。商、冒亦称商、顿，后泛指叛臣。曾、闵，曾参与闵损的并称，皆孔子弟子，以孝行著称。 [5] 一：一经。从，跟随。物化，此指死亡。 [6] 杳：无影无声。空寂，空虚寂寞。 [7] 皎：洁白明亮。星汉，古称银河。 [8] 披：打开，散开。囊箧，犹囊箸，古代读书人多用以装书籍文稿。故亦借指书籍。 [9] 神交：指精神上的高度重合，思维方式、处事态度、价值观等高度统一。也指对事物往往有同样的理解。万古，远古；万代，万世。 [10] 户庭：户外庭院。亦泛指门庭、家门。 [11] 穷览：遍观。 [12] 见贤而思齐，见不贤而内自省：典出《论语·里仁》："子曰：见贤思齐焉，见不贤而内自省也。"意谓：看见有德行或才干的人就要想着向他学习，看见没有德行的人，自己的内心就要反省是否有和他一样的错误。 [13]《春秋》成而逆子惧：典出《孟子·滕文公下》："世衰道微，邪说暴行有作，臣弑其君者有之，子弑其父者有之。孔子惧，作《春秋》。……孔子成《春秋》而乱臣贼子惧。"乱臣贼子，旧指不守君臣、父子之道的人，后泛指心怀异志的人。 [14] 南史至而贼臣书：典出《左传》襄公二十五年。南史为齐国史官。齐大夫崔杼杀庄公，被太史在国史中记载"崔杼弑其君"，崔杼杀之，世袭史职的太史弟弟继续如此书写而被杀者二人，其弟又书，崔杼不敢再杀。南史听说太史被杀，遂动身前来，准备继续记载该事于国史之中，路上得知该事已被记载，乃还。　[15]急务：紧急重要的事务。　[16]要道：最切要的道理。

盖史之建官，其来尚矣。……肇自黄帝[1]，备于周室[2]，名目既多[3]，职务咸异。至于诸侯列国，亦各有史官，求其位号[4]，一同王者[5]。

梁启超："中国于各种学问中，惟史学为最发达。史学在世界各国中，惟中国为最发达（二百年前，可云如此）。其原因何在，吾未能断言。然史官建置之早与职责之崇，或亦其一因也。"（《中国历史研究法》）

[ 注释 ]

[1]肇自黄帝：据《世本·作篇》记载："黄帝之世，始立史官，苍颉、沮诵居其职。"但这只是渺茫无凭的传说，不可信从。　[2]备：完备，详备。中国在殷商时已有史官，周代史官已有分工，各诸侯国亦皆有史官，甚至个别卿大夫家也有史官。　[3]名目：事物的名称。此指史官的类别。　[4]位号：爵位与名号。此指史官职务、名称。　[5]一同王者：和周王室的史官相同。

然则官虽无阙[1]，而书尚有遗，故史臣等差[2]，莫辨其序。……诸史之任，太史其最优乎[3]？至秦有天下，太史令胡母敬作《博学章》[4]，此则自夏迄秦，斯职无改者矣。

先秦史官建置甚早，但其书不传，等差莫辨。至秦朝，仍有太史令。

[注释]

[1] 然则：然而。　[2] 史臣等差：史官地位高下和职能分工。　[3] 太史：《周礼·春官宗伯》："太史掌建邦之六典，以逆（佐）邦国之治。"六典即治典、教典、礼典、政典、刑典、事典等六种典制。太史在先秦时掌管国家典籍、天文历法、祭祀，并起草文书、记录史事、编写史书等。秦汉曰太史令，汉属太常，掌天时星历。魏晋以后，修史之职归著作郎，太史专掌历法。隋改称太史监，唐改为太史局，宋有太史局、司天监、天文院等名称。元改称太史院。明清称钦天监，修史之职归之翰林院，故俗称翰林为太史。　[4]《博学章》：即《博学》，字书，已佚。《汉书·艺文志·六艺略》"小学类"序说："《史籀篇》者，周时史官教学童书也，与孔氏壁中古文异体。……《博学》七章者，太史令胡母敬所作也，文字多取《史籀篇》，而篆体复颇异，所谓秦篆者也。"

西汉太史令初兼记事，后竟无其职能，退出修史领域。这是先秦以来史官制度一大变化。

汉兴之世，武帝又置太史公[1]，位在丞相上[2]，以司马谈为之。汉法，天下计书先上太史，副上丞相[3]。叙事如《春秋》。及谈卒，子迁嗣[4]。迁卒，宣帝以其官为令，行太史公文书而已。寻自古太史之职，虽以著述为宗，而兼掌历象、日月、阴阳、管数[5]。司马迁既殁，后之续《史记》者，若褚先生、刘向、冯商、扬雄之徒[6]，并以别职来知史务[7]。于是太史之署，非复记言之司[8]。故张衡、单飏、王立、高堂隆等[9]，其当官见称，唯知占候而已[10]。

[ **注释** ]

[1] 太史公：秦设太史令，西汉沿置，掌管天文历法，兼记事修史。司马谈、司马迁父子均曾作太史令，故司马迁在《史记》中以"太史公"一词指称其父，并做自称，且称其书为"太史公书"，但此乃别称，其正式官职仍是"太史令"。　[2] 位在丞相上：此误据东汉卫宏《汉仪注》之说："太史公，武帝置，位在丞相上。天下计书先上太史公，副上丞相。"唐司马贞《史记索隐》已经指明："修史之官，国家别有著撰，则令郡县所上图书皆先上之，而后人不晓，误以为在丞相上耳。"其实司马迁在《报任安书》中也早已自言，其职"文史星历，近乎卜祝之间，固主上所戏弄，倡优畜之，流俗之所轻也"，这绝不是"位在丞相上"。　[3] "计书"句：计书，古代州郡年终向朝廷汇报本地户口、赋税等情况的簿书。"先"指计书正本，"副"指副本。　[4] 嗣：接续，继承。司马谈去世后，司马迁被任为太史令，继承了父职。　[5] 历象、日月、阴阳、管数：历象，推算观测天体的运行。日月，此代指整个天体。阴阳，研究天地运行的学问。管数，研究天地阴阳的学问。管，窥天器。　[6] 褚先生：即褚少孙，西汉颍川（今河南禹县）人，寓居沛（今江苏沛县）。通经术，事大儒王式，号褚先生。宣帝时为博士。曾续补《史记》，今传《史记》中《外戚世家》《三王世家》《滑稽列传》《日者列传》《龟策列传》等篇都有其续补之文。刘向续《史记》事，据《汉书》本传，刘向曾采录《诗》《书》所载贤妃贞妇及孽嬖乱亡者，序次为《列女传》，又采传记行事，著《新序》《说苑》。姚振宗《隋书经籍志考证》卷十六《西京杂记》条考证说，刘向曾续《史记·匈奴传》，又曾撰地理分野，为《汉书·地理志》之滥觞。冯商，字子高，西

汉阳陵（今陕西咸阳市东北）人，一说长安（今陕西西安市）人，成帝时受诏续修《史记》十余篇（一说七篇）。扬雄续《史记》事，王充《论衡·须颂篇》在说《史记》之后，称扬雄"录宣帝以至哀、平"的历史，杨树达《汉书所据史料考》说他曾作王尊传（《积微居小学金石论丛》，上海古籍出版社 2014 年版），但皆已不可见。　[7] 以别职来知史务：以其他官职来主管修史事务。　[8] 记言之司：此指编写史书的机构。　[9] 张衡、单飏、王立、高堂隆：张衡，在汉安帝、顺帝时两度为太史令。单飏字武宣，山阳湖陆（今山东金乡县西）人。善明天官、算术。举孝廉，迁太史令，后拜尚书。王立，生平不详。高堂隆字升平，泰山平阳（今山东新泰市）人，汉经学家高堂生后裔。魏明帝时任太史令、光禄勋等职。　[10] 占候：根据天象变化预测自然界的灾异和天气变化；也指视天象变化以附会人事，预言吉凶。

王莽复古改制，史官亦在其列。

　　当王莽代汉，改置柱下五史，秩如御史[1]。听事，侍傍记迹言行，盖效古者"动则左史书之"[2]，此其义也。

[ 注释 ]

[1] 御史：商周时为史官。因朝会时站在殿上柱间，又称柱下史。秦改为侍御史。西汉末孺子婴居摄元年（公元 6 年），王莽在十五名侍御史外，设五名柱下史，听政事，在旁记录。　[2] 动则左史书之：浦起龙《史通通释》说此下应有"言则右史书之"六字，正确。

汉氏中兴，明帝以班固为兰台令史，诏撰
《光武本纪》及诸列传、载记。又杨子山为郡上
计史[1]，献所作《哀牢传》，为帝所异，征诣兰台。
斯则兰台之职，盖当时著述之所也。自章、和已
后[2]，图籍盛于东观。凡撰《汉记》[3]，相继在
乎其中，而都为著作[4]，竟无他称[5]。

东汉修史，有
兰台令史与著作东
观等人。

**[注释]**

[1] 杨子山：杨终字子山，成都（今属四川）人。明帝时，召
他到兰台，拜为校书郎。和帝时，受诏删司马迁《史记》为十余
万言。　[2] 章、和：章即汉章帝刘炟（dá），在位十三年（76—
88）；和即汉和帝刘肇，在位十七年（89—105）。另，章帝的第
三个年号为章和，共二年（87—88），但此处"章、和"应与前
文"明帝"对举，故不应是年号"章和"之意。　[3]《汉记》：
指《东观汉记》。　[4] 都为著作："为"，浦起龙《史通通释》说"旧
讹'谓'"，"时未立'著作'（官职）之名，故'谓'字误"。著
作，此指担任著作的工作。《晋书·职官志》说："汉东京图籍在
东观，故使名儒著作东观，有其名，尚未有官。""有其名"即"著
作东观"，在东观承担修史任务；"尚未有官"，即还没有专门的著
作郎这一官职称呼。本句是说：他们都是担任了后代著作郎的任
务。　[5] 竟无他称：一直到最后也没有别的称呼。按，这是指东
观撰史诸人，都以其郎官大夫等原来职务担任著书的工作，并无
专门的修史职官名称。

三国魏时设立专职修史官员"著作郎"，两晋南朝相沿不变，这是史官制度一大变化。

　　当魏太和中，始置著作郎[1]，职隶中书，其官即周之左史也。晋元康初[2]，又职隶秘书，著作郎一人，谓之大著作，专掌史任，又置佐著作郎八人。宋、齐已来，以"佐"名施于"作"下（原注：改佐著作郎为著作佐郎）。旧事，佐郎职知博采，正郎资以草传。如正、佐有失，则秘监职司其忧[3]。其有才堪撰述，学综文史，虽居他官，或兼领著作。亦有虽为秘书监，而仍领著作郎者。若中朝之华峤、陈寿、陆机、束皙[4]，江左之王隐[5]、虞预、干宝、孙盛，宋之徐爰、苏宝生[6]，梁之沈约、裴子野，斯并史官之尤美，著作之妙选也。而齐、梁二代，又置修史学士，陈氏因循，无所变革，若刘陟、谢昊、顾野王、许善心之类是也[7]。

　　[注释]

　　[1]魏太和中，始置著作郎：太和，三国魏明帝曹叡年号，共六年（227—232）。《晋书·职官志》说："著作郎，周左史之任也。汉东京图籍在东观，故使名儒著作东观，有其名，尚未有官。魏明帝太和中，诏置著作郎，于此始有其官，隶中书省。"然今传《后汉书·蔡邕传》注引蔡邕"戍边上章"（即《上汉书十志疏》），自言任官"著作郎"。　[2]"元康初"两句：《晋书·职官志》说：

"（惠帝）元康二年（292），诏曰：'著作旧属中书，而秘书既典文籍，今改中书著作为秘书著作。'于是改隶秘书省。后别自置省，而犹隶秘书。""别自置省"，指单独设立著作省，著作郎、佐著作郎成为著作省官，专掌史职，但著作省仍隶属秘书省。　[3] 秘监职司其忧：秘书监就要负责起掌管思考如何修史的职责。秘监即秘书监。《晋书·职官志》："汉桓帝延熹二年（159）置秘书监，后省。魏武为魏王，置秘书令、丞。及文帝黄初初，置中书令，典尚书奏事，而秘书改令为监。后以何桢为秘书丞，而秘书先自有丞，乃以桢为秘书右丞。及晋受命，武帝以秘书并中书省，其秘书著作之局不废。惠帝永平中，复置秘书监，其属官有丞、有郎，并统著作省。""司"字，浦起龙《史通通释》改为"思"，说"旧讹作'司'"，实则"司"字不误，二字各有所本，但意思有所不同。　[4] 中朝：指三国魏、西晋。束皙（261—300），字广微，阳平元城（今河北大名县）人。博学多闻，性淡泊，不慕荣利。官佐著作郎，撰《晋书》帝纪、十志，转博士，著作如故，参与整理汲冢所出竹书资料《竹书纪年》等。又著《三魏人士传》《七代通记》《五经通论》《发蒙记》等，皆佚。　[5] 江左：指东晋。　[6] 苏宝生：南朝宋人，历官国子学《毛诗》助教、南台侍御史、江宁令等，与修国史。　[7] 刘陟：生平不详，著有《齐纪》（一说《齐书》）。谢昊，南朝梁中书郎，撰有《梁书》《梁皇帝实录》等，已佚。顾野王（519—581），字希冯，吴郡吴县（今江苏苏州市）人。历仕梁陈两朝，博通经史，领大著作，掌国史，撰有《陈书》，已佚。许善心（558—618），字务本，祖籍高阳北新城（今河北徐水县）。初仕陈，官撰史学士等职。入隋，官秘书丞等。曾整理国家藏书，著有目录著作《七林》，又续成父志，完成《梁书》，均佚。

三国蜀、吴史官，即"偏隅僭国"者。

至若偏隅僭国[1]，夷狄伪朝[2]，求其史官，亦有可言者。案《蜀志》称王崇补东观，许盖掌礼仪[3]，又郤正为秘书郎[4]，广求益部书籍[5]。斯则典校无阙，属辞有所矣。而陈寿评云"蜀不置史官"者，得非厚诬诸葛乎[6]？别有《曲笔》篇言之详矣。吴归命侯时，有左右二国史之职[7]，薛莹为其左[8]，华核为其右[9]。又周处自左国史迁东观令[10]。以斯考察，则其班秩可知。

[ 注释 ]

[1] 偏隅僭国：此指割据一方的非正统政权。　[2] 夷狄伪朝：此指由少数民族建立的非正统政权。　[3] 王崇、许盖：《三国志·蜀书》及裴松之注均无二人姓名。常璩《华阳国志》记载有蜀郡太守王崇，字幼远，长于述作，但没说他"补东观"事。许盖，孙毓修《史通札记》改为"许慈"，《三国志·蜀书·许慈传》载：许慈字仁笃，南阳（今属河南）人。善郑玄经学，治《易》《尚书》《三礼》《毛诗》《论语》。为学士，与人共掌旧文。　[4] 郤正（？—278）：字令先，偃师（今属河南）人。博览典籍，官蜀汉秘书郎、令等职，入晋任巴西郡太守。　[5] 益部：此指蜀汉统治地区。　[6] 诸葛：即诸葛亮。　[7] 归命侯：指三国吴末帝孙皓，在位十七年（264—280）。降晋后，被封归命侯。　[8] 薛莹（？—283）：字道言，沛郡竹邑（今安徽濉溪县）人，三国吴时任左国史、光禄勋，入晋为散骑常侍。　[9] 华核（219—278）：字永先，吴郡武进（今江苏常州市武进区）人。三国吴时任秘府郎、中书

丞等。与太史令韦昭、薛莹等编写《吴书》。后迁东观令，领右国史。　[10]周处（236—297）：字子隐，义兴阳羡（今江苏宜兴市）人。三国吴时任东观左丞，入晋为散骑常侍、御史中丞等。曾撰集吴国历史。著有《阳羡风土记》，有辑本传世。

　　伪汉嘉平初[1]，公师彧以太中大夫领左国史[2]，撰其国君臣纪传。前凉张骏时[3]，刘庆迁儒林郎[4]、中常侍，在东苑撰其国书。蜀李与西凉二朝[5]记事，委之门下。南凉主乌孤初定霸基[6]，欲造国纪，以其参军郭韶为国纪祭酒[7]，使撰录时事。自余伪主，多置著作官，若前赵之和苞[8]，后燕之董统是也。

十六国史官，即上所言"夷狄伪朝"者。

**[注释]**

[1]伪汉：指匈奴贵族刘渊建立的汉政权。308年，刘渊称帝，国号汉。310年，其子刘聪即位。嘉平，为刘聪年号，共四年（311—314）。319年刘曜改国号为赵，史称前赵。　[2]公师彧：《史通·古今正史》说："前赵刘聪时，领左国史公师彧撰《高祖本纪》及功臣传二十人，甚得良史之体。凌修谮其讪谤先帝，聪怒而诛之。"刘知幾所见魏晋南北朝史书，今已大多失传，很难知悉其所有论述的史料来源。今传唐朝官修《晋书·载记》刘渊、刘聪两传只说公师彧任太中大夫，并无"领左国史"的记载。　[3]张骏（307—346）：字公庭，凉州（今甘肃武威市凉州区）人，前凉明王张寔之子，成王张茂之侄。324年，张茂病死，

张骏继位,在位二十二年。其子张祚继位后,追谥为文王。　[4]刘庆:生平不详。《史通·古今正史》说:前凉张重华时,护军参军刘庆在东苑专修国史二十余年,著《凉记》十二卷。张重华(327—353),字泰临,前凉文王张骏第二子。346年张骏去世,张重华继位,假凉王,仍奉晋愍帝年号,在位八年卒。其兄前凉威王张祚继位后,追谥为桓王。　[5]蜀李:即占据蜀地的李氏成汉政权。西凉,李暠于公元400年在敦煌称"凉公",建立西凉王朝。历三王,共二十年,421年亡于北凉。因其统治地区古为凉州,故国号为"凉",又位于凉州西部,故名"西凉"。　[6]乌孤(?—399):即秃发(拓跋)乌孤,河西鲜卑人。397年叛后凉,改年号太初,次年改称武威王。399年病亡,谥武王。　[7]郭韶:原作"郎韶",浦起龙《史通通释》疑即《晋书·载记·秃发乌孤传》中的郭韶,故改之。其生平不详。　[8]和苞:前赵刘曜时任侍中,封平舆子,并领谏议大夫。《史通·古今正史》说:"刘曜时,平舆子和苞撰《汉赵记》十篇,事止当年,不终曜灭。"

北魏史官制度有民族特色,并影响到其史书编纂、史学发展。

元魏初称制,即有史臣,杂取他官,不恒厥职。故如崔浩、高闾之徒[1],唯知著述[2],而未列名号。其后始于秘书置著作局,正郎二人,佐郎四人。其佐三史者[3],不过一二而已。普泰以来[4],三史稍替[5],别置修史局,其职有六人。当代都之时[6],史臣每上奉王言,下询国俗,兼取工于翻译者,来直史曹[7]。及洛京之末[8],朝议又以为国史当专任代人[9],不宜归之汉士。于是以谷纂、山伟更主文籍[10]。凡经二十余年，其事阙而不载。斯盖犹秉夷礼[11]，有互乡之风者焉。

**[注释]**

[1] 高闾（？—502）：本名驴，字阎士，渔阳郡雍奴（今天津市武清区）人。博综经史，文才俊伟。司徒崔浩见而奇之，乃改名闾而字之。初为中书博士，历官中书令、给事中、中书监等。所作军国书、檄、诏、令等凡百余篇。曾与崔浩掌修国史，但并无史官名号。　[2] 知：主管。　[3] 以下两句是说：其中著作佐郎参与修史的，不过一二人而已。"三"，浦起龙《史通通释》写为"三"，说"一作'参'"，但"未详"何意。　[4] 普泰：北魏节闵帝元恭年号，共两年（531—532）。　[5] 三史稍替：著作佐郎参与修史者日渐减少。　[6] 代都之时：386 年，鲜卑族拓跋珪重建代国，同年改国号魏，史称北魏。398 年，拓跋珪正式称帝，定都于平城（今山西大同市）。此后至 493 年孝文帝拓跋宏迁都洛阳，一直都于平城，在国号使用上也是代、魏并称，且以代为多。平城又为代郡治所，故"代都之时"即指北魏迁都洛阳以前、定都平城的时代。　[7] 直：值班。　[8] 洛京之末：指孝文帝迁都洛阳以后的北魏时期。　[9] 代人：指鲜卑族拓跋部贵族。　[10] 谷纂：字灵绍，昌黎（今属河北）人。初为太学博士，领侍御史，历官散骑常侍、骠骑大将军、营州大中正等。曾任著作郎，又监修国史，但无所成就。山伟，字仲才，洛阳（今属河南）人。历仕北魏、东魏，官秘书监、著作郎、中书令等，监修《起居注》。《魏书·山伟传》说："国史自邓渊、崔琛、崔浩、高允、李彪、崔光以还，诸人相继撰录。綦俊及伟等诡说上党王天

穆及尔朱世隆，以为国书正应代人修缉，不宜委之余人，是以俊、伟等更主大籍，守旧而已，初无述著。故自崔鸿死后，迄终伟身，二十许载，时事荡然，万不记一，后人执笔，无所凭据。史之遗阙，伟之由也。"[11]以下两句是说：由此可见，北魏还是奉行他们少数民族的风俗礼仪，固守自己不文明的习惯。互乡，典出《论语·述而》："互乡难与言。"郑玄解释说："互乡，乡名也。其乡人言语自专，不达时宜。"互乡，具体所在无可考。原意谓：互乡人多固执己见，很难倾听别人主张。这里用以讥刺北魏鲜卑贵族的民族偏见。

北齐、北周、隋史官，已有监修国史之职，这是史官制度一大变化。

高齐及周[1]，迄于隋氏，其史官以大臣统领者，谓之监修[2]。国史自领，则近循魏代，远效江南[3]，参杂其间，变通而已。唯周建六官，改著作之正郎为上士，佐郎为下士，名谥虽易[4]，而班秩不殊。如魏收之擅名河朔[5]，柳虬之独步关右[6]，王劭、魏澹展效于开皇之朝，诸葛颍、刘炫宣功于大业之世[7]，亦各一时也。

[注释]

[1]高齐及周：即北齐和北周。　[2]监修：《周书·柳敏传》有"监修国史"之称，《隋书·郑译传》称其在北周时"监国史"。　[3]远效江南：指效法晋朝做法。《史通·辨职》说："《晋起居注》载康帝诏，盛称著述任重，理藉亲贤，遂以武陵王领秘书监。"　[4]名谥：名号。　[5]河朔：此指北齐政权。　[6]柳虬

（501—554）：字仲蟠，河东解（今山西运城市盐湖区）人。初仕北魏。入西魏后，与权臣宇文泰友善，曾为宇文泰丞相府记室，封美阳县男。以史官密书善恶，未足惩劝，乃上疏谏止。除秘书丞，时秘书虽领著作，不参史事，自其为丞，始令监掌。迁中书侍郎，修起居注，仍领丞事。后迁秘书监，加车骑大将军、仪同三司。关右，指西魏、北周政权。　[7]诸葛颍（536—612）：字汉，丹阳建康（今江苏南京市）人。隋初，杨广引为参军事，转记室。杨广即帝位后，迁著作郎，甚见亲幸，授朝请大夫，加正议大夫。著有《銮驾北巡记》《幸江都道里记》《洛阳古今记》《马名录》等。大业，隋炀帝杨广年号，共十三年（605—618）。

　　暨皇家之建国也，乃别置史馆，通籍禁门[1]。西京则与鸾渚为邻，东都则与凤池相接[2]。而馆宇华丽，酒馔丰厚，得厕其流者，实一时之美事。至咸亨年[3]，以职司多滥，高宗喟然而称曰："朕甚懵焉[4]。"乃命所司曲加推择[5]，如有居其职而阙其才者，皆不得预于修撰。（原注：诏曰："修撰国史，义存典实[6]，自非操履忠正[7]，识量该通[8]，才学有闻，难堪斯任。如闻近日以来，但居此职，即知修撰，非唯编缉讹舛[9]，亦恐泄漏史事。自今宜遣史司，精简堪修史人，灼然为众所推者[10]，录名进内[11]。自余虽居史职[12]，不得辄闻见所修史籍及未行用国史等之事[13]。"）

唐代修史机构正式定名为"史馆"，原著作局退出修史体制，这是史官制度一大变化。然史官良莠不齐，奈何？

由是史臣拜职，多取外司<sup>[14]</sup>，著作一曹，殆成虚设<sup>[15]</sup>。凡有笔削，毕归于余馆<sup>[16]</sup>。始自武德，迄乎长寿<sup>[17]</sup>，其间若李仁实以直辞见惮<sup>[18]</sup>，敬播以叙事推工<sup>[19]</sup>，许敬宗之矫妄<sup>[20]</sup>，牛凤及之狂惑<sup>[21]</sup>，此其善恶尤著者也。

[注释]

[1]别置史馆，通籍禁门：《旧唐书·职官志》说："历代史官隶秘书省著作局，皆著作郎掌修国史。武德因隋旧制。贞观三年（629）闰十二月，始移史馆于禁中，在门下省北，宰相监修国史，自是著作郎始罢史职。及大明宫初成，置史馆于门下省之南。"通籍，记名于门籍，可以进出宫门。后称做官为"通籍"。禁门，宫门。古代皇帝宫中称禁中，非侍卫及通籍之臣不得入内。通籍禁门，指唐代史馆设在皇宫之内。　[2]鸾渚、凤池：即鸾台凤阁。《旧唐书·职官志》载：高宗龙朔二年（662）改门下省为东台、中书省为西台，武后光宅元年（684）改门下省为鸾台、中书省为凤阁。中宗神龙时复。《通典·职官》称中书省"地在枢近，多承宠任，是以人固其位，谓之凤凰池"，故鸾台凤阁又称鸾渚凤池。西京、东都，在此无实际意义，是骈体文对举行文的需要。　[3]咸亨：唐高宗李治年号，共四年（670—673）。　[4]懵：糊涂。　[5]曲加推择：进行详细地考察选择。　[6]典实：典雅平实。　[7]操履：操守。　[8]识量该通：见识广博，胸襟宽阔。　[9]讹舛：错误，误谬。多指文字方面。　[10]灼然：明显的样子。　[11]录名进内：录名，记名于簿籍上。此指录取称职的史官进入史馆工作。　[12]自余：自此以外，其余。　[13]辄：经常。行用，传布

使用。　[14]以上两句是说：史官多录取自史馆以外的部门。据《旧唐书·职官志》："贞观年修《五代史》，移史馆于禁中。史官无常员，如有修撰大事，则用他官兼之，事毕日停。……天宝已后，他官兼领史职者，谓之史馆修撰，初入为直馆。"　[15]以上两句是说：著作郎这一过去主管修史的职位，基本上成了摆设。据《旧唐书·职官志》：秘书省为国家藏书之所，其长官秘书监掌经籍图书之事。下设著作局、太史局，皆率其属而修其职。其中著作局有著作郎二人、佐郎四人、校书郎二人、正字二人、楷书手五人、掌固四人。著作郎、佐郎掌修撰碑志、祝文、祭文，与佐郎分判局事。也就是说，修史工作已归史馆，不再是著作局、著作郎的分内职务；但因"史官无常员，用他官兼之"的制度，著作郎等官员仍可以个人形式调用修史。　[16]凡有笔削，毕归于余馆：卢文弨《史通校正》认为："'于'字衍，'馆'当作'官'，下云'以余官兼掌'是也。"此说正确，即原文应该是"凡有笔削，毕归余官"，这不但与下文"以余官兼掌"相符，而且与上文"著作一曹，殆成虚设"正好前后相承。意谓：凡是纂修史书的工作，全部都由其他官员担任。　[17]始自武德，迄乎长寿：武德为唐高祖李渊年号（618—626），长寿为武则天年号（692—694），故此句意为从唐朝建立以来的七十多年间。　[18]李仁实：魏州顿丘（今河南清丰县）人，唐高宗时官至左史。高宗以许敬宗所修多非实录，诏刘仁轨等主持改撰，刘仁轨遂荐其专掌此事，所撰于志宁、许敬宗、李义府诸传皆秉笔直书。另著有《格论》《通历》《戎州记》等，并行于时。　[19]敬播（？—663）：蒲州河东（今山西永济市）人。历官著作郎、兼修国史、给事中等。曾佐魏徵、颜师古、孔颖达等修《隋书》，并著《隋略》。与许敬宗等撰《高祖实录》《太宗实录》《西域图》。又参撰《晋书》，凡例皆其所定。房玄龄称其有良史之才，命其将颜师古《汉书注》删繁撮要，行于世。　[20]许敬宗（592—672）：字延族，杭州新城（今浙江杭州市富阳区）人。曾仕隋任书佐，唐时历官著作郎、监修国史、太子少师等。参与《高祖实录》《太宗实录》的纂修，又与修《隋书》《晋书》等。然自掌知国史，记事阿曲，虚美隐恶。高祖、太宗两朝实录，其敬播所修者颇多详直，许敬宗则以自己爱憎而曲事删改，论者尤之。　[21]牛凤及：生平不详。《史通·古今正史》说他在武则天长寿中为礼部侍郎，撰《唐书》一百一十卷，以才识低劣无能，所撰不知所以，又欲使其书独存，遂将前人所修唐朝国史收缴，致使前人所修残缺殆尽。然唐朝后期刘轲与马植论史官书，对他称赞有加。

起居注在东汉已出现，西晋以来逐渐由专官负责，并由西晋时期的事后汇编各种资料而成，发展为当时当地、如实记录人君言行而成。因其与通称史官者职务不同，故此处单独论列。

又案《晋令》[1]，著作郎掌起居集注[2]，撰录诸言行勋伐旧载史籍者[3]。元魏置起居令史[4]，每行幸宴会[5]，则在御左右，记录帝言及宾客酬对。后别置修起居注二人，多以余官兼掌。至隋，以吏部散官及校书、正字闲于述注者修之[6]，纳言监领其事[7]。炀帝以为古有内史、外史[8]，今既有著作，宜立起居。遂置起居舍人二员，职隶中书省。如庾自直、崔祖濬、虞世南、蔡允恭等[9]，咸居其职，时谓得人[10]。皇家因之，又加置起居郎二员，职与舍人同。每天子临轩，侍立于玉阶之下，郎居其左，舍人居其右[11]。人主有命，则逼阶延首而听之，退而编录，以为起居注。龙朔中，改名左史、右史[12]。今上即位[13]，仍从国初之号焉。高祖、太宗时，有令狐德棻、吕才、萧钧、褚遂良、上官仪[14]；高宗、则天时，有李安期、顾胤、高智周、张太素、凌季友[15]。斯并当时得名，朝廷所属者也[16]。夫起居注者，编次甲子之书[17]，至于策命、章奏、封拜、薨免[18]，莫不随事记录，言惟详审。凡欲撰帝纪者，皆称之以成功[19]。即今为载笔之别曹，立言之贰职。故略述其事，附于斯篇。

## ［注释］

[1]《晋令》：《隋书·经籍志》《旧唐书·经籍志》《新唐书·艺文志》"刑法类"都著录有《晋令》四十卷。《隋书·经籍志》"史部·旧事"小序说："古者朝廷之政，发号施令，百司奉之，藏于官府，各修其职，守而弗忘。……晋初，甲令已下，至九百余卷，晋武帝命车骑将军贾充博引群儒，删采其要，增律十篇，其余不足经远者为法令，施行制度者为令，品式章程者为故事，各还其官府。搢绅之士，撰而录之，遂成篇卷，然亦随代遗失。" [2] 著作郎掌起居集注：《隋书·百官志上》说：秘书省置"著作郎一人、佐郎八人，掌国史，集注起居。" [3] 撰录诸言行勋伐旧载史籍者：西晋武帝泰始六年（270），诏令将官方记述史事定立为国家制度，其文籍名称中，采用了东汉时出现的"起居注"之名。但是晋朝的"起居注"，既不同于东汉专载皇帝后宫生活杂事的起居注，也不是对皇帝言行的当时直接记录，乃是按

时间顺序，汇集朝廷诏令、奏议、决策、大事而不加裁断的史料长编。　[4] 元魏置起居令史：北魏孝文帝推行"汉化"改革时，在官方史学上的举措尤为显著。太和十四年（490），孝文帝下令置起居令史，后别置修起居注二人，多以余官兼掌。次年春，又分置左右史官，要求他们"直书时事，无讳国恶。人君威福自己，史复不书，将何所惧？"（《魏书·高祖纪下》）这是第一次明确规定"起居注"应为当时当地、如实记录人君言论与行动，开创唐朝起居注体制之先河。但北魏起居注虽是当时记载君主言行，日后还要有所修订。而自孝文帝另设起居令史，北魏著作郎等史官便专门撰著史书，不再掌管起居注。　[5] 行幸：古代专指皇帝出行。　[6] 吏部散官：隋朝沿袭北周制度，以特进、左右光禄大夫、金紫光禄大夫、银青光禄大夫、朝议大夫、朝散大夫等为散官，授予文武官员中有勋绩者，表示荣宠。校书、正字，皆为秘书省官员，前者掌典校藏书，后者掌校雠典籍、刊正文章。据《隋书·百官志下》：秘书省有校书郎十二人、正字四人，下设之著作曹也有校书郎、正字各二人。闲于述注者，娴熟于著述、校注的人。　[7] 纳言：隋朝门下省掌献纳谏正，有纳言二人。监领，监督掌管。　[8] 古有内史、外史：据《周礼·春官宗伯》载："内史：掌王之八柄之法，以诏王治，一曰爵，二曰禄，三曰废，四曰置，五曰杀，六曰生，七曰予，八曰夺。执国法及国令之贰，以考政事，以逆会计。掌叙事之法，受纳访，以昭王听治。凡命诸侯及孤卿、大夫，则策命之。凡四方之事书，内史读之。王制禄，则赞为之，以方出之；赏赐，亦如之。内史掌书王命，遂贰之。外史：掌书外令，掌四方之志，掌三皇五帝之书，掌达书名于四方。若以书使于四方，则书其令。"　[9] 庾自直：颍川（今河南禹县）人。历仕陈、隋两朝。隋炀帝时，授著作佐郎，后以本官知起居舍人事。崔祖濬，炀帝时起居舍人，与史学家姚思廉共修《区宇图志》。与少有器局、颇涉文史的高士廉和薛道衡并称先达。虞世南（558—638），字伯施，越州余姚（今浙江慈溪市观海卫镇鸣鹤场）人。历仕陈、隋、唐三朝，隋时官秘书郎、起居舍人等。唐太宗时，历任著作郎、秘书监等职，主编《北堂书钞》，又奉敕参撰《群书治要》，辑录经史子书有关治国兴衰政迹之文。蔡允恭，字克让，荆州江陵（今湖北荆州市）人。历仕隋、唐两朝，炀帝时曾为起居舍人，入唐后撰《后梁春秋》，记载南朝梁史。　[10] 得人：得到德才兼备的人。亦谓用人得当。　[11] 郎居其左，舍人居其右：据《新唐书·百官志》载：门下省有起居郎二人，从六品上，掌录天子起居法度。天子御正殿，则郎居左，舍人居右。有命，俯陛以听，退而书之，季终以授史官。每仗下议政事，起居郎一人执笔记录于前，史官随之。其后，复置起居舍人，分侍左右，但本记言之职，唯编诏书，不及它事。　[12] 改名左史、右史：唐高宗龙朔二年（662），改起居郎为左史，起居舍人为右史。　[13] 今上即位：指唐中宗李显于神龙元年（705）复帝位。　[14] 令狐德棻（583—666）：宜州华原（今陕西铜川市耀州区）人。自幼受家庭薰陶，酷爱文史。历仕唐高祖、太宗、高宗三朝，任起居舍人、监修国史、崇贤馆学士等职。奏请修撰梁、陈、北魏、北齐、北周、隋六代史书，被采纳，并主修其中的《周书》，另独自撰修和参与撰修其他史书多部。吕才（606—665），博州清平（今山东高唐县清平镇）人。善阴阳方技之学，唐太宗时累官太常博士，高宗时为太子司更大夫，著有《隋记》等。萧钧，博学有才，唐太宗时累官中书舍人，甚为房玄龄、魏徵等所重。高宗时历官谏议大夫、太子率更令等。褚遂良（596—659），字登善，杭州钱塘（今浙江杭州市）人。博学多才，精通文史。隋时为官，入唐后，任谏议大夫、吏部尚书、同中书门下三品等，曾兼知起居事、监修国史。太宗尝问："卿知起居，记录何事？大抵人君得观之否？"答曰："今之起居，古左右史，书人君言事，且记善恶，以为鉴诫，庶几人主不为非法。不闻帝王躬自观史。"太宗曰："朕有不善，卿必记之耶？"答曰："守道不如守官。臣职当载笔，君举必记。"黄门侍郎刘洎曰："设令遂良不记，天下亦记之矣。"太宗以为然。上官仪（608—665），字游韶，陕州陕县（今属河南）人。太宗时曾参与编修《晋书》，历官起居郎、西台侍郎、同东西台三品等。　[15] 李安期：定州安平（今属河北）人，史学家李百药之子。唐太宗时，累迁符玺郎。预修《晋书》成，除主客员外郎。高宗时，历官中书舍人、检校东台侍郎、同东西台三品等。顾胤（？—663），苏州吴（今江苏苏州市）人。唐高宗时历迁起居郎，兼修国史。撰《太宗实录》，以功加朝散大夫，授弘文馆学士。以撰高祖、太宗两朝国史，加朝请大夫，封余杭县男。高智周（602—683），常州晋陵（今江苏常州市）人。少好学，举进士，历官秘书郎、同中书门下三品、右散骑常侍等，曾兼修国史。张太素，魏州繁水（今河南南乐县）人。高宗时历官东台舍人，兼修国史，撰《后魏书》《隋书》等，已佚。凌季友，生平不详，唐杜佑（735—812）《通典·职官》曾引录《史通》此文，称凌季友等以上十人"并为起居，皆有名实者"。　[16] 属（zhǔ）：即属意，归心，着意。　[17] 甲子之书：按时间记录皇帝言行的书籍。　[18] 策命：古代皇帝命令的一种，以策书封官授爵。章奏，本为两种臣子上书的文体，此泛指臣僚呈报皇帝的文书。封拜，帝王向臣子赐爵授官。薨免，薨，古代称诸侯或有爵位的大官死去，唐制规定三品以上官员死为薨；免，即罢免官职。　[19] 称（chèn）：通"趁"。浦起龙《史通通释》说"恐是'藉'字之讹，王（惟俭）本作'因'"。"藉"、"因"与"称"意同，但"称"亦不误。

　　又案《诗·邶风·静女》之三章，君子取其彤管[1]。夫彤管者，女史记事规诲之所执也[2]。古者人君，外朝则有国史[3]，内朝则有女史，内之与外，其任皆同。故晋献惑乱，骊姬夜泣[4]，床笫之私，房中之事，不得掩焉。楚昭王宴游，蔡姬对以其愿，王顾谓史："书之，蔡姬许从孤死矣[5]。"夫宴私而有书事之册[6]，盖受命者即女史之流乎？至汉武帝时，有禁中起居注[7]；明德马皇后撰《明帝起居注》[8]。凡斯著述，似出宫中，求其职司[9]，未闻位号。隋世王劭上疏，请依古法，复置女史之班[10]，具录内仪[11]，付于外省[12]。文帝不许，遂不施行。

　　浦起龙《史通通释》："谓女史亦当修职，古有证据；卒莫兴行，可惜也。该举史职至此，备悉包罗，识议卓绝。考《唐志》内官如六尚司记、掌言、司簿、典闱、掌籍等职，皆载有女史员额。《史通》何不及之？盖所谓录内仪付外省之制既格不行，则女史虽设，犹不设也。"

[ **注释** ]

[1]彤管：杆身漆朱的笔。为古代后宫女史记事所用。　[2]女史：古代女官名，以知书妇女充任，掌管有关王后礼仪等事。或为世妇下属，掌管书写文件等事。后用为对知识妇女的美称。规诲，规劝教诲。　[3]以下两句是说：在议论政事的外朝，有国史为之记录，在处理皇室外戚事务的内朝，有女史为之记录。　[4]"晋献骊姬"句：春秋时，晋献公宠爱骊姬，听其谗言，逼死太子申生。《国语·晋语》记载说：骊姬在夜里哭着对献公说："我听说申生为人很仁义，而且势力很大，对百姓又很宽厚慈

爱。他做这些都是别有用心的。如今他说您被我迷惑，一定会因此而乱国。您何不杀了我，不要为了我一个女人而让百姓遭受动乱。"看到献公很快被说怕了，骊姬又说："您何不称老退位，而把国政交给申生？申生掌握了国政，得到了他想要的东西，就会放过您了。"献公生气地说："我不能把国政交出去。你不必担心，我会有办法对付他。"　[5]"楚昭蔡姬"句：刘向《列女传》记载：楚昭王带着蔡姬、越姬两个妃子外出燕游，非常尽兴。昭王问她们说："高兴吗？"蔡姬回答说："太高兴了。"昭王说："我愿意和你活着的时候这样高兴，死后也能这样。"蔡姬说："我受到大王宠幸，本来就希望能够和大王生一起快活，死也要在一起。"昭王回头让史官记下："蔡姬愿意随我一同死去。"　[6]宴私：指公余的闲居、游宴、玩耍之类。　[7]武帝时有禁中起居注：此乃误信葛洪《西京杂记》和《隋书·经籍志》等说法，西汉并没有称作"起居注"的文献。　[8]明德马皇后：东汉明帝皇后，伏波将军马援之女，为一代贤后，谥明德。相传《明帝起居注》为其所撰。按，东汉还有《灵帝起居注》《献帝起居注》两种名为"起居注"的文献。但东汉"起居注"，乃记载后宫日常起居杂务，并不包括朝廷大政和国家大事，因而并非后世起居注记史制度的前身。　[9]职司：职官和职掌。　[10]班：官职。　[11]内仪：可为天下懿范的后妃言行。　[12]外省：此指前文所说外朝有关官署。

古代"史官"皆可统称"史家"，然"史家"不仅包括"史官"，还有身非史职而私撰史书者。本篇仅备陈史官沿革废置。

大抵自古史官，其沿革废置如此[1]。夫仲尼修《春秋》，公羊高作传[2]。汉、魏之陆贾、鱼豢，晋、宋之张璠、范晔，虽身非史职[3]，而私撰国书[4]。若斯人者，有异于是[5]。故不复详而录之[6]。

[注释]

[1]沿革：因袭和变革。废置，撤销和设置。 [2]公羊高作传：公羊高为战国时齐国人，相传是子夏弟子，治《春秋》，旧题《春秋公羊传》的作者。该书最初仅有口说流传，西汉景帝时，传至公羊寿及齐人胡毋生，才著于竹帛，流传于世。亦称《公羊春秋》或《公羊传》，是今文经学的重要典籍，着重阐释《春秋》之"微言大义"，史事记载较简略。 [3]身非史职：没有担任史官的职务。 [4]国书：国史。 [5]是：指本篇所叙述的史官。 [6]录：记载。

夫为史之道[1]，其流有二[2]。何者？书事记言[3]，出自当时之简；勒成删定[4]，归于后来之笔。然则当时草创者[5]，资乎博闻实录[6]，若董狐、南史是也；后来经始者[7]，贵乎俊识通才[8]，若班固、陈寿是也。必论其事业[9]，前后不同。然相须而成[10]，其归一揆[11]。

[注释]

[1]道：原则，法则，规律。 [2]流：品类。 [3]以下两句是说：记录当时发生的事件言论，是由当时的史官进行的。 [4]以下两句是说：经过修改润色而编定成具有一家之言的

"当时之简"，说的是当时的历史记录，相当于今天所说的"历史资料"；"后来之笔"，说的是后来进行的历史编纂，相当于今天所说的"历史著作"。历史记录保存了第一手历史资料，为历史编纂提供了素材，在充分的、批判审查过的历史资料基础上，经由科学的历史观与方法论的指导，才能编纂出真实反映客观历史实际的著作。但两者的最终目的又是相同的，都是为了反映历史的真实，即"相须而成，其归一揆"。

著作，是由后来的史家完成的。勒，刻写。删定，经过修改而确定。　[5]草创：开始创建，开始进行。　[6]博闻：多闻，见闻广博。实录，按照真实情况记载。　[7]经始：开始营建，开始经营。泛指开创事业。　[8]俊识：卓越的见识。通才，指学识广博、具有多种才能的人。　[9]事业：事务，工作。　[10]相须而成：指互相依赖、互相配合而得以有所成就。典出《礼记·昏（婚）义》："天子之与后，犹日之与月、阴之与阳，相须而后成者也。"　[11]其归一揆（kuí）：最终目的是一样的。揆，道理，准则。

观夫周、秦已往，史官之取人，其详不可得而闻也。至于汉、魏已降，则可得而言。然多窃虚号 [1]，有声无实。案刘、曹二史 [2]，皆当代所撰 [3]，能成其事者，盖唯刘珍、蔡邕、王沈、鱼豢之徒耳。而旧史载其同作 [4]，非止一家，如王逸、阮籍亦预其列 [5]。且叔师研寻章句 [6]，儒生之腐者也 [7]；嗣宗沉湎曲蘖 [8]，酒徒之狂者也 [9]。斯岂能错综时事 [10]，裁成国典乎 [11]？

史有专责，职有专任，不可轻授。

[注释]

[1]以下两句是说：然而他们大多只是占据了空虚的名称，仅有史官之名，而无史官之实。　[2]刘、曹二史：指东汉和三国魏的史书。　[3]当代：当时。　[4]同作：同时修史之人，同时作者。　[5]王逸、阮籍亦预其列：王逸字叔师，东汉南郡宜城（今属湖北）人。曾官校书郎、侍中等。著《楚辞章句》，是最早的《楚

辞》完整注本，颇为后世学者所重。但传世文献中并无王逸列名修史之事，本篇叙及东汉修史时也未提及王逸，此处称其预修史书，大概是因王逸曾任校书郎而连带误及。阮籍曾与王沈、荀颚等同撰《魏书》，已佚。　[6] 研寻：研究探索。章句，章节和句子。经学家以剖章析句来解说经义的一种方式。　[7] 儒生之腐者：即腐儒，迂腐的儒生，只知读书而不通世事。典出《荀子·非相》："《易》曰'括囊，无咎无誉'，腐儒之谓也。"　[8] 嗣宗沉湎曲蘖（niè）：三国魏后期，阮籍（字嗣宗）在政治上倾向于曹魏皇室，对掌握政权的司马氏集团非常不满，但又无力反抗，因而采取明哲保身的态度，不预世事，以酣饮为常。司马昭为笼络人心，欲与联姻，阮籍竟大醉六十日，使其不得言而止。司马昭心腹钟会多次以时事问之，欲因其可否而治其罪，皆以酣醉获免。沉湎，沉溺。比喻潜心于某事物或处于某种境况，深深迷恋，无法自拔。多形容陷入不良的生活习惯难以自拔。曲蘖，本指酒母，后用作酒的代称。　[9] 酒徒之狂者：阮籍在司马氏集团黑暗统治下，为免遭杀戮，借酒佯狂自保，并非真的嗜酒之徒，但其生活作风却给人以狂饮酒的酒徒形象。相传古琴曲《酒狂》即为阮籍所作，音乐含蓄内在，寓意深刻，通过描绘混沌朦胧的情态，发抒内心积郁的不平之气。　[10] 错综：交错综合。浦起龙《史通通释》说"一作'措置'"，即处置、安排之意。　[11] 裁成：编制而成。国典，国家的典章制度，此指国史。

而近代趋竞之士 [1]，尤喜居于史职，至于措辞下笔者，十无一二焉。既而书成缮写 [2]，则署名同献；爵赏既行，则攘袂争受。遂使是非无准，

指斥无实而盗名之史官。

真伪相杂，生则厚诬当时，死则致惑来代[3]。而书之谱传[4]，借为美谈；载之碑碣，增其壮观。昔魏帝有言[5]："舜、禹之事，吾知之矣。"此其效欤！

[注释]

[1]趋竞：奔走钻营，争名夺利。本篇在谈到唐代史馆时说："史馆通籍禁门，西京则与鸾渚为邻，东都则与凤池相接。而馆宇华丽，酒馔丰厚，得厕其流者，实一时之美事。"这是当时高官显贵争居史职的客观原因之一。　[2]以下六句是说：等到史书定稿誊清时，却将所有史官的姓名都写在上面，连同史书一起献给皇帝；等到皇帝进行奖赏时，他们又全都捋起袖子来争抢，致使其中哪些人真正参与了史书撰写、哪些人没有参与，在作者署名问题上出现了是非不分、真伪莫辨的混乱现象。　[3]来代：即来世，以避唐太宗李世民讳而改。这两句是说：那些没有真正参修、却一同在书上署名而窃取虚誉的人，活着的时候就已经深深地欺骗了当世人，死后因再没有人亲历真相，又凭他们在书上的作者署名而蒙蔽了后世。　[4]以下四句是说：而他们所谓的修史事迹被记载在家谱传记之中，以作为使人称颂的事件，被刻写记载在碑刻墓志铭上，以增加他们的身后荣誉。　[5]以下四句是说：过去魏文帝曹丕代汉称帝后对人说："舜、禹禅让的事情，我知道是怎么回事了。"那些仅仅署名而窃取虚誉的史官们的做法，大概就是效法魏文帝吧！

[点评]

本篇采取"总—分—总"的写作方式，对自古以来的史官设置情况进行了梳理，对一些史官的优劣进行了简要评述。作者首先总述修史的重要性，指出史书对个人和国家都非常重要，"其利甚博，乃生人之急务，为国家之要道。有国有家者，其可缺之哉！"而中国最早的史学家就是史官，早期史书和后来的很多史书皆为史官所撰，若史官不绝，则史书就会长存于天地之间，永远对世人起着借鉴作用，由此引出对史官起源与发展脉络的考察。国家设置史官，是中国古代特有的史学现象，是中国古代史学区别于西方古代史学的一个重要特征，并对中国古代史学的发展产生了重要的推动作用。本篇分朝代将不同历史阶段的史官设置情况进行详细梳理，本身就是抓住了中国古代史学的一个鲜明特征。作者具有鲜明而强烈的通贯性历史观念，将考察的笔触一直延伸到自己所处的当下。由于中国早期的史学家皆为史官，后来很多史学家也曾担任史官职务，因此这部分内容实为简明扼要的史学家之史。之后再次以总论的形式，总结、概述了古今史官修史工作的两种不同类型，即编纂历史资料和撰写成一家言的历史著作，指出两种工作虽然性质不同，但"相须而成，其归一揆"，最终目的是一致的。因而作者强调，不论承担哪种工作，史官都应该严格选任，强烈反对"多窃虚号，有声无实"的滥竽充数做法，并特别对当朝显贵既无修史才能，也未参加撰修，但却因虚列监修和史官之名，凭借手中权势攘夺修史名利的可耻行径，毫不畏惧地给予了犀利的谴责。体现了作者重视史学功能、重视史官选任的一贯思想，表现了作者实事求是、秉笔直书的坚毅性格，同时也充分展现了作者敢于批判的战斗精神。

　　值得特别提出的是，本篇对古今史官（史家）修史工作的两种不同类型进行了言简意赅的总结，区分为编纂历史资料和撰写成一家言的历史著作，这并非本篇的主要内容，作者本人也未对此予以特别关注，但此论却揭示了一个重要事实，即古今史书按其性质皆可分为历史资料和成家著述两个类别。对此，现代史学大师吕思勉认为，不但清代章学诚的史学理论著作《文史通义》全书"皆发挥此义"，而且"今后亦无以易之"（《史通评》）。

# 外篇　卷十二

## 古今正史第二

《易》曰："上古结绳以理[1]，后世圣人易之以书契。"儒者云：伏羲氏"始画八卦，造书契，以代结绳之政，由是文籍生焉[2]。"又曰："伏羲、神农、黄帝之书谓之'三坟'，言大道也[3]；少昊、颛顼、高辛、唐、虞之书谓之'五典'，言常道也[4]。"《春秋传》载楚左史能读三坟、五典[5]，《礼记》曰："外史掌三皇、五帝之书[6]。"由斯而言，则坟、典文义[7]，三、五史策[8]，至于春秋之时犹大行于世。爰及后古[9]，其书不传，惟唐、虞已降，可得言者。然自尧而往[10]，圣贤犹述，求其一二，仿佛存焉。而后来诸子，广造

本篇综述先秦至唐代前期纪传体、编年体等主要史书的编修经过、基本内容及其得失价值等情况。

书籍起源甚早，但三坟五典等远古史书无一传世，后世虽有传言，亦难征信。清人崔述《考信录·补上古考信录》多本此说而推演其文。

奇说，其语不经，其书非圣。故马迁有言："神农已前，吾不知矣。"班固亦曰："颛顼之事，未可明也。"斯则坟、典所记[11]，无得而称者焉。

[注释]

[1] 以下两句是说：上古的时候，用结绳的办法来治理天下，后来圣人创造了文字以代替结绳。书契，指文字。　[2] 文籍：文章典籍，泛指书籍。　[3] 大道：经世治国的道理。　[4] 常道：恒常的道理。三坟、五典皆为传说中的书籍，具体内容不详。　[5]《春秋传》：指《左传》。《左传》昭公十二年载：楚灵王对人称赞左史倚相说："是良史也，子善视之，是能读三坟、五典、八索、九丘。"　[6] 外史掌三皇五帝之书：《周礼·春官·宗伯》："外史掌书外令，掌四方之志，掌三皇五帝之书。"　[7] 文义：文章的义理；文章的内容。　[8] 三五史策：三皇五帝的史书，即上面说的三坟五典。　[9] 后古：后世。　[10] 以下八句是说：但是尧以前的史事，圣人贤者还能说上一些，只是保存下来的，大概也就仅有十之一二了。而后来有许多人，竟然大肆编造奇异古怪的说法，他们的言论荒诞不合常理，他们的著作也与圣人所说不一。　[11] 以下两句是说：由此可见，三坟五典所记载的，已经没有人能够知道它们的内容了。

《尚书》编修及《今文尚书》之传授。

案尧、舜相承，已见坟、典；周监二代[1]，各有书籍。至孔子讨论其义[2]，删为《尚书》[3]，始自唐尧，下终秦穆，其言百篇，而各为之序。

属秦为不道，坑儒禁学。孔子之末孙曰惠[4]，壁藏其书。汉室龙兴，旁求儒雅，闻故秦博士伏胜能传其业[5]，诏太常使掌故晁错受焉。时伏生年且百岁，言不可晓，口授其书，才二十九篇。自是传其学者有欧阳氏、大小夏侯[6]。宣帝时，复有河内女子得《泰誓》一篇献之，与伏生所诵合三十篇，行之于世。其篇所载年月不与序相符会[7]，又与《左传》《国语》《孟子》所引《泰誓》不同，故汉、魏诸儒（原注：谓马融、郑玄、王肃也），咸疑其缪[8]。

[ 注释 ]

[1] 监：同“鉴”，借鉴。二代，此指夏、商两朝。　[2] 讨论：探讨。义，内容。　[3] 删为《尚书》：孔子删修《尚书》乃传统说法，但是否属实，至今未成定论。[4] 末孙：后代子孙。　[5] 博士：古代学官名。战国时有博士，秦因之。掌通古今。《汉书·成帝纪》阳朔二年（前 23）九月诏书说：“古之立太学，将以传先王之业，流化于天下也。儒林之官，四海渊原，宜皆明于古今，温故知新，通达国体，故谓之博士。”伏胜（前 260—前 161），字子贱，济南（今属山东）人。秦朝时为博士，世称伏生。汉文帝时求能治《尚书》者，伏生以老不能行，文帝遣晁错前往求教，得《今文尚书》。又曾自撰《尚书大传》。　[6] 欧阳氏、大小夏侯：据《汉书·儒林传》：伏生以《尚书》授济南张生及千乘（今

山东广饶县）欧阳生。欧阳生授同郡倪宽，宽授欧阳生子，世世相传，为《尚书》欧阳氏学。张生授夏侯都尉，都尉授族子始昌，始昌传族子胜，为大夏侯氏学；胜传从兄子建，建别为小夏侯氏学。　[7]符会：符合。　[8]缪：通"谬"。

《古文尚书》原本出孔壁，孔安国为之编定并训传，但未立于学官，后竟失传。

《古文尚书》者，即孔惠之所藏，科斗之文字[1]。鲁恭王坏孔子旧宅[2]，始得之于壁中。博士孔安国以校伏生所诵，增多二十五篇，更以隶古字写之[3]，编为四十六卷。司马迁屡访其事，故多有古说。安国又受诏为之训传。值武帝末，巫蛊事起[4]，经籍道息，不获奏上，藏诸私家。刘向取校欧阳、大小夏侯三家经文，脱误甚众。至于后汉，孔氏之本遂绝。其有见于经典者，诸儒皆谓之逸书（原注：谓马融、郑玄、杜预也）。王肃亦注《今文尚书》，而大与古文孔传相类，或肃私见其本而独秘之乎？

[注释]

[1]科斗之文字：即科斗文。我国古代字体之一，篆字手写体的俗称。因其笔划头圆大、尾细长，状如蝌蚪，故名。又名科斗字、科斗书、科斗篆。　[2]鲁恭王：据《汉书·景十三王传》：汉景帝程姬生鲁恭王刘余。恭王好治宫室，汉武帝时，他拆毁孔子旧宅以广其宫，闻钟磬琴瑟之声，遂不敢复坏，于其壁中得古

文经传。　[3]以隶古字写之：用一行隶书、一行科斗文的形式抄写。此据浦起龙《史通通释》引阎若璩之说。　[4]巫蛊事起：巫蛊为古代一种巫术，当时人认为使巫师祠祭或以桐木偶人埋于地下，诅咒所怨者，被诅咒者即有灾难。此"巫蛊事起"，指汉武帝元光五年（前130）陈皇后巫蛊一案，并非征和二年（前91）戾太子事，否则与此处前后所言内容不合。

晋元帝时，豫章内史梅赜始以孔传奏上[1]，而缺《舜典》一篇，乃取肃之《尧典》，从"慎徽"以下分为《舜典》以续之。自是欧阳、大小夏侯家等学，马融、郑玄、王肃诸注废，而古文孔传独行，列于学官，永为世范[2]。

东晋时梅赜献《古文尚书》，列于学官。宋代开始怀疑其真实性，清代学者论定其为伪书。

[注释]

[1]梅赜：字仲真，东晋汝南（今湖北武汉市武昌区）人。曾任豫章内史。献《古文尚书》及《尚书孔氏传》，被立为官学。但清代学者考证为伪书。　[2]永为世范：迄今一直是世人学习研读的范本。

齐建武中[1]，吴兴人姚方兴采马、王之义[2]，以造孔传《舜典》，云于大航购得，诣阙以献。举朝集议[3]，咸以为非。（原注：梁武帝时，博士议曰："孔叙称伏生误合五篇。盖文句相连，

姚方兴《舜典》。以上梳理《尚书》的编修与流传。

所以成合。《舜典》必有'曰若稽古'，伏生虽云昏耄[4]，何容□□[5]。"由是遂不见用也。）及江陵板荡[6]，其文入北，中原学者得而异之[7]。隋学士刘炫遂取此一篇列诸本第[8]。故今人所习《尚书·舜典》，元出于姚氏者焉。

[注释]

[1]建武：南朝齐明帝萧鸾年号，共三年多（494—497）。 [2]姚方兴：据《隋书·经籍志》说：齐建武中，姚方兴于大桁市得《舜典》，比马融、郑玄所注多二十八字，奏上，列为国学。大桁又称大航、朱雀航、朱雀桁、朱雀桥，是六朝都城建康（今江苏南京市）南城门朱雀门外的浮桥，横跨秦淮河上。三国吴时称南津桥，晋改名"朱雀桁"。故大桁（大航）即指南京。马、王，即上文所说马融、王肃。 [3]集议：共同评议。是秦汉时期群臣讨论国事以备皇帝决断的一种会议形式。上至将军、列侯，下至博士、议郎均可参加。皇帝通过集议，可以根据多方面的建议进行决策。 [4]昏耄（mào）：衰老，老迈。耄，大约七十至九十岁年龄的古称，形容年老，引申为昏乱之义。 [5]□□：卢文弨《史通校正》认为是"合之"二字。 [6]江陵板荡：江南政局动荡。 [7]中原：又称中土、中州、华夏，是指洛阳至开封一带为中心的黄河中下游地区。狭义上指今天的河南省。 [8]列诸本第：把它收入孔传《古文尚书》之内，列在该篇应在的位置。

《春秋》及《左传》的编修。

当周室微弱，诸侯力争，孔子应聘不遇，自

卫而归。乃与鲁君子左丘明观书于太史氏，因鲁史记而作《春秋》。上遵周公遗制，下明将来之法，自隐及哀十二公行事。《经》成[1]，以授弟子，弟子退而异言[2]。丘明恐失其真，故论本事而为传[3]，明夫子不以空言说《经》也。《春秋》所贬当世君臣[4]，其事实皆形于传。故隐其书而不宣，所以免时难也。

[**注释**]

[1]《经》：即前文所说《春秋》。 [2]异言：随意做解释。 [3]论本事：整理史事。前后三句是说：左丘明担心众弟子的解释背离《春秋》一书的真实情况，于是就整理《春秋》中略写的史事，加以详细叙述，以使人们明白孔子并不是仅靠褒贬是非的言论臆造了一部《春秋》，他书上说的都是有根据的。 [4]以下四句是说：《春秋》一书所贬斥的当时君臣的事迹，在左丘明所作的传上都有详细的叙述。《春秋》的作者之所以对这些内容闪烁其词、隐晦不写，是为了避免当时权贵们对他的非难。

及末世[1]，口说流行[2]，故有公羊、穀梁、邹、夹之传。邹氏无师[3]，夹氏有录无书[4]，故不显于世。汉兴，董仲舒、公孙弘并治《公羊》[5]，其传习者有严、颜二家之学[6]。宣帝即位，闻卫

《春秋》公羊、穀梁二传的传授及立于学官。

太子私好《穀梁》，乃召名儒蔡千秋、萧望之等大议殿中<sup>[7]</sup>，因置博士。

[ 注释 ]

[1]末世：指战国末期。　[2]口说流行：口头讲授、注解《春秋》的形式流行。　[3]无师：没有师承。　[4]有录无书：本指立有目录、想写但没有写成。此指夹氏传最终也是仅有口述而没有写成书。　[5]公孙弘（前200—前121）：字季，淄川薛（今山东滕县南）人。四十余岁始学《春秋》杂说，治《公羊》学。武帝时以贤良征为博士，历官左内史、御史大夫，官拜丞相，封平津侯。　[6]严、颜：指严彭祖、颜安乐。严彭祖字公子，东海下邳（今江苏睢宁县古邳镇）人；颜安乐字公孙，鲁国薛（今山东枣庄市薛城区）人。二人同学于眭孟，习《春秋公羊传》。后二人在宣帝时都立为博士，各自专门教授，形成《春秋公羊传》严、颜二氏之学。　[7]蔡千秋：字少君，西汉沛（今江苏沛县）人。治《穀梁春秋》。宣帝即位，闻卫太子好《穀梁春秋》，丞相韦贤等亦皆言宜兴《穀梁》。时蔡千秋为郎，召与《公羊》家并说，宣帝善《穀梁》说，擢其为谏大夫、给事中，左迁平陵令。后宣帝愍《穀梁》学且绝，以其为郎中户将，选郎十人从之受业。萧望之（？—前47），字长倩，西汉东海兰陵（今属山东）人，徙杜陵（今陕西西安市东南）。宣帝时任御史大夫、太子太傅等，奉诏与众人论《公羊》《穀梁》同异，多从《穀梁》，由是《穀梁》之学盛。

《左传》传授及立于学官的反复情况。

平帝初，立左氏。逮于后汉，儒者数廷毁

之[1]。会博士李封卒[2]，遂不复补。逮和帝元兴十一年，郑兴父子奏请重立于学官[3]。至魏、晋，其书渐行，而二传亦废[4]。今所用左氏本，即杜预所注者[5]。

［注释］

[1] 廷毁：在朝廷上当众诽谤。　[2]"李封"两句：据《后汉书·儒林传·谢该传》：光武帝时，郑兴、陈元传《左传》之学。尚书令韩歆上疏，欲为《左传》立博士，范升与韩歆争之，未决。陈元上书讼《左传》，遂以魏郡李封为《左传》博士。然群臣多次廷争之。会李封卒，光武不愿违背众议，遂不复补。　[3] 郑兴父子：即郑兴及其子郑众。郑兴字少赣，开封（今属河南）人。光武帝时，屡言政事，然以不善谶纬之学，不被任用。少学《公羊春秋》，晚善《左传》，通达其旨，同学者皆师之，曾撰条例、章句、传诂，世言《左传》者多祖之。其子郑众（？—83），字仲师，从父受《左氏春秋》，兼通《易》《诗》。历官给事中、左冯翊、大司农等。作《春秋难记条例》《春秋删》等。按，郑兴父子在《后汉书》中都有比较详细的传记，但没有记载他们奏请将《左传》立于学官之事。此处将该事列于和帝元兴十一年，是沿袭唐初孔颖达之误，不但元兴年号仅一年（105），而且郑众在二十二年前即已去世。　[4] 二传：指《公羊传》《穀梁传》。　[5] 杜预所注者：即杜预《春秋左氏经传集解》。

又当春秋之世，诸侯国自有史。故孔子求众家史记，而得百二十国书[1]。如楚之书，郑之志，鲁之春秋，魏之纪年，此其可得言者。左丘明既配经立传，又撰诸异同，号曰《外传国语》，二十一篇。斯盖采书志等文，非唯鲁之史记而已。

《国语》相传为左丘明编修，至今尚无定论。

［注释］

[1]百二十国书：《春秋公羊传注疏》（隐公元年）说孔子为作《春秋》，"使子夏等十四人求周史记，得百二十国宝书"。墨子亦曾说"吾见百国春秋"。

述《世本》与《战国策》之内容。

楚、汉之际，有好事者，录自古帝王、公侯、卿大夫之世，终乎秦末，号曰《世本》[1]，十五篇。春秋之后，七雄并争，秦并诸侯，则有《战国策》三十三篇[2]。

［注释］

[1]《世本》：此书并非楚汉之际好事者所作，而是西汉末刘向整理官府藏书时根据遗存史料汇编而成。司马迁写《史记》时，对自己所知、所读、所用典籍皆有记述，但没有提到《世本》，说明此书至汉武帝时还不存在。而且在刘向之前，没有任何人、任何书提到"世本"。先秦时期的宗法制度，促使王室与诸侯国都有各自的"世"类文献，即本宗族世系的记录。司马迁说他读过"帝系姓"、"谍记"、"历谱谍"、"五帝系谍"、"春秋历谱谍"等，大约就是先秦"世"类文献的遗存，这些文献大概都被刘向编入

《世本》，重定篇名，因此《汉书·艺文志》中大多不见，只著录《世本》一书。战国时期，只有《世本》所包含的零碎资料的分散存在，而没有《世本》其书。当时战争频仍、天下分裂，将分散于各国的家世谱系文件汇编成一书，条件还不大具备，况且这些家世谱系文件一般应为各国上层秘存，不会流行于世，很难将其汇编在一起。　[2]《战国策》：此处说的是《战国策》记载了"七雄并争，秦并诸侯"的内容，并没提到《战国策》的编修。实际上，《战国策》与《世本》一样，虽然包含的都是先秦时期的零散文献资料，但都不是先秦时期成书的史籍，而是刘向编定的。与《世本》不同的是，现今还传世有刘向整理图书时的《战国策》书录，其中明确讲述他发现政府藏书中有错乱杂糅的零散文献，又从竹筐中发现带有国别特征的文献八篇，若编为一书稍嫌不足，于是从零散文献中搜集这种具有国别特征的文篇，甚至将零散的残件拼接整理，凑成三十三篇。这些资料原本或曰国策、或曰国事、或曰短长、或曰事语、或曰长书、或曰修书，刘向认为都是战国时期游士辅佐各诸侯国，为之策谋的篇章，遂定名为《战国策》。很明显，刘向之前根本没有《战国策》其书，从零散文献中选材、汇集、分篇、定名而纂成《战国策》，都是西汉末年刘向主持整理国家图书时的作为。

汉兴，太中大夫陆贾纪录时功，作《楚汉春秋》九篇。

孝武之世，太史公司马谈欲错综古今，勒成一史，其意未就而卒。子迁乃述父遗志，采《左传》《国语》，删《世本》《战国策》[1]，据楚、

《楚汉春秋》已佚，《史记》曾采用很多，但未一一注明，不能确知哪些内容来自该书。

汉列国时事，上自黄帝，下讫麟止，作十二本纪、十表、八书、三十世家、七十列传，凡百三十篇，都谓之《史记》[2]。厥协六经异传[3]，整齐百家杂言，藏诸名山，副在京师，以俟后圣君子。至宣帝时，迁外孙杨恽祖述其书[4]，遂宣布焉。而十篇未成，有录而已。（原注：张晏《汉书注》云："十篇，迁没后亡失。"此说非也[5]。）元、成之间[6]，褚先生更补其缺，作《武帝纪》《三王世家》《龟策》《日者》等传，辞多鄙陋，非迁本意也。

无论从记载的时间、空间还是内容来说，《史记》都是中国第一部真正意义上的通史。史家之绝唱，无韵之《离骚》，不虚也！

[ 注释 ]

[1] 删《世本》《战国策》：此乃据东汉班固《汉书·司马迁传》，但司马迁《史记》中并没有提到二书之名，因此只可理解为司马迁采纳了二书中记载的先秦历史资料。 [2] 都：总。"《史记》"，司马迁父子创编《史记》，但司马迁在《太史公自序》中本称"太史公书"，"《史记》"之书名乃东汉后期才有，非司马迁自定。 [3] 以下五句是说：《史记》协合六经传释，整齐百家杂说，正本藏在名山，副本置于京师，留待后世圣人君子观览。 [4] 杨恽（？—前45）：字子幼，西汉华阴（今属陕西）人。父为汉宣帝时丞相，母为司马迁女。曾历官左曹、中郎将、光禄勋等，以功封平通侯。司马迁去世后，他将《史记》公布于世。曾作《报孙会宗书》，被后人认为有司马迁《报任安书》的风格。 [5] "张晏此说非也"句：此误，张晏之说属实。司马迁《史记·太史公自序》中明确说：其书上记轩辕，下至当代，著十二本纪、十表、

八书、三十世家、七十列传，"凡百三十篇，五十二万六千五百字，为太史公书"。可见其全书已然写成。此处"十篇未成，有录而已"，是沿袭《汉书》的《艺文志》和《司马迁传》的说法，不确，详见余嘉锡《太史公书亡篇考》（《余嘉锡文史论集》，岳麓书社1997年版）。　[6]元、成之间：指汉元帝（前49—前33年在位）、成帝（前33—前7年在位）时期。

晋散骑常侍巴西谯周，以迁书周、秦已上，或采家人诸子，不专据正经，于是作《古史考》二十五篇，皆凭旧典，以纠其缪。今则与《史记》并行于代焉[1]。

谯周《古史考》，中国最早的史考著作。

[注释]

[1]"谯周"段：此据《晋书·司马彪传》记载谯周《古史考》事，原文还说："彪复以周为未尽善也，条《古史考》中凡百二十二事为不当，多据《汲冢纪年》之义，亦行于世。"可知司马彪亦撰史考著作，纠正谯周。但《史通·摸拟》说：谯周撰《古史考》，"其书李斯之弃市也，乃云秦杀其大夫李斯"，则《古史考》不仅仅考证《史记》中周、秦已上事迹，对其中所述秦朝事迹亦有论列。

《史记》所书，年止汉武，太初已后，阙而不录。其后刘向、向子歆及诸好事者，若冯商、卫衡、扬雄、史岑、梁审、肆仁、晋冯、段肃、

梁启超《中国历史研究法》："史界太祖，端推司马迁。……后人或能讥弹迁书，然迁书固已皋牢百代，二千年来所谓正史者，莫能越其范围。岂后人创作力不逮古耶？抑迁自有其不朽者存也。"

金丹、冯衍、韦融、萧奋、刘恂等[1]相次撰续，迄于哀、平间[2]，犹名《史记》。至建武中[3]，司徒掾班彪以为其言鄙俗，不足以踵前史；又雄、歆褒美伪新[4]，误后惑众，不当垂之后代者也。于是采其旧事，旁贯异闻[5]，作《后传》六十五篇。其子固以父所撰未尽一家[6]，乃起元高皇，终乎王莽，十有二世，二百三十年，综其行事，上下通洽[7]，为《汉书》纪、表、志、传百篇。其事未毕，会有上书云固私改作《史记》者，有诏京兆收系[8]，悉录家书封上。固弟超诣阙自陈[9]，明帝引见，言固续父所作，不敢改易旧书，帝意乃解。即出固，征诣校书[10]，受诏卒业。经二十余载，至章帝建初中乃成[11]。

班彪续修《史记》，班固改为创修断代史《汉书》。

班固为修史而入狱，继而被释出、授官，诏命续写。

［注释］

[1]卫衡：此误，应为阳城衡（见杨树达《汉书所据史料考》）。阳城衡字子张，蜀郡（今四川）人，作有《乐经》。史岑，字子孝，沛国（今安徽淮北市相山区）人，王莽末，以文章显，被任为谒者。梁审、肆仁生平不详。晋冯、段肃，东汉明帝永平初，东平王刘苍以骠骑将军辅政，开东阁，延英雄，班固遂上书举荐，称"京兆祭酒晋冯，结发修身，白首无违，好古乐道，玄默自守，古人之美行，时俗所莫及"；"弘农功曹史段肃，达学洽

闻，才能绝伦，诵《诗》三百，奉使专对"。金丹、韦融、萧奋、刘恂生平不详。　[2]哀、平：即东汉哀帝（前7—前1年在位）、平帝（前1—6年在位）时期。　[3]建武：东汉光武帝刘秀年号，共三十二年（25—56）。　[4]雄、歆：即扬雄、刘歆。伪新，即王莽建立的新朝。　[5]旁贯异闻：广泛参考其他不同的历史记载。　[6]未尽一家：不足以成为一家之言性质的史书。　[7]通洽：通达，贯通。　[8]收系：逮捕监禁。　[9]诣阙：赴朝廷，或赴京都。　[10]"征诣校书"两句：汉明帝见到班超奏上的班固书稿后，非常欣赏，将班固从监狱中释出，并征召为兰台令史，到兰台校理国家藏书。又命其与陈宗等共修《世祖本纪》。之后迁为郎，典校秘书。撰功臣、平林、新市、公孙述事，作列传、载记二十八篇奏之。明帝乃复使其续写《汉书》。　[11]建初：汉章帝刘炟年号，共八年（76—83）。

　　固后坐窦氏事，卒于洛阳狱[1]。书颇散乱，莫能综理。其妹曹大家博学能属文[2]，奉诏校叙。又选高才郎马融等十人，从大家授读。其八表及《天文志》等，犹未克成，多是待诏东观马续所作[3]，而《古今人表》尤不类本书[4]。始自汉末，迄乎陈世，为其注解者凡二十五家，至于专门受业[5]，遂与五经相亚。

《汉书》得班昭、马续之力而最终完成，其专门受业，与五经并行。

**［注释］**

[1]"固卒"句：班固与外戚窦宪关系密切，窦宪干政专权，

班家也气势强盛。汉和帝时窦宪以失势被杀，班固被牵连免官。洛阳令种兢对班固积有宿怨，遂借机将班固逮捕入狱，致使班固卒于狱中。和帝得知后，下诏谴责种兢，并将害死班固的狱吏处死抵罪。　[2]曹大家（gū）：即班昭，一名姬，字惠班，班固之妹。嫁同郡曹寿，夫早卒，有节行法度。班固著《汉书》，其八表及《天文志》未成而卒，和帝命班昭与马续共同续撰，班昭撰八表，马续撰《天文志》。和帝多次诏其入宫，担任后妃教师，号曰“大家”。《汉书》初出，读者多不通晓，她又教马融等诵读。著有《女诫》七篇及赋、颂、铭、诔等文。　[3]马续：字季则，扶风茂陵（今陕西兴平市东北）人，著名经学家马融之弟。通经学，博览群书，尤精《九章算术》。曾受命补写《汉书·天文志》等。历官中郎将、张掖太守、度辽将军等。　[4]尤不类本书：尤其不像《汉书》的风格。　[5]以下两句是说：甚至于有人专门学习、研究《汉书》，这使它竟然能够与五经一起并行于世。

初，汉献帝以固书文烦难省[1]，乃诏侍中荀悦依《左氏传》体，删为《汉纪》三十篇，命秘书给纸笔。经五六年乃就[2]。其言简要，亦与本传并行[3]。

荀悦奉诏编修《汉纪》，是为中国第一部编年体皇朝史。

[注释]

[1]省（xǐng）：观览，阅览。　[2]经五六年乃就：此误。荀悦在《汉纪》自序中明说始修于献帝建安三年（198），至五年完成，则撰修时间共三年。东晋袁宏《后汉纪》卷二九在献帝建安十年八月叙述荀悦《申鉴》时，曾顺便介绍荀悦其人及其著《汉纪》事，

大概刘知幾因此误以为完成于建安十年，又将建安五年误忆为始修之年，故有"经五六年乃就"的错误说法。显然，此误只要核对作者自序原文即可改正，这也是《史通》写成后没能修订的例证。　[3]本传：指《汉书》。"本"，浦起龙《史通通释》改作"纪"，说"旧作'本'，误"。其实不误，称"本传"，是与前面《汉纪》相对而言，《汉纪》改自《汉书》，故称《汉书》为"本传"。

在汉中兴，明帝始诏班固与睢阳令陈宗、长陵令尹敏、司隶从事孟冀[1]，作《世祖本纪》[2]，并撰功臣及新市、平林、公孙述事，作列传、载记二十八篇。

明帝诏修《东观汉记》，是中国古代官方第一次纂修纪传体本朝国史。

[注释]

[1]孟冀：浦起龙《史通通释》据《后汉书·班固传》改作"孟异"，然惠栋《后汉书补注》卷十、沈钦韩《后汉书疏证》卷三，都据《后汉书·马援传》，认为"异"为"冀"之误。孟冀，扶风茂陵（今陕西兴平市东北）人。西汉末，农民起义爆发，迁河西。东汉时，马援征服南越归朝，他前往慰劳，马援说："男儿要当死于边野，以马革裹尸还葬耳，何能卧床上，在儿女手中邪？"冀曰："谅为烈士，当如此矣！"　[2]《世祖本纪》：即东汉光武帝刘秀本纪。刘秀（6—57），字文叔，南阳蔡阳（今湖北枣阳县西南）人，出生于陈留郡济阳县（今河南兰考县），东汉开国皇帝，在位三十三年（25—57），庙号世祖，谥号光武皇帝。

自是以来，春秋世亦以焕炳[1]，而忠臣义士

《东观汉记》持续纂修多年，但终无完书。国史纂修在其本朝是不可能完成的，而继之者又是否愿意为之续成完书，则已成另一问题。

莫之撰勒[2]。于是又诏史官谒者仆射刘珍及谏议大夫李尤[3]，杂作纪、表、名臣、节士、儒林、外戚诸传，起自建武，讫乎永初[4]。事业垂竟，而珍、尤继卒。复命侍中伏无忌与谏议大夫黄景[5]，作诸王、王子、功臣、恩泽侯表，南单于、西羌传，地理志。

至元嘉元年[6]，复令太中大夫边韶[7]、大军营司马崔寔[8]、议郎朱穆、曹寿[9]，杂作孝穆、崇二皇及顺烈皇后传[10]，又增《外戚传》入安思等后[11]，《儒林传》入崔篆诸人[12]。寔、寿又与议郎延笃杂作《百官表》[13]，顺帝功臣孙程、郭愿及郑众、蔡伦等传[14]。凡百十有四篇，号曰《汉记》[15]。

熹平中[16]，光禄大夫马日磾[17]、议郎蔡邕、杨彪、卢植，著作东观，接续纪传之可成者。而邕别作《朝会》《车服》二志，后坐事徙朔方，上书求还，续成十志。会董卓作乱，大驾西迁[18]，史臣废弃，旧文散佚。及在许都[19]，杨彪颇存注记[20]。至于名贤君子，自永初已下阙续[21]。

魏黄初中[22]，唯著《先贤表》。故《汉记》

残缺，至晋无成。

[ **注释** ]

[1]春秋世：此三字，浦起龙《史通通释》改为"春秋考纪"，不确。卢文弨《史通校正》认为："'世'盖'卅'之讹，读为三十。建武尽三十一年也。"此说与上下文相合。焕炳，明亮，昭彰。本句意谓：光武帝一朝三十多年的历史昭然于世。　[2]撰勒：编定。　[3]李尤：字伯仁，广汉雒（今四川广汉市雒城镇）人。少时以能文著称，撰《蜀记》。汉和帝时，以善写赋铭，拜为兰台令史。安帝时为谏议大夫，受诏与刘珍等共撰《东观汉记》。顺帝即位，迁乐安相。　[4]永初：汉安帝刘祜年号，共七年（107—113）。　[5]伏无忌：东汉琅琊东武（今山东诸城市）人。博物多识，曾官侍中、屯骑校尉等。顺帝时受诏与议郎黄景校定中书五经、诸子百家等。桓帝元嘉年间（151—152），受诏与黄景、崔寔等共撰《东观汉记》。又自采史料，删著事要，编成通史性著作《伏侯注》，有辑本传世。黄景，生平事迹不详。　[6]元嘉元年：元嘉为汉桓帝刘志年号，其元年为公元151年。　[7]边韶：字孝先，东汉陈留浚仪（今河南开封市）人。善写文章，才华敏捷。桓帝时，任临颍侯相，征拜太中大夫，在东观从事著作。后历北地郡太守、尚书令等职。　[8]大军营司马崔寔：崔寔字子真，安平（今属河北）人。初为郎，后任议郎、五原太守、尚书等职。曾受诏与边韶、延笃等在东观著书，又与儒学博士共定五经。"大军营司马"，此误，余嘉锡《四库提要辨证》卷五《东观汉记》考证说："考之范书《崔寔传》云：'召拜议郎，迁大将军冀司马，与边韶、延笃著作东观。'盖《史通》传刻，脱一'将'字，浅人因不知'冀'为大将军（梁冀）之名，遂妄改为'营'。"　[9]朱穆（100—163）：字公叔，东汉南阳宛（今河南南阳市）人。沉

思好学，精力专注，或丢失衣冠，或跌落坑中，亦不自知。初举孝廉，后拜郎中、侍御史、议郎等职，与边韶、崔寔、曹寿等共入东观撰修《东观汉记》。曹寿字世叔，班昭丈夫，早卒。　[10]孝穆、崇二皇：汉桓帝即位后，追尊祖父刘开为孝穆皇、父亲刘翼为孝崇皇。因是追尊，故不作帝纪而作传。顺烈皇后，即顺帝梁皇后，名妠，大将军梁商之女。　[11]入：收入，收列。安思后，即安帝阎皇后，名姬。　[12]崔篆：安平（今属河北）人。初仕王莽新朝，曾平反狱囚，释放二千余人，言"纵杀吾而赎二千人，何悔之有！"东汉建立后，朝廷多荐之者，自以其家曾受王莽恩宠，惭愧于汉朝，遂辞不仕。客居荥阳，闭门潜思，著《周易林》六十四篇。临终作赋自悼，名曰《慰志》。　[13]延笃（？—167）：字叔坚，南阳犨县（今河南鲁山县东南）人。博通经传及百家学说，善写文章。初以博士受汉桓帝征召，任议郎，与朱穆、边韶等在东观从事著作。后升侍中、左冯翊、京兆尹等。　[14]孙程（？—132）：字稚卿，涿郡新城（今河南洛阳市南）人。安帝时，为中黄门。时邓太后临朝，小黄门李闰与帝乳母诬蔑太后兄邓悝等欲废帝而立平原王，太后卒，安帝遂诛邓氏而废平原王。李闰又勾结小黄门江京、皇后兄大鸿胪阎显等，废皇太子为济阴王。安帝卒，立北乡侯为天子，不久北乡侯病卒，孙程等斩江京，胁迫李闰迎济阴王立之，是为顺帝。阎显命其弟阎景发兵相抗，尚书郭镇时卧病，闻之，即率宿卫羽林军击伤并生擒阎景，随后收捕阎显，乱定。孙程被封为浮阳侯，拜骑都尉。郭愿，当作郭镇，《后汉书·宦者列传·孙程传》详述顺帝即位时事，无郭愿而有郭镇。郭镇（？—129）字桓钟，颍川阳翟（今河南禹州市）人。安帝后期为尚书。以助顺帝即位，迁尚书令，封为定颍侯。后拜河南尹，转廷尉。郑众（？—114）字季产，南阳犨县（今河南鲁山县东南）人。章帝时迁中常侍。和帝初，加位钩盾令。时窦太后秉政，太后兄大将军窦宪等掌权，朝臣上下莫不附之，而郑众独一心王室。后窦宪等图谋不轨，郑众首谋诛之，以功迁大长秋。策勋班赏，每辞多受少。由是常与议事。东汉中官用权，自郑众始。蔡伦（？—121）字敬仲，桂阳（治今湖南郴州市）人。和帝即位，转中常侍。有才学，尽心敦慎，多次直言进谏，匡弼得失。加位尚方令。永元九年（97），监作秘剑及诸器械，莫不精工坚密，为后世法。又总结造纸经验，革新工艺，用树皮、麻头及敝布、鱼网造纸，于元兴元年（105）奏上，自是莫不从用，天下咸称"蔡侯纸"。又封龙亭侯，为长乐太仆。安帝元初四年（117），受命监典东观正定经传文字工作。　[15]《汉记》：即《东观汉记》。《史通·史官建置》说："自章、和已后，图籍盛于东观。凡撰《汉记》，相继在乎其中。"　[16]熹平：汉灵帝刘宏年号，共六年（172—177）。　[17]马日碑（dī）：字翁叔，东汉扶风茂陵（今陕西兴平市）人，经学家马融族子。少传马融之业，以才学进。与杨彪、卢植、蔡邕等典校中书，补续《东观汉记》，历位九卿，登台辅。　[18]大驾西迁：初平元年（190）三月，董卓挟持汉献帝迁都长安。因政治动荡，造成书籍之厄，隋朝牛弘论之说："孝献移都，吏民扰乱，图书缣帛，皆取为帷囊。所收而西，裁七十余乘。属西京大乱，一时燔荡。"（《隋书·牛弘传》）　[19]许都：即许昌。建安元年（196），曹操挟持汉献帝迁都许昌。建安二十五年（220）曹操病逝后，其子曹丕代汉建魏，定都洛阳。故"许都"共存在二十五年。　[20]注记：或称"著纪""著记"，是汉代记载皇帝史事的一种史书的泛称，并非专门书名。汉帝注记的编辑，是制度化、体制化的行为，从西汉高祖到东汉光武帝的各个皇帝都有注记，连高后（吕后）、孺子婴、更始帝亦不遗缺，构成完整系列。东汉明帝时，马严与班固等共同编辑光武帝的注记，编辑方法是从多种记述中整理出定本注记，而并非随时的最初记载。这在体制上与唐代起居注不完全相同，但就其形式、内容而言，以编年体记载一朝皇帝事迹，且作为朝廷档案文献，将之比拟为起居注并无大误。因而汉代著纪，可说是后代起居注记史体制的前身。但"注记"这一名称既非专门书名，而且汉朝注记属于宫廷内部档案，故司马迁、班固在写史书时虽曾利用注记资料，却都没有提及注记。　[21]"永"，浦起龙《史通通释》说"一作'本'，误"，卢文弨《史通校正》也认为"'本'讹"，这当是以上文"讫乎永初"一语为据。　[22]黄初：三国魏文帝曹丕年号，共七年（220—226）。

后汉一代完整史书的编写，较早者以晋人华峤《汉后书》为最优，但主要是参考借鉴了东汉官修《东观汉记》。

　　泰始中[1]，秘书丞司马彪始讨论众书，缀其所闻，起元光武，终于孝献，录世十二[2]，编年二百，通综上下[3]，旁引庶事，为纪、志、传凡八十篇，号曰《续汉书》。又，散骑常侍华峤删定《东观记》为《汉后书》，帝纪十二、皇后纪二、典十、列传七十、谱三，总九十七篇。其十典竟不成而卒。自斯已往，作者相继，为编年者四族[4]，创纪传者五家[5]，推其所长，华氏居最。而遭晋室东徙[6]，三惟一存。

[ **注释** ]

　　[1]泰始：晋武帝司马炎年号，共十年（265—274）。　[2]录世十二：记录了东汉十二朝皇帝的历史。　[3]以下两句是说：贯通综合前后的历史事件，旁征博引了众多的资料。　[4]编年者四族：

陈汉章《史通补释》认为是指张璠《后汉纪》、刘艾《灵献二帝纪》、袁晔《献帝春秋》、孔衍《汉春秋》。除张璠《后汉纪》有辑本外，其余均佚。　[5]纪传者五家：陈汉章《史通补释》认为是指谢承《后汉书》、薛莹《后汉纪》、谢沈《后汉书》、张莹《后汉南记》、袁山松《后汉书》。今均有辑本。　[6]晋室东徙：西晋以洛阳（今属河南）为都城，灭亡后，皇室司马睿在建康（今江苏南京市）重建晋政权，史称东晋。以下两句是说：但遭逢西晋灭亡、东晋朝廷迁到江南的政治动荡，这些史书仅存三分之一了。

　　至宋[1]，宣城太守范晔，乃广集学徒，穷览旧籍，删烦补略，作《后汉书》，凡十纪、十志、八十列传，合为百篇。会晔以罪被收，其十志亦未成而死[2]。先是，晋东阳太守袁宏抄撮汉氏后书，依荀悦体，著《后汉纪》三十篇。世言汉中兴史者，唯范、袁二家而已。

纪传、编年两家完整传世之东汉史。其中范书多本华峤《汉后书》，但此处未言。

　　[注释]

　　[1]宋：指刘裕建立的南朝宋政权。　[2]其十志亦未成：《后汉书·皇后纪下》注释引沈约《谢俨传》说："范晔所撰十志，一皆托俨搜撰。垂毕，遇晔败，悉蜡以覆车。宋文帝令丹阳尹徐湛之就俨寻求，已不复得，一代以为恨。其志今阙。"此文又见于北宋《册府元龟·国史部·采撰门》，但今传沈约《宋书》无谢俨传。

　　魏史，黄初、太和中[1]，始命尚书卫觊、缪

三国魏史有成书，但多为时讳，殊非实录。

袭草创纪传<sup>[2]</sup>，累载不成。又命侍中韦诞、应璩<sup>[3]</sup>，秘书监王沈，大将军从事中郎阮籍，司徒右长史孙该<sup>[4]</sup>，司隶校尉傅玄等，复共撰定。其后王沈独就其业<sup>[5]</sup>，勒成《魏书》四十四卷。其书多为时讳<sup>[6]</sup>，殊非实录。

[ **注释** ]

[1] 太和：三国魏明帝曹叡年号，共六年（227—232）。　[2] 卫觊（155—229）：字伯儒，汉末河东安邑（今山西运城市）人。才识渊博，曹操任为茂陵令、尚书郎、侍中等，典制度。曹丕称帝后，拜尚书，明帝即位，受诏典著作。曾作《魏官仪》，已佚。缪袭（186—245），字熙伯，东海兰陵（今属山东）人。历官散骑常侍、尚书、光禄勋等。著有《列女传赞》，已佚。　[3] 韦诞（179—253）：字仲将，魏京兆（今陕西西安市）人。历官光禄大夫、侍中等。有文才，善辞章，与卫觊同以善书闻名。应璩（190—252），字休琏，汝南南顿（今河南项城市）人。博学好属文，善于书记。历官散骑常侍、侍中、大将军长史等。　[4] 孙该（？—261）：字公达，任城（今山东济宁市任城区）人。强志好学。著《魏书》成，迁博士、司徒右长史。出为陈郡太守，后又入为著作。　[5] 独就其业：独自完成了撰写的工作。　[6] 以下两句是说：他这部书有许多地方都避讳时事，根本不是据实记载。

吴大帝之季年<sup>[1]</sup>，始命太史令丁孚、郎中项峻撰《吴书》[2]。孚、峻俱非史才，其文不足纪录。至少帝时[3]，更敕韦曜、周昭、薛莹、梁广、华核访求往事[4]，相与记述。并作之中，曜、莹为首。当归命侯时[4]，昭、广先亡，曜、莹徙黜，史官久阙，书遂无闻。核表请召曜、莹续成前史，其后曜独终其书[5]，定为五十五卷。

三国吴史亦有成书，韦昭、薛莹出力独多。"韦昭"，晋时为避司马昭讳，改为"韦曜"。

### [注释]

[1]吴大帝：即孙权，在位二十四年（222—252）。　[2]丁孚、项峻：本段文字据《三国志·吴书·薛莹传》所引华核举荐薛莹修史疏，丁、项二人姓名见于此疏，生平不详。　[3]少帝：即孙亮，在位六年（252—258）。　[4]周昭、梁广：二人姓名见于前述华核疏，生平不详。　[4]归命侯：即吴末帝孙皓，在位十七年（264—280）。　[5]曜独终其书：此说没有史料依据，浦起龙《史通通释》认为大概是因为裴松之《三国志注》曾引录"韦曜《吴书》"，所以刘知幾觉得是韦昭最后独自完成《吴书》的撰修工作。

至晋受命，海内大同[1]，著作陈寿乃集三国史，撰为《国志》，凡六十五篇。夏侯湛时亦著《魏书》，见寿所作，便坏己草而罢。及寿卒，梁州大中正范頵表言《国志》明乎得失[2]，辞多劝诫，有益风化，愿垂采录。于是诏下河南尹，就

陈寿《三国志》独步一时，朝野皆重之。

家写其书。

[ 注释 ]

[1] 大同：统一。　[2] 范頵（jūn）：史书无传，据《晋书·陈寿传》载：晋惠帝元康七年（297），陈寿病卒，梁州大中正、尚书郎范頵等上表说："昔汉武帝诏曰：'司马相如病甚，可遣悉取其书。'使者得其遗书，言封禅事，天子异焉。臣等案：故治书侍御史陈寿作《三国志》，辞多劝诫，明乎得失，有益风化，虽文艳不若相如，而质直过之，愿垂采录。"于是诏下河南尹、洛阳令，就家写其书。

先是，魏时京兆鱼豢私撰《魏略》，事止明帝。其后孙盛撰《魏氏春秋》，王隐撰《蜀记》，张勃撰《吴录》，异闻错出，其流最多。宋文帝以《国志》载事伤于简略，乃命中书郎裴松之兼采众书，补注其阙。由是世言《三国志》者，以裴注为本焉。

晋史，洛京时[1]，著作郎陆机始撰三祖纪，佐著作郎束皙又撰十志。会中朝丧乱[2]，其书不存。先是，历阳令陈郡王铨有著述才，每私录晋事及功臣行状，未就而卒。子隐，博学多闻，受父遗业，西都事迹[3]，多所详究[4]。过

明知《三国志注》的目的主要在于增补事实，在《补注》中却以此讥评，显然有失偏颇。

江为著作郎，受诏撰晋史，为其同僚虞预所诉，坐事免官。家贫无资，书未遂就，乃依征西将军庾亮于武昌镇[5]。亮给其纸笔，由是获成，凡为《晋书》八十九卷。咸康六年[6]，始诣阙奏上。隐虽好述作，而辞拙才钝。其书编次有序者，皆铨所修；章句混漫者[7]，必隐所作。时尚书郎领国史干宝亦撰《晋纪》，自宣迄愍七帝[8]，五十三年，凡二十二卷。其书简略，直而能婉[9]，甚为当时所称。

晋人所修西晋史，王隐、干宝为纪传、编年二体代表，均属当代人撰当代史。

[ **注释** ]

[1]洛京时：即西晋，西晋以洛阳为都城。　[2]中朝：指西晋。丧乱，指死亡祸乱等事，此指西晋灭亡。　[3]西都：指西晋。　[4]详究：详细探究。　[5]庾亮（289—340）：字元规，颍川鄢陵（今河南鄢陵县北）人。东晋元帝时，任中书侍郎，领著作。明帝时，升中书监，与温峤平定王敦叛乱。成帝以幼年即位，与王导共同辅政，任中书令，执掌朝政。与温峤、陶侃等平定苏峻之乱。陶侃（259—334）卒后，代其为征西将军，镇武昌。　[6]咸康：东晋成帝司马衍年号，共八年（335—342）。　[7]章句混漫：文句杂乱难懂。　[8]自宣迄愍七帝：指晋武帝追尊的宣帝司马懿、景帝司马师、文帝司马昭和武帝司马炎、惠帝司马衷、怀帝司马炽、愍帝司马邺。这七朝，包括了西晋一代完整历史。　[9]直而能婉：既直书记事，又能做到委婉温顺而不露骨。

南朝何法盛先
成东晋史，继而臧
荣绪修成两晋史。

晋江左史[1]，自邓粲、孙盛、檀道鸾、王韶
之已下，相次继作。远则偏记两帝[2]，近则唯叙
八朝。至宋湘东太守何法盛，始撰《晋中兴书》，
勒成一家，首尾该备。齐隐士东莞臧荣绪又集东、
西二史，合成一书。

［注释］

[1] 晋江左：即东晋。　[2] 以下两句是说：他们所写的史书，
记事时代比较远的，仅记载了东晋初期元帝、明帝两朝的历史，
记事时代比较近的，仅记载了成帝以来八朝的历史。两帝，指东
晋前两位皇帝元帝、明帝。八朝，指东晋第三位皇帝成帝以来的
八位皇帝，不含末帝恭帝。

唐修《晋书》，
以臧荣绪《晋书》
为蓝本。

皇家贞观中[1]，有诏以前后晋史十有八家[2]，
制作虽多，未能尽善，乃敕史官更加纂录。采正
典与杂说数十余部，兼引伪史十六国书，为纪十、
志二十、列传七十、载记三十，并序例、目录合
为百三十二卷。自是言晋史者，皆弃其旧本，竞
从新撰者焉。

［注释］

[1] 贞观：唐太宗年号，共二十三年（627—649）。　[2] 诏：

唐太宗于贞观二十年（646 年）闰三月四日，颁下《修晋书诏》，认为传世所见的十八家晋史著作，"事亏实录"，"烦而寡要"，"滋味同于画饼"。"遐想寂寥，深为叹息。宜令修国史所更撰《晋书》，铨次旧闻，裁成义类"，重纂一部新的晋史著作。纂修工作由房玄龄、褚遂良、许敬宗担任监修，以南齐臧荣绪记载两晋历史的纪传体《晋书》为本，捃摭诸家及晋代文集。贞观二十二年书成，因唐太宗亲自撰写了其中的宣帝（司马懿）纪、武帝（司马炎）纪和陆机传、王羲之传的史论，故题为"唐太宗御纂"，后世也题为"房玄龄等纂"。不过太宗诏中虽说十八家晋史，但其中有名氏可考者仅十四家，而据后人考证，当时可见晋史著作不止十八家。

宋史，元嘉中[1]，著作郎何承天草创纪传[2]。自此以外，悉委奉朝请山谦之补承天残缺[3]。后又命裴松之续成国史。松之寻卒，史佐孙冲之表求别自创立[4]，为一家之言。孝建初[5]，又敕南台侍御史苏宝生续造诸传，元嘉名臣皆其所撰。宝生被诛，大明六年[6]，又命著作郎徐爰踵成前作。爰因何、孙、山、苏所述，勒为一书。其臧质、鲁爽、王僧达诸传[7]，又皆孝武自造[8]，而序事多虚，难以取信。自永光已后至禅让[9]，十余年中，阙而不载。

刘宋官修本朝纪传史，徐爰总成，后沈约采之而成《宋书》。

此为官修国史通病，然亦有程度深浅高低之别。

[ 注释 ]

[1]元嘉：南朝宋文帝刘义隆年号，共三十年（424—453）。 [2]何承天（370—447）：东海郯（今山东郯城县）人。东晋时任太学博士等职，南朝刘宋时历官尚书左丞、著作佐郎、御史中丞等。受诏撰修刘宋国史，所撰各志征引赅博，为后来沈约撰修《宋书》所参考引用。 [3]山谦之：刘宋元嘉时为史学生，后任学士、奉朝请等。受何承天委托，协撰国史，后又奉诏续撰。著有《丹阳记》《南徐州记》《吴兴记》等。 [4]孙冲之：东晋史学家孙盛曾孙，刘宋时为巴东、建平二郡太守，后以参加起兵反宋被杀。此处所说孙冲之修史事，不见于其他记载。 [5]孝建：南朝宋孝武帝刘骏年号，共三年（454—456）。 [6]大明：南朝宋孝武帝刘骏年号，共八年（457—464）。 [7]臧质（400—454）：字含文，东莞莒（今山东莒县）人。宋文帝时任冠军将军、宁蛮校尉、雍州刺史等职。孝武帝即位，被任命为车骑将军、江州刺史、始兴郡公，不久与鲁爽等起兵造反，兵败被杀。鲁爽（？—454），扶风郿（今陕西眉县）人。初仕北魏，历宁南将军、荆州刺史等职。后南归，宋文帝任为司州刺史、征虏将军，领义阳内史。孝武帝即位，为左将军，领汝南太守。不久起兵反，兵败被杀。王僧达（423—458），琅邪临沂（今山东临沂市）人。宋文帝时，任太子洗马、宣城太守等职。孝武帝即位，迁征虏将军、护军将军、中书令等。以恃才傲物，被赐死。 [8]孝武：即南朝宋孝武帝，在位十一年（454—464）。 [9]永光已后至禅让：永光为刘宋前废帝刘子业年号，仅一年（465）。之后，明帝刘彧在位八年（465—472），后废帝刘昱在位四年余（472—476），顺帝刘准在位三年（477—479）后，禅位于南齐高帝萧道成。通计前后，共十六年。

至齐，著作郎沈约更补缀所遗，制成新史。始自义熙肇号[1]，终乎升明三年[2]，为纪十、志三十、列传六十，合百卷，名曰《宋书》。永明末[3]，其书既行，河东裴子野更删为《宋略》二十卷。沈约见而叹曰："吾所不逮也。"由是世之言宋史者，以裴《略》为上，沈《书》次之[4]。

《宋书》《宋略》为刘宋纪传、编年二体史书代表作。后《宋书》传世，而《宋略》竟佚。

**[注释]**

[1] 义熙肇号：义熙元年（405），东晋安帝被桓玄逐出建康，刘裕击败桓玄，拥安帝复位，从此控制朝政。元熙二年（420），刘裕正式即皇帝位，废晋建宋。　[2] 升明三年：升明为刘宋顺帝刘准年号。升明三年（479），顺帝禅位于南齐高帝萧道成，宋亡。　[3] 永明：南朝齐武帝萧赜年号，共十一年（483—493）。　[4] 以裴《略》为上，沈《书》次之：裴子野《宋略》久佚，无法论定二书优劣。清代章学诚不赞同《史通》此说，认为沈约自叹不如乃"一时推奖之言，不足为定论"，并说："凡有推奖于人，不难屈己；凡欲求知于人，不嫌炫己。人之情也，有所为而言之，不必遽为定论，圣人所不免也。而炫己者，人情所易，故闻者不甚取平。屈己者，人情所难，故闻者多据为实，而不知其不尽然也。"（《章氏遗书》卷八《读史通》）此言有理，但终是推论。程千帆则不赞同章学诚之说，认为从文笔而论，"以言撰史，子野为长"（《史通笺记》）。而近年研究表明，《宋略》叙事不但在史料取舍方面存在着"应取而不取，宜除而不除"的弊病，而且不甚在意是否合乎史实，因此多有误载；其论史又往往以义绳事、借史明道，即便是对那些与政治无甚关联的诗

歌，也以能否"被于弦歌"、是否"止乎礼义"而评骘之，因而大多流于片面（唐燮军《裴子野〈宋略〉三题》，《史学史研究》2009 年第 1 期）。

南齐史，齐已官修本朝史，梁萧子显著成纪传体《齐书》。

齐史，江淹始受诏著述，以为史之所难，无出于志，故先著十志，以见其才。沈约复著《齐纪》二十篇。梁天监中[1]，太尉录事萧子显启撰齐史[2]。书成，表奏之，诏付秘阁。起升明之年，尽永元之代[3]，为纪八、志十一、列传四十，合成五十九篇。

[ 注释 ]

[1]天监：梁武帝萧衍年号，共十八年（502—519）。　[2]启：开始。　[3]永元：南朝齐东昏侯萧宝卷年号，共三年（499—501）。

吴均编年体《齐春秋》因纪实被焚，但罪名竟是"其书不实"，表明直书实录的修史理念已不可撼动。

时奉朝请吴均亦表请撰齐史，乞给起居注并群臣行状。有诏："齐氏故事，布在流俗，闻见既多，可自搜访也。"均遂撰《齐春秋》三十篇。其书称梁帝为齐明佐命[1]，帝恶其实，诏燔之[2]。然其私本竟能与萧氏所撰并传于后。

[ 注释 ]

[1]梁帝为齐明佐命：梁帝，指梁武帝萧衍，在位四十八年（502—549）。齐明，指齐明帝萧鸾，在位五年（494—498）。齐永明十一年（493），武帝萧赜卒，皇太孙萧昭业即位为帝。萧鸾在萧衍等人的谋划下，杀萧昭业，立萧昭文为帝，自己掌握大权，随后废之，自立为帝，升萧衍为中书侍郎，后又升黄门侍郎。 [2]燔（fán）：焚烧。梁武帝焚《齐春秋》事，《南史·吴均传》说："（均）欲撰齐书，求借齐起居注及群臣行状，武帝不许，遂私撰《齐春秋》奏之。书称帝为齐明帝佐命，帝恶其实录，以其书不实，使中书舍人刘之遴诘问数十条，竟支离无对。敕付省焚之。"梁武帝讨厌吴均如实撰史，却需要以"其书不实"的罪名予以禁毁，说明"实录"已经成为公认的史学准则，无论在实际中是否完全施行，在理论上已不可撼动。

梁史，武帝时，沈约与给事中周兴嗣[1]、步兵校尉鲍行卿[2]、秘书监谢昊相承撰录，已有百篇。值承圣沦没[3]，并从焚荡[4]。庐江何之元、沛国刘璠以所闻见究其始末，合撰《梁典》三十篇[5]，而纪传之书未有其作。陈祠部郎中姚察有志撰勒[6]，施功未周[7]，但既当朝务[8]，兼知国史，至于陈亡，其书不就。

南梁史，两部编年体《梁典》先行撰成，纪传史则迟迟未就。

[ 注释 ]

[1]周兴嗣（469—537）：字思纂，陈郡项（今河南沈丘县）

人，世居江南姑熟（今安徽当涂县）。博学善属文。梁武帝时，擢员外散骑侍郎，佐撰国史，官终给事中。撰有《梁皇帝实录》《皇德记》《起居注》《职仪》等。　[2]鲍行卿：东海（今江苏涟水县）人。以博学大才称。梁武帝时，为后军临川王录事，兼中书舍人，迁步兵校尉。撰《皇室仪》《乘舆龙飞记》《宋春秋》等。　[3]承圣沦没：承圣为南朝梁元帝萧绎年号。承圣三年（554），元帝以战败降西魏，不久被杀。　[4]焚荡：焚毁，烧光。　[5]合撰《梁典》：此误，"合"字应为"各"之误。姚振宗《隋书经籍志考证》卷十二何之元《梁典》条考证说："刘璠卒于周武帝天和三年（568），其书未就，子休徵为写定之。休徵卒于周静帝大象二年（580），是其书成于大象之前，行于北朝，或未及于江左。其父子皆终于周代，与南朝之何之元亦风马牛不相及。之元之书，始作于陈后主即位之岁（582），因始兴王叔陵行弑伏诛，之元为其官属，幸而得免，故屏绝人事，一意著书。其时在周大象后三年、隋文帝开皇二年。刘璠《梁典》已早成书矣。实非合撰。史通'合'字当是'各'字之误。"　[6]姚察（533—606）：字伯审，吴兴武康（今浙江德清县）人。历经梁、陈、隋三朝。陈时为秘书监，领著作郎、吏部尚书等职。入隋，为秘书丞、晋王侍读，授太子内舍人。隋文帝开皇九年（589），奉诏撰梁史、陈史，未竟而卒，遗命其子姚思廉继续完成撰史工作。唐时，姚思廉在其遗稿基础上完成《梁书》《陈书》。　[7]施功未周：努力去做前人没有完成的工作。　[8]当朝务：担任朝廷政务。

南陈史，陈、隋两朝持续修纂，但未有成书。

陈史，初有吴郡顾野王、北地傅縡各为撰史学士[1]，其武、文二帝纪即顾、傅所修[2]。太建初[3]，中书郎陆琼续撰诸篇[4]，事伤烦杂。姚察就加删改，粗有条贯。及江东不守[5]，持以入关。隋文帝尝索梁、陈事迹，察具以所成每篇续奏[6]，而依违荏苒[7]，竟未绝笔[8]。

[ 注释 ]

[1] 傅縡：字宜事，北地灵州（今宁夏灵武县）人。南朝陈时，历官撰史学士、秘书监、右卫将军兼中书通事舍人等。　[2] 武、文二帝：即南朝陈武帝陈霸先、文帝陈蒨，前者在位三年（557—559），后者在位八年（559—566）。　[3] 太建：南朝陈宣帝陈顼年号，共十四年（569—582）。　[4] 陆琼（537—586）：字伯玉，吴郡吴县（今江苏苏州市）人。幼聪慧，勤苦读书，遂博学善属文。陈文帝时，以文学迁尚书殿中郎，后转中庶子，领大著作，撰国史，累迁吏部尚书。　[5] 江东不守：589 年，陈朝被隋灭亡。　[6] 具：都。　[7] 依违：迟疑。荏苒（rěn rǎn），指时间渐渐过去，常形容时光易逝。　[8] 绝笔：停笔，此指完成。

皇家贞观初，其子思廉为著作郎，奉诏撰成二史。于是凭其旧稿，加以新录，弥历九载[1]，方始毕功。定为《梁书》五十卷[2]、《陈书》三十六卷，今并行世焉。

至唐，纪传体梁陈二史在前人旧稿基础上，终得成书。

[ 注释 ]

[1] 弥历九载：贞观三年（629），唐太宗下令纂修梁、陈、北齐、北周、隋等五代纪传体史书，其中梁、陈二书由姚思廉负

责。贞观十年正月，五代史书告成，前后共持续八年时间。但据本篇下文"原注"说，姚思廉在贞观二年已经开始修纂，故纂修时间比其他三部史书多一年。　[2]五十卷：应为五十六卷，其他各版本均有"六"字。

前赵设有史官并开始纂修本朝国史，这是中国古代少数民族政权首见记载的史官建置与官方修史活动。

十六国史，前赵刘聪时[1]，领左国史公师彧撰《高祖本纪》及功臣传二十人[2]，甚得良史之体。凌修谮其讪谤先帝[3]，聪怒而诛之。刘曜时[4]，平舆子和苞撰《汉赵记》十篇，事止当年，不终曜灭。

[注释]

[1]前赵：十六国时期建立的第一个少数民族政权。304年，匈奴族刘渊建立汉国。319年，末帝刘曜改国号为赵，史称前赵。通计前后，其政权共存在二十六年（304—329）。刘聪（？—318）：前赵君主，在位九年（310—318）。期间，派军攻灭西晋。　[2]高祖：此指建立前赵政权的刘渊（？—310）。304年，刘渊乘西晋内乱而自立为汉王，建立汉国，308年称帝。共在位七年（304—310），庙号高祖。刘渊虽为匈奴族，但出生和居住于晋地，深受经史之学熏陶，习《毛诗》《京氏易》《马氏尚书》，尤好《春秋左氏传》《孙吴兵法》，皆能诵之，《史记》《汉书》及诸子著作，亦无不综览。　[3]凌修：生平不详。　[4]刘曜（？—329）：前赵末帝，318年即帝位，次年改国号为赵，在位十二年。

后赵<sup>[1]</sup>，石勒命其臣徐光、宗历、傅畅、郑愔等撰《上党国记》《起居注》《赵书》<sup>[2]</sup>。其后，又令王兰、陈宴、程阴、徐机等相次撰述<sup>[3]</sup>。至石虎<sup>[4]</sup>，并令刊削，使勒功业不传。其后燕太傅长史田融、宋尚书库部郎郭仲产、北中郎参军王度追撰二石事<sup>[5]</sup>，集为《邺都记》《赵记》等书。

后赵国史因政治斗争而被毁，后人补纂而有成书。

[ **注释** ]

[1]后赵：十六国时期羯族石勒建立的政权，共三十三年（319—351）。 [2]石勒（274—333）：字世龙，羯族，上党武乡（今山西榆社县）人，后赵建立者，史称后赵明帝，在位十五年（319—333）。称王之后，命任播、崔濬为"史学祭酒"，似为"史学"一词的最早应用，后来设佐著作郎等史官，持续纂修其本人和本国历史事迹，说明后赵自建国初始，就将学习史学、记述历史作为一项官方的必备行为。徐光，字季武，顿丘（今河南清丰县西南）人。初为石勒记室参军，后迁中书令，领秘书监，受命与宗历、傅畅等撰国史。石勒卒后，被其侄石虎所杀。宗历、郑愔，生平不详。傅畅（？—330），字世道，北地泥阳（今陕西铜川耀州区）人。西晋封武乡亭侯，官至秘书丞，行河阴令。后陷于石勒，被任为记室参军、经学祭酒、大将军右司马等。谙识朝仪，恒居机密，石勒甚重之。著有《晋诸公叙赞》《公卿故事》等。 [3]王兰、陈宴、程阴：生平不详。陈宴，卢文弨《史通校正》说何焯改为"陈安"，孙毓修《史通札记》说一本作"陈安"。徐

机，曾任尚书令。按，《晋书·载记·石勒下》说："命记室佐明楷、程机撰《上党国记》，中大夫傅彪、贾蒲、江轨撰《大将军起居注》，参军石泰、石同、石谦、孔隆撰《大单于志》。"与此处所说不同。　[4]石虎（295—349）：石勒侄，后赵第三位皇帝。333年，石勒卒，皇位由其子石弘继承。335年，石虎废杀石弘，自立为王，在位十五年（335—349）。石勒热衷于记史、修史，待其去世，石虎夺位自立，竟将石勒时所修史籍全部刊削，使其功业不传，表现了短见的强权势力对传统史学价值观的排斥。　[5]田融：生平不详，《隋书·经籍志》著录有其《赵书》（一名《二石集》），记载石勒事；《旧唐书·经籍志》著录有其《赵石记》《二石记》，《新唐书·艺文志》又增加《苻朝杂记》。郭仲产，曾任南朝宋南郡王刘义宣从事，《隋书·经籍志》著录有其《湘州记》。王度，《隋书·经籍志》著录有其《二石传》《二石伪治时事》，称其为晋北中郎参军。

前、后燕皆有史官修本朝史，后因之而合为集二朝为一体的纪传体史书。

前燕[1]，有起居注，杜辅全录以为《燕纪》[2]。后燕建兴元年[3]，董统受诏草创后书[4]，著本纪并佐命功臣、王公列传，合三十卷。慕容垂称其叙事富赡，足成一家之言。但褒述过美，有惭董、史之直[5]。其后申秀、范亨各取前后二燕[6]，合成一史。

[注释]

[1]前燕：十六国时期由鲜卑族慕容皝所建立的政权，共

三十四年（337—370）。　[2] 杜辅全：生平不详。　[3] 建兴：
后燕慕容垂年号，共十年（386—395）。　[4] 董统：生平不详，
据《初学记》卷二七引崔鸿《后燕录》说："董统上言于慕容垂曰：
臣闻陛下之奇有六焉，厥初之奇，金光耀室。"则慕容垂称帝时，
董统曾参与劝进。　[5] 董、史：即春秋时期的晋国史官董狐、齐
国史官南史。　[6] 申秀：北燕太祖冯跋时为散骑常侍。范亨，《隋
书·经籍志》著录有其《燕书》，记慕容儁事，称其为"燕尚书"。


南燕[1]，有赵郡王景晖[2]，尝事德、超[3]，
撰二主起居注。超亡，仕于冯氏[4]，官至中书令，
仍撰《南燕录》六卷。

王景晖撰作南
燕史。

**［注释］**

[1] 南燕：十六国时期鲜卑族慕容氏诸燕之一，由慕容德所
建，共十三年（398—410）。　[2] 王景晖：前秦太史令高鲁外甥，
高鲁遣其随人献玉玺于慕容德，因留南燕，后为北燕中书令。著
有《南燕录》，记载慕容德事。　[3] 德、超：德即南燕建立者慕
容德（336—405），在位七年（398—404）。超即慕容超（384—
410），慕容德侄，被立为太子并继位，在位六年（405—410），
为东晋所灭。　[4] 冯氏：指冯跋建立的北燕政权，共三十年
（407—436）。


蜀[1]，初号曰成，后改称汉。李势散骑常侍
常璩撰《汉书》十卷[2]。后入晋秘阁，改为《蜀

常璩撰成李氏
成汉历史。

李书》。璩又撰《华阳国志》，具载李氏兴灭。

[注释]

[1]蜀：304年，李特在成都建立政权。306年李雄称帝，国号成。338年，李寿改称汉，史称成汉。347年为东晋桓温所灭。　[2]李势（？—361）：成汉昭文帝李寿子。343年李寿去世，李势即位，347年，东晋大司马桓温率军讨伐，李势兵败投降，成汉灭亡。

前凉史成书四部，可见其国对修史之重视。

前凉[1]，张骏十五年[2]，命其西曹边浏集内外事[3]，以付秀才索绥[4]，作《凉国春秋》五十卷。又张重华护军参军刘庆在东苑专修国史二十余年，著《凉记》十二卷。建康太守索晖[5]、从事中郎刘昞又各著《凉书》。

[注释]

[1]前凉：301年，凉州大族汉人张轨被晋朝封为凉州刺史。316年西晋灭亡后，张氏仍据守凉州，成为割据政权，史称前凉。320年，张茂改元永元，成为独立政权。376年，为前秦苻坚灭亡。　[2]张骏：前凉文王，在位二十二年（324—345）。其十五年为338年。　[3]边浏：生平不详。　[4]索绥：字士艾，敦煌（今属甘肃）人。幼举孝廉，又举秀才，为儒林祭酒。张骏命集内外事付之，著《凉春秋》。又作《六夷颂命传》。以著述之功，封平乐亭侯。　[5]索晖：生平不详。

前秦[1]，史官初有赵渊、车敬、梁熙、韦谭相继著述[2]。苻坚尝取而观之[3]，见苟太后幸李威事，怒而焚灭其本[4]。后著作郎董谊追录旧语[5]，十不一存。及宋武帝入关[6]，曾访秦国事，又命梁州刺史吉翰问诸仇池[7]，并无所获。先是，秦秘书郎赵整参撰国史[8]，值秦灭，隐于商洛山，著书不辍，有冯翊、车频助其经费[9]。整卒，翰乃启频纂成其书，以元嘉九年起[10]，至二十八年方罢[11]，定为三卷。而年月失次，首尾不伦。河东裴景仁又正其讹僻[11]，删为《秦记》十一篇。

前秦史历有修撰，虽其创业史"十不一存"，但最高统治者最忌讳而又最想毁灭的史事却流传下来。统治者是否可以由此得出什么历史教训呢？

[ **注释** ]

[1]前秦：十六国之一。350年氐族人苻洪占据关中，称三秦王，352年苻健称帝。376年统一北方，是中国历史上第一个统一北方的少数民族政权。394年，被后秦灭亡。因其所据为战国时秦国故地，故以"秦"立国号。前秦之称最早见于《十六国春秋》，为别于其他以"秦"为国号的政权，后遂沿用。　[2]赵渊、车敬、韦谭：生平不详。梁熙，曾任凉州刺史、中书令。　[3]苻坚（338—385）：前秦君主，在位二十九年（357—385）。　[4]怒而焚灭其本：据《晋书·载记·苻坚传》记载：苻坚称帝后，尊母苟氏为皇太后，封太后姑子李威为卫将军、尚书左仆射。"初，坚母少寡，将军李威有辟阳之宠，史官载之。至是，坚收起居注及著作所录而观之，见其事，惭怒，乃焚其书，大检

史官，将加其罪。著作郎赵泉、车敬等已死，乃止。"赵泉即赵渊，唐时避高祖李渊讳而改。 [5]董谊：《太平御览》卷一二二《苻坚》引崔鸿《十六国春秋·前秦录》说：建元十七年（381）八月，"坚收起居注及著作所录而观之，见苟太后、李威之事，惭怒，乃焚其书。著作郎董胐虽更书时事，然十不留一。"则"董谊"应为"董胐"之误。 [6]宋武帝：即南朝刘宋政权建立者刘裕。 [7]吉翰（372—431）：字休文，冯翊池阳（今陕西泾阳县和三原县的部分地区）人。历官太尉司马、益州刺史、徐州刺史等。仇池即仇池国，指由杨茂搜建立的前仇池政权（296—371）和杨定建立的后仇池政权（385—443），位于今甘肃省东南部的西和县、成县、文县一带。 [8]赵整：字文业，一名正，略阳清水（今甘肃清水县西北）人。为苻坚著作郎，后迁黄门侍郎、武威太守。博闻强记，能属文，好直言上书及面谏，官至秘书侍郎。后出家，更名道整，遁迹商洛山，专精经律。 [9]车频：生平不详。经费，浦起龙《史通通释》说一本作"经始"，卢文弨《史通校正》说宋本作"经始"。 [10]元嘉：南朝宋文帝刘义隆年号，共三十年（424—453），九年为 432 年。 [11]裴景仁：南朝宋殿中员外将军，撰有《秦记》十一卷，叙述前秦历史。讹僻，即讹误。僻，误。

后秦[1]，扶风马僧虔、河东卫隆景并著秦史[2]。及姚氏之灭[3]，残缺者多。泓从弟和都，仕魏为左民尚书[4]，又追撰《秦纪》十卷。

后秦史，后人在其国史基础上撰修成书。

[注释]

[1]后秦：羌族贵族姚苌建立的政权，共三十四年（384—

417）。　[2] 马僧虔、卫隆景：生平不详。　[3] 姚氏：指姚苌建立的后秦政权。　[4] 泓：即后秦末帝姚泓（388—417），在位二年（416—417）。417 年，东晋刘裕率军北伐，姚泓投降，后秦灭亡。和都，姚泓从弟，官拜太子右卫率、给事黄门侍郎等职。后秦亡后，仕北魏为左民尚书。在马僧虔、卫隆景基础上，追撰《秦纪》，记录姚苌史事。

夏[1]，天水赵思群、北地张渊[2]，于真兴、承光之世[3]，并受命著其国书。及统万之亡[4]，多见焚烧。

夏国史，赵逸以当代人修当代史，不免溢美，后竟以政治动乱而多被焚烧。

**［注释］**

[1] 夏：匈奴贵族赫连勃勃建立的政权，共二十五年（407—431）。　[2] 赵思群：即赵逸，字思群，天水（今属甘肃）人。初仕后秦，历中书侍郎。后随军征夏，失败被俘，赫连勃勃任以为著作郎。后入北魏，历官中书侍郎、宁朔将军、赤城镇将等。性好读书，年逾七十，手不释卷。张渊，明占候，晓内外星分。初仕前秦苻坚，又仕后秦为灵台令，入夏为太史令。入北魏，复为骠骑军谋祭酒，曾著《观象赋》。　[3] 真兴：赫连勃勃年号，共六年（419—424）。承光，赫连昌年号，共三年（425—427）。　[4] 统万：夏国都城，故址在今陕西靖边县境内。427 年，北魏太武帝拓跋焘率军攻破统万城。据《魏书·赵逸传》载："世祖平统万，见逸所著，曰：'此竖无道，安得为此言乎？作者谁也？其速推之。'司徒崔浩进曰：'彼之谬述，亦犹子云（扬雄）之美新。皇王之道，固宜容之。'世祖乃止，拜中书侍郎。"可知拓跋焘所见夏国史为赵逸所撰。

凉秦诸史亦有官修当代史。

西凉与西秦[1]，其史或当代所书，或他邦所录。段龟龙记吕氏[2]，宗钦记沮渠氏[3]，失名记秃发氏[4]，韩显宗记冯氏[5]。唯有三者可知，自余不详谁作[6]。

[ **注释** ]

[1] 西凉：汉族人李暠建立的政权，共二十二年（400—421）。因其统治地区古为凉州，故国号为"凉"，又位于凉州西部，故名"西凉"。西秦，鲜卑族乞伏国仁所建，以地处战国时秦国故地为名，共四十七年（385—431）。北魏崔鸿所著《十六国春秋》始用西秦之称，以别于前秦和后秦，后世沿用。　[2] 段龟龙记吕氏：段龟龙生平不详，《隋书·经籍志》著录有"《凉记》十卷，记吕光事，伪凉著作佐郎段龟龙撰"。吕光（338—399），氐族贵族，386 年称大将军、凉州牧，389 年称三河王，后改称天王，建立大凉，史称后凉。403 年，后凉降于后秦，亡。　[3] 宗钦记沮渠氏：宗钦（？—450）字景若，金城（今甘肃兰州市）人。博综群书，闻名当地。初仕北凉沮渠蒙逊，为中书郎、世子洗马。北魏平凉州，拜著作郎。著有《蒙逊记》。沮渠蒙逊（368—433），匈奴贵族，397 年起兵反后凉吕光政权，401 年为凉州牧，建立北凉。433 年，其子沮渠牧犍继位。439 年牧犍降于北魏，北凉亡。　[4] 失名记秃发氏：失名，即佚名，不知作者姓名。秃发氏，指鲜卑贵族秃发乌孤所建立的南凉政权，共十八年（397—414）。按，朱希祖《十六国旧史考》认为，《史通·史官建置》曾说郭韶撰《南凉国记》，故此句当说"郭韶记秃发"。　[5] 韩显宗记冯氏：韩显宗（466—499），字茂亲，昌黎郡棘城（今辽

宁朝阳市）人。初为北魏著作佐郎，后历官右军长史、征虏将军，迁广阳王元嘉谘议参军。著有《燕志》，记北燕冯跋事。另有《孝友传》等。　[6] 唯有三者可知，自余不详谁作：以上四书，其一"失名"，故称。

　　魏世黄门侍郎崔鸿，乃考核众家，辨其同异，除烦补阙，错综纲纪 [1]，易其国书曰录，主纪曰传，都谓之《十六国春秋》。鸿始以景明之初 [2] 求诸国逸史，逮正始元年 [3]，鸠集稽备 [4]，而犹阙蜀事，不果成书。推求十有五年 [5]，始于江东购获，乃增其篇目，勒为一百二卷 [6]。鸿没后，永安中 [7]，其子缮写奏上，请藏诸秘阁。由是伪史宣布，大行于时。

《十六国春秋》历父子两代而传世。惜今仅有辑本传世，明代屠乔孙、项琳之本亦非原书。

[ 注释 ]

[1] 以下四句是说：条理综述各国历史纲要，将每一国的史书改称为"录"，国君的本纪改称为"传"，全书总称为《十六国春秋》。　[2] 景明：北魏宣武帝拓跋恪年号，共四年（500—503）。　[3] 正始：亦拓跋恪年号，共五年（504—508）。　[4] 稽备：查核完备。　[5] 推求：根据已知，推究、探索未知。　[6] 一百二：此三字原作"十"，浦起龙《史通通释》改。《十六国春秋》一百卷，又有《序例》《年表》各一卷，共一百零二卷。原书已佚，今有辑本传世。　[7] 永安：北魏孝庄帝拓跋子攸年号，共三年（528—530）。

北魏虽曾因崔浩史狱而一度废除史官，但后来恢复并且更加重视记史、修史。

史学的"实录"要求，与政治需要的"实录"表现，不尽相同，"史家必须思考和寻求为学和自处的两全之道"（田余庆《〈代歌〉〈代记〉和北魏国史》，《拓跋史探》修订本）。

元魏史[1]，道武时[2]，始令邓渊著国记[3]，唯为十卷，而条例未成。暨乎明元[4]，废而不述。神麚二年[5]，又诏集诸文士崔浩、浩弟览、高谠、邓颖、晁继、范亨、黄辅等撰国书[6]，为三十卷。又特命浩总监史任，务从实录。复以中书郎高允、散骑侍郎张伟并参著作[7]，续成前史书，叙述国事，无隐所恶，而刊石写之，以示行路。浩坐此夷三族[8]，同作死者百二十八人。自是遂废史官。至文成帝和平元年[9]，始复其职，而以高允典著作，修国记。允年已九十，手目俱衰。时有校书郎刘模[10]，长于辑缀，乃令执笔而口占授之[11]。如是者五六岁。所成篇卷，模有力焉。

[注释]

[1]元魏：即鲜卑族拓跋珪建立的北魏，因孝文帝迁都洛阳后，改本姓拓跋为元，所以历史上也称元魏。　[2]道武：北魏道武帝拓跋珪。386年，拓跋珪重建代国，称代王，不久改称魏王。398年，正式称帝，定国号为"魏"，在位二十四年（386—409）。　[3]邓渊（？—403）：字彦海，雍州安定（今甘肃泾川县）人。北魏道武帝时任著作郎、薄丘令、尚书吏部郎等职。博览经书，通晓典章制度，参与北魏早期朝仪、律令、音乐等制定工作。奉诏修国史，撰《代记》，记述北魏早期历史，然惟编次年

月起居行事，未有体例。道武帝疑其不忠，将其赐死，既而悔恨，时人惜之。其子邓颖袭爵，迁中书侍郎，受诏与撰国史，参著作事。　　[4]暨：到，至。明元，北魏太宗拓跋嗣谥号，在位十五年（409—423）。　　[5]神䴥（jiā）：北魏太武帝拓跋焘年号，共四年（428—431）。　　[6]崔浩等撰国书：《魏书·崔浩传》载："神䴥二年，诏集诸文人撰录国书，浩及弟览、高谠、邓颖、晁继、范亨、黄辅等共参著作，叙成《国书》三十卷。"崔览曾官中书侍郎，高谠为给事，邓颖为邓渊子。　　[7]高允（390—487）：字伯恭，渤海蓨（今河北景县）人。初为郡功曹。北魏太武帝时，历官中书博士、中书侍郎，参修国记。崔浩因国史被杀，高允也被牵连，太子元恪为之斡旋，高允却对太武帝说，我写的内容比崔浩还多，且崔浩以直书犯讳，罪不至死。太武帝赞赏其直率，临死不推卸责任，予以赦免。孝文帝时，拜中书令，出为散骑常侍、征西将军、怀州刺史等。张伟，字仲业，太原中都（今山西平遥县）人。学通诸经，讲授乡里，受业者常数百人。北魏太武帝时，与高允等俱被征召，拜中书博士，迁中书侍郎、散骑侍郎、给事中等，出为平东将军、营州刺史，进爵建安公。　　[8]浩坐此夷三族：北魏太武帝太平真君十一年（450）六月，以修史之名，崔浩被族诛，其姻亲及相关人员，牵连被杀者达一百二十八人。但崔浩被族诛的根本原因并不在修史，只是借修史事而爆发出来，明代郑瑗《井观琐言》卷三已经指出这一点，近代以来，谷霁光《崔浩国史之狱与北朝门阀》、陈寅恪《崔浩与寇谦之》、牟润孙《崔浩与其政敌》、周一良《崔浩国史之狱》等文都有论述，程千帆《史通笺记》和张舜徽《史通平议》也都持这一观点。　　[9]和平：北魏文成帝拓跋濬年号，共六年（460—465）。　　[10]刘模：长乐信都（今河北冀州市）人。以颇涉经藉，高允领秘书、典著作时，选为校书郎。高允修撰《国记》，与其俱缉著。每日同入史阁，接膝对筵，属述时事。高允年已九十，目手稍衰，多遣其执笔而指授裁断之。故高允所成，刘模亦有功焉。后迁中书博士，除颍州刺史、新蔡太守、陈留太守等职。　[11]口占：口授其辞。

初，国记自邓、崔以下，皆相承作编年体。至孝文太和十一年[1]，诏秘书丞李彪、著作郎崔光[2]，始分为纪传异科。宣武时[3]，命邢峦追撰《孝文起居注》[4]。既而崔光、王遵业补续[5]，下讫孝明之世[6]。温子昇复修《孝庄纪》，济阴王晖业撰《辨宗室录》[7]。魏史官私所撰[8]，尽于斯矣。

北魏纪传体等<br>国史的编修。

[注释]

[1] 太和：北魏孝文帝拓跋宏年号，共二十三年（477—499），十一年为487年。　[2]李彪（444—501）：字道固，顿丘卫国（今河南清丰县）人。孝文帝时，迁秘书丞，参著作事。累除散骑常侍、御史中尉，参著作郎。崔光（450—523），字长仁，本名孝伯，孝文帝赐名光，东清河鄃（今山东夏津县）人。孝文帝时，拜中书博士，转著作郎，与秘书丞李彪参撰国书。历官散骑常侍、兼太子少傅、兼侍中等。后李彪解除史职，专以崔光领史官。迁司徒、侍中、国子祭酒，领著作如故。晚年疾病稍增，而自强不已，常在著作，疾笃不归。　[3]宣武：北魏宣武帝拓跋恪，在位十七年（499—515）。　[4]邢峦（464—514）：字洪宾，河间鄚（今河北任丘市）人。博览书传，有文才干略。历官中书

侍郎、散骑常侍、殿中尚书，加抚军将军等。宣武时命其追撰《孝文起居注》，内容下限写至孝文帝太和十四年（490）。 [5] 王遵业：太原晋阳（今山西太原市）人。风仪清秀，涉历经史。位著作佐郎，与司徒左长史崔鸿同撰《起居注》。迁右军将军，兼散骑常侍，采拾遗文，以补《起居注》所缺。转司徒左长史、黄门郎，监典仪注。著《三晋记》，已佚。 [6] 孝明：北魏孝明帝拓跋诩，在位十三年（516—528）。 [7] 晖业：即元晖业（？—551），北魏景穆帝拓跋晃玄孙。少时轻薄无行，多与寇盗交通。长乃变节，涉子史，亦颇属文，而慷慨有志节。历位司空、太尉，加特进，领中书监，录尚书事。北齐初，降封美阳县公，开府仪同三司、特进。撰录北魏藩王家世，号为《辨宗室录》，已佚。 [8] 以下两句是说：北魏时期官方史官和私人编修的当代史书，我到此就全都说完了。

齐天保二年[1]，敕秘书监魏收博采旧闻，勒成一史。又命刁柔、辛元植、房延祐、睦仲让、裴昂之、高孝幹等[2]助其编次。收所取史官，惧相凌忽，故刁、辛诸子并乏史才，唯以仿佛学流[3]，凭附得进。于是大征百家谱状，斟酌以成《魏书》。上自道武[4]，下终孝靖[5]，纪、传与志，凡百三十卷。收诮齐氏，于魏室多不平[6]。既党北朝，又厚诬江左[7]。性憎胜己，喜念旧恶，甲门盛德与之有怨者[8]，莫不被以丑言，没其善

张舜徽《史通平议》："知幾评论诸史，深恶魏收。……收书之多曲笔，固有无可解免者。然考《北齐书·儒林·刁柔传》，……可知当时同修诸子，皆各有所阿私，不必收一人然也。特收总裁其事，故全书之秽悉归之耳。"

《魏书》有缺陷，但绝非"秽史"。北齐灭亡后，已经去世五年的魏收被怨谤者剖棺抛尸，但暴行并未能阻止《魏书》的流传，更未能阻止其成为世所公认的二十四部正史之一。

事。迁怒所至，毁及高曾[9]。书成始奏，诏收于尚书省与诸家论讨。前后列诉者百有余人。时尚书令杨遵彦[10]，一代贵臣，势倾朝野，收撰其家传甚美，是以深被党援[11]。诸讼史者皆获重罚，或有毙于狱中。群怨谤声不息。孝昭世[12]，敕收更加研审，然后宣布于外。武成尝访诸群臣[13]，犹云不实，又令治改，其所变易甚多[14]。由是世薄其书，号为"秽史"[15]。

[注释]

[1] 齐天保：齐，又称高齐。北魏后期分裂为东魏、西魏。东魏权臣高欢卒后，长子高澄继续专政，后其弟高洋在 550 年即皇帝位，国号齐，史称北齐。577 年被北周攻灭。天保，北齐文宣帝高洋年号，共十年（550—559）。　[2] 刁柔（501—556）：字子温，渤海（今山东高青县）人。初仕北魏，北齐时除国子博士、中书舍人。魏收撰魏史，上书请其与辛元植等一同修纂。然禀性专固，自是所闻，志存偏党，《魏书》中与其内外通亲者都虚美过实，深为时论所讥。辛元植，陇西狄道（今甘肃临洮县）人，北齐初任北海太守、司空司马等。房延祐，清河（今山东临清市东）人，东魏时任太子家令，北齐时任通直常侍。睦仲让，生平不详。裴昂之，北齐时任国子博士。高孝幹，北齐时任尚书郎。《北齐书·魏收传》记载这些人说：北齐文宣帝天保元年（550），魏收除中书令，仍兼著作郎。二年，诏撰魏史，帝使魏收专其任。平原王高隆之总监之，但仅署名而已。魏收所引史官，恐其凌

逼，唯取学流相依附者，通直常侍房延佑、司空司马辛元植、睦仲让虽夙涉朝位，并非史才；国子博士刁柔和裴昂之以儒业见知，全不堪编缉；尚书郎高孝幹以左道求进。　[3]仿佛学流：貌似学者之流。　[4]道武：北魏道武帝拓跋珪，在位二十四年（386—409）。　[5]孝靖：东魏孝静帝元善见，在位十七年（534—550）。　[6]不平：不公平。　[7]江左：指东晋南朝政权。　[8]甲门：豪富权贵之家。　[9]高曾：高祖和曾祖。泛指远祖。　[10]杨遵彦：即杨愔（511—560），字遵彦，弘农华阴（今属陕西）人。初仕北魏，入北齐，领太子少傅，又诏监太史，迁尚书右仆射。又拜开府仪同三司、尚书左仆射。天保九年（558），徙尚书令，又拜特进、骠骑大将军。次年封开封王，朝章国命，一人而已，推诚体道，时无异议。　[11]是以深被党援：因此深受杨愔的庇护支持。按，《北齐书·魏收传》记载说：时论既言魏收著史不平，文宣帝诏魏收与诸家子孙共加论讨，前后有百余人投诉，或云“遗其家世职位”，或云“其家不见记录”，或云“妄有非毁”。魏收皆随状答之。范阳卢斐父、顿丘李庶讥议史书不直，太原王松年亦谤史，并获罪，各被鞭配甲坊，或因以致死。然犹以群口沸腾，敕《魏书》且勿施行，令群官博议，听有家事者入署，不实者陈牒。于是众口喧然，号为“秽史”，投牒者相次，魏收无以抗之。时左仆射杨愔、右仆射高德正势倾朝野，与魏收皆亲密，魏收在书中亦为二家作传。二人不欲言史不实，抑塞诉辞，终文宣世更不重论。另一尚书陆操也说：“魏收《魏书》可谓博物宏才，有大功于魏室。”杨愔则对魏收说：“此谓不刊之书，传之万古。但恨论及诸家枝叶亲姻，过为繁碎，与旧史体例不同耳。”魏收答曰：“往因中原丧乱，人士谱牒，遗逸略尽，是以具书其支流。望公观过知仁，以免尤责。”　[12]“孝昭世”三句：孝昭，北齐孝昭帝高演，在位二年（560—561）。《北齐书·魏收传》记载说：“（孝昭）帝以魏史未行，诏收更加研审。收奉诏，颇有改正。及诏行魏史，收以为直置秘阁，外人无由得见。于是命送一本付并省，一本付邺下，任人写之。"　[13] 武成：北齐武成帝高湛，在位四年（561—564）。　[14] 其所变易甚多：《北齐书·魏收传》说："群臣多言魏史不实，武成复敕更审，收又回换。遂为卢同立传；崔绰返更附出；杨愔家传，本云'有魏以来一门而已'，至是改此八字，又先云'弘农华阴人'，乃改'自云弘农'，以配王慧龙'自云太原人'。此其失也。"　[15] 秽史：此乃沿袭《北齐书·魏收传》之说。刘知幾鄙薄魏收及其《魏书》，除本篇外，《论赞》《采撰》《浮词》《探赜》《杂说中》《杂说下》等篇皆有讥评，但"秽史"之称乃是彻底否定《魏书》的诬蔑之词，实不可据。详见周一良《魏收之史学》。

　　至隋开皇[1]，敕著作郎魏澹与颜之推、辛德源更撰《魏书》[2]，矫正收失。澹以西魏为真[3]，东魏为伪，故文、恭列纪[4]，孝靖称传。合纪、传、论例[5]，总九十二篇。炀帝以澹书犹未能善，又敕左仆射杨素别撰，学士潘徽、褚亮、欧阳询等佐之[6]。会素薨而止。今世称魏史者，犹以收本为主焉。

**［注释］**

[1] 开皇：隋文帝杨坚年号，共二十年（581—600）。　[2] 颜之推（531—? ）：字介，祖籍琅邪临沂（今山东临沂市），出生

（以下为旁注）

魏澹书佚失不传，其原因不可考。《史通·杂说下》："夫以暴易暴，古人以为嗤。如彦渊（魏澹）之改魏收也，以非易非，弥见其失矣。而撰隋史者，称澹大矫收失者，何哉？"

于建康（今江苏南京市）。初仕南朝梁，为左常侍。入北齐，官至黄门侍郎。北周时，被征为御史上士。隋文帝开皇年间，被召为学士。传世著作有《颜氏家训》等。辛德源，字孝基，陇西狄道（今甘肃临洮县）人。初仕北齐，历官员外散骑侍郎、中书舍人等。入北周，为宣纳上士。入隋，不得志，后秘书监牛弘以其才学显著，奏与著作郎王劭同修国史。蜀王杨秀奏以为掾，转谘议参军。曾注《春秋三传》、注《扬子法言》、撰《政训》《内训》等。　[3] 真：此指正统政权。北魏分裂为东魏、西魏，西魏为北周灭亡，杨坚又取代北周而建隋，因此杨坚令魏澹等以西魏为正统，重修魏史，以表明隋朝政权的由来有自。　[4] 以下两句是说：因此将西魏文帝、恭帝列为本纪加以记载，将东魏孝静帝称为传。　[5] 论例：据《隋书·魏澹传》，其所修《魏书》"为十二纪、七十八传，别有史论及例一卷，并目录，合为九十二卷"。　[6] 潘徽：字伯彦，吴郡（今江苏苏州市）人。性聪敏，少受经书，并学老庄，通大义，精三史，善属文，能持论。初仕南朝陈。隋炀帝时，官著作郎，授京兆博士，辅助杨素撰《魏书》。曾与诸儒撰《江都集礼》并作序。褚亮（555—647），字希明，杭州钱塘（今浙江杭州市）人，祖籍河南阳翟（今河南禹州市）。初仕南朝陈，入隋为东宫学士。炀帝时授太常博士，后贬为西海郡司户。唐太宗即位，授弘文馆学士，封阳翟县男。累迁通直散骑常侍，进爵阳翟县侯。欧阳询（557—641），字信本，祖籍潭州临湘（今湖南长沙市），出生于衡州（今湖南衡阳市）。初仕南朝陈，隋炀帝时任太常博士。入唐，累迁银青光禄大夫、太子率更令、弘文馆学士等，封渤海县男。

高齐史，天统初 [1]，太常少卿祖孝徵述献武起居<sup>[2]</sup>，名曰《黄初传天录》。时中书侍郎陆元规常从文宣征讨<sup>[3]</sup>，著《皇帝实录》，唯记行师，不载它事。自武平后<sup>[4]</sup>，史官阳休之、杜台卿、祖崇儒、崔子发等相继注记<sup>[5]</sup>。

北齐重视本朝国史，纂修不断。

[注释]

[1] 天统：北齐后主高纬年号，共五年（565—569）。　[2] 祖孝徵：即祖珽，字孝征，范阳狄道（今河北容城县）人。词藻遒逸，为世所推。初为秘书郎、尚书仪曹郎中，主管仪注。迁中书侍郎、散骑常侍、假仪同三司等。北齐后主高纬即位，拜秘书监，历官银青光禄大夫、加开府仪同三司、尚书左仆射等，监修国史。后加特进，封燕郡公，出为北徐州刺史。献武，高欢庙号。　[3] 陆元规：北齐中书侍郎，因受祖珽告密，被配甲坊。文宣，北齐文宣帝高洋。　[4] 武平：北齐后主高纬年号，共六年（570—575）。　[5] 阳休之（509—582）：字子烈，右北平无终（今天津蓟县）人。初仕北魏、东魏。入齐，官散骑常侍，修起居注，迁吏部尚书、中书监等。北周时任太子少保，进位上开府。博综经史，撰《幽州人物志》。杜台卿，字少山，曲阳（今属河北）人。北齐时为奉朝请，历官中书黄门侍郎兼尚书左丞。齐亡，隐居乡里，以讲学授徒为业。隋时被征入朝，请修国史，拜著作郎。著《齐记》。祖崇儒，祖珽族弟，北周时为官，隋时任宕州刺史。崔子发，著有《齐纪》，记载北齐史。

逮于齐灭，隋秘书监王劭、内史令李德林并少仕邺中<sup>[1]</sup>，多识故事。王乃凭述起居注<sup>[2]</sup>，广以异闻，造编年书，号曰《齐志》，十有六卷（原注：其序云二十卷，今世间传者唯十六卷焉）。李在齐预修国史，创纪传书二十七卷。至开皇初，奉诏续撰，增多齐史三十八篇，已上送官[3]，藏之秘府。皇家贞观初，敕其子中书舍人百药仍其旧录，杂采它书，演为五十卷[4]。今之言齐史者，唯王、李二家云。

编年体《齐志》先成，后竟全书佚失。纪传体《北齐书》后出，虽经散佚，幸借他书补足。

[注释]

[1] 邺中：北齐建都邺（今河南安阳市北），此处"邺中"代指北齐。　[2] 王乃凭述起居注：于是王劭凭借其编述过的起居注。　[3] 已：浦起龙《史通通释》改为"以"，说"旧作'已'"。　[4] 演为五十卷：修改编撰成五十卷。按，今传《北齐书》五十卷，题为李百药撰，但实则其书原本至北宋时已有散佚，今本中只有十八篇系李百药原本，其余是据李延寿《北史》、高峻《高氏小史》补入相关内容。

宇文周史[1]，大统年有秘书丞柳虬兼领著作[2]，直辞正色[3]，事有可称。至隋开皇中，秘书监牛弘追撰《周纪》十有八篇，略叙纪纲，仍皆抵忤[4]。皇家贞观初，敕秘书丞令狐德棻、秘书郎岑文本共加修缉[5]，定为《周书》五十卷[6]。

编年和纪传体北周史皆出于后人之手，其中编年之书未能传世。

**[注释]**

[1] 宇文周：由西魏权臣宇文泰奠定国基，其子宇文觉建立的政权，国号周，史称北周，前后二十四年（557—581）。　[2] 大统：西魏文帝元宝炬年号，共十七年（535—551）。535 年，宇文泰杀北魏孝武帝，拥立孝文帝的孙子元宝炬为帝，但政权实由宇文泰掌握。　[3] 直辞：据实陈述。正色，态度严肃。按，《周书·柳虬传》载有其论史官记事之上疏说："古者人君立史官，非但记事而已，盖所以为监诫也。动则左史书之，言则右史书之，彰善瘅恶，以树风声。故南史抗节，表崔杼之罪；董狐书法，明赵盾之愆。是知直笔于朝，其来久矣。而汉魏已还，密为记注，徒闻后世，无益当时，非所谓将顺其美，匡救其恶也。且著述之人，密书其事，纵能直笔，人莫之知。何止物生横议，亦自异端互起。故班固致受金之名，陈寿有求米之论。著汉魏者非一氏，造晋史者至数家，后代纷纭，莫知准的。……诸史官记事者，请皆当朝显言其状，然后付之史阁。庶令是非明著，得失无隐。使闻善者日修，有过者知惧。"西魏文帝采纳之，事遂施行。　[4] 抵忤：亦作抵午、抵牾，指矛盾。语出荀悦《汉纪·武帝纪五》："至于采摭经传，分散百家之事，甚多疏略，或有抵忤。"　[5] 岑文本（595—645）：字景仁，邓州棘阳（今河南新野县）人，后迁居江陵（今湖北荆州市）。聪慧敏捷，博通经史。隋末萧铣割据江陵，聘为中书侍郎。唐太宗时，历官秘书郎、中书舍人、中书侍郎等，封江陵子。与令狐德棻共修北周史，史论多出其手。修缉，编纂整理。据史料记载，唐太宗贞观年间共同修缉《周书》的还有崔仁师。　[6] 定为《周书》五十卷：《周书》五十卷，原本至北宋时已有散佚，后人以李延寿《北史》补缀之。

隋史，当开皇、仁寿时[1]，王劭为书八十卷，以类相从，定其篇目 [2]。至于编年、纪传，并阙其体。炀帝世，唯有王胄等所修《大业起居注》[3]。及江都之祸 [4]，仍多散逸。皇家贞观初，敕中书侍郎颜师古、给事中孔颖达，共撰成《隋书》五十五卷 [5]，与新撰《周书》并行于时。

隋文帝开皇十三年，"诏人间有撰集国史、臧否人物者，皆令禁绝"。虽明言禁止私撰的仅仅限于"国史"，但从法令上禁止部分私家修史，开了一个很坏的先例，在文化史上实为消极因素。

**[ 注释 ]**

[1] 开皇、仁寿时：指隋文帝时。隋文帝杨坚共开皇、仁寿两个年号（581—604）。　[2]"王劭"三句：王劭主持的《隋书》，仿《尚书》之体，将隋朝官方文献汇编在一起，以类相从，充为国史。其中也收集了隋文帝等口谕、谈论，还有不少关于符瑞的诡异文献，芜杂而且鄙陋。　[3] 王胄（558—613）：字承基，生于建康（今江苏南京市），祖籍琅玡临沂（今山东临沂市）。少有逸才。初仕陈朝，历官太子舍人等。隋炀帝时，为著作佐郎，以文词为炀帝所重，后进朝散大夫。　[4] 江都之祸：大业十二年（616）七月，隋炀帝南下江都，此时农民起义已蔓延全国。次年，瓦岗农民军逼近东都洛阳，公布炀帝十大罪状；李渊亦攻进长安，拥立代王侑，自封唐王。大业十四年三月，宇文化及等发动兵变，缢杀炀帝，宗室、外戚及内史侍郎虞世基和通议大夫、行给事郎许善心等皆被杀，宇文化及立秦王浩为帝，自称大丞相。五月，李渊逼杨侑让位，自立为帝，国号唐。　[5]"共撰成《隋书》"句：此处仅说颜师古、孔颖达"共撰成《隋书》"，竟一字不及魏徵，实为不妥。贞观三年（629），唐太宗下令编纂梁、陈、北齐、北周、隋等五代纪传体史书。在统一领导方面，由魏徵与房玄龄"总监诸代史"，总领五部史书的监修工作；同时魏徵"受诏总加修撰，

裁定去取，咸资笔削，多所损益，务在简正。隋史序论皆出公手，梁、陈及齐各为总论"，因而魏徵是这次修史工作的实际主持者。在具体分工方面，魏徵与颜师古、孔颖达负责撰修隋史，后颜师古徙职，以许敬宗代之；《隋书》序论皆出于魏徵，其他撰修官除颜师古、孔颖达、许敬宗外，还有敬播和李延寿，再加上监修房玄龄和负责体例规划的令狐德棻，至少有八人参与其中。可见，"共撰成《隋书》"者，既非此处所说的仅颜师古、孔颖达二人，而且成书之前，颜师古已经不再担任修史工作。详见王嘉川《唐朝官修正史问题论析》（《苏州大学学报》2012 年第 3 期）。

唐朝官修五代史纪传及其十志，两者虽然最终可连为一体，但其编修工作是两件事情，不可误合为一。

初，太宗以梁、陈及齐、周、隋氏并未有书，乃命学士分修，事具于上[1]。仍使秘书监魏徵总知其务[2]，凡有赞论，征多预焉。始以贞观三年创造，至十八年方就（原注：唯姚思廉贞观二年起，功多于诸史一岁），合为《五代纪传》[3]，并目录凡二百五十二卷。书成，下于史阁。唯有十志[4]，断为三十卷，寻拟续奏，未有其文。又诏左仆射于志宁、太史令李淳风[5]、著作郎韦安仁[6]、符玺郎李延寿同撰。其先撰史人，唯令狐德棻重预其事[7]。太宗崩后，刊勒始成。其篇第虽编入《隋书》[8]，其实别行[9]，俗呼为《五代史志》。

[ 注释 ]

[1] "太宗命学士分修"事：唐高祖武德四年（621）十一月，令狐德棻奏请诏修南朝梁、陈、北朝北齐、北周和隋朝的五代之史，次年十二月高祖下诏修史，又增加了北魏史的纂修任务。但几年后毫无头绪可言，只好草草收场了事。贞观三年（629）二月后，唐太宗下令重修武德年间未能完成的前代史书。其中北魏史，因实际主持人魏徵认为已有魏收、魏澹二家之书，并较详备，乃上奏停修，仅修其他五代，得到大家赞同，北魏史遂不复修。　[2] 魏徵（580—643）：字玄成，巨鹿曲城（今河北巨鹿县）人。唐初，太子李建成用为太子洗马。李世民发动玄武门之变，杀李建成等人，任用魏徵为詹事主簿。李世民即帝位后，魏徵迁尚书左丞。贞观三年，迁秘书监，参预朝政。以丧乱之后，典章纷杂，奏引学者校定四部书，使秘府图籍，粲然毕备。同年，实际负责梁、陈、北齐、北周、隋朝五代史的编修，并主修《隋书》。七年，进侍中。十年，五代史修成，时称良史，加左光禄大夫，进封郑国公。又以戴圣《礼记》编次不伦，纂《类礼》一书，以类相从，削其重复，采先儒训注，择善而从。十余年间，与唐太宗讨论政术，往复应对，凡数十万言，其匡过弼违，能近取譬，博约连类，皆前代诤臣之所不至者，被《旧唐书》誉为"前代诤臣，一人而已"。　[3] 至十八年方就，合为《五代纪传》：贞观三年二月以后开始纂修之五代史，在贞观十年（637）正月修成各史纪、传进呈，前后共八年时间，故此处"十八"二字必有一字为衍文。再联系其"原注"所说"唯姚思廉贞观二年起功，多于诸史一岁"，可知这里是谈修史所用时间，而不是强调完成时间，因此"十"字应为衍文，而且是出于《史通》流传过程中后人为解释"八年"二字而窜入，其原文本是"至八年方就"，意谓直到用了八年时间才写成。余嘉锡《四库提要辨证》卷三《陈书》

以清代卢文弨曾说"宋本缺'十'字",认为"'十'字为后人所妄加",程千帆《史通笺记》据此指出:"盖《史通》所云'至八年方就'者,乃谓费时八年,犹云'弥历九载',非谓至贞观八年也。"甚是。　[4]以下四句是说:只有十志,确定编写三十卷,准备不久陆续修成上奏,但其正文一时没有编写出来。按,这个说法是把十志纂修与五代史纪、传的编修看成同一件事情,实则并非如此。贞观三年修五代史,为确保成功,专门在中书省设置了秘书内省,作为领导修史的组织机构。贞观十年五代史修成上进后,秘书内省即不见于史书记述,应即撤除。可见,虽然这次修史中各部史书只有纪、传,但在组织者看来,修史工作已然完成,当时体例规划应该即是没有十志的内容。没有志的内容,对本应包含纪、表、志、传四种体例的纪传体史书的完整性来说,当然有所欠缺。因此,五代史成书之后,唐太宗又在贞观十五年(641),命褚遂良监修《五代史志》,到高宗显庆元年(656)五月,共修成十志三十卷,由长孙无忌领衔进之。如果在贞观三年曾计划纂修十志,就应该与纪、传同时纂修,至迟也应该在纪、传完成后立即予以纂修,而不会是在时隔五年之后,重新下令组织全新的纂修力量,进行编纂。所以,五代史纪传的编修与其十志的编修是前后相继的两件事情,虽然有内在联系,但不是一件事情。另外,十志在历经十六年修成后确实为三十卷,但是否就像刘知幾所说的,在成书之前就已经确定为三十卷,不得而知。　[5]李淳风(602—670):道士,道号黄冠子,岐州雍县(今陕西岐山县)人。博览群书,尤精天文、历算、阴阳等。唐高祖时,为李世民秦王府记室参军。李世民即位后,授将仕郎,入太史局供职。历官太常博士、太史丞、太史令等,参与撰写《五代史志》《晋书》等。　[6]韦安仁:生平不详。　[7]令狐德棻重预其事:唐太宗贞观十五年(641)修《五代史志》时,令狐德棻、于志宁、李淳风、韦安仁、李延寿等同修。高宗永徽元年（649），令狐德棻监修国史及《五代史志》。　[8] 篇第编入《隋书》：《五代史志》虽然单独编修，编成之时也是独立存在的一部书，与五代史纪、传并行于世，但很快按其篇章次序全部编入《隋书》，以致有"《隋书》十志"和"《隋志》"的称呼。　[9] 别行：分别行世，单独行世。关于《五代史志》别行，除《史通》本篇提到外，《隋书》附录之《宋天圣二年〈隋书〉刊本原跋》也说：该《志》修成时，"显庆元年五月己卯，太尉长孙无忌等诣朝堂上进，诏藏秘阁。"可知《五代史志》修成之初"别行"之说属实。至于并入《隋书》，《四库全书总目·隋书》认为，《五代史志》是为五朝史而作，而隋于五朝中居末，故编入《隋书》，但并非专属《隋书》。姚振宗仔细研读该《志》，认为《总目》所言"实不尽然"，他从体例上予以分析说："第观本《志》，于隋人书皆不著'隋'字，与前朝分别时代，各冠以'汉''魏''吴''晋'等字者，其例迥殊。是当属稿之初，已议定编入《隋书》矣。若意在别行，不与纪、传相属，则亦当一律冠以'隋'字也。"（《隋书经籍志考证·叙录》）按其所说，《五代史志》编纂之初，就已经议定将来成书之后编入《隋书》，故以其他前朝为"客"，对所著录的各朝之书皆冠以朝代名称，而以隋朝为"主"，对所著录的隋朝之书不冠以朝代名称。这是在严谨考察著书体例的基础上而提出的在理之言。由此可知，《五代史志》刚刚修成之时与五代纪传"别行"虽然属实，但也只是暂时的现象，终归要编入《隋书》之中；编者们也并未简单省事地直接将其排列在《隋书》纪传之后，而是编于纪、传之间，亦即将先前排列好的纪、传次序重新按照纪、志、传的次序予以编排，这一结构调整，虽然也是遵循了纪传体史书纪、表、志、传的通行排列顺序，但更主要的原因还是在于一开始就已经议定的成书之后编入《隋书》的原则，而按照这一修史原则，编修者们已经在实际纂修过程中对记载的内容做了相应处理，是否冠以朝代名称即是其中之一，这也使其后来并入《隋书》更加便利、更加顺理成章。

有唐一代实录，今仅存韩愈所修《唐顺宗实录》，可为研讨唐代实录编纂形式的参考。

惟大唐之受命也[1]，义宁[2]、武德间[3]，工部尚书温大雅首撰《创业起居注》三篇[4]。自是，司空房玄龄[5]、给事中许敬宗、著作佐郎敬播，相次立编年体，号为"实录"[6]。迄乎三帝，世有其书。

[ 注释 ]

[1] 受命：受天之命。 [2] 义宁：隋恭帝杨侑年号，历时七个月。617 年冬十一月，李渊率唐军攻克隋都长安，立恭帝，尊炀帝为太上皇，年号义宁。次年五月，恭帝禅位，李渊建唐，改元武德。 [3] 武德：唐高祖李渊年号，共九年（618—626）。 [4] 温大雅（？ —629）：字彦弘，太原祁（今山西祁县）人。隋时任东宫学士、长安县尉等。李渊起兵反隋后，引为大将军府记室参军，专掌文翰。李渊建唐后，迁黄门侍郎、工部侍郎、陕东道大行台工部尚书等。协助李世民争夺皇位，累转礼部尚书，封黎国公。撰《大唐创业起居注》三卷，记述李渊起兵至称帝间史事，因得诸闻见，其中一些内容为他书所未载。然此书乃个人追忆之作，不属于官方设官记录的起居注系统。 [5] 房玄龄（579—648）：名乔，字玄龄，以字行，齐州临淄（今山东淄博市临淄区）人。隋时举进士。隋末投李世民，掌书记。入唐，协助李世民夺帝位，历官中书令、尚书左仆射、司空等职，封梁

国公。曾监修国史，受诏修成《高祖实录》《太宗实录》《晋书》等。　[6]《实录》：编年体史书名称。"实录"作为书名，起始于南北朝时期，但到唐代仍较为随意。唐宋时期，以一朝皇帝言行为核心的《实录》是皇朝的正式史册，官方编纂《实录》形成定制，其地位之高，超越纪传体国史。这种《实录》的产生起自唐太宗屡次要观起居注，贞观十四年（640），太宗对房玄龄再次提出这一要求，房玄龄等遂删略国史为编年体，撰《高祖实录》《太宗实录》各二十卷上之，太宗将其各赐皇太子及诸王一部，京官三品以上欲写者亦听之。这是朝廷官修皇帝《实录》的肇始。但《太宗实录》始修于太宗在位之时，内容自然不会完整，故高宗时又修《太宗实录》。《唐高宗实录》《武则天实录》《唐玄宗实录》也是在位时就已编纂。可能自唐肃宗始，改为皇帝逝后予以修纂，此后成为定制。

贞观初，姚思廉始撰纪传，粗成三十卷。至显庆元年[1]，太尉长孙无忌与于志宁[2]、令狐德棻、著作郎刘胤之[3]、杨仁卿[4]、起居郎顾胤等，因其旧作，缀以后事，复为五十卷。虽云繁杂[5]，时有可观[6]。

《史通》强调"爱而知其丑，憎而知其善"（《惑经》），力主全面客观，反对偏激。此处"虽云繁杂，时有可观"八字，可为注脚。

[ **注释** ]

[1] 显庆：唐高宗李治年号，共六年（656—661）。后来为避唐中宗李显讳，唐人追称显庆年号为"明庆"，又作"光庆"。　[2] 长孙无忌（594—659）：字辅机，洛阳（今河南洛阳市）人，唐太宗长孙皇后之兄。参与策划玄武门之变，助太宗夺取皇

位，封赵国公。后受命辅立高宗，任太尉、同中书门下三品。因反对高宗立武则天为后，被削爵流放，自缢而卒。太宗时奉命与房玄龄等修定唐律，高宗时主持修订成《唐律疏议》。又与令狐德棻、顾胤等纂修高祖、太宗两朝国史。于志宁（588—665），字仲谧，雍州高陵（今属陕西）人。初仕隋，唐时历官中书侍郎、尚书左仆射、同中书门下三品兼太子少师等，进封燕国公。因在高宗废后事件中未表明态度而被贬。曾监修国史，并与修《五代史志》。　[3] 刘胤之：徐州彭城（今江苏徐州市）人，刘知幾从祖父。隋时与史学家李百药为忘年之友。唐时任信都令、著作郎、弘文馆学士等职，与令狐德棻、杨仁卿等撰成国史及实录，封阳城县男。后以年老，不堪著述，出为楚州刺史，卒于任。　[4] 杨仁卿：唐太宗时与修《晋书》，高宗时官著作郎，与令狐德棻、刘胤之等撰成国史及实录。　[5] 繁杂：事情多且杂乱。　[6] 可观：值得看；指达到较高的水平、程度。

反对曲笔，痛斥许敬宗等恣意妄为、曲笔阿实之史家。宜与《曲笔》篇合观。

　　龙朔中[1]，敬宗又以太子少师总统史任，更增前作[2]，混成百卷[3]。如《高宗本纪》及永徽名臣、四夷等传[4]，多是其所造。又起草十志，未半而终。敬宗所作纪传，或曲希时旨[5]，或猥饰私憾[6]，凡有毁誉[7]，多非实录。必方诸魏伯起[8]，亦犹张衡之蔡邕焉[9]。其后左史李仁实续撰《于志宁》《许敬宗》《李义府》等传，载言记事，见推直笔。惜其短岁[10]，功业未终[11]。

对直笔史家"惜其短岁"，既是主张直书，更是反对曲笔，与前文应和，可谓一反一正，有破有立。

**[ 注释 ]**

[1] 龙朔：唐高宗李治年号，共三年（661—663）。 [2] 更：愈加，再。 [3] 混成：混合而成。 [4] 永徽：唐高宗李治年号，共六年（650—655）。 [5] 曲希时旨：有意迎合帝王权贵的心意。 [6] 猥饰私憾：以个人爱憎评论人物事件。猥，苟且。饰，装饰，修饰。 [7] 毁誉：诋毁和赞誉。 [8] 魏伯起：魏收字伯起，其《魏书》，被时人称为"秽史"。痛恨曲笔写史的刘知幾接受了这一观点，在《史通》中多次予以批评痛斥。实则魏收《魏书》之所以被诬为"秽史"，是因为他将北魏、东魏许多高官贵族的劣行记载于史册，而这些人的后代在北齐仍然身居高位，势力很大，他们众口喧腾，欲否定《魏书》而称之为"秽史"。这种诬陷传播后世，令人闻声而不予查实，还蒙蔽了像刘知幾这样优秀的史学家。 [9] 亦犹张衡之蔡邕：《太平广记》卷一六四《名贤·蔡邕》引南朝梁殷芸《小说》："张衡死月，蔡邕母始怀孕。此二人才貌甚相类，时人云邕是衡之后身。"《史通》引用这个典故，是以此来评论许敬宗"方诸魏伯起"，说许敬宗是魏收的"后身"，以此斥责许敬宗写史时的曲笔诬书行为。这种譬喻的做法无可厚非，但此典故乃出于小说家言的虚构，并非事实。蔡邕生于汉顺帝阳嘉二年（133），而张衡卒于顺帝永和四年（139），此时蔡邕已七岁，绝非其母始孕。显然，刘知幾于史实未加深考。 [10] 短岁：短命，早死。 [11] 功业未终：没能最终完成修史之业。

至长寿中[1]，春官侍郎牛凤及又断自武德[2]，终于弘道[3]，撰为《唐书》百有十卷。凤及以喑聋不才[4]，而辄议一代大典[5]，凡所撰录，皆素批评牛凤及无史学之才，既不懂史料鉴择，又无撰写才能。从而强调史家必须具备才、学、识三长，善叙事理，博学高识。

责私家行状 [6]，而世人叙事罕能自远 [7]，或言皆比兴，全类咏歌，或语多鄙朴，实同文案，而总入编次，了无厘革。其有出自胸臆 [8]，申其机杼 [9]，发言则嗤鄙怪诞 [10]，叙事则参差倒错 [11]。故阅其篇第 [12]，岂谓可观；披其章句，不识所以。既而悉收姚、许诸本 [13]，欲使其书独行 [14]。由是皇家旧事，残缺殆尽。

[注释]

[1] 长寿：武则天年号，计 692—694 年间的一年余。　[2] 春官侍郎：即礼部侍郎。武则天改唐朝国号为周后，模仿《周礼》分设天（吏部）、地（户部）、春（礼部）、夏（兵部）、秋（刑部）、冬（工部）六官（六部）。神龙元年（705），唐中宗复位后，复原名。　[3] 弘道：唐高宗李治年号，仅一个月（683 年腊月）。　[4] 喑（yīn）聋：聋哑。比喻庸碌鄙陋。不才，没有才能。　[5] 辄：仗恃胡作非为。　[6] 素：向来。责，求取。私家行状，私人家里叙述死者世系、生平、生卒年月、籍贯、事迹的文章。对行状、谱牒及地志类材料，《史通·采撰》曾指出其缺点是"务欲矜其州里，夸其氏族。读之者安可不练其得失，明其真伪者乎？……苟不别加研核，何以详其是非？"　[7] 以下七句是说：家状叙事很少能有史学家那样高出俗人的见解，有的行文用诗人比兴的手法，写出来的内容就像诗歌一样，有的语言粗野不雅，完全就像公文案牍一样，但牛凤及全都编写进史书里去了，一点也没有改变。　[8] 出自胸臆：按照自己的心意

写出来。　[9]申其机杼：申明自己的观点。杼，织布梭子。机杼，织布机，比喻诗文的构思和布局，指写作另辟途径，能够创新。　[10]发言则嗤鄙怪诞：说出来的话让人耻笑鄙视，令人感到离奇古怪。　[11]叙事则参差倒错：叙述史事颠倒错乱，失误连连。　[12]以下四句是说：因此翻阅他的这部书，其篇章次序，哪有什么值得欣赏的地方可言？批阅其中的语句，更是不知道他在说些什么。　[13]收：收缴。姚、许诸本，即上面提到的姚思廉、许敬宗等所修之书。　[14]独行：独自流行于世。

　　长安中[1]，余与正谏大夫朱敬则、司封郎中徐坚、左拾遗吴兢奉诏更撰《唐书》，勒成八十卷。神龙元年[2]，又与坚、兢等重修《则天实录》，编为三十卷。夫旧史之坏，其乱如绳，错综艰难[3]，期月方毕[4]。虽言无可择，事多遗恨，庶将来削稿[5]，犹有凭焉。

　　此类皆官方所撰当代史，大多为未完待续之作，基本上属于史料性质。等到后来据其修成一代之史，则其书遂因无人重视而大都亡佚。

**［注释］**

　　[1]长安：武则天年号，计701—704年间的三年余。　[2]神龙：武则天和唐中宗李显年号，计705—707年间的二年余。神龙元年二月，中宗复位，恢复唐朝国号，但沿用了武则天的神龙年号。　[3]错综：交错综合。　[4]期（jī）月：亦作"朞月"，指整月或整年。　[5]削稿：犹削草，删改定稿。

　　大抵自古史臣撰录，其梗概如此。盖属词

全篇结语，再次点明题义"正史"二字。

比事[1]，以月系年，为史氏之根本，作生人之耳目者，略尽于斯矣。自余偏记小说，则不暇具而论之。

[注释]

[1] 以下七句是说：通过连缀文辞，排比史事，以时间为基本线索，编写成历代正史，这是各朝各代史官们安身立命的根本，也是世人了解历史的途径，这样的正史大概在本篇中全都包括进来了。其余内容简短、区域有限的偏记小书等杂史，就不再具体详细地论述了。

[点评]

"正史"一词初见于南朝梁阮孝绪《正史削繁》一书，但究为何意已不可知。唐初官修《隋书·经籍志》将纪传体史书列为正史，清乾隆时将纪传体二十四史定为正史，《史通》则将纪传体、编年体等记载一朝大政的史书全都列为正史，认识更为宏阔。《史通》内篇《六家》论述作者所处时代之前史学发展中出现的六种正史体裁及其史书流派，《二体》专门对最被人重视的纪传、编年两种体裁再加申论，《杂述》主要讨论正史体裁之外的十种史书类型，是在作者看来与正史殊途并进的非正史之书。以上三篇是从横向讲论史书门类，本篇则以纵向贯穿的方式，历述自古以来正史的编修情况，既是对上述三篇的有益补充，也是与之有机配合，使前后连为一体。作者在梳理史实的基础上，进行了广泛的比较评论，力图揭示每一部史书的价值优劣，因而本篇是对作者所处时代之前历代编修正史的总结，可谓一部简明扼要的正史编纂史，其中唐代部分还包括了作者亲自参与编修的几部史书，"读者得此，知治某朝之史，有若干书可读，有若干书当读；读之当用何等眼光，实于学问大有裨益。"（吕思勉《史通评》）

　　和其他篇章一样，作者鲜明的批判意识在本篇也表露无遗，真伪是非、褒贬毁誉全都直言说出，毫不含糊，表现了作者真诚坦荡、实事求是、明辨是非的精神品格。而在内容上，本篇与前篇《史官建置》还有另外两层特殊意义。一是对《史通》全书有特殊意义，清代浦起龙《史通通释》对此有很好的阐述："《史通》一书皆议论体，独《史官》《正史》二篇属叙事体。观其所述，自《史》《汉》而下，悉援序传原文，至梁、陈以还，咸举见闻所接。全书谈史，安可不辨史曹？全史就评，安可不综史部？议论、叙事，相须为用。是二篇者，虽外篇之压卷，实内篇之括囊。《史通》正本已尽于是。"二是对中国史学史学科有特殊意义，现代史家金毓黻在其《中国史学史》开篇即说："吾国先哲精研史学者，以刘知幾、章学诚二氏为最著，刘氏《史通》外篇有《史官建置》《历代正史》两篇，所论自上古迄唐初之史学源流演变，即中国史学史之滥觞也。"欲学习中国史学史，欲观古人对中国史学史学科的建构，是可以从这两篇文章入手的。

# 外篇　卷十三

本篇对古代儒家最重要的经典之一《尚书》，从史学求真求实的角度，指出其记事有可疑者十条，批评其记事不实的错误。《史通》被今人称为是一部"战斗性著作"，主要是就本篇及下篇而言的。

各书自有撰述宗旨，内容随之而相应确定，不可能凡事皆录，有所缺略乃势所必然，但记事可疑、虚伪不实，则势所必摒，需要予以严格地考证批判。

## 疑古第三

盖古之史氏，区分有二焉：一曰记言，二曰记事。……《书》之所载，以言为主，至于废兴行事[1]，万不记一。语其缺略[2]，可胜道哉！故令后人有言，唐、虞以下帝王之事，未易明也。……加以古文载事[3]，其词简约，推者难详，缺漏无补。遂令后来学者莫究其源，蒙然靡察，有如聋瞽。今故讦其疑事[4]，以著于篇。凡有十条，列之于后。

[注释]

[1] 废兴行事：指朝代兴亡、帝王事迹。　[2] 缺略：缺漏，不完整。　[3] 以下七句是说：加上古人记载史事，文词都简练不

详，致使推究者难以根据这些记载详细了解事情的真相，不能弥补书上缺漏的地方。这使后代的学者无法探究到史事的根源，对史事糊里糊涂，不能详细考察，如同耳聋眼瞎一样。　[4] 讦（jié）：揭发别人的隐私或攻击别人的短处。浦起龙《史通通释》说"一作'评'"，徐复《〈史通〉校补》认为《惑经》中"今惟摭其史文，评之于后"一句，与此处文义相当，故"讦"为"评"之误字。

　　盖《虞书》之美放勋也[1]，云"克明俊德"[2]。而陆贾《新语》又曰[3]："尧、舜之人，比屋可封[4]。"盖因《尧典》成文而广造奇说也[5]。案《春秋传》云[6]：高阳、高辛二氏各有才子八人，谓之"元""凯"。此十六族也，世济其美，不陨其名，以至于尧，尧不能举。……斯则当尧之世，小人君子，比肩齐列[7]，善恶无分，贤愚共贯[8]。且《论语》有云：舜举咎繇[9]，不仁者远。是则当咎繇未举[10]，不仁甚多，弥验尧时群小在位者矣。又安得谓之"克明俊德""比屋可封"者乎？其疑一也。

以《左传》《论语》所记，对《尚书·尧典》"克明俊德"之说进行史料考证，揭露其夸大不实之弊。

"比屋可封"出自后人"广造奇说"，既非《尧典》之文，又非《尧典》本意，实可不论。

**[注释]**

[1]《虞书》：《尚书》的组成部分，记载唐尧、虞舜、夏禹等事迹，分为《尧典》《舜典》《大禹谟》《皋陶谟》《益稷》五篇。其中，《舜典》由《尧典》分出，《益稷》由《皋陶谟》分出，《大

禹谟》系《古文尚书》的一篇。放勋，尧名放勋。　[2]克明俊德：语出《尚书·尧典》。克，能够。明，明了，此指任用。俊德，才德兼备的人。　[3]《新语》：西汉初期陆贾的政论集。主张行仁义，法先圣，礼法结合，强调人主必须无为。对西汉前期统治思想的奠定，发挥了重要作用。　[4]比屋可封：比，排列。比屋，房屋相连接。意谓：在尧舜时代，贤人很多，差不多每家都有可受封爵的德行。后形容人才济济，也形容教育感化的成就。　[5]成文：现成的文字。广造，推演编造。奇说，奇异不实的说法。　[6]《春秋传》：此指《左传》。以下八句是说：据《左传》记载，五帝中的高阳氏颛顼、高辛氏帝喾各自有才行杰出的子孙八人，被人称为八元、八凯。这十六个人的后代，世世代代都继承发扬了他们的高尚德行，没有丧失他们的美誉，这样一直传到尧的时代，但尧却没能任用他们。　[7]比肩齐列：肩挨肩地并列在一起，形容处于同等地位。　[8]贤愚共贯：好人坏人混杂在一起。　[9]以下两句是说：舜推举任用了皋陶，不仁的人就都远远地逃走了。语出《论语·颜渊》："舜有天下，选于众，举皋陶，不仁者远矣。"咎繇，即皋陶，舜之贤臣，传说他制定五刑，创造耒耜。　[10]弥：更加。验，证明，证实。群小，众小人。以下三句是说：由此可知，在皋陶没有被举荐任用的时候，社会上有很多不仁的人，这更可以证明帝尧时有很多奸邪小人在位执政。

对任何史料，即便是"正经雅言"，只要发现其"理有难晓"，就应博考众说，多方求证，以辨其真伪是非。

　　大抵自《春秋》以前，《尚书》之世，其作者述事如此。今取其正经雅言[1]，理有难晓，诸子异说，义或可凭[2]，参而会之[3]，以相研核。

如异于此<sup>[4]</sup>，则无论焉。

[ **注释** ]

[1] 正经：指儒家经典，此指《尚书》。雅言，正规的言论。　[2] 义：道理，意义。凭，依据。　[3] 以下两句是说：把它们综合起来，互相参酌，来研究、考核事情的真伪。　[4] 以下两句是说：如果有与本篇所说的情况不同的，这里就不再讨论了。

夫远古之书，……略举纲维<sup>[1]</sup>，务存褒讳<sup>[2]</sup>，寻其终始，隐没者多。……若乃轮扁称其糟粕<sup>[3]</sup>，孔氏述其传疑<sup>[4]</sup>，孟子曰："尽信《书》，不如无《书》。《武成》之篇，吾取其二三简<sup>[5]</sup>。"推此而言<sup>[6]</sup>，则远古之书，其妄甚矣。岂比夫王沈之不实，沈约之多诈，若斯而已矣！

篇末总论，仍是强调对任何史料都不能盲从盲信，史料批判意识可谓深入骨髓。

[ **注释** ]

[1]纲维：纲领。　[2]褒讳：褒扬和隐讳。　[3]轮扁称其糟粕：轮扁把古人传下来的书称为糟粕。典出《庄子·天道》。　[4]孔氏述其传疑：孔子《春秋》记述历史时，把那些有缺文、自己认为可疑的地方照原样传给后人。典出《春秋穀梁传》桓公五年："《春秋》之义，信以传信，疑以传疑。"范宁注释说："明实录也。"　[5]"孟子"句：语出《孟子·尽心下》，意谓：如果完全相信《尚书》的记载，那还不如没有《尚书》。我对于其中的《武成》篇，就只相信二三处记载的内容。简，古代书写材料，是削制成

的狭长竹片或木片，竹片称"简"，木片称"札"或"牍"，统称为"简"。若干简编缀在一起叫"策"(册)。　[6]以下六句是说：由此推论，则远古的史书，其中虚妄不实的内容实在是太多了。这和后来的史学家王沈的记载不实、沈约的虚构事实相比，难道不像是一样的吗！

[ **点评** ]

刘知幾是以传统儒家政治伦理为治史理念之本的，本篇和下篇对孔子、对《尚书》《春秋》等儒家经典的批评质疑，是在史学领域对其违背记事求真的史学原则的做法进行批评，并不是在整体上批判儒学思想，因而在思想史上不可过于夸大，但在史学上确实具有重要的价值。本篇首先分析了《尚书》记事缺略的原因，随后对书中虚美隐恶、爱憎由己、情理不通和前后矛盾等可疑的十条具体记事，提出自己的怀疑批判，最后从宏观上指出《尚书》不可尽信，有很多记载不实和虚构事实之处。有着至高地位的《尚书》，记事却如此不堪，怎能不让人惊讶得目瞪口呆？特别是他所提出的十条可疑之处，并非是些意义不大、影响不远的事例，而都是儒家所歌颂的上古帝王贤德高尚之事。其中后九条，全是儒家所津津乐道的尧、舜、禹、汤等禅让嬗代之事，这在性质上已经不再只是对一个个具体事例的怀疑批判，而是揭批了此类现象的普遍存在，这就使本篇一下子处在惊世骇俗的风口浪尖之上，具有振聋发聩之力、醍醐灌顶之功，充分展示了作者为维护历史真实而不惜矛头直指圣书、毫无畏惧、勇敢批判的凛然正气。全篇自始至终，贯穿着强烈的史料批判意识，强调对任何史书史料都不能盲从盲信，表现出相当彻底的追求实事求是的精神。作者在8世纪初就有这样的史学理念，自是独领风骚，堪称世界性的史学巨子，而时至今日，这也是任何一个史学工作者都必须首先秉持的基本观念，此足见作者思想之敏锐超卓。而他所探讨、研究的结果，则在客观上直接否认了儒学所宣扬的尧舜和夏商周三代是圣明的黄金时代的传统观念，这个观点在近代以来逐渐成为史学界的常识，但在以儒学为统治思想的时代，却是一个大胆的、超前的卓识，极为不易。其所论，容有失之偏激，"然其识力之锐，发例之周，实为后世史家，辟一新径。降至有清，遂开崔述考信一派。读书求实之风，超越往代；而古史考证之业，乃成专门。论者不察其得失，遽诋知几此篇为作俑之始。皆由囿于世俗佞古尊经之见，牢不可破，相与短之，岂通识哉？"（张舜徽《史通平议》）而现代史学大师吕思勉则在其基础上，特作《广疑古》一文以发挥其义，则又足见本篇对后代史学影响之深远。

本篇还从历史认识的角度，顺势将魏晋隋唐时期的所谓帝位禅让之事一并予以讨论，认为这些所谓的禅让，"谓之让国，徒虚语耳"。作者说"必以古方今，千载一揆"，这未免过于绝对。古今不同，不可能简单地予以类比论证而直接划上等号。但从历史认识的方法上说，由古知今与由今知古，未尝不是透视历史和认识现实的两条相反相成的有效途径，这正是历史学所独有的社会功能与社会价值。只是我们必须予以辩证地宏观把握，而不能全部予以一一地对应指实。

# 外篇　卷十四

## 惑经第四

本篇对古代儒家最重要的经典之一《春秋》，从史学求真求实的角度，批评其记事有十二"未谕"之处，批评后人对《春秋》的高度评价有五"虚美"之弊。

以孔子天纵圣人都承认自己有误，引出下文对《春秋》的批评，可谓巧于立言。

昔孔宣父以大圣之德[1]，应运而生[2]，生人已来，未之有也[3]。故使三千弟子、七十门人[4]，钻仰不及[5]，请益无倦[6]。然则尺有所短，寸有所长[7]，其间切磋酬对[8]，颇亦互闻得失。……今惟摭其史文[9]，评之于后。

[ 注释 ]

[1] 孔宣父：即孔子。据《新唐书·礼乐志》，唐太宗贞观十一年（637），追尊孔子为"宣父"。　[2] 应运：应时代的要求。　[3] 生人已来，未之有也：语出《孟子·公孙丑上》："自有生民以来，未有孔子也。""生人"，本为"生民"，此乃为避唐太宗李世民讳而改，指人民。　[4] 三千弟子、七十门人：《史记·孔子世家》载，孔子授徒讲学，弟子盖三千人，身通六艺者

有七十二。　[5]钻仰不及：钻仰，深入研求。不及，不如，比不上。深入研究他的学问还唯恐不及。典出《论语·子罕》："颜渊喟然叹曰：仰之弥高，钻之弥坚。瞻之在前，忽焉在后。夫子循循然善诱之，博我以文，约我以礼，欲罢不能。既竭吾才，如有所立卓尔。虽欲从之，末由也已。"言孔子学问不可穷尽。　[6]请益无倦：向孔子请教，没有懈怠。　[7]尺有所短，寸有所长：比喻人或事物各有其长处和短处。典出《楚辞·卜居》。　[8]切磋酬对：互相讨论，应酬答对。　[9]撷：拾取，摘取。

　　案夫子所修之史，是曰《春秋》。窃详《春秋》之义，其所未谕者有十二。何者？

简洁明了，直揭主题。

　　盖明镜之照物也，妍媸必露，不以毛嫱之面或有疵瑕[1]，而寝其鉴也[2]；虚空之传响也[3]，清浊必闻[4]，不以绵驹之歌时有误曲[5]，而辍其应也[6]。夫史官执简，宜类于斯。苟爱而知其丑，憎而知其善[7]，善恶必书，斯为实录。观夫子修《春秋》也，多为贤者讳。狄实灭卫，因桓耻而不书[8]；河阳召王，成文美而称狩[9]。斯则情兼向背，志怀彼我。苟书法其如是也[10]，岂不使为人君者，靡惮宪章，虽玷白圭，无惭良史也乎？其所未谕三也。

"实录"之言，精论不刊！

**［注释］**

[1] 毛嫱（qiáng）：古代美人。《庄子·齐物论》说："毛嫱，丽姬，人之所美也。"一说越王美姬。疵瑕，毛病，缺点，此指斑点。　[2] 寝其鉴：不照映她的容貌。寝，停止。鉴，照。　[3] 虚空之传响：声音在空旷的空中传播。　[4] 清浊：清音与浊音。　[5] 绵驹：春秋时齐国高唐之善歌者。误曲，此指唱歌时跑调。　[6] 辍其应：停止传播他跑调的歌声。　[7] 爱而知其丑，憎而知其善：喜爱但也知道其缺点，厌恶但也知道其优点。语出《礼记·曲礼上》："爱而知其恶，憎而知其善。"　[8] 狄实灭卫，因桓耻而不书：《春秋》闵公二年载"狄入卫"，《左传》称其事为"狄人伐卫，卫师败绩，遂灭卫"，《穀梁传》范宁集解说："（《春秋》）不言'灭'而言'入'者，《春秋》为贤者讳，齐桓公不能攘夷狄、救中国，故为之讳。""狄实灭卫"以下六句是说：夷狄灭掉卫国，是确确实实发生了的事情，但孔子要为齐桓公掩饰未能驱逐夷狄的无能，就没在《春秋》中写明"夷狄灭卫"，而是写成"夷狄进入卫国"；晋文公将周天子召到晋国的河阳，孔子认为这种臣子召唤天子的行为有损晋文公的形象，他要为晋文公掩饰不守臣子本分的失德行为，就没在《春秋》中写"河阳召王"，而是写成"天子狩于河阳"。孔子在《春秋》中如此记载，是因为他把自己的感情倾注到了对立双方的人物身上，心里装着对立的两个方面。　[9] 河阳召王，成文美而称狩：《春秋》僖公二十八年载"天王狩于河阳"，《左传》记载其事说："晋侯召王，以诸侯见，且使王狩。仲尼曰：'以臣召君，不可以训，故书曰天王狩于河阳，言非其地也，且明德也。'"杜预注释说："隐其召君之阙，欲以明晋之功德。"晋侯即晋文公重耳，故本篇称"成文美而称狩"。　[10] 以下五句是说：倘若撰写史书的方法都像这个样子，难道不就使那些做国君的人，

没有谁再会惧怕法典朝章，即使犯下过错，也不会因为优秀史官的记载而感到羞愧吗？

凡在人伦不得其死者[1]，邦君已上皆谓之弑，卿士以上通谓之杀[2]。此又《春秋》之例也。案桓二年，书曰："宋督弑其君与夷及其大夫孔父。"[3]僖十年，又曰："晋里克弑其君卓及其大夫荀息。"[4]（原注："及"宜改为"杀"。）夫臣当为"杀"，而称"及"，与君"弑"同科[5]。苟弑、杀不分，则君臣靡别者矣[6]。（原注：《公羊传》曰："及者何？累也[7]。"虽有此释，其义难通。既未释此疑，其编于未谕。他皆仿此也。）其所未谕七也。

心细眼明，严肃认真，一丝不苟。

[注释]

[1] 不得其死：指人不得好死，也指对恶人的诅咒。语出《论语·先进》。　[2] 通：全部。　[3] "宋督孔父"句：宋督，即华督（？—前682），字华父，春秋时期宋戴公之孙，官至太宰，执政六卿之首。宋殇公十年（鲁桓公二年，前710），华督攻杀孔父嘉，夺其妻。殇公得知大怒，华督害怕遭诛杀，于是将宋殇公杀害，而拥立宋庄公。　[4] "里克荀息"句：里克（？—前650），春秋时晋国卿大夫，辅佐晋献公加强国君权力。拥护太子申生，但被骊姬等牵制，申生遇害自杀。献公卒后，他杀掉骊姬和骊姬的儿子奚齐、卓子及拥护奚齐的荀息，拥立公子

夷吾。夷吾即位后,削弱其军权,后又派人诛之,里克留下遗言:"不有废也,君何以兴? 欲加之罪,其无辞乎! 臣闻命矣。"自尽而亡。　[5]同科:犹同等,同一种类。　[6]靡别:没有分别。　[7]累:牵连。按,依《公羊传》释"及"为"累",作动词用,则原文断句就应为"宋督弑其君与夷,及其大夫孔父""晋里克弑其君卓,及其大夫荀息",便不存在弑杀不分的问题。古书无标点断句,"及"字又多意,产生歧义实属正常。但刘知幾仍称释"及"为"累"还是"其义难通",则不免强词夺理,表露出其自负且近于偏执的性格。

大事可讳,小事不该讳。此虽有不彻底的局限性,但毕竟还是在讲求实录直书之道。其委曲求全之态,反映的正是其内心实录直书之根本理念。

　　夫臣子所书,君父是党[1],虽事乖正直,而理合名教。如……邦之孔丑[2],讳之可也。如……并讳而不书,岂非烦碎之甚[3]? ……国家事无大小[4],苟涉嫌疑,动称耻讳,厚诬来世,奚独多乎! 其所未谕八也。

[注释]

[1]党:偏袒,偏私。　[2]孔:大。　[3]烦碎:繁杂琐碎。　[4]以下五句是说:对国家的事情不分大小,一旦怀疑可能涉及君主的声誉,就总是说这是国家的耻辱,从而隐晦,不记载在史书上,欺骗蒙蔽后人,为什么这样的事例特别多呢?

史书编纂贵能判别真伪,从实而书,不能以讹传讹。

　　盖君子以博闻多识为工[1],良史以实录直书为贵。而《春秋》记它国之事,必凭来者之辞[2];

而来者所言，多非其实。……遂使真伪莫分，是非相乱。其所未谕十二也。

[注释]

[1]博闻多识：知识广博，见解深刻。　[2]来者：此指他国使者。

凡所未谕，其类尤多，静言思之[1]，莫究所以。岂"夫子之墙数仞[2]，不得其门"者欤？将"某也幸[3]，苟有过，人必知之"者欤？如其与夺[4]，请谢不敏。

总论十二"未谕"出现的原因，结束对十二"未谕"的讨论。

[注释]

[1]以下两句是说：我静静地思考这些事情，但始终没能研究出是什么原因。言，我。静言思之，语出《诗经·邶风·柏舟》《诗经·卫风·氓》。　[2]以下两句是说：难道是像孔子的学生所说的那样，"孔子的思想好像被几丈高的围墙包围着，找不到门，无法进去"吗？"夫子之墙数仞"，语出《论语·子张》："叔孙武叔语大夫于朝曰：'子贡贤于仲尼。'子服景伯以告子贡。子贡曰：'譬之宫墙，赐（子贡）之墙也及肩，窥见室家之好。夫子之墙数仞，不得其门而入，不见宗庙之美、百官之富。得其门者或寡矣。夫子（叔孙武叔）之云，不亦宜乎！'"　[3]以下三句是说：还是像孔子自己说的，"我真是幸运，如果有错，人家就一定会知道"呢？"某也幸"，《论语·述而》原文作"丘也幸"。　[4]如：

怎么。与夺，取舍。以下两句是说：到底是什么原因，请原谅我的愚钝，我真的说不清啊。

又世人以夫子固天攸纵[1]，将圣多能[2]，便谓所著《春秋》，善无不备。而审形者少，随声者多[3]，相与雷同，莫之指实[4]。榷而为论，其虚美者有五焉。

形象而贴切地揭示了盲从盲信而没有自己的独立思考，是后人"虚美"《春秋》的根本原因。

[ 注释 ]

[1] 攸：所。纵，赋予。　[2] 将圣多能：典出《论语·子罕》："太宰问于子贡曰：'夫子圣者与，何其多能也？'子贡曰：'固天纵之将圣，又多能也。'"这两句是说：而且世人都认为孔子本是被上天赋予了高尚品质和多方面的才能。　[3] 审形者少，随声者多：语出应劭《风俗通义·正失》。审形，详察实情。随声，随声应和，指没有主见，别人怎么说，都跟着附和。　[4] 指实：指明实际情况。

总论五"虚美"出现的原因。强调对任何史事、任何言论都不能轻易相信，要有自己的独立思考，于他人不疑处有疑。

考兹众美[1]，征其本源，良由达者相承[2]，儒教传授，既欲神其事，故谈过其实。语曰："众善之，必察焉[3]。"孟子曰："尧、舜不胜其美[4]，桀、纣不胜其恶。"寻世之言《春秋》者[5]，得非睹众善而不察，同尧、舜之多美者乎？

[ **注释** ]

[1] 以下六句是说：考察这些虚夸溢美之辞，探究其出现的根源，正是由于《春秋》被那些学贯古今的人和儒家学者们代代继承，传授给人们。他们既然要神化孔子，于是就在宣传的时候言过其实了。　[2] 良：诚然，的确。达者，即达人，学贯古今的人，在某方面有专长的人。　[3] 众善之，必察焉：即使众人都说好，自己也一定还要仔细审查验证。典出《论语·卫灵公》："众恶之，必察焉；众好之，必察焉。"　[4] 不胜其美：承受不了别人给予他们的赞誉。　[5] 以下三句是说：探寻世人对《春秋》的虚夸赞美，难道不是因为看到众人说好，自己就不加考察地随声附和，如同尧、舜获得众多赞誉的情况一样吗？

　　昔王充设论[1]，有《问孔》之篇[2]，虽《论语》群言[3]，多见指摘[4]，而《春秋》杂义[5]，曾未发明[6]。是用广彼旧疑[7]，增其新觉，将来学者，幸为详之。

[ **注释** ]

[1] 设论：假设问答以阐明意旨。　[2]《问孔》：王充《论衡》第二十八篇。问即质疑，问孔即质疑孔子。全篇通过质疑《论语》，"问孔子之言，难其不解之文"，对孔子语录多有指责。　[3] 群言：大量言论。　[4] 指摘：即指责，指出错误，给以批评。　[5] 杂义：丰富的思想内容。　[6] 发明：创造性地阐发。　[7] 以下四句是说：因此本篇就在前人已经提出的疑问的基础上，再提出一些自己觉察到的疑问和新的见解，希望将来的学者们，能够详细地考察和

张舜徽《史通平议》："以知幾此言观之，知《史通·疑古》《惑经》之所由作，乃遥承王充《论衡》之绪，而续有发明。其后清儒崔述作《考信录》，复自言推广《史通》之意而作。可知《疑古》《惑经》二篇，实上绍王充，而下开崔述，一脉相沿，不可掩也。徒以自唐逮清，以科举取士，代圣贤立言，论人者惮闻周公、孔子之非，说经者惧言《尚书》《春秋》之失，于此二篇共相诟病，则亦拘墟之见，未可与语乎通方耳。"

研究我所提出的问题。

[点评]

本篇提出的十二未谕、五虚美，从修史原则、方法、体例等方面，尖锐犀利地批评了孔子和《春秋》记事的缺陷，批评了后人对《春秋》的虚假赞美，在史学理论方面，提出了一些至今依然必须遵守的重要思想原则：一是力倡史家必须"实录"，忠实反映历史事实。明确提出："苟爱而知其丑，憎而知其善，善恶必书，斯为实录。"强调史家必须严格控制自己内心的爱憎情感，像明镜照物、虚空传响一样照实书写历史，而不能杂有自己的主观意见在内。这是对任何一个有良知和正义感的史学家的根本性要求，可谓在任何时代都不会过时。二是强调了撰述宗旨和史书记事之间必须有机联系、内在统一的关系。《春秋》讲褒贬，以惩恶劝善为宗旨，但有许多弑君篡权之人没有记载，这就属于不该有的缺漏；与之相反，还有人因一些嫌疑而被加上恶名记载于书上，这也有违惩恶劝善的宗旨。囿于名教思想，刘知幾赞同为君父讳恶，所谓"邦之孔丑，讳之可也"，但一些"烦碎"小事也动辄隐讳不书，这就既违背了惩恶劝善的宗旨，也违背了如实记事的要求。三是强调书法义例应整齐划一。书法义例虽不能不讲灵活机动之宜，但首先还是应以整齐划一为上，否则即可弃而不用。作者以《春秋》"宋督弑其君与夷及其大夫孔父"为例，指出应为"宋督弑其君与夷及杀其大夫孔父"，批评《春秋》自违其例，以致造成弑杀不分、君臣靡别的错误。此虽一字之差，但所关甚重，鲜明体现了刘知幾严肃认真、一丝不苟的精神，也是一个彻底的学者应有的基本态度。清人称刘知幾"心细而眼明，舌长而笔辣"（黄叔琳《史通训故补·序》），于此鲜明可见。四是坚守"君子以博闻多识为工，良史以实录直书为贵"，强调"审行"，重申了博采求真的史料观。指出对史料不但要广收博采，更要严格审慎地做好去伪存真的工作，对任何史事、任何人的言论，都不能随声附和、盲从盲信，而要有自己的独立思考。作者虽没有更进一步地提出对真实史料的去粗取精、由此及彼、由表及里的分析、整理工作，但他能时时想到并坚持"以实录直书为贵"，强调"审行"，强调独立探索，就已经相当难得了，毕竟，他只是生活在七八世纪之交的古代史学家。

# 外篇　卷二十

本篇是收录作者致史馆监修萧至忠等人求免史任的书信，内容是以亲身经历，批评官方史学存在的弊病，其核心是"史馆修书五不可"。题名"忤时"者，言其所思、所言、所行皆取忤于时。

此信作于唐中宗景龙二年（708），两年后《史通》成书，又三年后作者才将此信收入书中。本段为收入书中之际，临时补作的序言性文字，说明为什么会在五年前写作此信。

## 忤时第十三

孝和皇帝时[1]，韦、武弄权[2]，母媪预政[3]。士有附丽之者[4]，起家而绾朱紫[5]，予以无所傅会[6]，取摈当时[7]（原注：一为中允，四载不迁）。会天子还京师[8]，朝廷愿从者众。予求番次在后[9]，大驾发日，因逗留不去[10]，守司东都[11]。杜门却扫[12]，凡经三载。或有谮予躬为史臣[13]，不书国事，而取乐丘园[14]，私自著述者。由是驿召至京[15]，令专执史笔。于时小人道长[16]，纲纪日坏[17]，仕于其间，忽忽不乐[18]，遂与监修国史萧至忠等诸官书求退[19]，曰：

[ **注释** ]

[1]孝和：710年，唐中宗卒，谥孝和。玄宗天宝十三载（754），改谥曰大和大圣大昭孝皇帝。　[2]韦、武弄权：唐中宗李显（656—710）为高宗与武则天之子，高宗卒后即帝位，然武则天以太后临朝称制，次年（684）将其废为庐陵王，后又立为皇太子。神龙元年（705），中宗复位，立妃韦氏为皇后，命武则天侄儿武三思为司空。但中宗昏庸懦弱，大权落入韦皇后及其女安乐公主手中。韦皇后与武三思勾结，贬杀、驱逐正直大臣，欲效法武则天为女皇。景龙元年（707）七月，太子李重俊发动兵变，矫诏杀武三思及其党羽十余人，企图消灭韦皇后一伙，但失败被杀，韦皇后进一步控制大权，并于景云元年（710）六月将中宗毒死，总揽朝政。不久立皇太子重茂为帝，韦氏以太后临朝称制。临淄王李隆基与姑母太平公主合谋，发兵杀死韦皇后、安乐公主及其党羽，扶睿宗即皇帝位，韦武祸乱至此平定。　[3]母媪（ǎo）：指中宗韦皇后。媪，老妇人的通称。　[4]附丽：依附。　[5]起家而绾朱紫：起家，创业。绾，佩戴，穿着。朱紫，唐朝规定，文武官吏三品以上服紫色袍，五品以下服朱色袍。本句意谓：一入仕途就被赐予高官厚禄。　[6]傅会：攀附，依附。　[7]取摈当时：被他们排斥，不予任用。　[8]京师：指长安（今陕西西安市）。　[9]予求番次在后：此据浦起龙《史通通释》校改，原文繁琐杂乱，不再列出。本句意谓：我请求把我的还京时间安排在后面的批次。番次，分批的次序。　[10]因逗留不去：因此就留下来没有离去。　[11]守司东都：仍在东都洛阳的分司机构供职。　[12]杜门却扫：杜门，关上大门。却扫，不洒扫以便接待客人。指闭门谢客，不和外界往来。　[13]谮（zèn）：说别人的坏话，诬陷，中伤。　[14]取乐丘园：隐居园圃，寻取自我快乐。丘谓丘墟，园谓园圃，指隐居之处。　[15]驿召：以驿马传召。　[16]小人道长：指小人得势。　[17]纲纪日坏：朝

纲法纪日益败坏。　[18]忽忽：失意的样子。　[19]监修国史：北齐时设有"监国史"一职，唐太宗时以史馆负责纂修本朝史书，有监修国史等史官。唐初，监修国史由重臣、宠臣、史学专长之臣担任，尚无定制，一般是由相当于宰相的大臣兼任。到中后期，才仅由宰相监修，但唐朝乃多人同为宰相，因而监修国史之职亦有时多人兼任。萧至忠（？—713），兰陵（今属山东）人。以依附武三思和中宗韦皇后，历任中书侍郎、同平章事、侍中等职。后又依附太平公主，升任刑部尚书、中书令，封郯国公。玄宗开元元年（713），与太平公主图谋作乱，被杀。求退，指请求辞去史官职务。中宗景龙二年（708）四月，兵部尚书宗楚客、中书侍郎萧至忠等被任命监修国史，则刘知幾给监修国史萧至忠等人写信求免史任必在此之后。

天性近于史学，才识亦堪史任，又素以著述自许，却在史馆中难有作为。原因何在？

"五不可"乃全篇柱棒，皆一正一反、有破有立地阐发各论，既是批评时弊，又是提出改良措施。

仆幼闻《诗》《礼》，长涉艺文，至于史传之言，尤所耽悦[1]。……莫不赜彼泉薮[2]，寻其枝叶[3]，原始要终[4]，备知之矣。若乃刘峻作传[5]，自述长于"论"才；范晔为书[6]，盛言矜其"赞"体。斯又当仁不让[7]，庶几前哲者焉[8]。然自策名仕伍[9]，待罪朝列[10]，三为史臣，再入东观[11]，竟不能勒成国典[12]，贻彼后来者[13]，何哉？静言思之，其不可有五故也。

[注释]

[1]耽悦：深爱。　[2]赜：徐复《〈史通〉校记》认为应是

"蹟"之误，即今通用之"迹"字，在此引申为寻踪迹之意。泉薮，指根源。"泉"即"渊"，以避唐高祖李渊讳而改。　[3]枝叶：比喻从属的、次要的事物。　[4]原始要终：原、要：推求。探求事物发展的起源和结果。　[5]"刘峻"二句：据《梁书·刘峻传》载，南朝梁刘峻率性而动，不能随众沉浮，故不被任用，乃著《辨命论》以寄怀。《论》成，同僚刘沼两度致信讨论，刘峻都一一申说辨析。不久刘沼卒，刘峻乃为书以序其事。　[6]"范晔"二句：据《宋书·范晔传》载，范晔曾向其甥、侄等人，自夸其《后汉书》中的"赞"语"自是吾文之杰思，殆无一字空设。奇变不穷，同含异体，乃自不知所以称之"。　[7]当仁不让：原指以仁为任，无所谦让。后指遇到应该做的事就积极主动去做，不推让。　[8]庶几前哲：近似前贤。刘知幾此意是说，自己想模仿前贤，以当仁不让的态度撰写史学著作。　[9]策名仕伍：列名于官员之中，即当官。　[10]待罪朝列：在朝廷做官。待罪，官吏供职的谦辞。朝列，指朝班，泛指朝廷官员。　[11]东观：东汉时皇家典藏图书文献之处，修史亦在其中。后泛指宫中藏书和修史之处。此指唐代史馆。　[12]竟不能勒成国典：国典，国史。刘知幾在《古今正史》中，自言与徐坚、吴兢等撰成《唐书》八十卷、重修《则天实录》三十卷，可见并非一无所成，然这些史书只是《史官建置》中所说的"当时草创"之"书事记言"，并非定稿性质的后来"勒成删定"，故此处自称"不能勒成国典"。　[13]贻彼后来者：遗留给后人。

何者？古之国史，皆出自一家，如鲁、汉之丘明、子长，晋、齐之董狐、南史，咸能立言不第一不可，史官数量虽多，但既不精干，且相推诿，遂致徒延岁月，修史无成。

朽，藏诸名山。未闻藉以众功[1]，方云绝笔[2]。唯后汉东观，大集群儒，著述无主[3]，条章靡立[4]。由是伯度讥其不实[5]，公理以为可焚[6]，张、蔡二子纠之于当代[7]，傅、范两家嗤之于后叶[8]。今者史司取士，有倍东京[9]。人自以为荀、袁[10]，家自称为政、骏[11]。每欲记一事、载一言，皆阁笔相视[12]，含毫不断[13]。故头白可期[14]，而汗青无日[15]。其不可一也。

[注释]

[1]众功：众人之力。　[2]绝笔：指绝妙无比之诗文书画。此指质量优良、堪称上乘的史书。　[3]无主：没有主持者。　[4]条章：撰写史书的条例规章。靡立，没有制订。　[5]伯度：李法字伯度，东汉汉中南郑（今陕西汉中市南郑区）人。博通群书，性刚而有节。和帝时除博士，迁侍中、光禄大夫，上疏指责后妃、宦官干预朝政，又讥史官记事不实，后世必不相信。被免为庶人，家居八年。征拜议郎、谏议大夫，正言极辞，无改于旧。出为汝南太守，政有声迹。后归家卒。　[6]公理：仲长统字公理，东汉山阳高平（今山东金乡）人。俶傥敢言，不矜小节，默语无常，时人谓之狂生。曾撰文明志，提出"百虑何为，至要在我。寄愁天上，理忧地下。叛散五经，灭弃风雅。百家杂碎，请用从火"。后参曹操军事，每论说古今及时俗行事，恒发愤叹息，遂著论曰《昌言》，即"当言"之意。　[7]张、蔡：即张衡、蔡邕。　[8]傅、范：即傅玄、范晔。　[9]倍：增加。东京，东汉首都洛阳，此

代指东汉政权。　[10]荀、袁：即荀悦、袁宏。　[11]政、骏：
即刘向（字子政）、刘歆（字子骏）。　[12]阁：通"搁"，放
下。　[13]含毫：含笔于口中。比喻构思为文或作画。不断，不
决断。　[14]期：期望，期待。　[15]汗青：此指修成著述。

　　前汉郡国计书[1]，先上太史[2]，副上丞相。
后汉公卿所撰，始集公府[3]，乃上兰台[4]。由是
史官所修，载事为博。爰自近古，此道不行[5]。
史官编录，唯自询采[6]，而左、右二史，阙注起
居[7]，衣冠百家，罕通行状[8]。求风俗于州郡[9]，
视听不该；讨沿革于台阁，簿籍难见。虽使尼父
再出，犹且成于管窥[10]；况仆限以中才[11]，安
能遂其博物[12]！其不可二也。

　　第二不可，史
料供给不足，官方
文献不备，采访亦
受限制，难为无米
之炊。

[ 注释 ]

　　[1]郡国：西汉初年，在地方上继承秦朝的郡县制，同时又分
封诸侯王国，郡国两制并行。计书，古代州郡年终向朝廷汇报地
方政情的簿书。　[2]上：上呈。　[3]公府：古代官署名。三公（太
尉、司徒、司空）的官署，属中央一级的机构。　[4]兰台：汉朝时，
皇宫内建有藏书的石室，作为中央档案典籍库，称为兰台，由御
史中丞管辖，置兰台令史，史官在此修史。后人从此引申，宫廷
内的典籍收藏府库、御史台和史官，都曾被称为兰台。　[5]不行：
不再通行。　[6]询采：访求，采访。　[7]左、右二史，阙注起居：
史官们记载帝王言行和国家政事的起居注残缺不全。北魏孝文帝

太和十四年（490），设起居令史，每行幸燕会，在皇帝左右，记录帝言及宾客酬对，次年又分置左右史官，要求他们撰修起居注"直书时事，无讳国恶"，如实记录人君言论与行动。唐时主要以起居注记录本朝史事，仍设专官，分为起居郎与起居舍人，分属门下、中书二省，略仿左、右二史之意。　[8]衣冠百家，罕通行状：大臣们的家史行状也在社会上极少公开流通。衣冠，门阀世族。　[9]以下四句是说：到各地去访求风土人情的状况，但所见所闻都不完备。到兰台、秘阁去了解制度发展变化的情况，却难以见到官府文书。　[10]管窥：从管中窥物。比喻目光短浅，见闻不广。[11]限以中才：仅仅具有中等才能。　[12]遂：实现。博物，渊博。

第三不可，人多口杂，权贵干预，良直见弃，谁敢下笔？

　　昔董狐之书法也，以示于朝[1]；南史之书弑也，执简以往[2]。而近代史局，皆通籍禁门[3]，深居九重[4]，欲人不见。寻其义者，盖由杜彼颜面[5]，防诸请谒故也[6]。然今馆中作者，多士如林，皆愿长喙[7]，无闻蹇舌[8]。傥有五始初成[9]，一字加贬，言未绝口而朝野具知，笔未栖毫而搢绅咸诵。夫孙盛实录，取嫉权门[10]；王劭直书，见仇贵族[11]。人之情也[12]，能无畏乎？其不可三也。

## ［注释］

[1]"董狐"句：春秋时期，晋国史官董狐不畏权臣赵盾威势，在史册上明确记载"赵盾弑其君"。后孔子称其此举为"书法不

隐"，称其人为"古之良史"。　[2]"南史"句:《左传》襄公二十五年载齐国君主被崔杼所杀事说:"太史书曰'崔杼弑其君'，崔子杀之。其弟嗣书而死者二人，其弟又书，乃舍之。南史氏闻太史尽死，执简以往，闻既书矣，乃还。"　[3]通籍禁门:指唐代史馆设在皇宫之内。　[4]九重:原意为天，古人传言天有九层。后引申为帝王居处，意为君门深邃，不可至。本句意指史官们在史馆中办公，深居宫内。　[5]杜彼颜面:杜绝史官和其他官员见面。　[6]防诸请谒:防止官员们为自身利益而去找史官私下告求。　[7]长喙(huì):长嘴，比喻说空话或搬弄是非。本句意指有些史官喜欢讲话，很随便地就把史馆修史中的一些事情讲给外人。　[8]齰(zé)舌:咬着舌头不说话，指闭口不言。齰，牙齿整齐，上下密合。　[9]五始:公羊派经学家对《春秋》义例的解释，认为《春秋》第一句话包含了五个开始。此代指史书。以下四句是说:一旦史书开始写作，刚刚进行一点褒贬评论，话还没有说完，满朝官员就都知道了所作褒贬的内容;笔还没有停下，官员们就已经在传诵所写出来的内容。朝野，朝廷和民间，此偏指朝廷。栖毫，停笔。搢绅，有官职的或做过官的人。　[10]"孙盛"句:东晋孙盛撰《晋阳秋》一书，词直而理正，时人咸称良史，其中记载有权臣桓温北伐时在枋头作战失败事，桓温见之，怒谓其子曰:"枋头诚为失利，何至乃如尊君所说?若此史遂行，自是关君门户事!"孙盛拒绝修改，其子为免遭毒手，窃而改之。　[11]"王劭"句:《史通·曲笔》中亦称王劭"书法不隐，取咎当时"。《论赞》《载文》《言语》《直书》《曲笔》等篇中还多次称王劭修史记事真实、理多可信，"抗词正笔，务存直道"，"抗词不挠"，"务在审实"，但《隋书》王劭本传却称其"好诡怪之说，尚委巷之谈，文词鄙秽，体统繁杂，直愧南、董，才无迁、固，徒烦翰墨，不足观采"。刘知幾熟读《隋书》，本句当即据之而发。　[12] 人之情：人之常情。本句意谓：这些史官因所修史书内容被泄漏而陷入艰难境地的情况，按照人之常情，能不使我有所畏惧顾忌吗？

第四不可，监修指挥不一，令出多门，史官无从下笔。

古者刊定一史 [1]，纂成一家 [2]，体统各殊 [3]，指归咸别。夫《尚书》之教也，以疏通知远为主；《春秋》之义也，以惩恶劝善为先。《史记》则退处士而进奸雄，《汉书》则抑忠臣而饰主阙 [4]。斯并曩时得失之列，良史是非之准，作者言之详矣。顷史官注记，多取禀监修，杨令公则云"必须直词" [5]，宗尚书则云"宜多隐恶" [6]。十羊九牧 [7]，其令难行；一国三公 [8]，适从何在？其不可四也。

**［注释］**

[1] 刊定：修改审定。　[2] 一家：一家学说。此指成一家之言的著作。　[3] 以下两句是说：各自成一家之言的不同史书，往往体制各不相同，宗旨也都有所区别。　[4] 抑忠臣而饰主阙：抑制忠臣的名誉，掩饰君主的缺失，不使忠臣的影响超过君主。　[5] 杨令公：即杨再思（634—709），郑州原武（今河南原阳县）人。历官御史大夫、侍中、尚书右仆射等职，进爵郑国公。任相期间，极力迎合皇帝，先后依附张易之兄弟、中宗韦皇后等势力，阿谀奉承，毫无作为。　[6] 宗尚书：即宗楚客（？—

710），字叔敖，蒲州（今山西永济市）人，祖籍南阳（今河南南阳市）。曾两度为相，封郇国公，官至中书令，为中宗韦皇后心腹。工诗，但皆为奉和应制、粉饰升平之作。　[7]十羊九牧：十头羊，却用九个人放牧。比喻使令不一，无所适从。　[8]一国三公：公，古代诸侯国君的通称。一个国家有三个主持政事的人。比喻事权不统一，使人不知道听谁的话好。

窃以史置监修，虽古无式[1]，寻其名号，可得而言。夫言监者，盖总领之义耳[2]。如创纪编年[3]，则年有断限；草传叙事，则事有丰约。或可略而不略，或应书而不书。此刊削之务也。属词比事[4]，劳逸宜均；挥铅奋墨，勤惰须等。某帙某篇，付之此职；某传某志，归之彼官。此铨配之理也。斯并宜明立科条[5]，审定区域。傥人思自勉，则书可立成。今监之者既不指授[6]，修之者又无遵奉[7]，用使争学苟且[8]，务相推避[9]，坐变炎凉[10]，徒延岁月[11]。其不可五也。

第五不可，监修职责不明，史官无所遵奉，终致岁月徒延，修史无功。

［注释］

[1]史置监修，虽古无式：此误，监修并非唐代才有。北齐时已有"监国史"的设立，著名史学家魏收就曾以太子少傅兼任其职，这是唐代"监修国史"之所本。　[2]总领：统领、统管。　[3]以下七句是说：例如设立本纪，用编年体记述史事，就

有一个时间起止的标准问题；以列传记述史事，就有一个内容记载详略的标准问题。在这些问题上，有的史官对该简略的没有简略，该记载的没有记载。这都是监修官要负责的规划、增删工作。　[4]以下九句是说：史官们撰文记事，每个人分工的劳逸程度应该大致均等，分配的写作任务应该繁忙与闲暇大致相同。某卷某篇交给这个史官去写作，某传某志交给那个史官去写作。这都是监修官应该承担的统筹安排之道。　[5]以下两句是说：这些都应该事先明确地订出条例，审查确定好每个人撰写的范围。　[6]指授：指导，指示，做出规定。　[7]遵奉：遵照奉行。　[8]苟且：只顾眼前，得过且过；马虎，敷衍。　[9]推避：推卸逃避，托故避开。　[10]坐变炎凉：炎凉，犹寒暑，比喻岁月。坐等岁月的流逝。　[11]徒延岁月：白白地拖延了时光。

凡此不可，其流实多[1]，一言以蔽，三隅自反[2]。而时谈物议[3]，安得笑仆编次无闻者哉！比者伏见明公[4]，每汲汲于劝诱[5]，勤勤于课责[6]，或云"坟籍事重，努力用心"，或云"岁序已淹[7]，何时辍手[8]？"切以纲维不举[9]，而督课徒勤[10]，虽威以刺骨之刑[11]，勖以悬金之赏[12]，终不可得也。语曰："陈力就列，不能者止[13]。"所以比者布怀知己[14]，历抵群公[15]，屡辞载笔之官[16]，愿罢记言之职者，正为此尔。

在上者无工作谋划，督责考核却繁琐严格，在下者除辞职外，尚有他途乎？

[ 注释 ]

[1] 流：类别，方面。　[2] 一言以蔽，三隅自反：上面提到
的五点只是简要地概括一下，其他方面可以自行类推。　[3] 时
谈物议：时谈，时人的谈论；物议，众人的非议。指众人的议论。
以下两句是说：你们在评论修史的事情时，怎么能不考虑这些制
约因素，而一味地讥笑我没有编写出史书呢！　[4] 明公：旧时对
有名位者的尊称。　[5] 汲汲：形容急切的样子，表示急于得到的
意思。劝诱，劝勉诱导，规劝诱导。　[6] 勤勤：勤苦，努力不倦。
课责，考课督责。　[7] 岁序：指年份更替的顺序，泛指时令。淹，
迟缓。　[8] 辍手：放手，停手。此指史书修成。　[9] 切：浦起
龙《史通通释》说"一作'窃'"。纲维，纲领。此指修史的制
度。举，制定。　[10] 督课：督查考核。　[11] 威：威胁。刺骨，
深入骨髓，形容极其惨毒。　[12] 勖（xù）：勉励。悬金，即悬
赏。　[13] 陈力就列，不能者止：陈，陈列，此指施展。就，走向，
此指担任。列，位，职务。指能贡献才力的，就担任相应的官职，
否则就不要去当那个官。典出《论语·季氏》。　[14] 比者：近来。
布怀知己，向知己坦述思想志向。　[15] 历：先后。抵，触犯，
抵挡。群公，泛指诸有名位者，亦用作一般的尊称。　[16] 载笔：
携带文具以记录王事。借指史官。

抑又有所未谕[1]，聊复一二言之。比奉高
命，令隶名修史[2]。而其职非一[3]。……何事置
之度外[4]，而使各无羁束乎！必谓诸贤载削非其
所长，以仆鎗鎗铰铰[5]，故推为首最[6]。就如斯
理[7]，亦有其说。何者？……求史才则千里降

史官众多，但
其责委于一人，又
不给予名分待遇，
孰能无怨？

追[8]，语宦途则十年不进。意者得非相期高于班、马，见待下于兵卒乎？

[注释]

[1]谕：告诉。　[2]隶名：隶属于某部门而册上有名。　[3]其职非一：唐代史馆有很多史官，其中有专职，也有兼职和临时充任者，并非所有史官都以修史为唯一工作职责。　[4]以下两句是说：为什么对其他史官不闻不问，不让他们承担修史任务，而使他们无拘无束呢？　[5]鎗（chēng）鎗铰（jiǎo）铰：比喻人的才能出众。　[6]推为首最：排在最前面。　[7]以下两句是说：就算你们是这样看待我的，我也有些想法要说一说。　[8]以下四句是说：朝廷需要具有史学才能的人，就把我从千里之外的东都洛阳调入京城供职，但是对我的官职，却十年不予升迁。想想看，这不是要求我能以高于一流史家司马迁和班固的史学才能开展工作，但给我的待遇却比普通士兵还差吗？天底下有这样的道理吗？

又人之品藻[1]，贵识其性。明公视仆于名利何如哉？当其坐啸洛城[2]，非隐非吏[3]，惟以守愚自得[4]，宁以充诎撄心[5]。但今者黾勉从事[6]，挛拘就役[7]，朝廷厚用其才[8]，竟不薄加其礼。……仆未能免俗[9]，能不蒂芥于心者乎！

想啥说啥，率性率真，天然可爱。

[注释]

[1]品藻：品评鉴定。以下两句是说：对一个人的品评鉴定，

最重要的是看他的性情。　[2]坐啸：指为官清闲或不理政事。洛城，即洛阳。此句指作者请求留居洛阳的一年多写作生活。　[3]非隐非吏：既不像隐士，也不像官吏。　[4]守愚：保持愚拙，不事巧伪。此指不求仕进而专心致志地写作《史通》。自得，自觉得意，高兴满足。　[5]宁以充诎（qū）撄心：宁，岂。充诎，因富贵而得意忘形，典出《礼记·儒行》："不充诎于富贵。"撄心，扰乱心神。本句意谓：何曾为了谋求富贵而扰乱过心神？　[6]黾（mǐn）勉：勉励，尽力。　[7]挛（luán）拘：勉强。就役，从事差事，此指从事修史的工作。　[8]以下两句是说：朝廷虽然因为我的史学才能而交给我很重的修史任务，但却从不多给我一点礼遇。　[9]以下两句是说：我是一个没能完全摆脱世俗名利思想的人，心里能不对此有意见吗？蒂芥，也作芥蒂，比喻内心不满或不快。

　　当今朝号得人，国称多士。蓬山之下<sup>[1]</sup>，良直差肩<sup>[2]</sup>；芸阁之中<sup>[3]</sup>，英奇接武<sup>[4]</sup>。仆既功亏刻鹄<sup>[5]</sup>，笔未获麟<sup>[6]</sup>，徒殚太官之膳<sup>[7]</sup>，虚索长安之米<sup>[8]</sup>。乞已本职<sup>[9]</sup>，还其旧居，多谢简书，请避贤路。唯明公足下，哀而许之。

信末点题：辞职。

[ **注释** ]

　　[1]蓬山：此指史馆。《后汉书·窦融传》附《窦章传》说："学者称东观为老氏臧室、道家蓬莱山。"李贤注："老子为守臧史，复为柱下史。四方所记文书，皆归柱下。事见《史记》。言东观经籍多也。蓬莱，海中神山，为仙府。幽经秘录，并皆在焉。"《史通·史官建置》："汉氏中兴，明帝以班固为兰台令史，……兰

台之职者，盖当时著述之所也。自章、和已后，图籍盛于东观。凡撰《汉记》，相继在乎其中。"故此处用"蓬山"一词代称史馆。　[2] 良直差肩：良直，贤良正直。差肩，即比肩，肩挨肩。形容人才济济。　[3] 芸阁：藏书处，即秘书省。　[4] 英奇接武：英奇，才智特殊的人。接武，步履相接，比喻前后继承。形容人才济济。　[5] 功亏刻鹄：此指撰修史书没有成就。刻鹄，比喻仿效前贤。　[6] 笔未获麟：撰修史书迟迟不能完稿。　[7] 徒：白白地。殚，竭尽。太官之膳，朝廷供应的膳食。太官，官名。秦有太官令、丞，两汉因之，掌皇帝膳食及燕享之事。北魏时太官掌百官之馔，北齐、隋、唐因之。　[8] 虚：空，白白地。索，要求，讨取。长安之米，指朝廷供应的膳食。典出《汉书·东方朔传》：汉武帝初即位，诏举天下方正贤良、文学才力之士，越级提拔，东方朔上书高自称誉，帝伟之，但仅令待诏公车，俸禄薄，且久不得召见。后召问，东方朔对曰："臣言可用，幸异其礼；不可用，罢之，无令但索长安米。"　[9] 以下六句是说：我请求免去所任史官一职，回到我原来的职务岗位，不再参与修史工作，为其他史官避路让贤。希望您哀怜我，答应我的请求。

本段为此信收入《史通》之际，临时补作的篇末跋语，交代书信呈上之后的结果，与篇首小序呼应。

翦伯赞："吾人读刘知幾书，而知其兼才、学、识三者而并有之。惜乎！任道其职而道不行，见用于时而志不遂，郁快孤愤，终至贬死。贤者委弃，千古同叹，又岂独刘知幾为然耶？"（《论刘知幾的历史学》，《史料与史学》）

　　至忠得书大惭，无以酬答 [1]，又惜其才，不许解史任。而宗楚客、崔湜 [2]、郑愔等 [3]，皆恶闻其短，共仇嫉之 [4]。俄而萧、宗等相次伏诛 [5]，然后获免于难。

**[注释]**

[1] 酬答：以言语、文字酬和作答。　[2] 崔湜（? —713）：

字澄澜，定州安喜（今河北定县）人。曾与修《三教珠英》，先后依附武三思、上官婉儿、韦皇后，累迁至中书侍郎、同平章事、吏部侍郎等。后又依附太平公主，升任同中书门下三品，进中书令。开元元年（713），唐玄宗平定太平公主叛乱，将其流放岭南，途中赐死。　[3]郑愔（？—710）：字文靖，沧州（今属河北）人。武则天时，依附张易之兄弟，被荐为殿中侍御史。唐中宗时，依附韦皇后，升吏部侍郎，并任相。后因赃贬为江州司马，以勾结诸王阴谋叛乱，被诛。　[4]仇嫉：仇恨憎恨。　[5]相次：次第，相继。刘知幾这封书信写于中宗景龙二年（708），郑愔、宗楚客、萧至忠、崔湜等相次伏诛于之后两年或五年。

[ **点评** ]

《史通》初成于唐中宗景龙四年（710），三年后作者又将五年前写给萧至忠等人的书信重新拟定名称，收入书中，并在书信首尾加上序跋性说明文字，从而形成本篇。此时萧至忠等人已经相继伏诛，作者不用担心再受到他们的伤害，这是此信能够收入书中的外在原因，内因则是此信所言确实与《史通》内容直接相关。《史通》其他篇中不时对唐代史馆修史的现状进行批评，其中有些就是作者亲身所经历。作者写此信的唯一目的是请求辞去当时担任的史官职务，原因是政治败坏，小人得志，作者虽有史学才识和修史素志，却根本不能按照自己意志编成史书。作者先是提出史馆修书"五不可"，直言不讳地揭露了当时史馆的种种弊端，继而又专门对史馆用人中存在的责任与权益严重脱离的体制性弊病提出严正批评，这些都是作者对唐代官方史学不能取得较高成就的原因的切实分析，也是对唐代官方修史的有力批判。但非常不幸的是，作者之后的唐朝官方史学以及宋元明清各朝，几乎全都沿袭了作者所批评的官方修史的种种弊端。显然，作者的批评是非常深刻的，他言辞犀利地激烈批判，实际上是在为官方史学把脉问诊，是从反面为改良和改善官方修史工作提出积极建议。也正因此，他所力陈的史馆修书"五不可"，也就成为后世改良史馆运行机制的反面教材，而被人们常常提起，对官方修史发挥着重要的警示作用。而其中的一些内容，如修史人员能否合作共事，史料如何搜集，组织者是否领导有方，也是今天集体合作修书项目必须正视并妥善解决的问题，否则同样会出现本篇作者所担心的头白可期而汗青无日的不良后果。

从《史通》全书的谋篇布局说，以本篇作为压轴之作，也有其内在思考的逻辑理路。此诚如浦起龙《史通通释》所说："《忤时》与《自叙》相表里。《自叙》主衡史，《忤时》主职史。衡史本于识定，识定故论定；《史通》作，而识寓焉。职史期于道行，道行故直行；《史通》成，而道存焉。是二篇者，函古砥今，屹然分峙，为内、外篇之殿。器鉴风棱，不规不随。"而与书首《〈史通〉原序》、内篇末篇《自叙》合观，更可见唐代史馆制度排抑人才之弊和作者史学才识之高，从而也就不能不更使人油然而生逢时与不逢时之叹！

# 主要参考文献

史通 （唐）刘知幾撰 （明）张之象校刻 明万历五年（1577）刊本，中华书局1962年影印本

史通 （唐）刘知幾撰 （明）张鼎思校刻 明万历三十年（1602）刊本，商务印书馆《四部丛刊》本（1919—1922年出版）

史通评释 （明）郭孔延撰 上海古籍出版社1995年《续修四库全书》本

史通 （唐）刘知幾撰 （明）李维桢评、郭孔延附评 齐鲁书社1997年《四库全书存目丛书》本

史通训故 （明）王惟俭撰 上海古籍出版社1995年《续修四库全书》本

史通训故补 （清）黄叔琳撰 上海古籍出版社1995年《续修四库全书》本

史通通释 （清）浦起龙撰 上海古籍出版社2009年版

史通削繁　（清）纪昀撰　上海古籍出版社 1995 年《续修四库全书》本

四库全书总目　（清）永瑢等　中华书局 1965 年版

廿二史劄记校证　（清）赵翼撰　王树民校证　中华书局 1984 年版

章学诚遗书　（清）章学诚撰　文物出版社 1985 年版

随园随笔　（清）袁枚撰　上海古籍出版社 1995 年《续修四库全书》本

史通校正　（清）卢文弨撰　上海古籍出版社 1995 年《续修四库全书》《群书拾补》本

隋书经籍志考证　（清）姚振宗撰　上海古籍出版社 1995 年《续修四库全书》本

烟屿楼读书志　（清）徐时栋撰　上海古籍出版社 1995 年《续修四库全书》本

廿二史考异　（清）钱大昕撰　江苏古籍出版社 1997 年《嘉定钱大昕全集》本

隋经籍志考证　（清）章宗源撰　北京出版社 1997 年《四库未收书辑刊》本

史通札记　孙毓修著　《四部丛刊》本《史通》附录

史通评　吕思勉著　上海人民出版社 1981 年《史学四种》本

中国史学史　金毓黻著　河北教育出版社 2000 年版

校雠目录学纂要　蒋伯潜著　北京大学出版社 1990 年版

史料与史学　翦伯赞著　北京大学出版社 1985 年版（增订本）

刘知幾年谱　傅振伦著　中华书局 1963 年版（第三次修订本）

史通笺记　程千帆著　中华书局 1980 年版

四库提要辨证　余嘉锡著　中华书局 1980 年版

中国古代史学史　朱杰勤著　河南人民出版社 1980 年版

史通平议　张舜徽著　中华书局 1983 年《史学三书平议》本

刘知幾的实录史学　许冠三著　香港中文大学出版社 1983 年版

史通笺注　张振珮著　贵州人民出版社 1985 年版

中国历史研究法　梁启超著　上海古籍出版社 1987 年版（与《中国历史研究法补编》合编本）

史通新校注　赵吕甫著　重庆出版社 1990 年版

《史通》理论体系研究　赵俊著　辽宁大学出版社 1990 年版

刘知幾评传　许凌云著　南京大学出版社 1994 年版

中国古代史学批评纵横　瞿林东著　中华书局 1994 年版

史通驳议（《史学述林》卷三）　刘咸炘撰　成都古籍书店 1996 年影印《推十书》本

余嘉锡文史论集　余嘉锡著　岳麓书社 1997 年版

中国史学名著　钱穆著　生活·读书·新知三联书店 2000 年版

管锥编　钱钟书著　生活·读书·新知三联书店 2001 年版

十力语要　熊十力著　上海书店出版社 2007 年版

中国史学史　杜维运著　商务印书馆 2010 年版

中国史学史　乔治忠著　中国人民大学出版社 2011 年版

史通　张固也注译　中州古籍出版社 2012 年版

清前《史通》学研究　王嘉川著　社会科学文献出版社 2013 年版


刘知幾与章实斋之史学　张其昀　《学衡》第 5 期（1922 年）

史通补释　陈汉章　《史学杂志》第 1、2 卷（1928 年），浦起龙《史通通释》附录　上海古籍出版社 2009 年版

史通点烦篇臆补　洪业　《史学年报》第 2 卷第 2 期（1935 年），中华书局 1981 年《洪业论学集》本

魏收之史学　周一良　《燕京学报》第 18 期（1935 年），北京大学

出版社 1997 年《魏晋南北朝史论集》本

　　十六国旧史考　朱希祖　《制言》第 13 期（1936 年），上海古籍出版社 2014 年《中国史学通论》本

　　史通通释补　杨明照　《文学年报》第 6 期（1940 年），浦起龙《史通通释》附录　上海古籍出版社 2009 年版

　　史通增释　彭仲铎　成于 1941 年（据卷首罗常培序，罗序作于次年 6 月），浦起龙《史通通释》附录　上海古籍出版社 2009 年版

　　馆藏明蜀刻本《史通》初校记　蒙文通　四川省立图书馆编辑《图书集刊》创刊号（1942 年 3 月），《蒙文通文集》第三卷　巴蜀书社 1995 年版

　　汉书所据史料考　杨树达　《积微居小学金石论丛》（增订本）　科学出版社 1955 年版

　　刘知幾的进步的史学思想　白寿彝　《北京师范大学学报》1959 年第 5 期

　　论刘知幾的学术思想　侯外庐　《历史研究》1961 年第 2 期

　　试论刘知幾是有神论者　王玉哲　《文史哲》1962 年第 4 期

　　刘知幾与《史通》　杨翼骧　《历史教学》1963 年第 7、8 期

　　在广西历史学会上的学术报告　翦伯赞　《广西壮族自治区历史学会会刊》第 1 期 [ 成立大会专刊 ]　1963 年 11 月出版，中华书局 2008 年《历史问题论丛》合编本

　　刘知幾的进步的历史观　任继愈　《文史哲》1964 年第 1 期

　　顾颉刚、洪业与中国现代史学　余英时　《中国史研究动态》1981 年第 8 期

　　《史通》编撰问题辨正　乔治忠　《中国历史文献研究》第 1 辑（华中师范大学出版社 1986 年），《中国官方史学与私家史学》　北京图书馆出版社 2008 年版

《〈史通〉校记》　徐复　《徐复语言文字学丛稿》　江苏古籍出版社1990 年版

《史通·点繁篇》索隐　徐复　《徐复语言文字学丛稿》　江苏古籍出版社 1990 年版

中国古代史学理论发展大势　瞿林东　《历史研究》1992 年第 2 期

《史通》读法　程千帆　《程千帆全集》第七卷　河北教育出版社2001 年版

刘知幾《史通》与明代史学　杨艳秋　《史学史研究》2002 年第 4 期

《〈史通〉校补》　徐复　《徐复语言文字学晚稿》　江苏教育出版社2007 年版

裴子野《宋略》三题　唐燮军　《史学史研究》2009 年第 1 期

《〈代歌〉〈代记〉和北魏国史》　田余庆　《拓跋史探》(修订本)　生活·读书·新知三联书店 2011 年版

唐朝官修正史问题论析　王嘉川　《苏州大学学报》2012 年第 3 期

唐宋元时期的"史才三长"论　王嘉川　《史学理论研究》2014 年第 2 期

论刘知幾《史通》关于史学构成的思想　瞿林东　《苏州大学学报》2016 年第 3 期

# 《中华传统文化百部经典》已出版图书

| 书　　名 | 解读人 | 出版时间 |
| --- | --- | --- |
| 周易 | 余敦康 | 2017 年 9 月 |
| 尚书 | 钱宗武 | 2017 年 9 月 |
| 诗经（节选） | 李　山 | 2017 年 9 月 |
| 论语 | 钱　逊 | 2017 年 9 月 |
| 孟子 | 梁　涛 | 2017 年 9 月 |
| 老子 | 王中江 | 2017 年 9 月 |
| 庄子 | 陈鼓应 | 2017 年 9 月 |
| 管子（节选） | 孙中原 | 2017 年 9 月 |
| 孙子兵法 | 黄朴民 | 2017 年 9 月 |
| 史记（节选） | 张大可 | 2017 年 9 月 |
| 传习录 | 吴　震 | 2018 年 11 月 |
| 墨子（节选） | 姜宝昌 | 2018 年 12 月 |
| 韩非子（节选） | 张　觉 | 2018 年 12 月 |
| 左传（节选） | 郭　丹 | 2018 年 12 月 |
| 吕氏春秋（节选） | 张双棣 | 2018 年 12 月 |
| 荀子（节选） | 廖名春 | 2019 年 6 月 |
| 楚辞 | 赵逵夫 | 2019 年 6 月 |
| 论衡（节选） | 邵毅平 | 2019 年 6 月 |
| 史通（节选） | 王嘉川 | 2019 年 6 月 |
| 贞观政要 | 谢保成 | 2019 年 6 月 |
| 战国策（节选） | 何　晋 | 2019 年 12 月 |
| 黄帝内经（节选） | 柳长华 | 2019 年 12 月 |
| 春秋繁露（节选） | 周桂钿 | 2019 年 12 月 |
| 九章算术 | 郭书春 | 2019 年 12 月 |
| 齐民要术（节选） | 惠富平 | 2019 年 12 月 |
| 杜甫集（节选） | 张忠纲 | 2019 年 12 月 |
| 韩愈集（节选） | 孙昌武 | 2019 年 12 月 |
| 王安石集（节选） | 刘成国 | 2019 年 12 月 |
| 西厢记 | 张燕瑾 | 2019 年 12 月 |

| 书　名 | 解读人 | 出版时间 |
|---|---|---|
| 聊斋志异（节选） | 马瑞芳 | 2019 年 12 月 |
| 礼记（节选） | 郭齐勇 | 2020 年 12 月 |
| 国语（节选） | 沈长云 | 2020 年 12 月 |
| 抱朴子（节选） | 张松辉 | 2020 年 12 月 |
| 陶渊明集 | 袁行霈 | 2020 年 12 月 |
| 坛经 | 洪修平 | 2020 年 12 月 |
| 李白集（节选） | 郁贤皓 | 2020 年 12 月 |
| 柳宗元集（节选） | 尹占华 | 2020 年 12 月 |
| 辛弃疾集（节选） | 王兆鹏 | 2020 年 12 月 |
| 本草纲目（节选） | 张瑞贤 | 2020 年 12 月 |
| 曲律 | 叶长海 | 2020 年 12 月 |
| 孝经 | 汪受宽 | 2021 年 6 月 |
| 淮南子（节选） | 陈　静 | 2021 年 6 月 |
| 太平经（节选） | 罗　炽 | 2021 年 6 月 |
| 曹操集 | 刘运好 | 2021 年 6 月 |
| 世说新语（节选） | 王能宪 | 2021 年 6 月 |
| 欧阳修集（节选） | 洪本健 | 2021 年 6 月 |
| 梦溪笔谈（节选） | 张富祥 | 2021 年 6 月 |
| 牡丹亭 | 周育德 | 2021 年 6 月 |
| 日知录（节选） | 黄　珅 | 2021 年 6 月 |
| 儒林外史（节选） | 李汉秋 | 2021 年 6 月 |
| 商君书 | 蒋重跃 | 2022 年 6 月 |
| 新书 | 方向东 | 2022 年 6 月 |
| 伤寒论 | 刘力红 | 2022 年 6 月 |
| 水经注（节选） | 李晓杰 | 2022 年 6 月 |
| 王维集（节选） | 陈铁民 | 2022 年 6 月 |
| 元好问集（节选） | 狄宝心 | 2022 年 6 月 |
| 赵氏孤儿 | 董上德 | 2022 年 6 月 |
| 王祯农书（节选） | 孙显斌 | 2022 年 6 月 |
| 三国演义（节选） | 关四平 | 2022 年 6 月 |
| 文史通义（节选） | 陈其泰 | 2022 年 6 月 |

| 书 名 | 解读人 | 出版时间 |
|---|---|---|
| 汉书（节选） | 许殿才 | 2022 年 12 月 |
| 周易略例 | 王锦民 | 2022 年 12 月 |
| 后汉书（节选） | 王承略 | 2022 年 12 月 |
| 通典（节选） | 杜文玉 | 2022 年 12 月 |
| 资治通鉴（节选） | 张国刚 | 2022 年 12 月 |
| 张载集（节选） | 林乐昌 | 2022 年 12 月 |
| 苏轼集（节选） | 周裕锴 | 2022 年 12 月 |
| 陆游集（节选） | 欧明俊 | 2022 年 12 月 |
| 徐霞客游记（节选） | 赵伯陶 | 2022 年 12 月 |
| 桃花扇 | 谢雍君 | 2022 年 12 月 |
| 法言 | 韩敬、梁涛 | 2023 年 12 月 |
| 颜氏家训 | 杨世文 | 2023 年 12 月 |
| 大唐西域记（节选） | 王邦维 | 2023 年 12 月 |
| 法书要录（节选） 历代名画记 | 祝 帅 | 2023 年 12 月 |
| 耶律楚材集（节选） | 刘 晓 | 2023 年 12 月 |
| 水浒传（节选） | 黄 霖 | 2023 年 12 月 |
| 西游记（节选） | 刘勇强 | 2023 年 12 月 |
| 乐律全书（节选） | 李 玫 | 2023 年 12 月 |
| 读通鉴论（节选） | 向燕南 | 2023 年 12 月 |
| 孟子字义疏证 | 徐道彬 | 2023 年 12 月 |